sobre o que é
especificamente
# Humano

D142s   Dalgalarrondo, Paulo.
        Sobre o que é especificamente humano : debates históricos e atuais entre ciências humanas, humanidades e ciências biológicas / Paulo Dalgalarrondo. – Porto Alegre : Penso, 2024.
        xi, 244 p. ; 25 cm.

        ISBN 978-65-5976-045-9

        1. Antropologia. I. Título.

                                                                CDU 572

Catalogação na publicação: Karin Lorien Menoncin – CRB 10/2147

sobre o que é especificamente

# Humano

*Debates históricos e atuais entre ciências humanas, humanidades e ciências biológicas*

## Paulo Dalgalarrondo

Psiquiatra. Professor titular de Psicopatologia da FCM-Unicamp. Doutor em Psiquiatria pela Universidade de Heidelberg e em Antropologia Social pela Universidade Estadual de Campinas (Unicamp).

Porto Alegre
2024

© GA Educação LTDA., 2024

Gerente editorial: *Letícia Bispo de Lima*

**Colaboraram nesta edição:**

Editora: *Mirian Raquel Fachinetto*

Preparação de originais: *Ricardo Rodolfo Bueno*

Leitura final: *Francelle Machado Viegas*

Capa: *Tatiana Sperhacke - Tat Studio*

Projeto gráfico e editoração: *TIPOS – design editorial e fotografia*

Reservados todos os direitos de publicação ao GA Educação LTDA.
(Penso é um selo editorial do GA Educação LTDA.)
Rua Ernesto Alves, 150 – Bairro Floresta
90220-190 – Porto Alegre – RS
Fone: (51) 3027-7000

SAC 0800 703 3444 – www.grupoa.com.br

É proibida a duplicação ou reprodução deste volume, no todo ou em parte, sob quaisquer formas ou por quaisquer meios (eletrônico, mecânico, gravação, fotocópia, distribuição na Web e outros), sem permissão expressa da Editora.

IMPRESSO NO BRASIL
*PRINTED IN BRAZIL*

# Apresentação

Tive a honra de ser o orientador da tese de Paulo Dalgalarrondo em Antropologia Social, defendida na Universidade Estadual de Campinas (Unicamp) no ano de 2013. À época, Paulo Dalgalarrondo já era Doutor em Psiquiatria pela prestigiada Universidade de Heidelberg, Alemanha, e professor titular da Unicamp. Isso significa que sua incursão na antropologia cultural resultava unicamente de seu impulso pela ampliação do saber, o qual o levou para o Programa de Antropologia em cursos com Nádia Farage e comigo.

Depois de atuar como professor colaborador em cursos que ministrei, Paulo obteve o título de Doutor em Antropologia Social com o notável trabalho que deu origem a este livro. Notável porque traz a documentação de um debate crucial e atual sobre o que é humano. Isto é, o que distingue animais como chimpanzés de humanos, e o que separa povos africanos ou ameríndios de povos supostamente arianos. A reflexão do psiquiatra com formação biológica e, ao mesmo tempo, em antropologia social é aqui de grande relevância, pois se trata de uma conexão entre ciências biológicas e ciências humanas, que, como diz Dalgalarrondo, "são extremamente dinâmicas; mudam, se interrogam, se refazem; enfim, dentro de suas tradições estão vivas e produtivas". A contribuição de Paulo Dalgalarrondo é, portanto, fundamental, e certamente terá efeito importante para a antropologia cultural por sua continuada reflexão sobre a relação entre natureza e cultura, infelizmente prejudicada pela falta de diálogo com a biologia e com a medicina – hiato que esse brilhante livro poderá preencher.

**Mauro W. B. Almeida**
Professor de Antropologia da
Universidade Estadual de Campinas (Unicamp)

# Nota introdutória

Este livro resulta de parte de minha tese de doutorado, *Natureza e cultura na definição e delimitação do humano: debates e disputas entre antropologia e biologia*, defendida em 2013 no Programa de Pós-Graduação em Antropologia Social do Instituto de Filosofia e Ciências Humanas da Universidade de Campinas (Unicamp), sob a orientação de meu querido mestre, o professor Mauro W. Barbosa de Almeida. O livro não traz a totalidade da tese, apenas a primeira parte, que corresponde aos capítulos dedicados à análise e a debates disciplinares e conceituais. Ainda, a tese não é simplesmente aqui transcrita, mas revista e, nos pontos pertinentes, atualizada. Além disso, não parei no tempo; não parei de me intrigar com vários pontos do trabalho e não pude parar de refletir sobre os conteúdos da tese. Não mudei meus pontos fundamentais, mas, em alguns aspectos críticos, ampliei, revi e reescrevi tópicos que, com o olhar de hoje, me pareceram algo insatisfatórios. Um ponto a ressaltar é que a tese já era, de fato, claramente (mas subliminarmente) influenciada por algumas ideias centrais de Noam Chomsky. Tal influência não foi devidamente reconhecida por mim na ocasião, mas agora tratei de explicitar melhor o que tomo de Chomsky. Afora isso, as ciências biológicas e as ciências humanas e humanidades são extremamente dinâmicas; mudam, se interrogam, se refazem; enfim, dentro de suas tradições estão vivas e produtivas. Com certeza não pude acompanhar tudo de novo que surgiu sobre o tema, nem talvez o que surgiu de mais relevante, mas, naquilo que estava ao meu alcance, me dediquei a manter o texto o mais atualizado e interessante possível.

# Sumário

**Apresentação** v
Mauro W. B. Almeida

**Nota introdutória** vii

**Introdução** 1
    Ciências humanas e ciências naturais 2
    Antropologia e biologia humana: tentativas de aproximação 8
    Antropologia e biologia: duas culturas e suas guerras 12
    *Science studies* e antropologia da ciência 16

## [ 1 ]
**Sobre as noções de natureza, cultura e evolução** 21
    Natureza 21
    Lovejoy e *A grande cadeia do ser* 23
    Collingwood e as distintas naturezas no Ocidente 25
    A natureza no cenário contemporâneo 29
    Cultura 32
    O debate contemporâneo: pertinência ou impertinência do construto "cultura" 35
    A defesa do construto antropológico de cultura 36
    Natureza e cultura 40
    Evolução 43
    Desdobramentos contemporâneos do evolucionismo: sobre teleologia hoje 45

## [ 2 ]
**A noção de ser humano para as humanidades** 53
    Cristianismo e noção de ser humano 56
    Lovejoy e *A grande cadeia do ser* 56
    A noção de humano no pensamento renascentista 59
    O ser humano, artífice de si mesmo 60
    O surgimento da visão moderna de homem 65

| | |
|---|---|
| Hobbes: autoconstrução do ser humano por meio da vida em sociedade | 67 |
| Filósofos alemães modernos | 73 |
| Kant | 73 |
| Hegel | 77 |
| Marx | 78 |
| Outros pensadores modernos e contemporâneos | 82 |
| Freud | 82 |
| Foucault | 85 |
| O pós-humano | 88 |
| A morte do homem | 92 |
| O pós-humano II | 93 |
| Chomsky | 95 |

## [ 3 ]
## A noção de ser humano para as ciências biológicas — 101

| | |
|---|---|
| A constituição do pensamento biológico moderno | 101 |
| A noção de espécie em biologia | 104 |
| No nascedouro da noção de espécie biológica | 104 |
| Conceito de espécie a partir de Linnaeus | 107 |
| O conceito de espécie na biologia contemporânea | 111 |
| Limites e transições entre as espécies | 114 |
| O ser humano como espécie biológica: *Homo sapiens* Linnaeus, 1758 | 118 |
| Linnaeus | 118 |
| Buffon | 123 |
| La Mettrie | 126 |
| Lamarck | 128 |
| Do outro lado do Canal da Mancha | 131 |
| Darwin | 133 |
| Wallace | 140 |
| Interlúdio: noções e termos zoológicos para situar a espécie humana | 142 |
| Termos preferidos para a classificação biológica do ser humano | 144 |
| O gênero *Homo* | 147 |
| Classificação e definição do *Homo sapiens* na tradição disciplinar da zoologia | 148 |
| A biologia no século XX: evolução e noções de ser humano | 152 |
| Evolução | 152 |
| Noções de ser humano na biologia no século XX | 154 |
| Kropotkin | 155 |
| Dobzhansky | 156 |
| George G. Simpson | 158 |
| A biologia da segunda metade do século XX ao início do XXI | 163 |
| Noções de ser humano na biologia da segunda metade do século XX ao início do século XXI | 165 |
| Edward O. Wilson | 165 |
| Memética | 170 |
| Ecologia comportamental | 170 |
| Psicologia evolucionista | 171 |
| Evolução gene-cultura | 174 |
| Possíveis conclusões e cenários atuais | 175 |
| A biologia se transforma: genômica contemporânea, transcriptômica, epigenética e epitranscriptômica | 177 |

## [ 4 ]
## A noção de ser humano na antropologia social e cultural — 179

| | |
|---|---|
| A vertente universalista: evolucionismos socioculturais | 180 |
| As refutações e críticas ao evolucionismo cultural clássico | 187 |

| | |
|---|---|
| Difusionistas | 187 |
| Estruturalismos: estrutura social como chave para entender o humano | 190 |
| Durkheim | 191 |
| Um complexo de relacionamentos sociais: Radcliffe-Brown | 193 |
| Mauss | 195 |
| A noção de humano na antropologia estruturalista de Lévi-Strauss | 196 |
| Malinowski | 203 |
| A antropologia evolucionista no século XX | 206 |
| Leslie A. White | 207 |
| Julian Steward | 209 |
| Outros evolucionistas culturais do século XX | 210 |
| Refutações ao neoevolucionismo | 211 |
| O evolucionismo cultural contemporâneo | 213 |
| Cavalli-Sforza | 214 |
| Balanço do evolucionismo cultural contemporâneo | 215 |
| As vertentes relativistas da antropologia | 218 |
| Franz Boas | 218 |
| Clifford Geertz | 220 |
| O cenário contemporâneo | 224 |
| **Considerações finais** | **227** |
| **Referências** | **235** |

# Introdução

O objetivo principal deste livro é apresentar e analisar alguns contornos e implicações da noção de humano, do que é especificamente humano, no contexto de um conjunto de investigações e debates intelectuais e conceituais travados entre as ciências humanas e biológicas. Abordaremos, de um lado, as chamadas humanidades e ciências humanas (sobretudo a antropologia social e cultural), e, de outro, as ciências biológicas (sobretudo a biologia humana), a partir de suas constituições, desenvolvimentos históricos e panoramas atuais.

Será feito o esforço de identificar discordâncias, convergências e influências recíprocas entre os campos das humanidades e da biologia, sempre lembrando que o que mais interessa aqui são as questões conceituais (integradas em maior ou menor grau a dados empíricos) em torno da noção de humano. Nesses campos, retoma-se reiteradamente a questão sobre o que faz a hipotética especificidade do humano. No exame dos conceitos e definições, opta-se, no mais das vezes, por um posicionamento descritivo e crítico e não normativo, prescritivo ou de julgamento acerca de qual abordagem conceitual esteja mais perto ou mais longe da verdade.

A ideia de que cada ser humano compartilha com os outros seres humanos uma série de atributos fundamentais, muitas vezes considerados, ao longo da história do pensamento no Ocidente, como *essência* ou *especificidade* do humano ou como *natureza humana* é antiga e recorrente (Lovejoy, 1961;

Sahlins, 2008). Tal ideia percorre muitos campos de conhecimento; entretanto, como assinalado acima, os que mais interessarão aqui são o da antropologia social e cultural e o da biologia humana.

## Ciências humanas e ciências naturais

Tendo por objetivo identificar e mapear como as ciências humanas e naturais interagiram e disputaram a respeito das delimitações conceituais referentes ao humano, cabe então colocar esses dois grandes grupos de disciplinas do conhecimento intelectual em contraste. As complexas relações entre tais disciplinas têm uma história que deve ser revista para que se compreenda o debate.

De modo geral, suas relações se dão no contexto mais amplo da constituição mesma de tais campos e ciências, pois a cada uma delas corresponde determinado universo de saberes, de métodos e de dados empíricos, assim como tradições intelectuais específicas. Não se pode tentar aproximar ingenuamente, por exemplo, biologia e antropologia social como se estivéssemos a aproximar tradições intelectuais e científicas de mesma linhagem, organização conceitual, valores e pressupostos fundantes.

Além disso, tem-se em conta que as disciplinas dos dois campos (humanidades e ciências naturais) não são internamente homogêneas e têm, cada uma delas, disciplinas e subcampos específicos próprios. Não é possível, por exemplo, um tratamento conceitual homogêneo de disciplinas das ciências humanas como linguística, economia, antropologia social e crítica literária; da mesma forma não é possível igualar epistemologicamente, sem mais, biologia molecular, paleoantropologia, etologia, biologia da conservação, bioquímica e ecologia.

Cabe também ressaltar que a relação dos dois grandes blocos se construiu de forma articulada com a profunda distinção ocidental entre natureza e cultura.

Em tal relação, a questão da autonomia de cada um desses grandes blocos se contrapõe às reincidentes tentativas e projetos de redução de um ao outro – no mais das vezes, das ciências humanas às ciências naturais.

São reincidentes, por exemplo, as tentativas de reduzir fenômenos psicológicos e sociais a mecanismos e processos biológicos (sobretudo neurobiológicos), possivelmente pelo fato de as ciências da natureza gozarem, de modo geral, da reputação de serem mais objetivas e menos problemáticas empírica e metodologicamente (quando se trata de se tornarem operacionalizáveis), assim como de terem maior poder de previsão.

Todavia, de modo geral, os cientistas sociais mais perspicazes recusam imediatamente tal projeto reducionista. Claude Lévi-Strauss (1908–2009), que sabidamente sempre esteve longe de qualquer ojeriza pelos rigores formais da ciência, se coloca resolutamente "[...]contra as ofensivas estimuladas por um espírito primário e simplista como o da sociobiologia, que quer reduzir os fenômenos culturais a modelos copiados da zoologia" (Lévi-Strauss; Eribon, 1990, p. 138).

As ciências humanas são distintas das ciências naturais, não têm a mesma estrutura como corpo de conhecimento e como epistemologia, pois, para Lévi-Strauss, no campo das ciências humanas

> [...] as variantes são inúmeras, com o observador envolvido inextricavelmente com seus objetos de observação; enfim, os meios intelectuais de que dispõe, estando no mesmo nível de complexidade dos fenômenos estudados, jamais podem transcendê-los (Lévi-Strauss; Eribon, 1990, p. 135).

Talvez seja impossível identificar "leis" nas ciências humanas, pois

> [...] o número de variáveis é tal, existem tantos parâmetros, que talvez só um entendimento divino poderia conhecer ou saber por toda a eternidade o que acontece ou vai acontecer. Os humanos se equivocam a toda hora; a história o demonstra. [...] os acontecimentos são imprevisíveis quando não se realizaram (Lévi-Strauss; Eribon, 1990, p. 162).

Cabe às ciências humanas o procedimento analítico após os acontecimentos já terem ocorrido. Aí, então,

> [...] podemos tentar compreender, explicar. Podemos relacionar os acontecimentos uns com os outros e perceber, retrospectivamente, a lógica desse encadeamento. No presente, nada permite prever o que acontecerá entre tantos concebíveis possíveis e outros totalmente inconcebíveis (Lévi-Strauss; Eribon, 1990, p. 162).

Mas voltemos um pouco atrás nessa contraposição. O embate de métodos e cientificidades das ciências humanas e naturais remonta, pelo menos, ao século XVIII. Em 1744, Giambattista Vico (1688–1744) propôs, em sua *Scienza Nuova*, que a história, como artefato humano, deve ser estudada com métodos e técnicas completamente distintas das utilizadas nas ciências naturais (Vico, 1979). Vico argumenta que seria um grave erro supor, como Descartes, que todos os campos de interesse do conhecimento humano deveriam ser abordados pelo mesmo método.

No século XIX, segundo Jürgen Habermas (2011), teria sido o neokantiano Heinrich Rickert (1863–1936) o primeiro autor a buscar conceber, de modo metodologicamente rigoroso, o dualismo entre ciências da natureza e ciências da cultura.

No final do século XIX, no ambiente intelectual alemão, o autor que mais se destacou nesse debate foi Wilhelm Dilthey (1833–1911), que empreendeu o projeto de erigir os fundamentos das ciências do espírito, das ciências históricas e da cultura como um campo de estudo específico dos fenômenos humanos, em contraposição às ciências naturais. Para ele, as ciências humanas ou "do espírito humano" (do alemão *Geisteswissenschaften*) são, por natureza, irredutíveis às ciências naturais (Dilthey, 2010).

Em suas obras, Dilthey (1883, 1894) propõe que, enquanto nas ciências naturais, pela natureza própria de seus objetos, o que se pressuporia e se buscaria seriam relações de causa e efeito entre os fatos da realidade (seja de modo lógico-indutivo ou, o que veio a predominar mais recentemente, estatístico-inferencial), nas ciências do espírito ou humanas buscar-se-ia reconhecer *conexões de sentido* no interior daquilo que é empiricamente dado, ou seja, nos fenômenos reais propriamente humanos.

Nas ciências naturais, como a biologia, a estrutura epistêmica seria explicativo-causal; nas humanidades, a estrutura seria descritivo-compreensiva. Assim, tratar-se-ia do *explicar versus* o *compreender*, de identificar relações causais em contraste com o projeto de captar relações de sentido no contexto de valores normativos da história e da cultura (Franco, 2012). Seria essa a contraposição fundamental entre os dois universos epistêmicos relacionados aos dois universos de fenômenos – naturais ou humanos.

Cabe lembrar que o projeto metodológico de Dilthey se situa no contexto de sua filosofia geral, que é uma *filosofia da vida*, compreendendo-se vida em seu sistema como algo não metafísico que é intrinsecamente histórico (não apenas constrangido pela história) (Palmer, 1997). Interessa a Dilthey, portanto, a experiência concreta da vida, que é, enfatizo, sempre plena de historicidade. A compreensão deve captar a vida humana que se dá, se oferece, por meio de expressões objetivas, gestos, atos históricos, códigos e leis, formas sociais, ideias, obras de arte ou de literatura.

Para Dilthey, em ciências humanas, ao contrário do que poderia parecer à primeira vista, não se trata de lançar mão de um método subjetivista, baseado em introspecção, mas, sim, de captar a vida nos seus momentos mais significativos e objetivos. Estes são as *expressões da vida* que se revelam em *obras* (aqui compreendidas de forma ampla, tais como linguagem, escrita, ideias, atos, formas sociais, experiências vividas etc.) pelas quais a textura da vida humana interior se exprime plenamente.

Trata-se de alcançar os "[...] momentos complexos, individuais do 'sentido', na experiência direta da vida como totalidade e na captação amorosa do particular" (Palmer, 1997, p. 108). Mas essa busca pela experiência interna dos seres humanos, essa marca de individualismo do filósofo alemão herdeiro do romantismo, não é a rigor, como poderia parecer, um psicologismo, pois o humano só pode ser apreendido em um mundo sócio-histórico; diz Dilthey (1968, p. 224, tradução nossa), "o que o homem é, só a história o pode dizer".

É neste sentido que Gilles-Gaston Granger (1920–2016) irá afirmar, cerca de cem anos depois (em 1993), que nas ciências do homem, em contraposição às ciências da natureza, os fenômenos carregam cargas de significações que se opõem a sua transformação simples em objetos e em esquemas abstratos, lógica e matematicamente manipuláveis.

Os fatos humanos resistem à abordagem das ciências naturais, sobretudo, por seus elementos de liberdade e de imprevisibilidade. Além disso, são fenômenos que, no mais das vezes, surgem associados de forma muito íntima a aspectos normativos e a valores. Assim, nas humanidades, não se trata de *reduzir* fatos específicos a esquemas abstratos, mas de *representá-los*, ainda que parcialmente, em sistemas de conceitos (Granger, 1994).

Dito de outra forma: as humanidades lidam com *razões*, com questões em torno da ação humana, enquanto as ciências naturais lidam com *causas*, visando à testagem em busca de generalizações e ao alcance, quando possível, de leis gerais. Humanidades e ciências naturais seriam irremediavelmente inconciliáveis, a não ser por meio de reducionismos que implicariam abdicações na transição de uma para a outra (Rosenberg, 2012).

Outro modo de introduzir a contraposição entre ciências naturais e humanas é adotando uma perspectiva *externalista*, tal qual faz o antropólogo Ernest Gellner (1925–1995), em *Knowledge of nature and society* (1997). Para Gellner, deve-se questionar por que surgiu, no Ocidente, um conhecimento da natureza dotado de marcante eficácia técnica e relativo poder de previsibilidade, e o mesmo não se deu nas áreas humanísticas, como política, economia, organização social e cultura.

Para Gellner, as ciências naturais só puderam surgir quando as sociedades agrárias, pré-capitalistas e pré-industriais, se exauriram. Tais sociedades, baseadas na produção e no armazenamento de alimentos, utilizariam tecnologias estáveis e não favoreceriam uma ciência cumulativa. Oprimidas pelo risco de carência de suprimentos básicos como alimentos, tenderiam a ser sociedades hierárquicas, cujas posições em uma fila ordenada pela "proximidade do celeiro" seriam o aspecto principal de *status*.

Em tais formas sociais, a manutenção da ordem social seria bem mais importante do que a produção de excedentes; nessas circunstâncias, não haveria sérios incentivos à produção de conhecimentos novos, mas se tenderia, antes, a estratégias de reforço: tanto das cosmologias vigentes como dos conhecimentos técnicos e naturalísticos.

Com a transição da ordem feudal para a ordem burguesa e a Revolução Mercantil, esse círculo se romperia pela primeira vez de forma mais consistente e constante, produzindo-se um contexto econômico e social que incentivaria de modo decisivo a produção de conhecimentos novos sobre a natureza e a consequente geração de tecnologias para operar sobre ela.

Mas por que isso não se deu com os saberes referentes às questões humanas?, pergunta Gellner. Simplesmente não sabemos, diz ele. Talvez alguns candidatos plausíveis para explicar tal peculiaridade das humanidades – que, distintamente das ciências naturais, resistiriam a tais supostos processos cumulativos (em termos de previsibilidade e de eficácia tecnológica) – seriam:

1. O grau de complexidade do objeto empírico, ou seja, a complexidade dos fenômenos e eventos humanos, sociais, culturais, políticos etc.
2. O fato de que, nas questões humanas, o "significado" (os fenômenos como dotados de "sentido", a dimensão intrinsecamente semiológica e polissêmica dos fatos humanos) seria um aspecto fundamental inerente a tais questões, diferentemente dos fenômenos tratados pelas ciências naturais.
3. O caráter dos fenômenos sociais, sujeitos a processos de retroalimentação constante (ou seja, o fato de que tais fenômenos não seriam objetos dados, tipos neutros, mas tipos interativos que reagiriam ao serem significados por quem os estuda), o que filósofos contemporâneos da ciência chamam de *reflexividade* das ciências humanas.
4. O fato de a cultura, distintamente da natureza, possibilitar a transmissão de características adquiridas entre diferentes gerações.
5. O livre-arbítrio e a liberdade criativa humana (coringas do jogo nas humanidades, conforme Gellner) que, quando operam, geram algo da ordem de uma radical e inescapável imprevisibilidade.

Além disso, afirma Gellner (1997), no campo dos objetos e fenômenos naturais, os "práticos" artesãos, agricultores, caçadores, carpinteiros etc., superavam os intelectuais da ciência (isto é, ninguém se dirigia aos cientistas quando queria resolver uma questão aflitiva do campo do trabalho, da guerra, da relação com objetos naturais etc.) ao menos até o advento da ciência moderna, no século XVII.

A partir daí, os cientistas passaram gradativamente a ser aqueles que devem ser consultados quando uma mudança técnica se faz necessária. Passou a se perguntar a físicos, engenheiros, químicos, matemáticos, biólogos, agrônomos e médicos, por exemplo, o que fazer para melhorar um processo de trabalho, uma ferramenta ou uma máquina, como cultivar a terra com maior rendimento e como tratar doenças. No campo das humanidades, no entanto, o mesmo ainda não acontecera; políticos habilidosos consultam a própria intuição, sua experiência acumulada e seu saber prático antes de recorrerem aos cientistas políticos; da mesma forma procederiam gestores, líderes sociais, empresários e mesmo alguns profissionais da vida emocional intra e inter-humana.

Apontar que as humanidades não revelam um progresso cumulativo como as ciências naturais é, evidentemente, algo defendido sobretudo por cientistas naturais. Mas é natural e exige-se que se coloque em questão o que exatamente se entende por progresso – questão, esta, certamente disputada e não consensual. Se tal consenso fosse obtido, seria, então, possível questionar se as ciências humanas poderiam ou mesmo deveriam perseguir este objetivo: um progresso cumulativo tal como o supostamente obtido pelas ciências naturais (Rosenberg, 2012).

Pode-se igualar progresso a questões como a posse de maior poder tecnológico? Maior domínio sobre a natureza? Expansão demográfica da espécie humana? Maior longevidade? Melhor qualidade de vida para a humanidade? Neste sentido, o que é mesmo que se entende por qualidade? Qualidade em quais dimensões da vida e em que tipo de vida? Para toda a humanidade ou para parte dela? E para os outros seres não humanos? Assim, progresso implicaria uma vida com mais solidariedade? Ou com competitividade mais eficaz? Ou com mais sensibilidade? Mas que tipo de sensibilidade? *Sustentabilidade?* Enfim, a lista é extensa, e aqui apenas se alerta para as obscuridades e sentidos polêmicos e contraditórios que a noção de progresso implica, longe de uma visão unitária e consensual que uma posição ingênua reiteradamente expressa.

Adicionalmente à questão de progresso cumulativo, Gellner alude a um curioso dilema das humanidades: aquilo que nas ciências sociais seria rigoroso (no sentido de objetivo, testável, eventualmente matematizável) não diria respeito à realidade, enquanto as abordagens e formulações mais próximas da vida real não seriam rigorosas em termos de cientificidade.

Já em 1928, Georges Politzer (1903–1942) afirmou algo análogo para o caso da psicologia. O que seria rigorosamente científico na disciplina (por exemplo, modelos experimentais e objetivos matematizáveis, como os vistos na área da psicologia experimental de laboratório e da psicologia da percepção e da memória; esta última, dos primeiros psicólogos fisiológicos alemães) não iria ao concreto e real do ser humano, ao que interessa, e aquela atitude que lá conseguisse chegar, não seria considerada científica, mas literária, artística (Politzer, 2004).

Para Politzer, tanto a investigação conceitual (conceitos básicos de memória, sensação, percepção etc.) como a psicologia experimental (laboratórios de física, química e fisiologia como modelo) eram empreendimentos, em psicologia humana, artificiais, abstratos, que não captavam o homem concreto, real. Sobre a artificialidade do cientificismo da psicologia experimental, ele afirmava: "Os psicólogos pensam que basta atravessar a rua [digamos, da calçada da faculdade de psicologia para a da faculdade de química] e mudar de laboratório para fazer ciência psicológica" (Politzer, 2004).

O filósofo da ciência Alexander Rosenberg (2012) afirma que, enquanto nas ciências naturais o objetivo primário seria a produção de teorias causais sobre mecanismos subjacentes, nas ciências sociais o que se busca, em última análise, é a compreensão dos comportamentos e fenômenos humanos que resultam em inteligibilidade.

As ciências humanas visariam revelar significados e sentidos, ou seja, alcançar algum grau de interpretação dos comportamentos e fenômenos humanos que não respondem a uma causalidade estrita, nem implicam a descoberta de leis ou generalizações de quaisquer tipos. Assim, se as ciências naturais buscam leis causais, as ciências humanas teriam seu paradeiro na ideia de inteligibilidade. Isto porque, afirma Rosenberg, as ciências humanas se dirigem às ações humanas, não a meros movimentos do corpo; ao discurso, não a emissões vocais; a saltar, não a cair; ao ato de suicidar-se, não a simplesmente morrer.

Para o historiador das ciências humanas Roger Smith (2005), um dos elementos centrais na distinção entre ciências humanas e ciências naturais – segundo muitos filósofos contemporâneos das ciências, sobretudo os pós-positivistas e alguns pós-modernos – seria a noção de reflexividade (do inglês *reflexivity*). Tal noção surge no contexto de uma crítica ao programa positivista nas ciências sociais e na psicologia, programa este que visaria, ao final, à obtenção de uma ciência unificada.

O conhecimento produzido *reflexivamente* nas ciências humanas alteraria o objeto dessas ciências, ou seja, o sujeito humano. As ciências humanas não poderiam ser dotadas de poder de previsibilidade, posto que o homem é um "animal que se define a si mesmo, que se constrói a si mesmo" (do inglês *a self-defining animal*) (Smith, 2005). Com mudanças na sua autodefinição, ocorreriam mudanças naquilo que o ser humano é, de tal forma que ele teria que ser compreendido em diferentes termos. O modo como os seres humanos vivem e como eles narram e definem o como vivem não são variáveis independentes, mas partes de uma unidade: do "círculo reflexivo".

Diz Smith (2005) que nas ciências sociais, por exemplo, tornou-se um lugar comum a partir de teses como as de Anthony Giddens, o axioma de que as ciências sociais estão ativamente ligadas ao seu material empírico (do inglês *subject matter*), o qual, elas ajudam, de alguma forma, a constituir reflexivamente.

De acordo com o argumento reflexivo, as pessoas criam conhecimentos e tais conhecimentos recriam as pessoas; a história das ciências humanas seria marcada pela história de seres humanos transformando a si mesmos. No entanto, Roger Smith se opõe à ideia de que as ciências humanas sejam marcadas pela reflexividade e as ciências naturais, não.

Citando o filósofo adepto do realismo crítico Hilary W. Putnam (1926–2016), ele enfatiza a noção de que os "objetos", quaisquer que sejam, não existem independentemente de esquemas conceituais: "Nós recortamos o mundo em objetos quando introduzimos um ou outro esquema de descrição" (Putnam, 1981, p. 52 apud Smith, 2005, p. 11).

Para Roger Smith, é simplesmente uma afirmação equivocada quando o historiador e filósofo Robin G. Collingwood (1889–1943) afirma que "a natureza mantém sua posição, e é o mesmo se nós a compreendemos ou não" (Collingwood, 1961, p. 84 apud Smith, 2005, p. 14) – em um outro exemplo, o historiador também menciona que as galáxias longínquas não mudam se as observamos pelos telescópios ou se não as observamos jamais (Smith, 2005). Para Smith, tanto objetos naturais como os humanos são transformados reflexivamente pela observação.

A diferença fundamental entre ciências humanas e naturais residiria nos objetivos e nas propostas distintas das duas. O que separaria as ciências naturais das humanas não seria a constatação de que os seres humanos têm linguagem e alma, ou de que apenas eles se transformam pelo conhecimento, mas o fato de que é parte inerente do projeto das ciências humanas tornar o processo reflexivo autoconsciente. A separação entre ciências naturais e humanas seria, assim, uma questão de prática científica, e não de teoria de conhecimento.

## Antropologia e biologia humana: tentativas de aproximação

Tim Ingold, em seu artigo *An anthropologist looks at biology* (1990), abre um debate na revista britânica de antropologia *Man: The Journal of the Royal Anthropological Institute*. Ao artigo de Ingold seguem-se outros dois, como respostas e incitações ao debate. Robert A. Hinde (1923–2016), primatólogo da Universidade de Cambridge, publica então, em 1991, *A biologist looks at anthropology*, e, finalmente, Walter Goldschmidt (1913–2010), antropólogo da Universidade da Califórnia, escreve *On the relationship between biology and anthropology* em 1993.

No artigo que dá início ao debate, Ingold (1990) introduz seu argumento afirmando que a biologia é a ciência de organismos vivos, enquanto a antropologia é a ciência de pessoas vivas; assim, a antropologia situar-se-ia, por motivo lógico, no interior da biologia. Propostas de integração como a da sociobiologia implicariam uma biologia empobrecida, que teria perdido o contato com a realidade dos organismos. Analogamente, a antropologia social seria igualmente empobrecida, ao não abrir espaço conceitual para pessoas reais, corporais.

Ingold (1990) propõe, então, um novo patamar para uma possível integração da antropologia social com a biologia. Recusando a oposição intelectual ocidental entre humanidade e natureza, também aponta para as limitações da biologia contemporânea, baseada na nova síntese de integração entre o darwinismo e o mendelismo; esta, segundo ele, eliminaria o organismo como entidade real.

A integração fértil entre antropologia social e biologia pressupõe, para Ingold, mudanças conceituais e metodológicas profundas tanto da antropologia como da biologia. O organismo deveria ser tomado como ponto de partida, passando-se, então, à compreensão da vida social das pessoas como um aspecto da vida orgânica em geral, visto que, nas palavras de Ingold (1990, p. 220, tradução nossa), "se a pessoa é um aspecto do organismo, então a vida social é um aspecto da vida orgânica de forma geral".

Ele também propõe recapturar as pessoas para a antropologia. Nessa linha, uma *antropologia de pessoas* seria compatibilizada com uma *biologia de organismos,* cujo foco seria em processos e não em eventos, substituindo-se o "pensamento populacional" da biologia evolucionista darwiniana pela *lógica de relações*.

Há, aqui, um projeto para superar dicotomias arraigadas como, por exemplo, entre natureza e cultura, que na biologia expressa uma noção de animalidade genérica *versus* cultura como essência da humanidade. Assim, o que todos os humanos teriam em comum seria atribuído à biologia, e suas diferenças, à cultura.

Nessa visão, a biologia ficaria aprisionada ao *status* de mínimo denominador comum da humanidade. Alinhada à dicotomia natureza e cultura, a contraposição entre genótipo e fenótipo se articularia com a completa separação entre ontogenia e filogenia, e o estudo do desenvolvimento dos organismos seria distinto do estudo de suas evoluções.

A crítica de Ingold (1990) ao *mainstream* da biologia contemporânea refere-se ao fato de que tal biologia, estritamente darwinista, renunciaria a uma teoria do organismo – sobretudo do organismo em desenvolvimento, em processo, não como um evento dado. A principal omissão revelada por tal falta é a noção simples de que os organismos crescem e são seres em processo contínuo de transformação.

O organismo não seria uma entidade individual, mas um *embodiment* do processo da vida. No caso da antropologia, por sua vez, a vida social deve ser capturada como um processo, uma realização criativa de relações e de construção de pessoas. Além disso, a vida social envolve a evolução de campos relacionais que se subsumem à interface entre os sujeitos humanos e o seu ambiente.

Ingold (1990), ao que parece, ao escrever esse texto com intuito polêmico no final dos anos 1980, ou não estava a par do vigoroso movimento da biologia do desenvolvimento que ocorria desde a década de 1970, ou simplesmente não quis debater com ela. Esta visão, de que a biologia darwinista não abre espaço para uma biologia do desenvolvimento, parece algo mal-informada*.

A crítica à proposta de Ingold (1990) é de que, além de tratar da biologia evolutiva (e de alguns outros aspectos do darwinismo) de forma desinformada e pouco matizada, ele propõe uma articulação entre biologia e antropologia que, em certo sentido, não existe como realização histórica de uma disciplina (sobretudo na biologia). Em outras palavras, propõe que aproximemos a

---

* Neste sentido, ver os livros que revelam essa breve história: Carroll (2006) e Wolpert (2008).

antropologia, agora marcada pelo método fenomenológico de inspiração heideggeriana, de uma biologia totalmente desprovida daquilo que já foi e ainda é; tal projeto é original e utópico, com fé em um suposto potencial criativo e todo o ônus daqueles projetos que existem apenas na mente do projetista.

O primatólogo Robert A. Hinde (1991) entra no debate sugerido por Ingold expondo o que, no seu entender, pode a biologia oferecer à antropologia. Hinde afirma concordar com Ingold na maior parte de suas conclusões, mas aponta para a visão limitada que Ingold teria da biologia e da psicologia. A biologia, como qualquer ciência, deve partir de questões específicas. Sendo assim, ele nega (e busca demonstrar seus argumentos com alguns dados empíricos) que toda a biologia seja estritamente adaptacionista e utilitarista e, ainda, que ela negligencie tanto o organismo em desenvolvimento como as suas relações dinâmicas com o ambiente.

Mas o artigo de Hinde avança pouco, a nosso ver, na integração consistente entre antropologia e biologia, à qual ele alude ao longo do texto. Enfatiza aspectos biológicos universais do comportamento animal e humano que estariam na base inicial da cultura. Seus dados empíricos e sua argumentação, embora mais elaborados do que os da sociobiologia humana de Wilson, não deixam de resvalar por um reducionismo biológico mais ou menos evidente (Hinde, 1991).

A tese de Goldschmidt (1993) – que escreve o terceiro e último artigo da série de debates – parte da antropologia, sobretudo da antropologia cognitiva, e aponta para as limitações de Ingold (1990) e de Hinde (1991) no que concerne à noção de cultura.

Se os humanos são animais, mas animais especiais por apresentarem um "modo de existência dominado pela cultura", é preciso atentar para o que é específico da cultura humana: a linguagem simbólica e o rito (que é, para ele, a linguagem específica das questões emocionais fundamentais que contam na vida social). Novamente não se vê, aqui, um avanço substancial em relação a uma aproximação rica e original entre antropologia e biologia, mas apenas um sublinhar de um tipo específico de projeto antropológico.

Do outro lado do Atlântico, as relações entre antropologia e biologia são abordadas pelo antropólogo biológico James Calcagno, em um artigo publicado em 2003 no *American Anthropologist*.

Calcagno (2003) busca defender que a antropologia necessita da biologia (via antropologia biológica), da mesma forma que a antropologia biológica precisa da antropologia social e cultural.

Ele incita o leitor a mencionar uma espécie estudada hoje para a qual a biologia da espécie seja considerada sem importância. Não há dúvida sobre o fato de que os seres humanos são cognitivamente e comportamentalmente únicos em muitos aspectos. Mesmo tendo em consideração que alguns primatas não humanos possuem certa cultura e certa linguagem, não se pode colocar em questão que o grau de complexidade da cultura e da linguagem humanas está distante da existente entre esses primatas.

Entretanto, argumenta Calcagno (2003), essa mesma complexidade cultural e linguística tem bases biológicas. Rejeitar tais bases biológicas por recusar o "determinismo biológico", segundo ele, não se sustenta, pois a ideia de determinismo biológico é um conceito que os antropólogos biológicos desacreditam (ou deveriam desacreditar) e detestam (ou deveriam detestar) talvez mais que outros. Mesmo porque, segundo Calcagno (2003), têm uma compreensão mais detalhada e aprofundada porque tal determinismo não funciona e não faz sentido.

Calcagno (2003) cita, então, Clifford Geertz (1926-2006), que afirmava que nossas ideias, nossos valores, nossos atos, e mesmo nossas emoções e nosso sistema nervoso são produtos culturais.

Para Calcagno (2003), antropólogo biológico, tal afirmação pode ser considerada verdadeira, mas é ainda uma meia verdade; poderia-se parafrasear Geertz, trocando o final do parágrafo anterior de *"produtos culturais"* para *"produtos biológicos"*, o que não seria falso, mas também seria uma meia verdade.

Calcagno (2003) propõe, então, acrescentar três letras ao final da afirmação de Geertz: ao invés de *"produtos culturais"*, escrever *"produtos bioculturais"* traduziria uma visão mais completa do fenômeno humano. Segundo ele, um "determinismo cultural" não é o antídoto apropriado para o "determinismo biológico".

Para ele, atualmente não se deve igualar biologia à genética, assim como genética não significa destino ou inflexibilidade. Tal visão atual da biologia humana não se sustenta, não apenas por sermos formas muito complexas de organismos, mas simplesmente porque somos semelhantes aos outros animais.

As relações atuais entre antropologia e biologia devem enfrentar dilemas novos, sustenta Calcagno (2003). Ao mesmo tempo em que antropólogos biológicos afirmam que chimpanzés têm cultura, muitos antropólogos culturais argumentam que não há uma cultura humana (na crítica pós-moderna de rejeitar a noção essencialista que o construto *cultura* implicaria); de qualquer forma, o dualismo não humano/humano, com seus termos invertidos ou não, permanece central.

Ao lado disso, Calcagno (2003) afirma que a noção de quem nós somos como espécie sofreu mudanças profundas nos últimos 100 anos. Não apenas quase tudo que se sabe sobre a origem do *Homo sapiens* surgiu no último século, como, também, a questão do que significa tornar-se humano no quadro da evolução hominínea é profundamente distinta nos dias de hoje. Entretanto, a antropologia biológica está, segundo ele, deficientemente aparelhada em termos conceituais e teóricos para enfrentar tais questões, sendo ainda impregnada por modelos e modos de pensar marcadamente tipológicos, apenas reformulando teses gastas e frágeis do ponto de vista científico.

Cremos, portanto, que as aproximações e tentativas de integração entre antropologia social e biologia apresentadas aqui têm se revelado, até o momento, a nosso ver, projetos pouco consistentes e repletos de impasses.

É claro que se pode questionar se tal articulação é, em última instância, realizável, ou mesmo se deve ou não ser buscada, e se tal aproximação merece ser perseguida, se ela é, enfim, algo desejável. De toda forma, articulações viáveis e talvez férteis entre antropologia social e biologia, ao que parece, ainda estão longe no horizonte visível.

## Antropologia e biologia: duas culturas e suas guerras

As dificuldades nas articulações entre antropologia e biologia não se reduzem apenas às especificidades epistêmicas de cada uma delas. A divisão do conhecimento acadêmico e científico entre as ciências naturais e as humanidades, incluindo as artes e as ciências sociais, foi capturada há mais de 60 anos pelo físico e escritor britânico Charles Percy Snow (1905–1980) por meio da ideia de "duas culturas" (Snow, 1995).

Por cerca de trinta anos, Snow conviveu intimamente, como físico, com cientistas naturais, e como escritor, com poetas e autores das áreas das humanidades. Já no final dos anos 1950, ele notou que esses dois grupos haviam cessado quase totalmente de se comunicar e não tinham quase nada mais em comum. A distância entre eles se tornara enorme: "[...] era como cruzar um oceano" (Snow, 1995, p. 19).

O físico e escritor constatou que a vida intelectual de toda a sociedade ocidental estava cada vez mais dividida entre esses dois grupos polares. Entre eles se percebia "[...] um abismo de incompreensão mútua, e algumas vezes, hostilidade e aversão, mas principalmente falta de compreensão" (Snow, 1995, p. 21). Snow avalia que tal polarização é, no fundo, uma grande perda intelectual, um auto-empobrecimento para humanistas e cientistas, uma "[...] pura perda para todos nós. Para nós como pessoas, e para a nossa sociedade" (Snow, 1995, p. 29).

Segundo Snow (1995), as razões para a existência dessas duas culturas e seu crescente isolamento são profundas e complexas. Algumas dessas razões seriam arraigadas em suas histórias sociais, outras em histórias pessoais, e outras, ainda, na dinâmica interna dos diferentes tipos de atividades mentais.

Snow (1995) não consegue, entretanto, se aprofundar na gênese das duas culturas, mas atesta que ambas se constituíram de fato como duas subculturas diferenciadas do ponto de vista antropológico. Ele conclui que é mesmo perigosa a existência de duas culturas que não podem ou não querem se comunicar entre si.

Em uma época em que a ciência determina grande parte do destino da sociedade, e em que humanistas, filósofos, cientistas sociais e escritores moldam e predizem a natureza da cultura não científica, seria assustador o risco de uma separação entre ética, política e decisões científicas e tecnológicas. Enfim, diz Snow (1995), não estamos formando homens e mulheres que possam compreender o nosso mundo tanto quanto Piero della Francesca, Pascal ou Goethe compreendiam o seu.

Mais do que a um distanciamento entre ciências humanas e naturais, o processo caminhou para uma verdadeira guerra disciplinar e de poder acadêmico, teórico e ideológico. Enquanto dos anos 1960 aos 1980 falou-se muito, por meio de Snow, em *duas culturas*, a partir dos anos 1990 passou-se a falar em *science wars* (Ruse, 1999b) – guerras das ciências –, um verdadeiro conflito bélico entre ciências naturais e humanidades. Por parte das ciências duras, uma resposta a esse conflito se expressa na proposta de uma ciência das ciências, que visa aperfeiçoar cientificamente o caminho futuro das ciências (Fortunato *et al.*, 2018).

A radicalização do embate entre as humanidades e a biologia se expressa no presente em duas perspectivas, que colocam esses dois campos em confronto. Por parte das humanidades, linhas de investigação como os *science studies* (com variantes como *science, technology and society* ou *science and technology studies*) e a antropologia das ciências e da tecnologia (Fischer, 2007).

Por parte das ciências naturais, do empirismo cientificista e da biologia humana, algumas formulações e críticas às humanidades – para além das acusações comuns de subjetivismo/falta de objetividade, teorização excessiva e distância do empírico quantificável e testável – ganharam corpo em críticas como as dirigidas ao denominado *Standard Social Science Model* (SSSM) (Stamos, 2008a) e no ruidoso "caso" *Sokal*.

A beligerância do lado das ciências naturais dirigida às humanidades, particularmente no que concerne ao estudo do humano, relaciona-se ao esforço por se defender daquilo que se convencionou chamar *construtivismo epistemológico*, no campo da filosofia da ciência, e corresponde, de modo mais geral nas humanidades, ao movimento chamado *desconstrucionismo* (Derrida, 1973).

Tal procedimento, surgido possivelmente com o filósofo franco-argelino Jacques Derrida (1930–2004) (que articula tal desconstrucionismo com análises críticas relacionadas à ideia de *centro*, às categorias ordenadoras e às *filosofias logocêntricas do Ocidente*, [Johnson, 2001]), ganhou marcante popularidade nas humanidades – fugindo às vezes da própria noção de desconstrução de Derrida.

Desconstruir tornou-se, então, mostrar o caráter construído, histórico e social, portanto contingente, intrinsecamente relativo e arbitrário, das grandes categorias do Ocidente e de suas disciplinas, incluindo as ciências naturais.

Assim, teses do desconstrucionismo defendem que as ciências (sobretudo as ciências naturais) seriam formas de conhecimento moldadas em e por contextos sócio-históricos, políticos, institucionais e ideológicos, que menos teriam a ver com fatos objetivos e verdades gerais sobre tais fatos do que com visões particulares de mundo, ideologias e "verdades" arbitrárias, criadas a partir de seu interior.

Os cientistas naturais, de modo geral, recusam tal crítica e preferem se defender daquilo que percebem como um relativismo inaceitável. Sentem-se desconfortáveis e rejeitam a ideia de que seus métodos, conhecimentos e verdades nada mais seriam do que processos e fenômenos contingentes e arbitrários; que não haveria, por exemplo, diferenças epistêmicas claras entre astrologia e astronomia, homeopatia e biomedicina, religião e ciência.

Nessa linha, uma das críticas voltadas contra as humanidades foi formulada pelos psicólogos evolucionistas John Tooby & Leda Cosmides (1992), que denominaram de *Modelo padrão das ciências humanas* (MPCH) um modo de conceber o humano, suas características mentais e comportamentais, sua história e seus comportamentos sociais, como determinados estritamente por fatores ambientais e contextuais como cultura, momento histórico, político e estrutura social.

Tal modelo seria o dominante ou amplamente usado na psicologia (sobretudo na abordagem behaviorista, mas não apenas), nas ciências sociais (sobretudo na antropologia cultural), no marxismo, nos estudos feministas e em outros *studies* (*cultural studies*, *gender studies* etc.) (Stamos, 2008b). Essa perspectiva buscaria esvaziar o papel do biológico no comportamento humano, enfatizando o papel da socialização, do ambiente, da educação, da política e das relações sociais – enfim, da cultura e do contexto socioeconômico e histórico.

A chamada *natureza humana* seria algo profundamente (ou totalmente) flexível, moldável, que de tão plástica e modificável, não faria sentido ser abordada; dessa forma, não existiria natureza humana em absoluto, mas apenas contextos e condições sociais e históricas específicas.

Steven Pinker, pesquisador e autor de vários *best-sellers* de divulgação da psicologia cognitivista evolucionista, escreveu *Tábula rasa: a negação contemporânea da natureza humana* (2004), livro que, em cerca de 600 páginas, visa mostrar a ingenuidade das concepções de humano e do que chama de *a teoria oficial* (segundo ele, das ciências sociais e da maior parte da psicologia).

Na visão de Pinker (2004), a noção de homem das ciências humanas e da psicologia teria suas bases nas concepções de John Locke (1632–1704), espécie de pai intelectual de toda concepção contemporânea de humano. O ser humano, portanto, seria um ser isento de quaisquer propriedades intrínsecas: a famosa folha de papel em branco na qual tudo é inscrito pela socialização e a educação, enfim, pela sociedade, pelo contexto histórico-político e pela cultura.

Mas os ataques das ciências naturais às humanidades não se limitam à crítica do modelo *tábula rasa*. Em 1995, Andrew Ross, um dos editores da revista *Social Text*, da área de humanidades, utilizou pela primeira vez o termo *science wars*, que denomina o confronto acirrado entre disciplinas humanísticas e naturalistas entrelaçadas a posições políticas conservadoras e forças contra-hegemônicas (Ruse, 1999b).

O *caso Sokal* é, talvez, exemplar das *science wars*. Em 1996, o físico norte-americano Alan Sokal enviou um artigo de linguagem e tonalidade marcadamente pós-moderna àquela mesma revista, *Social Text*, que o aceitou e o publicou.

O artigo de Sokal, intitulado *Transgredindo as fronteiras: em direção a uma hermenêutica transformativa da gravitação quântica*, era uma paródia e uma cilada, pois o físico simplesmente reuniu uma série (relativamente vasta) de citações de autores frequentados e muito citados por adeptos das ciências humanas pós-estruturalistas e pós-modernos – mesmo que alguns dos autores mencionados não fossem, eles próprios, pós-modernos. Alguns deles, por exemplo, sendo Thomas Kuhn e Paul Feyerabend (filosofia da ciência), Bruno Latour (filosofia, antropologia da ciência), Andrew Ross (sociologia, antropologia, editor da *Social Text*), Donna Haraway (estudos feministas, política, antropologia da ciência), Luce Irigaray (filosofia, crítica literária e psicanálise), Gilles Deleuze (filosofia), Jacques Derrida (filosofia), Jacques Lacan (psicanálise) e Paul Virilio (arquitetura, comunicação, filosofia), que aparecem junto com físicos e matemáticos bastante conhecidos como Niels Bohr, Albert Einstein e Werner Heisenberg.

O texto produzido por Sokal, um *nonsense* com aparência de produção intelectual séria, ao ser aceito por uma revista importante na área das humanidades dos Estados Unidos, foi usado por ele para denunciar aquilo que considerava falta de rigor intelectual, modismo superficial, enfim, um engodo, praticado por uma parte da *intelligenzija* das humanidades.

Em outra revista, *Lingua Franca*, Sokal publica um artigo-comentário intitulado *Experimentos de um físico com os "cultural studies"*, em que trata sobre o primeiro texto, tornando explícita e pública a armadilha que criou.

No ano seguinte à tal estripulia, Alan Sokal publica – com outro físico, o belga Jean Bricmont – o livro *Imposturas intelectuais: o abuso da ciência pelos filósofos pós-modernos*.

Nessa obra, decididamente beligerante, eles expõem como, na análise de dois físicos do *mainstream* acadêmico (os próprios Sokal & Bricmont), autores como Jacques Lacan, Julia Kristeva, Luce Irigaray, Bruno Latour, Gilles Deleuze e Paul Virilio utilizariam exemplos e modelos das ciências naturais, sobretudo de física e matemática avançada, cometendo reiteradamente erros grosseiros em tal uso e fazendo aplicações, importações, transposições ou mesmo analogias disparatadas e sem sentido (quer dizer, para especialistas em física e matemática) (Sokal; Bricmont, 2006).

Tal utilização desastrada, desonesta ou irresponsável da física e da matemática avançada mascararia, ainda segundo Sokal e Bricmont (2006), o intuito de importar prestígio de áreas das ciências naturais admiradas mas pouco compreensíveis para não especialistas. Adicionalmente, a utilização da física e da matemática de ponta serviria para enganar, com recursos esotéricos (empregados de forma errônea), os seus leitores.

A denúncia, feita de forma contundente e implacável, deixou reverberando no ar uma grave acusação que inclui, potencialmente, os delitos de incompetência e de mistificação. Sokal & Bricmont (2006) afirmaram repetidas vezes que suas críticas não eram dirigidas a todos os autores contemporâneos das humanidades, mas apenas a uma parte deles. Seus cuidados diplomáticos, no entanto, não foram muito convincentes. Os "bombardeios" contra postos militares e cidades afetavam e abalavam, certamente, toda a população. A guerra não apenas estava declarada: teria, talvez, chegado ao seu ápice.

Das humanidades, as críticas em relação às ciências naturais configuraram um campo talvez mais organizado e articulado academicamente, mas não menos incisivo (Bourdieu, 1994).

Na França, Pierre Bourdieu (1930–2002) constrói, a partir dos anos 1970, uma análise sociológica das ciências, uma *ciência das ciências* com inspiração em Karl Marx e Max Weber, em que visa demonstrar que o universo puro da mais pura ciência é um campo social como outro qualquer, com suas relações de força e monopólios, suas lutas e estratégias, seus interesses e lucros (Bourdieu, 1994).

No entanto, mesmo revelando o caráter eminentemente político e situado (não neutro) das ciências, bem como os interesses envolvidos no *capital científico*, Bourdieu (1994) descarta a possibilidade de a ciência deter o poder de se desenvolver segundo uma lógica imanente; o que seria, para ele, voltar a uma filosofia idealista da ciência.

Os estudos de Bourdieu (1994) relacionados ao que ele denominou *campo científico* seriam particularmente de interesse no debate deste livro, sobretudo para a identificação de formas específicas relacionadas à produção científica. Entretanto, aprofundar esse tema está além do escopo desse trabalho.

Bourdieu (1994) avança em seu projeto de uma *ciência da ciência* recusando a oposição abstrata entre uma análise imanente ou interna – mais propriamente afeita à análise epistemológica – e uma análise externa – que visa identificar as condições sociais, as relações de poder e prestígio, assim como o capital social implicado em determinada produção científica.

O *campo científico*, Bourdieu (1994) assinala, tem a particularidade de que, nele, os produtores e os consumidores do saber e dos textos científicos se sobrepõem, o que produz a peculiar situação em que consumidores e competidores são os mesmos e idênticos atores sociais.

Além disso, no campo particular dos debates sobre o humano, sua origem e o especificamente humano, há um aspecto de relevo especial: ao lado da produção científica regular, verifica-se uma produção de divulgação e/ou vulgarização científica muito expressiva. Livros de divulgação para um público relativamente instruído, mas de toda forma leigo, externo ao trabalho antropológico, paleoantropológico ou de biologia humana, são publicados e difundidos com grande popularidade. A imprensa leiga publica, com igual frequência, artigos sobre tais temas em jornais e revistas.

Bourdieu (1994) assinala que a divulgação científica tem um *status* ambíguo no campo científico, pois, se de um lado ela confere visibilidade e certo prestígio (além de ganhos financeiros concretos com *royalties* e direitos autorais), de outro é vista com frequência como atividade menor e de redução de prestígio.

Assim, o pensamento de Bourdieu (1994) sobre estes aspectos – de divulgação, circulação, prestígio, poder simbólico e real – parece-nos particularmente fértil para a análise de um dos aspectos relevantes do campo de produção do saber sobre o tema do especificamente humano.

## *Science studies* e antropologia da ciência

Em análise ampla recente, Michael Fischer (2007) revisou a história e a atualidade do campo coberto pelos chamados *science studies* e a *anthropology of science*, o que examinaremos a seguir. Uma abordagem mais recente (Horowitz; Yaworsky; Kicham, 2019) sobre *anthropology's science wars* e sobre a recepção das ciências naturais por antropólogos revela que a tensão e o confronto entre as áreas mantêm-se vivos e intensos.

Uma pré-história de tais abordagens se constata já nos anos 1920 e 1930, com a análise epistemológica de Gaston Bachelard (1884–1962). Ele formula a ciência não como representação, mas como ato. Além disso, para Bachelard (1972, 1973, 1996, 2002), a racionalidade científica só pode ser regional, e toda ciência precisa produzir, em cada momento de sua história, suas próprias "verdades" e normas de "verdades", assim como os critérios específicos de sua existência.

Também de grande fecundidade e interesse para nós é a formulação de Bachelard a respeito da *negação* em ciência, da importância da polêmica e da noção de obstáculo epistemológico. A lógica da descoberta científica tem mais a ver com a negação mútua de ideias, com a polêmica incrustada nos transtornos e embaraços por que passa a história da ciência e, enfim, pelo conhecimento em seus choques e contrachoques, em seu movimento.

São relevantes também as críticas de Martin Heidegger (1889-1976) ao domínio da tecnologia e da ciência no mundo, no século XX, assim como o início de etnografias do trabalho científico – em particular dos testes de Wassermann para sífilis –, por Ludwik Fleck (1896-1961). Nos anos 1930, os horrores da ciência racial nazista e o absurdo grosseiro do lysenkoismo stalinista mostram como a ciência pode se tornar terrivelmente perversa e evidentemente falsa.

Nos anos 1950 e 1960, as críticas da Escola de Frankfurt à ciência e à tecnologia, assim como o influente livro de Thomas Kuhn (1922-1996), *The structure of scientific revolutions* (1982), defendem que as ciências naturais e suas teses são aceitas ou rejeitadas não somente (ou principalmente) pelo critério de suas correspondências e proximidades com a verdade das pressuposições sobre o mundo real existente fora do âmbito acadêmico, mas, sobretudo, por certas convenções e pactos internos, por construções que são, na verdade, arbitrárias.

Nessa linha, a partir de debates relacionados a estudos antropológicos, as reflexões de Edward Evans-Pritchard (1902-1973) – estimuladas por suas etnografias sobre os Azande, nos anos 1920 e 1930 – abriram um debate sobre razão e racionalidade nos anos 1960 e 1970 (em inglês, o chamado *rationality debate*).

Evans-Pritchard (2005) questiona a primazia da perspectiva ocidental, dado que a racionalidade científica seria a via de acesso universal ao conhecimento. Contra a visão etnocêntrica, qualquer aproximação da realidade, com suas ideias, crenças e práticas, irá fazer sentido apenas em seu contexto cultural, e não fora dele. Assim, distintas culturas teriam diferentes critérios para definir o que seria uma crença racional e adequada à ação; o que seria, enfim, a realidade.

Assim, o que Fischer chama de pré-história dos futuros *science studies* já revela a crítica resoluta a um suposto caráter arbitrário e intrinsecamente contextual das ciências naturais, assim como às suas pretensões a verdades situadas acima do saber comum.

A partir do início dos anos 1980, pensadores sociais, sociólogos, antropólogos e filósofos das ciências incrementam, de forma mais sistematizada, as várias correntes de *science studies* e *anthropology of science*. Linhas de investigação das humanidades sobre as ciências (sobretudo as ciências naturais) como os *social studies of knowledge* (SSK), *social construction of technology* (SCOT) e *actor network theory* (ANT) proliferam.

No final dos anos 1980 e durante os anos 1990, as etnografias antropologicamente informadas da ciência e da tecnologia vão ganhando espaço nas ciências humanas. Esses estudos revelam a marcante influência para a *anthropology of science* dos trabalhos de Bruno Latour (2000; Latour; Woolgar, 1997), que se iniciaram com seus estudos sobre a pesquisa em bioquímica e microbiologia, e os de Donna Haraway (1989), que, iniciando com análises da primatologia, enfatizam suas implicações e determinações relacionadas a questões como gênero, raça e classe social.

Embora a produção dos *science studies* e da *anthropology of science* não se coloquem como inimigas das ciências naturais, como afirma Fischer (2007), é inegável que a sua perspectiva das ciências é bem diferente da forma como os próprios cientistas naturais percebem seus ofícios e produções.

As ciências não são um modo privilegiado de saber, com poder de explicação e previsão superior em relação ao saber comum, ou mesmo um saber que seria mais objetivo e mais próximo da verdade factual; são postuladas, em vez disso, como formas de saber/fazer/poder próprios de determinados contextos sociais e políticos, cujos aspectos mais importantes não são as verdades objetivas que produzem, mas os mundos (artificiais) que constroem. Tal visão, para muitos cientistas naturais, se não é uma expressa declaração de guerra, está longe de ser um reconhecimento aceitável ou um convite à aproximação ou interlocução pacífica.

Mauro W. B. Almeida (1999) analisa, nesse sentido, as guerras culturais entre perspectivas intelectuais contemporâneas – como o caso da contraposição entre ciências naturais e humanidades, ditas então *hard* e *soft* – assim como os alcances e limites do relativismo cultural e o debate em torno da construção social ou da realidade universal de noções científicas fundamentais (como o próprio Almeida faz com o caso do número transcendente igual à razão entre o perímetro de uma circunferência e o seu diâmetro, o $\pi$, ou 3,14159265...).

Assim, segundo Almeida (1999), é interessante pensar em diversas ontologias (no sentido de perspectivas, concepções sobre as coisas, sobre o mundo); não se deve negar com um relativismo radical e cego que há ontologias mais pobres e ontologias mais ricas, e que diferentes ontologias não são equivalentes em suas consequências pragmáticas, assim como em seus desdobramentos éticos e políticos.

Mesmo assim (ou por isso mesmo), argumenta ele, é possível uma convivência fértil entre elas; é possível um acordo pragmático, ainda que parcial, tomando-se em conta, sobretudo, as consequências das ações sobre o mundo que as diversas ontologias implicam (Almeida, 1999).

Dessa forma, segundo Almeida (1999), as transações entre os dois campos implicam constantemente que se opte por distintos métodos, objetos e teorias. Tais opções se relacionam tanto com as peculiaridades das ontologias em questão quanto com as consequências pragmáticas que tais opções implicam.

Nessa linha sugerida por Almeida (1999), o filósofo canadense Ian Hacking (1936–2023) argumenta, em uma espécie de *regionalismo epistemológico*, que questões como a origem do homem e a especificidade radical do humano, da linguagem simbólica articulada e da cultura seriam temas, a rigor, talvez *impossíveis* (Hacking, 1983).

Sobre tais temas, paira e sempre irá pairar uma densa névoa impenetrável. Seriam campos de conjectura, campos perigosos para a reflexão séria, para qualquer saber que se pretenda consistente – portanto, facilmente abandonáveis. Nesse sentido, para este trabalho especificamente, pode ser pertinente relembrar o caráter marcadamente problemático do estatuto epistêmico da especulação no campo visado.

Hacking (2002) opta, ele mesmo, por uma aproximação intencionalmente pluralista na análise das diversas áreas de produção científica. Ele afirma que enxerga a si mesmo como um *nominalista dinâmico*, ou como um *realista dialético*. Um nominalista dinâmico seria alguém interessado em como as nossas práticas de nomeação interagem com as coisas que nós nomeamos. Um realista dialético seria alguém preocupado com a interação entre o que há (e/ou o que se torna, o que vem a ser) e nossas concepções sobre isso.

Para Hacking (1983, 2002), há uma diversidade de ciências e de racionalidades, e os campos científicos devem ser pensados com atenção para a sua heterogeneidade. Ele comenta sobre a filósofa das ciências Nancy Cartwright, que alega que se a teoria científica não traz em si verdade alguma, ao menos ajuda-nos a pensar, mas é apenas representação (ele faz uma brincadeira com os estilos de representação da mente francesa – profunda, mas estreita – e da inglesa – ampla, mas rasa). Assim, Hacking decide por pensar as formas de representação implicadas nas disciplinas e teorias científicas de forma radicalmente pluralista, distinta tanto do modo francês quanto do inglês:

> Eu mesmo prefiro uma fantasia argentina*. Deus não escreveu um Livro da natureza do tipo que os velhos europeus imaginaram. Ele escreveu uma biblioteca borgeana, cada livro dela é tão breve quanto possível e, ainda, cada livro é inconsistente com todos os outros. Nenhum livro é redundante. [...] Deus escolheu um mundo que maximiza a variedade dos fenômenos, enquanto escolhe a lei mais simples. Exatamente assim: mas o melhor caminho para maximizar os fenômenos e ter a lei mais simples é ter leis que sejam inconsistentes umas com as outras, cada uma a ser aplicada a este ou àquele [fenômeno], mas nenhuma sendo aplicável a todos (Hacking, 1983, p. 219, tradução nossa).

---

* Por "uma fantasia argentina", supomos que Hacking (1983, p. 219) alude à apócrifa enciclopédia chinesa intitulada *Empório celestial de conhecimento benevolente* descrita ou inventada – o que, no caso, é o mesmo – por Jorge Luis Borges.

Além disso, a ontologia histórica proposta por Hacking (2002) procura deixar claro que muitos dos temas mais centrais do debate intelectual contemporâneo (por exemplo, os tratados neste livro) como coisas, classificações, ideias, tipos de humanos, pessoas e instituições, são seres que se tornaram-coisas (do inglês *beings that become-things*), não entidades eternas, imunes e neutramente presentes fora do âmbito acadêmico e do debate intelectual.

Consequentemente, domínios amplos de fenômenos como sonhos, átomos, monstros, cultura, mortalidade, centros de gravidade, partículas subatômicas, estruturas citoplasmáticas, o *self*, tuberculose (e, acrescentaríamos, o humano: seja como animal, feto, neandertal, linguagem etc.) são constituídos e apreendidos por determinada ontologia que é melhor descrita como ontologia histórica (do inglês *historical ontology*).

Tal ontologia, ao levar a sério a historicidade das entidades, não nega de modo algum a realidade das entidades que examina; apenas constata que elas só podem ser *historicamente concebidas por alguém* (ou por um grupo de pessoas) em determinado momento, em certo contexto de conhecimentos e práticas.

Nas palavras de Hacking (2002, p. 11, tradução nossa): "Minha ontologia histórica se preocupa com objetos e seus efeitos, que não existem em nenhuma forma reconhecível até que sejam objetos de estudo científico". Assim, a historicidade dos temas de interesse é algo inerente e impossível de ser desprezado ou escotomizado.

Nesta obra, buscamos o exame de como alguns conceitos relevantes da antropologia social e da biologia humana são constituídos e operam dentro e fora de seus campos disciplinares. Não tratamos, no entanto, da veracidade, pertinência, utilidade, valor ético ou valor político daquilo que se examina.

Pretende-se observar como a noção de humano e como um conjunto de noções que orbitam em torno dela se constituem e operam conceitualmente, até o presente, nos campos disciplinares da antropologia, da biologia humana e de áreas próximas. Ao final, o leitor julgará, por si, se a névoa que recobre os problemas conceituais e disciplinares apontados nesta introdução tornou-se menos densa e permitiu, ou não, que se vislumbrasse algo consistente e interessante.

Além disso, devemos lembrar que a escrita deste livro foi concluída no início de 2023, segundo ano da guerra da Rússia contra a Ucrânia e terceiro ano desta terrível pandemia covid-19, que já matou centenas de milhares de seres humanos. A pandemia também tem feito o mundo ver – neste caso, positivamente surpreso – os incríveis e rapidíssimos avanços da biologia molecular, da imunologia e da virologia, com dezenas de vacinas pensadas e fabricadas com a mais avançada ciência e tecnologia de nossa época.

Essa pandemia também (e talvez mais assombrosamente) joga em nossa cara um mundo com sociedades e nações onde pululam governos autoritários, populistas, negacionistas e desprovidos de compaixão, aplaudidos por multidões embriagadas de ódio e ressentimento.

Assim, especialmente o cenário deixado pela pandemia de covid-19 abre uma centena de incógnitas filosóficas, sociológicas, antropológicas e políticas, que as ciências humanas, com espanto e perplexidade, procuram rapidamente captar e, talvez, decifrar indícios, clareiras, *insights*. Novamente as ciências naturais e as ciências humanas se entrecruzam, se questionam, ensaiam um diálogo surdo em idiomas pouco compreensíveis de um lado e de outro.

Este livro não é, obviamente, sobre essa pandemia e suas consequências; não se debruça detidamente sobre nosso inquietante e assustador presente. Entretanto, os saberes que da pandemia falaram e falam, que com ela lidaram e lidam, não são estranhos aos saberes e às suas batalhas passadas (e, eventualmente, presentes) que examinaremos no presente livro. Assim, leitoras e leitores têm agora, diante de si, um texto provocativo e inacabado sobre o passado e o presente (com espiadelas para o futuro). Poderão frustrar-se ou aproveitarão algo de valor que talvez ele possua e informe. Espero que leiam e respondam às provocações, inquietações e perplexidades apresentadas.

# 1

# Sobre as noções de natureza, cultura e evolução

Para se abordar a noção de humano nos campos da biologia e da antropologia, cabe, inicialmente, expor como o ambiente intelectual ocidental formulou e formula algumas noções prévias e fundamentais relacionadas a esse conceito.

Natureza, cultura e evolução estão entre tais noções fundamentais. A seguir, neste capítulo, abordaremos as noções de natureza, cultura e evolução, com o intuito de criar um quadro ou cenário de fundo para os embates específicos sobre a noção de humano e do que é especificamente humano, que serão desenvolvidos em capítulos posteriores. Mais que quadros e cenários, natureza, cultura e evolução estão na base conceitual, são raízes ou rizomas subentendidos sempre recorrentes no debate sobre o humano.

A noção de humano, portanto, alimenta e é alimentada permanentemente pelas noções de natureza, de cultura e de evolução.

## Natureza

*A natureza é um objeto enigmático, um objeto que não é inteiramente objeto; ela não está inteiramente diante de nós. É o nosso solo, não aquilo que está diante, mas o que nos sustenta.*
(Merleau-Ponty, 2006, p. 4)

> *O natural não deve ser um postulado preguiçoso. Pode-se perguntar, por fim, se o pensamento pode viver num universo exclusivamente humano e artificial.*
> (Merleau-Ponty, 2006, p. 136)

A ideia de natureza, inescapavelmente relevante, sobretudo, quando se visa perscrutar a noção de humano, foi formulada pelas ciências ou filosofias da natureza. A noção de natureza, particularmente no Ocidente, articula-se com o longo processo de formação e desdobramentos de conhecimentos das chamadas ciências naturais.

Segundo Maurice Merleau-Ponty (2006), há uma intricada relação entre a ideia de natureza e as descobertas científicas sobre tal natureza ao longo da história. Ao contrário do que o senso comum sugere, não foram simplesmente as descobertas científicas que provocaram mudanças nas concepções de natureza, mas o inverso também se revela fundamental; para o pensador francês, a mudança na ideia de natureza permitiu mesmo que tais descobertas pudessem ser realizadas.

A palavra e o conceito *natureza* têm alguns significados densos, mas distintos, que se articulam e se sobrepõem de uma forma ou outra. O termo natureza se origina das palavras latinas *nascor* e *nasci*, que se traduzem por nascer, viver. *Nasci* é homólogo do verbo grego *physein*, ser gerado. Assim, todas as coisas que nascem, que surgem, ao nascer ou surgir tendem à realização de suas características intrínsecas. Tal noção origina-se possivelmente em Aristóteles, que em seu *hilemorfismo* defende que todas as coisas são constituídas de matéria (*hilé*) e forma (*morphé*), e que cada coisa, cada organismo, busca vir a ser o que está de acordo com sua natureza, visa atualizar suas potências próprias (Gonçalves, 2006).

Também o termo natureza se refere à ideia de certa *essencialidade*: a natureza de algo remete à essência disso ou daquilo. Por exemplo: diz-se que a natureza da pedra é ser dura; a do fogo, ser quente; a dos animais carnívoros, predar suas presas etc. Esses entes ou fenômenos surgiriam, portanto, com essas propriedades fundamentais ou destinados a realizar tais propriedades.

Além disso, outra acepção das mais disseminadas e utilizadas é a de se considerar natureza como o conjunto das coisas que existem, o universo, o mundo, incluindo os seres humanos e suas obras. Platão, no *Timaeus*, sustenta que a forma esférica do mundo é a mais perfeita e bela, pois capaz de abranger todas *as formas existentes*: "[...] uma forma esférica, cujo centro está à mesma distância de todos os pontos do extremo envolvente – e de todas as figuras é essa a mais perfeita e semelhante a si própria" (Platão, 2011, p. 102).

Enfim, como afirma Gianni Micheli (1985), há uma intricada relação no termo natureza relativa a estes três campos semânticos: nascimento ou origem, essencialidade e totalidade.

Há, também, em concepções religiosas, místicas e em algumas metafísicas, a contraposição entre uma *natureza* e uma *sobrenatureza*; de um lado estariam os fenômenos e seres naturais, físicos, químicos e biológicos, assim como a técnica, a história, a sociedade e a cultura humanas; de outro, o sobrenatural, a revelação e entidades como a alma humana, espíritos (independentes ou das coisas do mundo) e Deus (Leach, 1985d).

Além disso, cabe notar que a natureza é percebida frequentemente de forma ambivalente: como grande mãe protetora e generosa, que dá a vida e os meios de mantê-la, mas também como detentora do princípio ou poder de destruir as pretensões humanas de infinitude, imortalidade e superioridade (Mutschler, 2008).

## Lovejoy e A grande cadeia do ser

Na obra *A grande cadeia do ser* (2005), o filósofo e historiador das ideias Arthur O. Lovejoy (1873–1962) defende que uma profunda fissura de amplo alcance marca o pensamento ocidental, desde os gregos, sobretudo desde Platão e Aristóteles, até a Modernidade: a fissura entre o que ele chama de *outra-mundanidade* e *esta-mundanidade*.

São duas concepções da divindade e do mundo, das verdades mais fundamentais, ou seja, daquilo que realmente interessa aos seres humanos. A concepção *outra-mundana* busca estabelecer que o bem final, fixo, imutável, intrínseco e perfeitamente satisfatório habita um mais alto reino do ser. A razão humana que visa ao conhecimento deve, então, diz Lovejoy (2005), buscar objetos de contemplação estáveis, definitivos, coerentes, autônomos e inteligíveis fora do mundo empírico, em um universo apenas acessível à ascese e à iluminação mística. Segundo Lovejoy, essa concepção foi, de uma forma ou de outra, a filosofia oficial dominante de grande parte da humanidade civilizada ocidental ao longo da maior parte de sua história.

No entanto, afirma Lovejoy (2005, p. 38), "[...] nenhuma outra-mundanidade, seja integral ou limitada, pode, como pareceria, fazer algo quanto ao fato de que há um 'este mundo' do qual é preciso evadir-se; menos ainda ela pode justificar ou explicar o ser de um tal mundo". Aqui, neste trabalho, o que nos interessa é justamente este lado da grande fissura; é a perspectiva que Lovejoy chama de *esta-mundanidade*.

Assim, a história das ideias sobre a natureza no Ocidente é concebida como "[...] o longo esforço do homem ocidental em fazer o mundo em que vive parecer um mundo racional a seu intelecto (Lovejoy, 2005, p. 53). O resultado de tal esforço, segundo Lovejoy (2005), é a constituição de um sistema de ideias em que o plano e a estrutura do mundo se revelam de modo lógico e ordenado – noção que a maior parte dos filósofos, eruditos e cientistas aceitariam praticamente sem questionamento. Tal sistema de ideias se organizaria a partir da concepção do universo como *grande cadeia do ser*. Em Aristóteles, isso é explícito, por exemplo, na ideia de ordenar todos os organismos segundo o seu grau de "perfeição", em uma *scala naturae* única e gradual.

Para Lovejoy, há em Aristóteles dois sistemas hierárquicos em tal *scala naturae* aplicada aos animais: um primeiro, baseado no grau de desenvolvimento alcançado pelo filhote no momento do nascimento, do qual resultam 11 graus gerais, com o ser humano no topo e o zoófito na base; e um segundo, mais tardio em sua obra, que baseia sua hierarquia em potências da alma que cada organismo possui, desde as mais básicas e inferiores, como a nutritiva (à qual as plantas estão limitadas), passando pela locomotiva e a sensitiva até chegar ao topo, onde a capacidade racional coroa os seres humanos (embora, para Aristóteles, haja também inúmeros seres acima dos humanos, intermediários entre os seres humanos e os deuses) (Lovejoy, 2005).

Essa *grande cadeia* respeita alguns princípios fundamentais que, de várias formas, já estão presentes em Platão e Aristóteles e cuja sistematização se deve aos neoplatônicos (os quais são de grande influência sobre a teologia e as concepções de mundo cristãs). São eles: plenitude, gradação unilinear e continuidade.

Segundo o princípio de plenitude (fundamentalmente originado por Platão), não apenas o universo é um *plenum formarum* no qual toda a diversidade concebível de espécies de coisas vivas deve estar exaustivamente exemplificada, mas, sobretudo, "[...] nenhuma potencialidade de ser genuína poderia permanecer incompleta" (Lovejoy, 2005, p. 57).

Segundo tal princípio de plenitude, a extensão e a abundância da criação serão tão grandes e extensas quanto o forem a possibilidade, a existência e a capacidade produtiva de uma fonte "perfeita" e inesgotável. Nessa linha, o mundo será tanto melhor quanto mais coisas contiver. Além disso, lembra Merleau-Ponty (2006), tal completude revela-se na noção spinoziniana de que nada aconteceria na natureza que pudesse ser atribuído a um vício dela, e de que a natureza é sempre a mesma; para Spinoza, não existiria a possibilidade da falta na natureza.

O princípio de gradação unilinear, oriundo de Aristóteles, afirma que a natureza passa do animado para o inanimado de maneira tão gradual que sua continuidade torna indistinguível a fronteira entre eles. Assim, há sempre uma espécie intermediária que pertence a ambas as ordens (Lovejoy, 2005). O princípio de continuidade articula-se logicamente com o de gradação unilinear. A escada dos seres revela uma transição quase imperceptível e contínua entre as espécies, existindo um número infinito de elos dispostos em ordem hierárquica. Cada espécie diferiria "[...] daquela imediatamente inferior e da imediatamente superior pelo menor grau de diferença", afirma Lovejoy (2005, p. 64).

A ideia de formular a natureza como *a grande cadeia do ser* atravessou a Antiguidade Tardia, a Idade Média, a Renascença e a Ilustração, chegando ao seu auge no século XVIII. Naquele século, ela permaneceu viva, mas sofreu uma inversão radical: o esquema do universo originalmente platônico e aristotélico, formado por uma hierarquia decrescente de essências e seres perfeitos, que descem a escada até as formas mais imperfeitas e rudimentares em uma espécie de queda contínua, é virado de cabeça para baixo, diz Lovejoy (2005).

A *cadeia do ser* originalmente completa, imutável e perfeita é convertida em um *devir*, e a própria divindade passa a ser situada ou identificada com esse *devir*. A partir do século XVIII, não há mais uma descida dos seres perfeitos aos imperfeitos, mas haverá ainda uma subida. O Cosmos se inicia com as formas e seres mais rudimentares e imperfeitos e caminha, resolutamente, para as formas mais elaboradas, sofisticadas e perfeitas.

Tal concepção de *grande cadeia do ser* permanece, então, ainda influente e abrangente, chegando até o século XX e o período contemporâneo. No campo da biologia, especificamente, ela sofre um grande revés perpetrado pelo darwinismo – que questiona, sobretudo, a teleologia –, esse revés é percebido mais claramente apenas a partir de meados do século XX.

De modo geral, até o presente, tal questionamento da teleologia e do progresso gradativo no Cosmos não é unanimemente aceito, seja por parte dos cientistas, seja por filósofos e pensadores em diversos campos. Cabe assinalar, além disso, que se por um lado a teleologia e a noção de progresso são frontalmente desmontadas pelas teses da biologia e do evolucionismo darwiniano, em campos das ciências sociais, como na economia e na política, as noções teleológicas permanecem, tácitas ou explícitas, de forma mais ou menos central.

## Collingwood e as distintas naturezas no Ocidente

O historiador e filósofo da história Robin George Collingwood (1889–1943) afirmou, em sua obra *The idea of nature* de 1946, que na história das ideias no Ocidente, sobretudo na Europa, há três grandes formas de pensamento referentes à ideia de natureza: a visão grega, a visão renascentista e pós-renascentista e a visão moderna.

Tais formas de pensamento ou ideias organizariam de modos diferenciados os conhecimentos e as ciências da natureza que esses períodos históricos produziram. Adiante tentaremos mostrar que as concepções de Lovejoy e de Collingwood não são incompatíveis, mas passíveis de consistente aproximação.

Para a ciência da natureza grega, diz o historiador inglês, o Cosmos estaria permeado e saturado por uma mente/inteligência. A presença de tal mente/inteligência na natureza estaria na base da regularidade e da ordem que se constatam no Cosmos; o que, por sua vez, é o que torna uma ciência da natureza possível para os gregos.

O mundo natural é, no pensamento grego, um mundo de corpos em movimento. O movimento incessante é devido à presença inerente de vitalidade ou de "alma" em todos os segmentos do Cosmos. Mas se o movimento é um dos aspectos centrais da natureza, o outro aspecto fundamental é a ordem.

Os gregos concebem que tanto a ordem quanto o movimento são elementos básicos e generalizados, pois são produzidos a partir uma mente/inteligência intrínseca que funciona como elemento legislador e regulador – impondo, desde o início e de seu interior, tais princípios ordenadores à natureza. Sendo a natureza dotada de movimentação incessante e ordenada, a analogia principal da natureza grega é com o organismo vivo; a natureza é, assim, concebida como um enorme animal dotado de alma. Mais ainda: como um vasto animal dotado de profunda racionalidade, posto que gerido por uma mente/inteligência.

Caberia apenas acrescentar que o pensamento naturalista grego, entretanto, não é, evidentemente, totalmente homogêneo. Há, por exemplo, uma visão materialista radical no atomismo de Demócrito, Leucipo e Epicuro, que não pressupõe elementos legisladores no interior da natureza, nem centro, direção ou teleologia (como em Platão e Aristóteles). Há, aqui, uma perspectiva que ressoa ao mecanicismo da ciência, que irá surgir mais de um milênio e meio depois (Farrington, 1968; Moraes, 1998).

A cosmologia renascentista e pós-renascentista introduz uma mudança radical em relação à grega, sobretudo com as obras de Nicolau Copérnico (1473–1543), Bernardino Telesio (1509–1588) e Giordano Bruno (1548–1600), seguidos depois por Galileu Galilei (1564–1642) e Isaac Newton (1642–1727).

Mas é, sobretudo, em René Descartes (1596–1650) que essa noção de natureza irá ganhar sua forma mais madura e evidente. Tal cosmologia nega frontalmente que o mundo da natureza estudado pelas ciências naturais possa ser concebido como um organismo. A natureza física é desprovida tanto de inteligência como de vida ou de algo concebível como alma. O universo é incapaz de movimentar-se por si mesmo seguindo um modo racional. Os movimentos exibidos pelos corpos físicos são, em última análise, impostos de fora; sua regularidade se deve às "leis da natureza", leis essas também impostas de fora. Merleau-Ponty (2006) ressalta que tal noção de natureza como *sistema de leis* torna supérflua a existência de forças que lhe sejam interiores; a interioridade passa a residir toda ela em Deus, e a natureza perde toda a sua possível interioridade.

Em vez de ser concebida como um organismo, como um gigantesco animal, o mundo natural é concebido como uma máquina que é pura exterioridade; uma máquina no sentido literal e próprio do termo, segundo Collingwood (1946). Nessa enorme máquina, os corpos são desenhados e postos em conjunto e em movimento por uma mente inteligente que é, decididamente, externa a tais corpos. Tal mente inteligente é o criador divino, o verdadeiro engendrador, artesão e legislador da natureza.

A partir do século XVI, progressiva revolução técnica e industrial começa a se configurar na Europa; as máquinas de imprensa, os moinhos de vento, as alavancas, roldanas, bombas de água e de ar, o carrinho de mão e os relógios mecânicos – ou seja, uma variedade de invenções, ferramentas e mecanismos – passam a constituir as máquinas da economia que gradativamente habitam e impregnam o cotidiano europeu. Dissemina-se então, para todos, a ideia de natureza como uma grande máquina; a partir daí, é um passo relativamente curto e direto conceber a fórmula de que o relojoeiro está para o relógio e o artesão para o artefato, assim como Deus está para a natureza.

Além disso, acrescenta Merleau-Ponty (2006), a orientação dos corpos e dos elementos da natureza se deve ao pensamento do organizador; ela não corresponde em nada à orientação de seus elementos internos. Por tal razão, Descartes eliminaria todo e qualquer predicado de valor da natureza.

No final do século XVIII e ao longo do século XIX, surgiria, segundo Collingwood, a visão moderna de natureza, devedora certamente das ideias grega e pós-renascentista, mas delas diferindo em alguns aspectos fundamentais.

Como essas outras cosmologias, a visão moderna também se baseia em uma analogia, afirma o historiador inglês. A ciência natural grega (do vasto animal), em que a natureza como macrocosmo é análoga ao homem como microcosmo, e a ciência pós-renascentista, que concebe a natureza como um artefato de Deus assim como as máquinas são artefatos dos seres humanos, não serão mais concepções suficientes para os pensadores e cientistas modernos.

A ideia que surge a partir do final do século XVIII, e que, segundo Collingwood, permanece até a (sua) contemporaneidade, é baseada na analogia entre os processos do mundo natural, tais como estudados pelos cientistas naturais, e as vicissitudes dos afazeres, das relações, dos processos e das sociedades humanas, tais como estudadas pelos historiadores. A partir de então, a natureza não é concebida nem como um vasto animal, nem como um grande maquinismo; ela é toda um incessante *devir histórico*, uma multidão de processos históricos de transformação únicos e irreversíveis (e não cíclicos, como as transformações da natureza grega).

As noções de processo, mudança e desenvolvimento passam ao centro do pensamento moderno sobre a natureza, sendo tais noções as categorias fundamentais do pensamento histórico. Tal perspectiva começa a surgir em autores que se voltam para a história como Turgot (*Discours sur l'histoire universelle*, 1750) e Voltaire (*Le Siècle de Louis XIV*, 1751) e na *Encyclopédie* (1751–1765) e, na segunda metade do século XVIII é apropriada por naturalistas que incorporam claramente a ideia de progresso, como Erasmus Darwin (*Zoonomia*, 1794–1798) e Lamarck (*Philosophie zoologique*, 1809) e, ainda, por filósofos da natureza como Schelling (*Über das wesen der menschlichen freiheit*, 1809) e Oken (*Lehrbuch der naturphilosophie*, 1810).

Nos séculos XIX e XX, tal ideia de progresso é assimilada nas suas diversas variantes à ideia de evolução, seja em teorias físicas, geológicas ou biológicas. A história, naquele momento, se estabelecia como uma disciplina madura e consistente, demonstrando que o conhecimento científico seria possível sobre objetos em constante transformação. A autoconsciência do ser humano, particularmente sua autoconsciência histórica, forneceria as bases para o pensamento sobre a natureza. A concepção histórica de mudança (ou processo), passível de conhecimento científico, passa a ser aplicada, sob o nome de *evolução*, ao mundo natural.

Ainda segundo Merleau-Ponty (2006), o pensador que melhor exprime tal noção de natureza é Alfred North Whitehead (1861–1947). De acordo com Whitehead, a natureza deve ser concebida como uma espécie de atividade, como processo, passagem, enfim, como um princípio criativo. Tal atividade é exercida sem ser comparável à atividade de uma mente, uma consciência ou um espírito.

Whitehead não visa definir a matéria e a natureza pelo instante, pelo presente. Ele nega que o passado não seja mais e que o futuro ainda não seja. A natureza é a passagem natural do tempo; há um tempo e um espaço inerentes a ela, e tal tempo envolve tudo, inclusive a nós, na medida em que nós, humanos, participamos da passagem da natureza. Assim, dever-se-ia falar em *"passagem da natureza"* ao invés de em *natureza*, pois o caráter temporal é central para essa noção de natureza; ela passa, assim como o tempo passa. Mais que isso: ela está sempre de passagem; somente a apreendemos em suas manifestações momentâneas, sem que tais manifestações jamais se esgotem.

A concepção moderna de natureza traz consigo algumas consequências. A mudança deixa de ser cíclica para ser progressiva e, sobretudo, irreversível. A natureza não é mais vista como conjunto mecânico de objetos; determinadas visões teleológicas são reintroduzidas (e, depois, contestadas); substância e estrutura são assimiladas à função; tudo necessita, para existir, de um espaço e um tempo mínimos; e certo ceticismo é introduzido ao nos depararmos com o contraste entre o tempo e o espaço da observação humana e os tempos e os espaços da natureza como um todo.

A visão moderna de natureza abole, então, a perspectiva grega de mudanças cíclicas. A onipresente ideia de progresso e desenvolvimento, amplificada pelo Iluminismo, se apoia na formulação de que a história nunca se repete. Sendo a natureza um mundo análogo ao histórico, também nela nada se repetiria. A natureza é, assim, um segundo mundo caracterizado – não menos do que o histórico – por um constante emergir de coisas novas. A mudança, na sua base, é progressiva.

A natureza deixa de ser mecânica, pois a introdução da ideia de evolução no mundo natural implica e obriga o abandono da concepção mecânica da natureza – como algo que está em constante transformação e desenvolvimento; algo que pode construir máquinas, mas não pode ser, ele mesmo, uma máquina. Mesmo porque pode haver máquinas na natureza, mas ela mesma não pode ser concebida como uma máquina, pois uma máquina é essencialmente um produto finalizado, um sistema fechado.

Também certa teleologia pode agora ser reintroduzida (já que a natureza grega era teleológica e a pós-renascentista, em certo sentido, antiteleológica). Um mundo mecânico não pode ter finalidades em si – só fora de si, em Deus. Na visão moderna, tudo na natureza se esforça para alcançar sua realização, para dar continuidade ao seu processo de desenvolvimento. Algo engajado em um processo de desenvolvimento está implicado em deixar de ser o que é para se tornar algo novo: a semente deve se tornar planta; o filhote está destinado a ser adulto, a ser algo que ele ainda não é.

Na perspectiva moderna de natureza, a substância e a estrutura são como que absorvidas pela ideia de função, diz Collingwood (1946). Ocorre, então, uma extensa reforma do vocabulário das ciências naturais, em que as palavras e as frases destinadas a descrever substâncias e estruturas dos elementos naturais devem ser substituídas por uma linguagem de funções.

Em uma máquina, sua estrutura, sua substância ou seus componentes são uma coisa; suas funções são outra, completamente distinta, de modo geral a função sendo decorrência da estrutura. Em um mundo inspirado pelos processos e afazeres humanos tais como concebidos pela história, não pode haver uma distinção clara e definitiva ou uma prioridade hierárquica da estrutura sobre a função; a estrutura se resolve na função. A natureza passa a ser compreendida como algo que consiste em um conjunto de processos, e o que se concebe por estrutura é a realização desse conjunto de processos, não algo que os precede ou os determina.

Finalmente, a noção moderna de natureza implica, segundo Collingwood (1946), na concepção de espaços e tempos mínimos necessários. Um tipo de substância natural que realiza qualquer movimento só pode existir em um espaço determinado e em um tempo determinado; fora de um espaço e de um tempo mínimos necessários, os objetos da natureza são inconcebíveis. Isso cria certo paradoxo e ceticismo, pois o espaço e o tempo dos seres humanos como observadores e descritores da natureza é claramente limitado, sendo, no mais das vezes, distintos daqueles da natureza física e mesmo biológica. Assim, determinado antropocentrismo torna-se algo ao mesmo tempo inescapável e incômodo na concepção moderna de natureza.

Um capítulo à parte na história moderna da noção de natureza é dado pelas formulações da *Naturphilosophie* do Romantismo alemão, cujo maior expoente foi o filósofo e naturalista Friedrich Wilhelm Joseph von Schelling (1775–1854). Ele critica a ciência mecanicista e busca retomar a ideia grega de um princípio imanente no interior da natureza e em seus sistemas orgânicos cíclicos.

Schelling busca, então, romper alguns pressupostos que estabelecem divisões fundantes no pensamento ocidental, como entre o orgânico e o inorgânico – na medida em que, nas palavras do filósofo, "[...] um e o mesmo princípio vincula a natureza inorgânica e orgânica" (Schelling, 1973, p. 228) – e entre um espírito em nós e uma natureza fora de nós. Nesse sentido, Schelling (1973) propõe a existência de uma unificação originária de espírito e matéria nas coisas da natureza, terminando por conceber a natureza como sujeito, como uma atividade que produz seu próprio movimento.

Há também, nesse sistema, uma continuidade entre o mundo real da natureza e o mundo ideal do conhecimento (relação de imanência entre *physis* e *logos*). Enfim, um princípio vivificante atravessa toda a natureza: uma *Weltseele* (alma do mundo). A crítica da *Naturphilosophie* à ciência hegemônica de sua época é a de que, ao se abordar a natureza apenas em sua objetividade, chega-se apenas à superfície. Haveria, no entanto, uma profundidade oculta na natureza (Gonçalves, 2006).

Para Schelling (1973), a matéria se auto--organiza; o organismo não pode ser visto como apenas um efeito do movimento alea- tório da matéria: ele é o fundamento da natureza na sua totalidade. O organismo revela como a natureza se torna totalmente autônoma, pois ele interioriza o conjunto de processos de síntese da matéria química (Gonçalves, 2006). Enfim, junto com Goethe, Johann Gottfried von Herder e Alexander Von Humboldt, a perspectiva romântica de Schelling visa erigir uma concepção orgânica de natureza. Entretanto, não obstante sua marcante influência em alguns meios, tal concepção, em uma perspectiva global, permaneceu marginal, fora do *mainstream* nas elaborações do Ocidente sobre natureza.

# A natureza no cenário contemporâneo

Cabe ressaltar que a partir do século XVIII, mas sobretudo nos séculos XIX e XX, formou-se uma consistente *scientific community* conduzida cada vez mais por cientistas profissionais, ativos em tempo integral, que gradativamente afastou do campo de conhecimentos sobre a natureza as formulações filosóficas. Segundo as palavras do filósofo e epistemólogo alemão Hans-Dieter Mutschler (2008), o cientista "[...] começou a cuidar de seu negócio por conta própria".

Ainda segundo Mutschler (2008), o panorama de concepções ocidentais acadêmicas sobre a natureza tornou-se marcadamente heterogêneo, sobretudo nas últimas décadas. A destacar uma determinada ruptura, marcante e progressiva, sobre a concepção de que a natureza é (ou deve ser) objeto exclusivo dos cientistas profissionais. Tal ruptura foi provocada certamente pela percepção crescente, a partir da segunda metade do século XX, da crise ambiental.

A crise ambiental despertou e paulatinamente fez acirrar a noção de que haveria alguma coisa equivocada, fora de lugar ou mesmo perversa na concepção de natureza produzida pelo complexo científico-tecnológico do Ocidente.

Nessa linha, a relação dos seres humanos e da sociedade com a natureza (em parte, sustentada pelas noções produzidas pela ciência), vinculada a tal complexo científico-tecnológico, requeria uma profunda reflexão e revisão. A ciência, em particular em sua articulação com a técnica – como *saber* e *percepções* únicos e inquestionáveis da natureza –, passa então a ser vista com suspeita por um número crescente de autores (e, em parte, pelo público em geral). As bombas atômicas explodidas no Japão, ao final da Segunda Grande Guerra, foram, certamente, um ponto importante de acirramento dessa intensa desconfiança em relação aos cientistas e tecnólogos profissionais, sobretudo acerca de sua independência ética e política.

Além disso, os modos de perceber a natureza implicam necessariamente em modos de perceber o humano, pois, segundo Mutschler (2008, p. 17), "não existe sequer um único modo de ver esses nexos da natureza que não repercuta diretamente na autocompreensão humana". O que não implica, entretanto, em deixar de perceber que, no período moderno, sobretudo nos últimos séculos, reafirmou-se uma separação acentuada entre mundos não humanos e mundos humanos.

Para esse autor, a cientificização absoluta da natureza gera também "[...] montanhas de lixo cognitivo em forma de teoremas compreendidos pela metade e não integrados na existência" (Mutschler, 2008, p. 18), uma poluição semântica que pede por um retorno da reflexão filosófica sobre os conceitos fundamentais relacionados à natureza.

No contexto atual, Mutschler (2008) propõe ordenar as perspectivas sobre a natureza utilizando dois referenciais, que geram quatro agrupamentos. O primeiro referencial contrapõe as noções nas quais a natureza possa ser vista como a totalidade de tudo o que existe àquelas em que a natureza diz respeito apenas a uma parte ou a uma região da realidade ou de tudo o que existe. O segundo referencial contrapõe a ideia de que a ciência é o saber legítimo sobre a natureza – e esta é o correlato da ciência da natureza – à noção de que haveria diversos modos igualmente legítimos de acesso à natureza, modos não redutíveis entre si e, portanto, a natureza poderia e deveria ser compreendida de forma pluralista.

Esses dois referenciais, com suas contraposições, gerariam quatro grupos de perspectivas sobre a natureza. A posição de que a natureza é tudo o que há e de que seu conhecimento legítimo é a ciência é defendida por autores como W. O. Quine, C. G. Hempel e W. Stegmüller e denominada, muitas vezes, como *esquema fisicalista*. A posição de que a natureza é tudo o que existe, mas que há uma pluralidade legítima de acessos a ela, é esposada por autores como Charles S. Peirce, Alfred N. Whitehead, Hans Jonas e Klaus Meyer-Abich. A terceira posição, de que a natureza é apenas uma região de tudo o que há, mas que seu conhecimento legítimo é dado apenas pela ciência, é defendida por autores como Paul Lorenzen e filósofos como Donald Davidson e Hilary

Putnam. Finalmente, a última posição – minoritária, diz Mutschler (2008) – formula que a natureza é apenas uma região da realidade e que tal região pode ser legitimamente acessada por diferentes formas de saber; essa ideia é defendida por ele mesmo e por outros autores como Henri Bergson, Hans Driesh e Lothar Schäfer.

Finalmente, Mutschler (2008) expõe a forma como uma série de autores heterogêneos e vagamente agrupados em torno da corrente pós-moderna, como, por exemplo, H.R. Maturana e F.J. Varela, James Lovelock, Gotthard Günter e Bruno Latour, têm produzido visões da natureza e críticas às concepções hegemônicas que revelam um debate marcadamente plural no cenário contemporâneo.

As principais críticas a esses últimos autores dizem respeito a seus projetos (diversos entre si), que visam suprimir ou suspender a contraposição entre subjetividade e natureza a partir de um ponto unitário. Tal propósito já fora empreendido, e com bases epistêmica e filosófica mais sólidas, pela filosofia idealista alemã, em particular pelos românticos acima mencionados, e, mesmo assim, seus resultados foram bastante questionados.

Em Maturana e Varela, por exemplo, há uma busca por suspender as distinções tradicionais entre natureza e cultura, sujeito e objeto, homem e animal, coisa e propriedade, substituindo tais distinções pelo conceito central de *autopoiese*, que se apresenta, de fato, como conceito empírico. Na biologia tal conceito não se realiza, pois sua generalidade não o viabiliza.

Outro exemplo: em Bruno Latour (1947––2022), os objetos híbridos que se libertam da dissociação entre sujeito e objeto, entre mundo do sentido e mundo do ser, levariam, segundo Mutschler, a um hegelianismo superficial, a uma metafísica disfarçada. Essa reivindicação, de um ponto de vista que não diferencia sujeito e objeto, não disporia de base argumentativa sólida e faria, em última análise, pressupor-se *o ponto de vista de Deus*, que, obviamente, não nos é dado (Mutschler, 2008).

Finalmente, cabe introduzir aqui uma derradeira perplexidade sobre o contemporâneo e o futuro da visão científica de natureza.

Com a astrofísica e a cosmologia contemporâneas, assim como com a física de partículas, a noção científica de natureza passou a incluir várias dimensões, desde a escala astrofísica até a atômica e a subatômica, a quântica e a da gravidade quântica – dessa forma, passou a considerar aspectos como quarks, antiquarks, glúons, léptons, comprimento de Planck, colapso da matéria, espuma do espaço-tempo, ruptura da noção de espaço e tempo, espaços paralelos, multiversos (outros universos possíveis, com outras leis físicas, muito distantes deste universo ou dentro dele), teoria das cordas e branas (e uma quarta dimensão do espaço), matéria e energia escura, qual entidade explodiu no momento do Big Bang, o que há além do horizonte, a fronteira do universo visível, dentre outros*.

Ou seja, um mundo não apenas dificílimo para a inteligibilidade leiga, mas profundamente contraintuitivo. No entanto, essa visão científica, a ser possivelmente difundida, absorvida ou não e transformada em sua difusão em vários graus, para além dos

---

* Ver como introdução Randall (2013) e Sun & Latora (2020).

especialistas, é questão que não poderemos aprofundar aqui. Fica apenas registrado mais um importante ponto de dificuldade para a inclusão da ciência contemporânea no debate intelectual atual.

## Cultura

Embora possam ser identificados elementos da contraposição natureza-cultura em outras formas de civilização, no Ocidente vez por outra se afirma que foram os gregos que iniciaram um tipo de distinção entre natureza e costumes – o que possibilitaria, por exemplo, compreender como o direito natural se contrapôs ao direito de cada pólis (ver capítulo posterior).

Haveria, assim, uma dimensão do mundo e da experiência que se designaria por cosmos, *physis* ou natureza e seria independente dos artifícios humanos, ou seja, um cosmos natural em contraposição ao mundo criado pela arte, pelos artefatos, obras e produtos oriundos da mão humana (*techne*). Na Grécia Antiga, o natural representado pela *physis* estaria também em contraposição ao *nomos*, o conjunto de convenções, acordos, costumes, leis e opiniões autorizadas que ordenam a vida humana.

Mas é preciso cuidado com a distinção natureza-cultura em períodos historicamente muito distantes. Platão, no *Timeu*, descreve uma cosmogonia em que a *techne*, como campo de referência, se estende à *physis*; há uma homogeneidade estrutural entre os dois âmbitos.

Para Micheli (1985), há em toda filosofia grega uma característica profunda em que as dimensões epistêmicas (da constituição do conhecimento) e ontológicas (da essência das coisas) coincidem. Assim, para os gregos, o plano da realidade externa, da *physis*, dos objetos do mundo, "[...] é entendido solidariamente com o plano da atividade racional do homem, do sujeito" (Micheli, 1985, p. 46). O que há é um todo homogêneo, no qual não haveria uma linha clara e substancial demarcando a separação entre a razão que realiza a *physis* e a razão que realiza o humano; as duas obedecendo ao critério de finalidade. Ambas, *physis* e *techne*, seguiriam os mesmos critérios de realização.

A ideia de Aristóteles, que se tornou clássica no Ocidente, da arte como imitação da natureza, exemplifica também tal homologia. Assim, como afirma Marilyn Strathern (1980), é preciso refrear o ímpeto de aplicar a dicotomia natureza-cultura a contextos sociais e culturais distintos dos existentes no Ocidente moderno, pois doméstico-selvagem (no caso dos *Hagen*, das terras altas da Papua-Nova Guiné, por ela estudados) ou natural-artificial (dos gregos antigos, aqui mencionados), por exemplo, não se sobrepõem necessariamente à imperiosa dicotomia natureza-cultura da modernidade ocidental. Voltaremos a esse ponto no final deste capítulo.

Também desde a Antiguidade tem sido postulado que, em relação ao ser humano, haveria um estado de coisas primevo e original, no sentido de que teria existido um *pré-humano*, um *humano natural*, uma criatura que teria vivido ainda sem linguagem e sem sociedade, em estado selvagem, visto às vezes como edênico, às vezes como infernal.

Articulada a essa visão de um humano natural pré-existente, subentende-se outra tese, de que a unidade do homem é natural (na modernidade, biológica) e a sua diversidade decorre da vida social, da cultura que possui. Segundo o antropólogo Edmund Leach (1919-1989), tal doutrina teria suas raízes remotas na concepção estoica de uma fraternidade universal, no contexto de uma *cosmopolis* igualmente universal. Tal ideia estoica irá reaparecer entre o final do século XVII e o início do XVIII (Leach, 1985a).

Seria tarefa árdua, e talvez com resultados dúbios, tentar abordar os contornos possíveis da protonoção de cultura ou da relação natureza-cultura em períodos anteriores aos últimos dois ou três séculos. De resto, essa é uma questão ainda bastante controvertida, sobretudo porque se dividem bem as teses que defendem uma universalidade transcultural para a dicotomia natureza-cultura e aquelas que afirmam a sua contingência histórica e cultural. Interessa aqui, portanto, para o caso da noção de cultura que se tornou mais dominante no Ocidente, observar seus desdobramentos bem mais recentes na história, ou seja, sua história contemporânea.

Na atualidade, o uso do termo cultura ganhou grande visibilidade e se constituiu como elemento instrumental importante e polivalente para um sem-número de domínios sociais, ideológicos, políticos e econômicos*.

Os povos nativos afirmam sua cultura; usa-se o termo, entre tantos usos, para o relato de cerimônias tradicionais, para descrever uma plataforma de ação política em um contexto islâmico ou cristão, para justificar estratégias empresariais em grandes empresas multinacionais etc. Cultura e identidade cultural tornaram-se elementos fundamentais para se moldar padrões de coesão grupal, assim como para descrever conflitos e hostilidades entre países e regiões e desintegrações de grandes agrupamentos humanos no mundo pós-Guerra Fria. Enfim, "todo mundo está envolvido com cultura atualmente [...] todos descobrem que têm uma 'cultura'" (Kuper, 2002, p. 22). Com tal constatação em mente, Adam Kuper (2002) resolveu produzir seu livro, que examina a noção de cultura no Ocidente, focando no debate intelectual e acadêmico dos últimos dois séculos e meio.

Como a antropologia norte-americana é aquela mais afeita a uma noção de cultura central para a disciplina, com os antropólogos norte-americanos professando, desde Franz Boas, um culturalismo decidido, Kuper foca seu livro na obra dos antropólogos dos Estados Unidos. Tal debate, de um modo ou de outro, está entre os principais responsáveis pela proeminência da noção de cultura.

Se o termo cultura frequentemente significa, no linguajar popular, *arte, erudição, modos refinados* – ou seja, alguns padrões de conhecimentos, comportamentos e hábitos das classes altas –, a partir de um referencial aristocrático, ele passou a significar, cada vez mais, sob a influência da antropologia acadêmica, sobretudo a norte-americana, *identidades coletivas, modos de ser e pensar* de minorias, das classes populares e dos povos distantes dos ocidentais cristãos.

Para traçar o momento originário em que surge a noção contemporânea de cultura, Kuper (2002) contrapõe três tradições intelectuais e sociais da Europa, a saber:

---
* Ver Cunha (2009).

França, Alemanha e Inglaterra. Tais tradições trazem à tona construtos teóricos de relevância para o pensamento antropológico, sendo os principais deles *civilização* e *cultura*. Esse debate vincula-se a momentos sociais e intelectuais históricos específicos da modernidade ocidental: o Iluminismo, o Romantismo e o Nacionalismo, do século XVIII até meados do XIX.

Na tradição francesa, o termo impregnado de significação mais marcante é certamente *civilização*, que indica um ideal de conquista "[...] progressiva, cumulativa e distintamente humana" (Kuper, 2002, p. 26).

Na tradição alemã, *Kultur* irá se contrapor a civilização a partir da ideia de se defender a tradição nacional contra a civilização cosmopolita, os valores espirituais contra o materialismo, as artes e os trabalhos manuais contra a ciência e a tecnologia, a genialidade individual e a expressão das próprias ideias contra a burocracia asfixiante, as emoções e até mesmo as forças mais obscuras do nosso íntimo contra a razão árida.

Assim, nesse contexto, é mister notar um componente reacionário e individualista já na origem do uso normativo e intelectual do termo cultura. Da mesma forma como denota os valores e modos de ser de grupos particulares, *Kultur*, ao se opor à noção de civilização, progresso e universalismo que esta implica, aponta para certo conservadorismo e particularismo que, de forma recorrente, serão acionados por projetos nacionalistas e reacionários.

No contexto inglês, Edward B. Tylor, com seu livro *Primitive culture*, como que cria a definição antropológica de cultura. De fato, a definição de Tylor no início do capítulo I de seu livro tornou-se a definição-padrão de cultura para a antropologia nascente. Vale a pena citá-la:

> A cultura ou civilização, em sentido etnográfico amplo, é aquele todo complexo que inclui o conhecimento, as crenças, a arte, a moral, o direito, os costumes e quaisquer outros hábitos e capacidades adquiridos pelo homem enquanto membro da sociedade (Tylor, 1871, p. 1, tradução nossa).

Há, nesta obra inaugural de Tylor, uma noção de cultura que salienta a uniformidade; para ele, esse todo complexo que é a cultura é um objeto apto para o estudo das leis do pensamento e da ação do ser humano, sendo que a mesma uniformidade que caracteriza a civilização, segundo o autor inglês, deve ser atribuída "[...] à ação uniforme de causas uniformes" (Tylor, 1975, p. 29, tradução nossa). Como veremos adiante, no final do século XX essa noção de uniformidade, de um todo coerente, será um dos pontos da crítica à noção de cultura.

A noção de Tylor também pressupõe a cultura como constituída de qualidades mentais e aspectos comportamentais (*conhecimentos, crenças, hábitos*), sendo, assim, um atributo interiorizado do indivíduo (Leach, 1985c). É interessante notar que tal noção defendida por Tylor, naquele momento, contrapunha-se à formulada por Matthew Arnold em seu *Culture and anarchy*, de 1869 (Kuper, 2002). Aqui, a cultura é uma variedade característica da moralidade e da sensibilidade estética disciplinada e nobre, um atributo do homem europeu educado. Assim, uma noção aristocrática já naquele momento se contrapõe a uma outra noção, desejosamente cientificista e naturalista.

A definição de Tylor, tendo surgido a partir de uma teorização evolucionista – que concebia uma natureza humana universal e as diversas sociedades organizadas de forma a se encaixarem num esquema de progresso hierárquico e gradual, do primitivo ao civilizado –, foi a que, de um modo ou de outro, prevaleceu na disciplina antropológica, pelo menos na maior parte do século XX. Apesar de antropólogos funcionalistas, estrutural-funcionalistas e culturalistas criticarem claramente as noções evolucionistas, os mesmos mantiveram a definição de Tylor, da cultura como um todo complexo adquirido por meio da vida social.

Para Kuper (2002), segundo teria mostrado Thomas S. Eliot (1888–1965) em 1939, a noção apresentada por Tylor também irá se contrapor à ideia humanista convencional, atrelada à noção de desenvolvimento intelectual ou espiritual de um indivíduo, classe ou grupo, e não ao modo de vida de toda uma sociedade. Mais tarde, prossegue Kuper (2002), Raymond Williams (1921–1988) irá examinar noções como *cultura de massa* e *cultura nacional*, bem como a contraposição entre *alta cultura* (das elites) e *cultura popular* (das classes operárias e camponesas). Assim, cabe notar, o discurso inglês sobre cultura emerge num contexto histórico particular, conflitivo, articulado ao processo marcante que foi a Revolução Industrial.

Por razões óbvias, não cabe aqui examinar de modo minimamente completo a trajetória da teorização antropológica em torno da noção de cultura ao longo do século XX – noção que foi trabalhada e retrabalhada pelas escolas culturalista, funcionalista, estrutural-funcionalista e estruturalista. Passaremos diretamente à crítica contemporânea e ao seu panorama polêmico atual.

## O debate contemporâneo: pertinência ou impertinência do construto "cultura"

Em *Writing against culture* (1991), Lila Abu-Lughod busca demonstrar que o construto cultura, embora usado por antropólogos há considerável tempo, e mesmo tendo sido central para a disciplina, deve ser algo contra o qual eles precisam começar a escrever. Por quê?

A autora sustenta que a noção de cultura, herdeira da ideia de raça, surge no (e para o) projeto do Ocidente, particularmente em seu momento de neocolonialismo, de criar um *outro*, de produzir uma alteridade em relação a si mesmo, ao seu *self*. O *outro* do Ocidente, negro ou mestiço, indígena, feminino, não cristão, contraposto ao *self* branco, masculino, burguês, cristão, precisou ser criado para a efetivação de um projeto de dominação política e ideológica (Abu-Lughod, 1991). A cultura foi e tem sido, assim, um recurso conceitual e ideológico fundamental para tal dominação por meio da produção de determinada noção de alteridade. Assim, quase como decorrência automática ou intrínseca, esse *outro* se torna situado hierarquicamente numa posição de inferioridade e de submissão em relação ao *self* ocidental.

Além disso, Abu-Lughod (1991) identifica, no conceito de cultura, perversões (ou seriam características intrínsecas, inescapáveis?), marcas de obrigatoriedade de *coerência* e de abolição da temporalidade (*timelessness*) e a implementação de uma perspectiva artificialmente discreta (*discreteness*) na percepção e na construção dos fenômenos sociais. Assim, coerência, temporalidade e discrição seriam, afirma ela, ferramentas antropológicas por excelência para a fabricação da alteridade ocidental; e tal fabricação desse *outro* cativo conceitualmente teria sido um dos elementos decisivos para o seu controle, dominação e desqualificação.

Em *Writing for culture* (1999), Christoph Brumann afirma que o principal argumento do discurso contra a noção antropológica de cultura é o de que tal conceito sugere uma dimensão artificial de homogeneidade, estabelecendo uma forma de prisão ou ligação inevitável a algo (*boundedness*) que é ancorada em conotações aparentadas de coerência, estabilidade e estrutura.

Em contraposição a tais desdobramentos da noção antropológica de cultura, a vida mesma e a realidade social genuína se caracterizam antes e muito mais por aspectos de variabilidade, inconsistência, conflito, mudança e agência individual. Brumann (1999) coleta e sistematiza, em forma de "frases-índice", algumas das críticas mais recorrentes à noção antropológica de cultura. A seguir, são expostas algumas dessas críticas:

> **Appadurai (1996):** *o termo cultura privilegia todo acordo e pertencimento relacionados a conhecimentos e a prestígio, a estilos de vida desiguais, desencorajando a atenção a aqueles que são marginalizados ou dominados.*
>
> **Rosaldo (1993):** *a cultura enfatiza padrões compartilhados à custa de processos de mudança, conflitos e contradições.*
>
> **Clifford (1988):** *a cultura é um processo de ordenamento, não de ruptura.*
>
> **Friedman (1994):** *a cultura literalmente apaga os processos variados nos quais a produção de significado ocorre. Transformando a diferença em essência, a cultura gera uma essencialização do mundo.*
>
> **Keesing (1994):** *a cultura quase irresistivelmente nos conduz à reificação e ao essencialismo; caracterizando a alteridade exótica.*
>
> **Ingold (1993):** *o conceito de cultura fragmenta a continuidade experiencial do ser-no-mundo.*
>
> **Vários autores** (Appadurai, 1996; Barnard & Spencer, 1996; Borofsky, 1994; Clifford, 1988; Goody, 1994) *preferem o termo cultural ao termo cultura, pois o adjetivo cultural daria ênfase a eventos matizados em níveis, atos, pessoas e processos.*

## A defesa do construto antropológico de cultura

Em dois textos intencionalmente polemizantes, Marshall Sahlins (1997a; 1997b) de certa forma responde a esse grupo de autores, incluídos aqui não apenas Abu-Lughod, mas outros alinhados com certa perspectiva pós-estruturalista.

Ele argumenta, na primeira parte de seu texto, em defesa da noção de cultura e, na segunda, em defesa de certo culturalismo militante, que, embora muitas vezes possa implicar uma noção de cultura essencializada, faz com que o uso de tal noção se sustente politicamente, pois ela disponibilizaria instrumentos de resistência, de reconstrução da identidade e da autoestima grupal e de enfrentamento da dominação capitalista e imperialista (Sahlins, 1997a).

Para defender a legitimidade da noção de cultura, Sahlins (1997a) recorre à origem histórica do construto. Cultura surge, segundo ele, da elaboração de Johann Gottfried von Herder já como crítica à ideia de hegemonia realizável através da noção de *civilização* que os filósofos iluministas (sobretudo os franceses) queriam, de uma forma ou de outra, impor a todos os povos (pelo menos os europeus).

A ideia de *Kultur* nasce, assim, atrelada às *Kulturen* (culturas, no plural) locais ou nativas de determinadas nações. Portanto, cultura já teria nascido, sustenta Sahlins (1997a), como construto plural e contra-hegemônico.

A dimensão da cultura como criadora e demarcadora da diferença, diz Sahlins, estaria apoiada em algo que ninguém, de fato, acredita: que as formas e normas culturais seriam prescritivas e não concederiam espaço algum à ação intencional. Absolutamente prescritiva, a noção de cultura nessa perspectiva se tornaria o *tropo ideológico do colonialismo*, seu *modo intelectual de controle* com o efeito de *encarcerar os povos periféricos em seus espaços de sujeição*.

Conforme Sahlins (1997a, 1997b), para tornar o conceito de cultura um bom réu, esse esforço pós-estruturalista submete a cultura a um *duplo empobrecimento conceitual*; em primeiro lugar, reduz o conceito a um *propósito funcional particular – marcar a diferença* – e, em segundo, constrói uma história (segundo Sahlins, falaciosa) que situa suas *origens impuras nas entranhas do colonialismo ou do capitalismo*. Esse modo de ver o conceito *cultura* tenta fazer com que o sentido antropológico de cultura seja dissolvido no *banho ácido do instrumentalismo*.

Se o objeto mesmo da antropologia é a *diferença cultural*, como sustenta Abu-Lughod (1991), o próximo passo, quase que natural de acordo com Sahlins (1997a), seria a redução perversa da *comparação cultural à distinção discriminatória*.

Além da instrumentalização do conceito de cultura como dispositivo de diferenciação e de dominação, alguns pós-estruturalistas criticam a antropologia acusando-a de supervalorizar a ordem. Assim, a cultura seria percebida como *objetivada, reificada, essencializada, estereotipada, homogênea, lógica, coesa, fechada, determinista* e *sistemática*. Aqui, afirma Sahlins (1997b), essas derivações da noção de cultura têm sido notadas e criticadas no interior da disciplina há bastante tempo, sendo tais críticas no mínimo *atrasadas* em relação às autocríticas que a própria antropologia social de tempos em tempos se coloca.

Formulada como contraposições e tensões entre *norma versus prática, ideal versus real, sistema versus ação intencional* (e, mais recentemente, *estrutura versus agência*), essa percepção do uso reificado de cultura faria parte, na visão de Sahlins (1997b), da autoconsciência da disciplina.

Cabe aqui notar que Brumann em seu *Writing for Culture* (1999), também expõe, na linha de Sahlins, seus argumentos a favor da manutenção do construto *cultura* em antropologia. Ele afirma que a noção de cultura deve ser mantida porque:

1. Lançando mão da famosa coletânea sobre o conceito de cultura de Kroeber & Kluckhohn (1952), ele afirma que a maior parte das definições de cultura nos textos clássicos de antropologia atribuem cultura a *grupos humanos, sociedades* e *áreas* específicas, mas nenhuma delas afirma que tais unidades analíticas são claramente demarcadas;
2. Nas definições e textos clássicos, não se verificam reificações e essencializações quando o conceito é utilizado por antropólogos em trabalhos profissionais;
3. A maior parte dos autores utiliza o conceito de cultura como uma unidade abstrata, uma noção construída, o que implica que, em seus vários aspectos, há a dimensão de metáfora;
4. A ideia de coerência na noção de cultura é criticada de forma recorrente em livros-texto; Brumann (1999) atribui tal ênfase à coerência à influência de Parsons na antropologia norte-americana, que propôs segmentar cultura e sociedade;
5. Apesar do uso perverso do conceito de cultura pelo *fundamentalismo cultural* (Huntington usando cultura para justificar a exclusão de imigrantes), haveria razões pragmáticas para manter tal uso na antropologia.

A seguir no Quadro 1.1 são apresentados os principais argumentos contra e a favor do construto cultura.

Finalmente, a sugestão de Manuela Carneiro da Cunha (2009) encaminha essa confrontação de forma mais produtiva. Ela propõe considerar, para o contexto atual, dois campos semânticos diversos para o termo cultura: a cultura como construto

**QUADRO 1.1** ARGUMENTOS CONTRA E A FAVOR DO USO DA NOÇÃO DE CULTURA

| ARGUMENTOS CONTRA O CONSTRUTO CULTURA (CC): LILA ABU-LUGHOD (1991) | ARGUMENTOS A FAVOR DO CONSTRUTO CULTURA (CC): MARSHALL SAHLINS (1997A; 1997B) |
|---|---|
| O CC opera predominantemente como seu precedente, "raça" (p. 143). Nesse sentido, o CC de fato congela a noção de "diferença" que a noção de raça implicava (p. 144). | Ao rejeitar o CC, deixamos de compreender o fenômeno único que ele nomeia e distingue: a organização da experiência e da ação humanas por meios simbólicos (p. 1). |
| O CC acentua atributos como "coerência", "apagamento da temporalidade" e a qualidade de ser algo eminentemente "discreto" (p. 147). | O CC e a ordenação (e desordenação) do mundo em termos simbólicos, viabilizada através do CC, é uma capacidade singular da espécie humana (p. 1). |
| As metáforas orgânicas de "totalidade" e a metodologia holística contribuem para a percepção das comunidades como "discretas" (p. 146). | A cultura é submetida, por críticos do CC, a um duplo empobrecimento conceitual: o propósito funcional de apenas marcar a diferença, e o pensamento acerca de sua história como intrinsecamente originada do colonialismo ou do capitalismo (p. 2) |

[ Continua ]

**QUADRO 1.1** ARGUMENTOS CONTRA E A FAVOR DO USO DA NOÇÃO DE CULTURA

| ARGUMENTOS CONTRA O CONSTRUTO CULTURA (CC): LILA ABU-LUGHOD (1991) | ARGUMENTOS A FAVOR DO CONSTRUTO CULTURA (CC): MARSHALL SAHLINS (1997A; 1997B) |
|---|---|
| O CC e a vocação para a generalização do método científico e do discurso das ciências sociais facilitam a abstração e a reificação (p. 150). O CC, embora utilizado de forma mais sofisticada pelos antropólogos, não consegue escapar do essencialismo (p. 146). | Os que sustentam a cultura como demarcação de diferenças incorrem numa batalha contra algo em que ninguém realmente acredita: que as formas e normas culturais são prescritivas e não concedem espaço algum à ação intencional (p. 2). |
| O CC e a antropologia ajudaram a construir, produzir e manter a noção de "diferença cultural", a distinção entre o *self* e os outros. Assim, o CC constitui diferenças e hierarquias (p. 143 e 144). | Há variedades, e não graus, de cultura. Por caracterizar formas específicas de vida, o conceito de cultura é intrinsecamente plural (p. 4). |
| O CC é o principal meio de construir o outro e a diferença e, assim, gerar a hierarquia fundamental do *self* ocidental, que é branco, masculino, heterossexual e burguês, sendo o outro negro, feminino, não ocidental, não heterossexual e pobre. | A ideia antropológica de cultura emergiu das aspirações de autonomia de uma região subdesenvolvida em face das ambições hegemônicas do imperialismo da Europa Ocidental (p. 4). |

Fonte: Abu-Lughod (1991), Sahlins (1997a, 1997b).

dos antropólogos e a "cultura", com aspas, como construto reapropriado pelos povos nativos, que, tendo sua origem nos antropólogos que decidiram estudá-los, transformou-se, indigenizou-se e, ao final, configurou-se em valioso instrumento de defesa de seus direitos.

Se cultura sem aspas, para Carneiro da Cunha, continua sendo um construto útil e fértil pois o antropólogo enriquece sua visão ao lançar mão, para análise, da hipótese de que existem "[...] esquemas interiorizados que organizam a percepção e ação das pessoas e garantem um certo grau de comunicação em grupos sociais, ou seja, algo no gênero do que se costuma chamar de cultura" (Cunha, 2009, p. 313), por outro lado o termo "cultura" com aspas, embora cobrindo outra área semântica e com todas as implicações performáticas que se pratiquem sobre ela, também é construto útil e fértil, mas para outros fins, para outros atores.

Os campos semânticos são, portanto, pseudoequivalentes, falsos cognatos, enfim, *falsos amigos* (como se diz em espanhol), produtos de idas e vindas da elaboração acadêmica, de um lado, e da recepção pelo objeto/sujeito, de outro – que, em um primeiro momento, é aquele que *tem cultura*, vive nela, mas não a configura para si, e, num segundo momento, *dela se apropria*, mas dela faz o que lhe interessa, o que lhe convém. Assim, em tal formulação, a cultura como construto acadêmico ocidental, no período contemporâneo, teria se tornado não nefasta, em um sentido, mas produtiva em múltiplos sentidos, ganhando contornos e direções que não são mais controlados por seus inventores.

## Natureza e cultura

Há, no contexto intelectual do Ocidente, uma linha que defende que a natureza deva ser concebida como totalidade de tudo o que há. Nesse caso, a cultura seria um aspecto da natureza, estaria incluída em seus elementos; talvez uma dimensão *sui generis*, especial da natureza, produzida por um ser também especial, mas algo que, enfim, pertence à natureza, é parte indissociável dela.

Em contraposição a tal linha, é bastante plausível argumentar que a natureza seja considerada uma ideia, uma noção que os seres humanos formulam sobre o mundo que habitam (e os seres humanos já formularam inúmeras noções distintas de natureza, vários modelos e recortes para ela). Assim, o que se concebe por natureza seria um aspecto, uma formulação e uma expressão desta ou daquela cultura; a natureza pertenceria, então, ao domínio da cultura. Para os homens, enfim, tudo o que há seria cultura (Leach, 1985c).

Entretanto, as acepções de natureza e de cultura que se tornaram mais comuns no pensamento ocidental são aquelas que atribuem à natureza a totalidade de coisas, fenômenos ou eventos existentes que independem da criação e da atuação direta do homem (Leach, 1985c). Nesse sentido, a natureza se contraporia à cultura, à sociedade, à arte, à tecnologia e à história. Tudo o que o ser humano produz seria cultura, todas as suas especificidades (como linguagem, simbolismo, arte, leis etc.) pertenceriam ao domínio da cultura, que é independente e autônomo em relação à natureza. Enfim, tem-se o conjunto de coisas, fenômenos e eventos que ocorrem sem a intervenção humana *versus* o conjunto de obras, ações, valores e perspectivas produzidas exclusivamente pelos seres humanos.

Tal distinção e contraposição entre natureza e cultura se articula de forma complexa com outras distinções importantes no pensamento ocidental: *domesticado-selvagem, cultivado-natural, homem-animal, espontâneo-artificial, inato-aprendido, genético-ambiental* (Leach, 1985a). Tais dicotomias foram e são com frequência assimiladas a contraposições como *eu-outro, nós-eles*, ou, em uma moldura sexista, a ideia da mulher sendo associada à natureza, instintiva, impulsiva e irracional, e o homem à cultura, ao controle e à racionalidade. Sobrepor, então, tais contraposições à díade natureza-cultura tornou-se um hábito intelectual ocidental, com todos os problemas e desdobramentos epistemológicos e políticos que isso pode implicar.

Segundo a tradição do pensamento ocidental, o homem-natural é conformado segundo um *estado de natureza*, ou seja, haveria um humano cuja condição é equivalente à dos seres humanos antes de terem se associado em agrupamentos sociais, por meio de um pacto fundador, com outros seres humanos. Tais seres humanos, após o pacto e a assunção de tudo o que ele implica (como respeito às normas sociais, obediência às leis, vida regida pela linguagem etc.), passariam, então, a viver em *estado de sociedade* (Leach, 1985a).

O *estado de natureza* é, com frequência, representado como uma noção negativa: a de como seriam os seres humanos fora do contexto social e político das sociedades conhecidas. O *estado de sociedade* é, portanto, formulado como a forma de devir do ser humano, que lhe possibilita realizar sua plena humanidade.

Bruno Latour (1994) defende a tese de que a distinção clara e precisa entre natureza e cultura, mundo natural e mundo cultural, é um artefato da modernidade ocidental, uma ruptura que se situa no século XVIII. Tal artefato permite a criação da ciência moderna, e esta se relaciona à ideia de uma natureza transcendente constituída por fatos objetivos, neutros, destituídos de valor, de carga política, de sentimentos ou subjetividades.

Este seria o grande empreendimento dos modernos, afirma ele: criar um mundo cultural, social, político, pleno de valores e subjetividade, envolto por (ou assentado em) uma natureza única, universal, totalmente neutra em relação a conflitos políticos, ética e valores. Mas tal projeto, afirma Latour (1994), é muito mais uma nuvem de fumaça que os modernos criaram para encobrir que os dois domínios, natureza e cultura, nunca se separaram.

Portanto, nunca fomos modernos e nunca houve uma natureza desprovida de valores, subjetividade e política;

> Toda a sociedade francesa do século XIX vem junto se puxamos as bactérias de Pasteur, e torna-se impossível compreender os peptídeos do cérebro sem acoplar a eles uma comunidade científica, instrumentos, práticas, diversos problemas que pouco lembram a matéria cinza e o cálculo (Latour, 1994, p. 9).

Também é de se ressaltar que a ideia inerente à díade natureza-cultura implica considerar a natureza como única, universal, em contraposição à cultura, que na verdade viria sempre no plural, como culturas diversas, variáveis no tempo e nas regiões da Terra; trata-se, portanto, de um núcleo natural universal em contraposição a uma diversidade cultural praticamente infinita.

Vindo da tradição estruturalista de Lévi-Strauss (Sztutman, 2008; Castro, 1998), Eduardo Viveiros de Castro (1996) tem sustentado, em suas investigações sobre as cosmologias de vários grupos ameríndios, que, para tais povos, a cultura é algo unitário e *as naturezas* é que variam; para esses grupos, então, há apenas uma cultura, mas muitas naturezas; suas perspectivas de mundo se assentam em um *multinaturalismo* e em um *monoculturalismo*. Essa formulação etnológica, inegavelmente, aponta para a ideia de que a contraposição natureza-cultura, tal como formulada no Ocidente moderno, é apenas um modo de se conceber as coisas, uma perspectiva entre tantas possíveis.

Em um conjunto de entrevistas concedidas entre 1999 e 2007, Viveiros de Castro declara reiteradamente sua herança lévi-straussiana (embora a tenha reconfigurado com originalidade sob muitas outras influências, como a de Gilles Deleuze e outros) (Sztutman, 2008). Lévi-Strauss manteve, entretanto, até seus últimos anos a ideia de que a distinção entre natureza e cultura não seria algo somente exclusivo do pensamento ocidental; ela seria, de fato, muito disseminada nas culturas, afirma ele (Lévi-Strauss; Eribon, 1990). O tipo de distinção é que varia, a atitude específica diante da natureza que cada cultura estabelece é o elemento particular.

Nos últimos anos, um grupo de antropólogos tem proposto superar a distinção ontológica entre natureza e cultura – distinção histórica e reincidente do pensamento ocidental (Hamilton; Placas, 2011).

A ideia de uma *natureculture* (uma palavra só), de um questionamento em níveis ontológico e metodológico acerca da separação do mundo da natureza e do mundo da cultura, é comumente associada a Donna Haraway (2008). Entretanto, nestes últimos anos, o coro dos que enunciam uma *natureculture* tem crescido rapidamente. Intimamente associadas à *natureculture* têm surgido propostas metodológicas de se realizar etnografias de multiespécies (*multispecies ethnography*), em que humanos e outras espécies orgânicas são descritas e analisadas de forma indissociável – deixando de focar exclusivamente nos humanos, passando a abordar seres humanos e outras espécies interagindo com seus ambientes ecológicos, transformando-os e se influenciando mutuamente.

Por exemplo: o antropólogo Agustín Fuentes (2010) realizou um estudo *etnoprimatológico* sobre as relações homem-macaco, em Bali, na Indonésia. No estudo, Fuentes propõe que se olhe para os diversos pontos nos quais as realidades fisiológico-comportamental-ecológicas são parte dos questionamentos sobre os seres humanos em interação com outros seres.

O termo *natureculture* é utilizado, então, para analisar a interface particular de distintas espécies, partindo da hipótese de que as duas espécies (homem e macaco) são simultaneamente atores e partícipes no compartilhamento e na formatação de ecologias mútuas; é uma *mutispecies ethnography* focada em zonas de contato, ou, nos termos de Haraway (2008), em zonas de contato natural-cultural, de grupos primatas (os humanos incluídos).

De toda forma, a contraposição natureza-cultura permanece como algo muito penetrante nas bases do pensamento ocidental, seja em sua história, seja na atualidade (mas é difícil dizer se ela se manterá ou não) (Eagleton, 2005).

Sobre a dialética da natureza e da cultura, cabe transcrever aqui a expressiva formulação de Terry Eagleton (2005, p. 127–128):

> É evidentemente possível amputar a própria mão sem sentir dor. Pessoas que tiveram uma das mãos presa em alguma máquina em certos casos amputaram-na sem sentir dor, pois estavam totalmente absortas na tentativa de se libertar. Também se sabe de manifestantes políticos que atearam fogo a si mesmos sem sentir nada; sua dor bloqueada pela intensidade de sua paixão. Alguém pode bater bem de leve numa criança por alguma infração cometida e ela chora, mas pode-se bater nela com bem mais força durante um jogo e isso só provoca uma risada alegre. Por sua vez, se você bater realmente com força numa criança, de brincadeira, é bem provável que ela chore mes-

> mo assim. Os significados podem moldar respostas físicas, mas são limitados por elas também. As glândulas suprarrenais dos pobres são geralmente maiores do que as dos ricos, já que os pobres sofrem maior estresse, mas a pobreza não é capaz de criar glândulas suprarrenais onde elas não existem. Tal é a dialética da natureza e da cultura.

Em tal cenário, a figura do humano é recorrentemente concebida como a de um homem-animal (ou homem-natural) revestido de cultura; a cultura se sobrepondo à base animal. Seria como se a cultura fosse uma espécie de roupagem muito especial (porque é essa roupa que conferiria ao homem a sua humanidade), habilmente confeccionada para cobrir o corpo nu do homem natural (Leach, 1985b).

Decorrente disso, a visão de um homem-natural se equivaleria a de um ser (humano) do qual foi subtraída a cultura. Quais seriam as características desse homem-natural universal e como a cultura o reconstrói, produzindo, então, um homem plenamente humano, é tema que iremos abordar ao longo dos capítulos posteriores deste livro.

# Evolução

Como neste livro interessa particularmente aproximar, contrapor e examinar a estrutura de conhecimentos da antropologia sociocultural e da biologia humana, faz-se necessário, neste momento, o exame da noção de evolução e suas implicações e desenvolvimentos no pensamento ocidental moderno.

Trata-se de uma noção de marcante influência no pensamento acadêmico, em especial para duas disciplinas: antropologia e biologia. A noção de evolução desmembra-se em evolução biológica (bem aceita e mesmo consensual na biologia após o século XIX) e evolução sociocultural (consideravelmente polêmica). Cabe notar que é na vertente evolucionista que os dois campos, biologia e antropologia, possivelmente mais se aproximam e mais afinidades revelam.

Em todas as concepções modernas sobre evolução, quer relacionadas a fenômenos naturais ou sociais, há hipóteses, noções e teorias de transformação. Entretanto, a simples ideia de transformação não expressa os conteúdos fundamentais que compõem os evolucionismos modernos.

A afirmação de que o passado, o presente e o futuro são distintos entre si não traduz, ainda, a visão evolucionista tanto em antropologia como em biologia. Para Lewontin & Levins (1985), nos evolucionismos dos últimos três séculos há uma série de conceitos relacionados hierarquicamente entre si. Assim, as ideias de *"mudança, ordem, direção temporal e perfectibilidade* são centrais nos evolucionismos modernos" (Lewontin; Levins, 1985). Além disso, na noção de *progresso* inserida nos evolucionismos modernos podem ser identificadas, em distintas formulações, dimensões como *aperfeiçoamento contínuo, progressão linear, força impulsionadora* e *estágio, objetivo final* ou *ponto culminante* (Rosslenbroich, 2006).

*Mudança* é concebida como algo necessário e sistemático. Muitas concepções anteriores ao Iluminismo do século XVIII e ao positivismo-cientificismo do XIX reconheciam a mudança na história natural e social. Entretanto, tal mudança era vista como excepcional num universo regularmente estável. A ideia de *ordem* se expressa no postulado de que a evolução ocorre em uma escala ordenada de estágios que constituem novas ordens, e não apenas como novos momentos que configuram conjuntos aleatórios de novas características.

Uma vez concebida uma descrição mais ou menos regular de estágios ordenados no processo evolutivo, torna-se teoricamente viável atribuir à evolução uma *direção temporal*.

Tanto para os pensadores iluministas do século XVIII como para os evolucionistas do século XIX, evolução significava *progresso*, mudança do inferior para o superior, do pior para o melhor, e, conforme Spencer (1857), do simples e indiferenciado para o complexo e diferenciado. Para Lewontin & Levins (1985), o progressivismo do século XIX afirma a superioridade do homem no Cosmos, do homem industrial no mundo econômico e do homem liberal-democrático na esfera social e política. Tem-se, assim, certo tipo de biologia *whig* que orienta toda a evolução para o homem empreendedor.

Finalmente, mesmo que o próprio Charles Darwin (1809–1882) fosse um tanto cético neste aspecto, os contemporâneos de Darwin acreditavam que o progresso evolutivo conduzia à perfeição de estrutura e a uma adaptação ótima; é a dimensão de *perfectibilidade*. No campo social, por exemplo, além do liberalismo capitalista *mainstream*, os vários socialismos apontam para um progressivismo perfeccionista.

Excluindo-se a ideia de mudança, os outros elementos – ordem, direção temporal, progresso e perfectibilidade – associam-se a uma noção hierárquica de transformação, sobretudo os dois últimos. Tal hierarquia no pensamento ocidental situa os organismos, períodos históricos ou estágios evolutivos em uma gradação que, de modo geral, vai do mais simples para o mais complexo, do mais homogêneo e indiferenciado para o mais heterogêneo e diferenciado, do menos adaptado ou exitoso para o mais adaptado e exitoso, enfim, de certo nível inferior para um outro, percebido indubitavelmente como superior.

Esses elementos das teorias evolutivas não são noções ou perspectivas empíricas neutras e objetivas; baseiam-se em elementos conceituais não raramente ambíguos que são atravessados por penetrantes inspirações ideológicas e políticas. É possível estabelecer articulações entre esses vários elementos das teorias evolutivas com perspectivas ideológicas relacionadas a distintos aspectos dos contextos sociais nos quais tais teorias foram formuladas, e como tais ideologias têm se configurado em determinados períodos, sobretudo nos últimos dois séculos (Kuper, 1988, 1994).

Para Adam Kuper, em seu *The invention of primitive society* (1988), há um paradoxo na relação entre Darwin e o evolucionismo cultural clássico (que será visto em capítulo posterior). O triunfo darwiniano (a venda e a divulgação vertiginosa de seus livros, por exemplo) estimulou, já naquele momento, um certo *antidarwinismo* antropológico. Embora personagens próximos a Darwin, como Huxley, Galton e Lubbock, tenham estabelecido um novo espaço para as investigações antropológicas, os autores não treinados em biologia teriam preferido uma visão lamarckiana da evolução.

Herbert Spencer, um lamarckista radical, teve maior impacto sobre Maine, Tylor e Durkheim do que Darwin. Para Kuper (1988), a teoria de Darwin teria sido menos aceita por implicar não haver direção ou progresso na evolução, indicando que a história não seria linear. Prefeririam acreditar, com Spencer, que a história humana era uma história de progresso e que todas as sociedades poderiam ser classificadas numa escala evolucionária. Aceitavam, assim, as ideias clássicas de Lamarck de que as mudanças evolutivas ocorreriam aos saltos, que o impulso para tais mudanças era mais interno do que externo e que os traços adquiridos numa geração eram transmitidos às outras. Mais do que *On the origins of species* (1859), o livro de Henry Maine, *Ancient Law*, de 1861, colocava na agenda dos evolucionistas as suas questões principais – como as noções de *condição humana primordial* e de que o ser humano foi membro de um grupo familiar primitivo dominado por um patriarca despótico.

Além disso, cabe ressaltar que confusões terminológicas não são raras neste campo. Assim, segundo Nisbet (1985), nos séculos XVIII e XIX os termos *progresso, evolução* e *desenvolvimento* são utilizados de forma alternada e, às vezes, indistinta, praticamente pela totalidade dos autores, tornando mais difícil a análise do que se entende precisamente por evolução cultural e evolução biológica nesse período (Peter J. Bowler [1989] é o principal autor nesse tipo de análise). Será apenas ao longo do século XX, sobretudo a partir de sua segunda metade, que tais termos irão receber contornos conceituais um pouco mais precisos, embora sobreposições e ambiguidades permaneçam, no mais das vezes.

Nessa mesma linha, outro exemplo de confusão terminológica (e, eventualmente, conceitual) é exposto por Peter Bowler (1975) quando este analisa as mudanças de sentido e vicissitudes do termo *evolução* nos séculos XIX e XX. Segundo esse autor, o termo evolução (do latim *evolutio*) era usado à época de Darwin para descrever o desenvolvimento embriológico de um indivíduo singular. No início do século XIX, a ideia associada à evolução tinha a ver com sua etimologia, de desabrochar, *des-envolver* – ou seja, o ato de abrir, de trazer à luz partes já existentes de uma forma compacta embutida. Entretanto, em meados do século XIX, já não eram todos os embriologistas que acreditavam no desenvolvimento do embrião como sendo algo que se resumiria à expansão de partes pré-existentes, uma ideia claramente oposta tanto ao evolucionismo biológico de Darwin como ao atual (Bowler, 1975).

## Desdobramentos contemporâneos do evolucionismo: sobre teleologia hoje

A noção filosófica de *teleologia* – a posição que defende a finalidade como organizadora de sistemas – se contrapõe às perspectivas fundamentalmente mecanicistas em um contexto intelectual naturalista e materialista, com frequência também antivitalista e antifinalista. Nessa perspectiva mecanicista, o mundo, os organismos e os seres humanos se constituem por elementos que, em suma, se articulam de forma casual e não têm direção: não caminham para ponto algum, apenas ocorrem na natureza ou na história, podendo seguir leis físicas, químicas e biológicas que são, em última instância, cegas e isentas de projetos, hierarquias, valores ou fins determinados.

Não há, em tal mecanicismo, qualquer traço de finalidade, tendência para certos objetivos finais ou padrões, direção específica ou estado culminante; não há, enfim, nada que se possa associar à noção de progresso, finalismo ou teleologia (embora reconheçamos que progresso e teleologia possam se sobrepor, esses conceitos não são idênticos; mas esse ponto não é o foco aqui).

Cabe examinar, neste momento, um pouco mais atentamente a noção de teleologia ou finalismo, que tão profundamente influenciou tanto as ciências biológicas como as humanidades e as ciências sociais.

Segundo James Lennox (1992), o termo *teleologia*, introduzido pelo filósofo Christian Wolff em sua *Logica*, de 1728, tem sua origem conceitual em Platão e em Aristóteles. Neles, entretanto, encontram-se duas formulações distintas de teleologia. A de Platão (exposta, por exemplo, no *Timaeus*) formula o mundo natural como um *produto final* de um artesão divino. Essa noção teleológica ficou conhecida como *teleologia externa*, pois o agente (por exemplo, Deus), cujo objetivo é alcançado ao final, é externo ao objeto (por exemplo, o mundo) que passa a ser compreendido teleologicamente. Por exemplo: Deus, como, agente externo, tem por objetivo que o mundo (objeto de seu projeto) chegue a um estado dado de perfeição.

Já a teleologia formulada por Aristóteles (encontrada, por exemplo, na obra *Partes dos Animais*) se baseia em uma distinta teoria de causalidade e explanação. Certas mudanças e certos atributos naturais existem para o bem de certos fins. As relações entre fins e causas na natureza não dependem da ação de um agente racional externo. Esse tipo de teleologia é referido como *teleologia interna*.

Em Aristóteles (2010), por exemplo, a teleologia natural relaciona-se à capacidade dos seres vivos de se manterem. Através do ato reprodutivo, os seres dão início a um processo dirigido à produção de outro organismo com a mesma forma. A biologia e a antropologia dos últimos dois séculos operam, com exceção das propostas criacionistas (que não interessam particularmente aqui), com as perspectivas da teleologia interna, incorporando-as, mais ou menos, ou rejeitando-as, mais ou menos.

De modo geral, no debate acadêmico ocorrido ao longo do século XX, os pressupostos, posturas e atitudes tanto de biólogos evolucionistas como de cientistas sociais revelam uma tendência geral à crítica e à suspeita das perspectivas teleológicas, sobretudo as externas, no sentido platônico de teleologia. Nessa linha, teleologia no mundo orgânico ou nas sociedades associa-se às ideias de progresso, hierarquia e perfectibilidade, todas elas vistas como noções claramente valorativas, ou seja, estranhas, e mesmo avessas, a uma perspectiva tradicionalmente científica, politicamente neutra e epistemologicamente objetiva.

O paleontólogo Stephen Jay Gould, influente autor para um público mais amplo, examinou a tese de que a evolução darwiniana não admitiria a teleologia (pelo menos a externa) e de que a noção de progresso seria mesmo danosa filosófica e politicamente (Gould, 1996).

Do lado das humanidades, as noções de teleologia e de progresso foram criticadas, por várias razões. No ambiente filosófico do século XX, a perspectiva teleológica associa-se com frequência à permanência de teses metafísicas e essencialistas, rejeitadas por muitos filósofos e pensadores sociais influentes no século. O desconstrucionismo pós-moderno é apenas um exemplo de tal perspectiva.

Além disso, como assinala Robert Nisbet (1985), ainda que em tom inequivocamente conservador, a noção de progresso social depende de certas premissas que o século XX foi paulatinamente rejeitando e abandonando: a crença no valor do passado; a nobreza da civilização ocidental (como civilização paradigmática do progresso); a fé na razão e no tipo de conhecimento científico que só pode derivar da racionalidade; a aceitação do valor do crescimento econômico e tecnológico; assim como a fé em um inefável valor da vida no mundo.

Dos fatores associados à rejeição de tais premissas no século XX, cabe ressaltar a importância do ceticismo quanto ao valor do crescimento econômico em decorrência da crise ambiental, talvez uma das preocupações mais agudas no momento; a rejeição de uma suposta superioridade da civilização ocidental, tomando-se em conta os horrores do colonialismo, do neocolonialismo e das grandes guerras protagonizadas pelo Ocidente; e a crítica cerrada sobre a razão, pois ela se vincularia a esse tipo de civilização, produtora de desigualdades e desastres ecológicos e, em certos momentos, de violências inusitadas.

Finalmente, um dos últimos polos resistentes na defesa da noção de progresso social e humano inexorável, o marxismo, sofreu sérios reveses em sua imagem pública com o colapso das nações nas quais o socialismo real se instalou ao longo do século. Assim, as noções de teleologia e de progresso em relação à sociedade e às questões humanas sobrevivem de forma residual, mas não mais surfam da mesma forma confortável e inquestionável, como antes – assim como algumas noções teleológicas também permanecem residuais em biologia evolutiva.

No entanto, eliminar toda e qualquer teleologia na natureza orgânica pode ser um pouco mais difícil do que parece à primeira vista. Gustavo A. Caponi evidencia, em vários trabalhos, que a teleologia é elemento importante nos grandes naturalistas dos séculos XVIII (tais como Buffon e Cuvier) e XIX (Lamarck e, em certo sentido, em Darwin) e permanece presente no pensamento biológico atual de uma parcela dos biólogos e filósofos da biologia (como Ayala e Lennox), sendo, porém, rejeitada por outros (como Mayr e Ghiselin) (Caponi, 2013).

Aqui, podem ser apontados dois aspectos da curiosa resistência da teleologia: um terminológico-linguístico e o outro empírico. Vamos a eles.

É de se constatar que a biologia moderna utiliza de forma recorrente e abundante uma *linguagem teleológica*. O coração bate, mas não simplesmente para fazer barulho ou para inspirar os poetas; as fibras cardíacas contraem para bombear o sangue e há uma finalidade nas contrações rítmicas e concatenadas do miocárdio. Os animais carnívoros têm excelente olfato e dentes afiados para identificar suas presas e melhor atacá-las, mas seu olfato desenvolvido não lhes serve para um prazer estético, e seus dentes afiados não existem para impressionar as crianças.

A linguagem teleológica deveria, para um biólogo moderno, ser tomada como totalmente metafórica, como um recurso econômico e útil de descrição dos fatos, sem qualquer implicação metafísica ou finalista. Mas isso é plenamente possível? Trata-se, enfim, de lançar mão de uma linguagem recusando totalmente seus antecedentes conceituais. É possível? Talvez sim, mas tal uso não se dá totalmente isento de riscos e problemas.

Embora menos recorrente, a linguagem teleológica também está presente nas ciências humanas, como na antropologia. No elegante texto etnográfico *A briga de galos em Bali*, Clifford Geertz (1963) nos diz que, nos povoados de Bali, essa rinha é produzida para que os balineses descubram como se sente um homem, depois de atacado, atormentado, insultado, ao atingir o triunfo total ou o fracasso; ela serve, portanto, para criar um acontecimento humano e social paradigmático.

Em teoria política, por exemplo, o estado responderia à manutenção de certos interesses, à legitimação ou à mediação de grupos e forças sociais. Em antropologia social, o ritual ou o mito expressam, resumem ou traduzem conflitos sociais, lutas por poder, momentos de transformação da vida nos grupos etários etc. Assim, embora metaforicamente, seja em abordagens funcionalistas, não funcionalistas ou antifuncionalistas, o recurso mais ou menos direto à terminologia teleológica parece difícil de ser eliminado. Aqui, outra vez, decreta-se o fim da teleologia, mas não se abre mão totalmente de seu auxílio terminológico, restando as perguntas: o que isso pode significar? Que maiores implicações pode, de fato, conter?

O outro cenário de resistência da teleologia em biologia ou antropologia refere-se a questões empíricas. O registro paleológico indica que a história dos organismos vivos não é reversível; as espécies não vivem eternamente – surgem e, uma vez extintas, permanecem extintas.

A história filogenética revela-se, assim, uma *flecha do tempo*. No início da vida no planeta, há 3,6 bilhões de anos (e durante aproximadamente mais de 1 bilhão de anos), havia na Terra apenas organismos unicelulares procarióticos (células sem membrana nuclear e sem organelas, como as mitocôndrias, e com genoma bem menor e mais simples). Surgiram depois, entre 2,3 bilhões de anos e 1,3 bilhões de anos atrás, os organismos eucarióticos, com membrana nuclear, organelas e genomas mais complexos. Há 950 milhões de anos, organismos unicelulares se integraram em agrupamentos, e surgiram, então, organismos multicelulares; as células destes passaram a se diferenciar cada vez mais, e cada vez mais tipos celulares distintos apareceram.

Há cerca de 500 milhões de anos, surgem animais mais complexos, como os vertebrados, com ainda mais tipos celulares e um sistema nervoso consideravelmente mais complexo. Nas plantas, também se constata um incremento indelével de complexidade orgânica. Não que os organismos muito simples tenham deixado de existir (eles permanecem, mesmo dominando, em termos proporcionais, a biomassa), mas a emergência de seres cada vez mais complexos é inegável até mesmo para alguém como Stephen Jay Gould, radical na sua rejeição à teleologia.

Embora seja difícil e problemático definir complexidade em biologia, McShea (1991) sugere defini-la por meio do número de partes ou de elementos de um sistema orgânico, juntamente com um grau crescente de diferenciação ou surgimento de novos tipos ou estruturas; a história filogenética aponta para o surgimento, ao longo do tempo, de seres cada vez mais complexos.

Certamente pode-se argumentar que tais seres mais complexos não são necessariamente mais adaptados (bactérias, vírus e fungos se adaptam muito rapidamente a mudanças ambientais), mais eficientes, mais resistentes à extinção (novamente, bactérias parecem existir desde o início da vida na Terra, e não há qualquer indício de que se extinguirão antes dos organismos multicelulares), melhores ou hierarquicamente superiores, de uma forma ou de outra. Apesar disso tudo, os organismos multicelulares, como os grandes vertebrados, não deixam de ser mais complexos, estão por aí e não estavam no período Pré-Cambriano. Isso impõe um pensamento, alguma teorização.

Em relação à postulada evolução social e cultural, há também analogias com particularidades igualmente evidentes. Desde que surgiram os primeiros representantes do gênero *Homo*, como o *Homo habilis* e o *Homo erectus*, há mais de 2 milhões de anos, e desde que surgiu o *Homo sapiens*, há cerca de 300 mil anos, pode-se afirmar que uma série de eventos, no mais das vezes irreversíveis, ocorreu.

Pois bem, também aqui é possível se postular uma *flecha do tempo*. Uma vez que o *habilis* e algumas espécies contemporâneas (ou pouco anteriores) a ele adquiriram a capacidade de fabricar artefatos de pedras para perfurar o couro de animais e processar madeira, raízes e tubérculos, tal aquisição, ao que parece, não mais se perdeu para a humanidade. Tendo o *primeiro hominínio* (talvez o *H. erectus*) adquirido o controle do fogo, tal controle permaneceu acompanhando não apenas a sua vida, mas também a do neandertal, do *heidelbergensis* e do *sapiens*.

Outras habilidades, conhecimentos e formas de lidar com a natureza e de organizar a vida social são candidatas a testemunha de uma história cumulativa: a linguagem simbólica dotada de estrutura recursiva, a produção e a apreciação de obras de arte (como a impressionantemente sofisticada pintura rupestre e a arte mobiliária do Paleolítico Superior), a domesticação de plantas e animais (ou seja, a chamada revolução neolítica ocorrida há 10 mil anos no Oriente Próximo e em outros vários pontos do planeta, em épocas distintas), a escrita e a organização política estatal. Todos esses eventos são registrados na história humana como algo que, uma vez surgido, não se extinguiu.

Alguns pesquisadores, como Michael Tomasello (2003), propõem uma propriedade da cultura e da cognição humana que denominam *efeito catraca*, ou seja, tais aquisições, tal como uma catraca de sentido único, uma vez obtidas não são (pelo menos totalmente) reversíveis. O evolucionista cultural contemporâneo Robert Carneiro (2003) postula haver também, para a sociedade e para a cultura humana, um indelével incremento de complexidade em várias dimensões, como tecnologia, organização social, formas políticas, número e tipos variados de instituições sociais, divisão social do trabalho e sua consequente especialização.

Recentemente, na linha que busca identificar aspectos diferenciais da evolução biológica e cultural, Fernando Haddad (2022), em sua obra *O terceiro excluído: contribuição para uma antropologia dialética*, visa propor – por meio de uma abordagem original – com o neologismo *"revoluir"*, com a figura do "terceiro excluído" – uma antropologia dialética que implica contradição do processo histórico da espécie humana, visando abordar, de forma abrangente (mas diferencial), processos biológicos, sociais, culturais e políticos. Como Tomasello, Haddad busca a especificidade do processo histórico-cultural em contraposição à evolução biológica. Entretanto, diferentemente de Tomasello, que introduz um elemento novo na evolução cultural (o efeito catraca) sem sair do paradigma evolucionário geral, Haddad visa a uma perspectiva marcadamente diversa metodologicamente; o processo cultural histórico, o *"revoluir"*, implica, necessariamente, a contradição dialética em seu interior.

Certo é que uma visão estreitamente etnocêntrica de história cumulativa, cega para dimensões sociais e culturais outras que não as valorizadas no Ocidente dominante, já foi claramente apontada por Levi-Strauss em *Race et histoire*, há mais de 70 anos (Lévi-Strauss, 1976a). Para ele,

> A humanidade em progresso nunca se assemelha a uma pessoa que sobe uma escada [...] O que ganhamos num [degrau], arriscamo-nos a perdê-lo noutro, e é só de tempos a tempos que a história é cumulativa, isto é, que as somas se adicionam para formar uma combinação favorável (Lévi-Straus, 1976a, p. 68).

Há, para o etnólogo francês, diferentes dimensões da vida social humana, as quais apenas arbitrariamente podem ser escolhidas como linhas de referência para uma suposta história cumulativa; o que é progresso para uma forma de civilização não o é para outra. De todo modo, para Lévi-Strauss (1976a), a possibilidade de algo no sentido de progresso social só pode ocorrer por meio da diversidade das culturas em interação; as sociedades não podem realizar-se em processos de desenvolvimento cumulativo (seja na dimensão que for) quando em estado de solidão profunda e homogeneidade estagnada. Como assinalado anteriormente, é a troca social que permite formas variadas de civilizações mais ou menos sofisticadas.

É certo que a teleologia implicada em um incremento de complexidade, seja na evolução orgânica, seja na história, pode ser vista como uma teleologia interna, no sentido aristotélico. O incremento de complexidade simplesmente ocorre, ele não é necessariamente algo que estava inscrito no início dos tempos geológicos ou históricos. Não é necessário, nesse finalismo interno, a existência de uma força propulsora ou de um *script* prévio. Algo ocorre de uma forma, mas poderia muito bem ter ocorrido de outra forma.

Além disso, nada impede que um grande meteorito caia sobre a Terra (ou que venha a ocorrer uma guerra atômica generalizada) e, assim, desaparecendo, por algum processo físico aleatório, o oxigênio da atmosfera, todas as formas de vida aeróbia pereçam definitivamente, permanecendo vitoriosas apenas as bactérias anaeróbias, únicas herdeiras triunfantes da história filogenética. Ou ainda, nada impede que, por algum motivo inesperado, apenas grupos de caçadores e coletores sobrevivam a algum colapso político-militar (algo menos provável que o triunfo das bactérias anaeróbias, mas não impossível). A leitura que se faria, depois de tais eventos, seria a de que certa complexidade (seja lá como for definida) não aumentou de forma indelével, mas diminuiu radicalmente, ou, ainda, que alguma forma de história cíclica revelou-se plausível.

De qualquer forma, o problema empírico de formas cada vez mais complexas na história das sociedades humanas, assim como na história filogenética dos organismos vivos, permanece como um problema – como um *dilema biológico* no caso da história filogenética, segundo o biólogo evolutivo Greene (1991). Poderíamos acrescentar que, também na dimensão histórica humana, o incremento de complexidade representaria um *dilema antropológico*, um incômodo para aqueles que, afinados com o *ethos* intelectual contemporâneo, sentem um mal-estar difuso ao ouvirem palavras como progresso, finalismo ou teleologia.

# 2
# A noção de ser humano para as humanidades

Este capítulo visa expor, de forma relativamente panorâmica, o modo como o pensamento nas humanidades, sobretudo na tradição filosófica do Ocidente, constitui uma visão de humano e do especificamente humano.

Compreende-se aqui o termo *humanidades*, reconhecidamente muito amplo, como o conjunto de áreas e disciplinas cujo centro talvez seja representado pela tradição filosófica do Ocidente, mas em torno da qual orbitam as obras de pensadores, cientistas, intelectuais, escritores e artistas, em disciplinas tão variadas como filosofia, história, ciências sociais, letras e linguística, pensamento político e moral e estética (Williams, 2007).

Já nos séculos XV e XVI, usa-se *humanidades* como um tipo de estudo que se distingue da teologia; Francis Bacon (1561–1626) defende a existência de três conhecimentos: filosofia divina, filosofia natural e filosofia humana, ou humanidades. Nos séculos seguintes, humanidades (*humanities*, *les humanités*) se tornou um conjunto de áreas que vai dos estudos clássicos (tais como latim e grego) e da literatura até a filosofia, se contrapondo às ciências naturais e, às vezes, às artes (Williams, 2007).

Poderíamos usar "tradição filosófica" ou "tradição do pensamento humanístico", mas não refletiria adequadamente o que se buscou traçar nas linhas deste capítulo. Pelo interesse focal deste livro – ou seja, a produção intelectual da antropologia social e cultural – destacou-se das humanidades, de forma um tanto artificial, as noções da antropologia (ou seja, do interior de onde de fato se situa) para que pudessem ser examinadas com mais detalhes em capítulo posterior.

A perspectiva das humanidades estará presente como importante cenário de fundo, ainda que permanentemente influente, da noção de ser humano na antropologia social e cultural (que será vista em capítulo posterior [Hodgen, 1952, 1971]). Assim, o presente capítulo é mais um aparador, um fundo intelectual dos capítulos que vêm a seguir.

De modo geral e certamente para as humanidades no Ocidente, grande parte dos conceitos e noções contemporâneas de interesse neste trabalho tem sua origem e ainda é influenciada pelo que se produziu nas tradições antigas greco-latinas, hebraicas e cristãs.

A cultura grega clássica constrói uma imagem de humano que se partilha em dois aspectos básicos: o homem como animal que fala e pensa, utilizando a razão (*zôon logikón*), e o homem como animal que vive *na* e *para* a *polis*, animal político por excelência (*zôon politikón*). As duas dimensões estão intimamente relacionadas; apenas o homem, enquanto ser dotado do *logos*, pode participar de uma relação consensual com outros seres humanos iguais a ele na comunidade política. Na Grécia clássica, é a vida política (*bios politikós*) a vida humana por excelência, uma vida que se realiza por meio da livre submissão do *logos*, este codificado por leis justas (*nomoi*) (Vaz, 1991). A ideia de contraposição entre uma vida humana plena e uma incompleta, deficitária, também é recorrente na Grécia clássica*.

---
* Para aprofundar essa temática, ver ainda Vaz (1991).

Platão herda de Sócrates as ideias de *psyché* e de *homem interior*. Ele é um representante exemplar da visão dualista do ser humano (*soma-psyché*); o ser humano passa, assim, a ser concebido como um ser duplo: de um lado o corpo (*soma*), material e perecível; de outro, a alma (*psyché*), imaterial e eterna (Stevenson, 1976). No Fédon, de Platão, por exemplo, o dualismo alma-corpo (*psyché-soma*) se expressa plenamente. A ideia de ser humano dominada pela noção de *logos* se verifica nos diálogos platônicos do ciclo da morte de Sócrates (*Apologia de Sócrates, Críton, Mênon, Fédon*).

É atribuída a Sócrates uma renovação profunda da concepção grega de ser humano, no sentido da formação da imagem do homem clássico e da visão do que é propriamente humano.

Para Sócrates, o ser humano só ganha sentido se remetido a um princípio interior, a uma dimensão de interioridade. O termo *psyché* relaciona-se à ideia de *areté* (excelência). A ideia de *areté*, a excelência do herói que exerce seus atributos seja na guerra ou na fundação da *polis*, se transforma gradativamente na figura do sábio (*sophós*). A *psyché* seria, portanto, a sede de uma *areté*. A *psyché* é o palco onde a opção de uma forma de vida humana, a orientação para o justo ou o injusto, o verdadeiro ou o falso, irá ocorrer.

Sócrates também defende uma noção de responsabilidade pessoal articulada à luta entre a liberdade e o destino. Surge com Sócrates a teleologia do bem e do melhor, a valorização ética do indivíduo, a necessidade da cura e do cuidado com a *vida interior*, assim como a primazia da faculdade intelectual do homem (intelectualismo socrático). Sócrates exalta e enfatiza, uma vez mais entre os gregos, o *logos* como marca ontológica do humano (Vaz, 1991).

Ainda segundo Vaz (1991), em Platão fundem-se também a tradição pré-socrática da relação do homem com o *kósmos* e a tradição sofística do ser humano como produto dos costumes, das leis, ou seja, de algo mais ou menos no sentido do construto moderno de cultura (o homem como produto da *paideia*).

Assim, uma das noções indubitavelmente de longa duração na história do Ocidente refere-se à partição da alma ou da mente humana em esferas, atributos ou faculdades distintas e hierarquicamente ordenadas. É bastante conhecida a teoria de Platão da *alma humana* como tripartite apresentada em *A República* (Platão, 2019).

As três divisões da alma humana seriam: a razão (*nous*), elemento racional (*tò logistikón*) cuja virtude é a sabedoria (*sophia*); o concupiscível (*tò epithymetikón*), de desejo ou apetite cuja virtude é a moderação (*sophrosyne*); e o *thymos* ou *tò thymoeidés*, de tradução difícil, mas que pode ser entendido como o irascível, a indignação, a raiva ou o espírito cuja virtude é a coragem (*andreia*). Esse terceiro elemento, colocado como intermediário e moderador entre a razão e o desejo, tem algo a ver com o que hoje chamaríamos de interesse próprio ou autoafirmação.

Para Platão, esses três elementos, razão, desejo e interesse próprio, para que haja o bem-estar e a felicidade, devem conviver em harmonia, ou seja, em uma forma de justiça (*dikaiosune*) da alma. Entretanto, não há dúvida de que, dos três, é a razão o elemento que deve estar no controle; a razão deve reger tanto o desejo como a autoafirmação (Stevenson, 1976). A razão, além disso, é a parte imortal da alma (Château, 1978).

No tratado *peri psyches* (*De anima*, na tradução latina; *Sobre a Alma*, na tradução para o Português), de Aristóteles, o homem é definido como um ser composto (*syntheton*) de *psyché* e *soma*. A *psyché* é a perfeição ou o ato (*entelécheia*) do corpo (*soma*) organizado.

Aqui, a hierarquia dos seres, das funções e dos atributos é exposta desde as dimensões mais elementares, como a nutrição e a reprodução de plantas e animais, as sensações dos animais, sua percepção e memória, até a função intelectiva, específica do ser humano (Aristóteles, 2010). Assim, o homem difere de todos os outros animais pelo predicado de possuir o *logos*, a razão: ele é um *zôon logikón*.

Por ser um animal racional (*zôon logikón*), o homem é um ser ético-político (*zôon politikón*); a sua vida ética e política ocorre em decorrência de o *logos* fornecer as artes para se viver segundo a razão. Só na vida política – vida ética em seu sentido mais alto – o ser humano exerce seu pleno exercício de humanidade. Apesar da ênfase no *logos*, Aristóteles (2010) reconhece também o homem como ser de paixão e desejo; a *psyché* é a sede das paixões (*pathê*) e do desejo (*órexis*). O filósofo assinala, entretanto, que a vertente irracional (*alógos*) da *psyché* participa da práxis ética e política assim como na *poiesis*.

No ser humano, a atividade racional eleva-se sobre as atividades de nutrição, sensação e memória, e constitui a atividade própria do intelecto (*nous*) (Vaz, 1991). Entretanto, é bem conhecida uma certa ambiguidade no pensamento aristotélico sobre a relação entre a *psyché* e o *nous*; estes podem ser duas instâncias separadas e autônomas, ou o *nous* pode ser uma parte da *psyché*.

Enfim, já está presente na tradição antiga a noção composta de homem em que a razão é convidada a ser seu elemento hierarquicamente superior (em relação a instâncias inferiores do humano), seu dirigente e sua marca específica. Veremos, ao longo deste capítulo, como este é um dos elementos de longa duração do pensamento ocidental.

## Cristianismo e noção de ser humano

A noção cristã de humano, sua partição em espírito superior e carne perecível, é também tema de debates antigos e prolongados. Não cabe aqui entrar em muitos detalhes, apenas assinalar que tal noção teve e tem grande influência em todo pensamento ocidental sobre o ser humano.

Nos seus 2 mil anos de existência, as doutrinas e noções do cristianismo mudaram, desenvolveram-se, assimilaram outras noções além das originárias. Além disso, há diferentes correntes no cristianismo além das mais hegemônicas, como o catolicismo romano, o protestantismo e a Igreja Ortodoxa Oriental.

Grosso modo, o cristianismo incorpora algumas das noções da Antiguidade greco-romana (platonismo, estoicismo, neoplatonismo) integrando-as à tradição hebraica, e termina por formular uma noção de humano como composto de dois elementos: corpo e alma; o primeiro, material e perecível, e o segundo, espiritual e eterno.

Assim, a unidade do corpo e da alma compõe o ser humano. No entanto, mesmo essa noção básica de humano, suposto apanágio do cristianismo, é tema de controvérsias. Segundo Stevenson (1976), seria uma interpretação bastante equivocada (mas recorrente) pensar a doutrina cristã como um dualismo radical do corpo material e da alma imaterial. Esse dualismo não seria cristão: seria uma ideia grega, oriunda de Platão e desenvolvida e radicalizada pelo neoplatonismo; não se encontraria nem no Antigo, nem no Novo Testamento.

A crença cristã central da ressurreição é na ressurreição do corpo, como se lê na Escritura em I Coríntios 15:35. Stevenson (1976) diz que é São Paulo quem afirma que morremos com corpos físicos, mas ressuscitamos com corpos espirituais. Entretanto, é difícil saber exatamente o que seria um *corpo espiritual*, mas São Paulo utiliza exatamente a palavra grega *soma*, que significa corpo. Se os corpos (espirituais ou de outro tipo) ressuscitam, eles devem ocupar um determinado espaço e tempo, mas tal espaço e tempo devem ser, presumivelmente, de natureza diversa daquela em que habitam os humanos vivos. De toda forma, esse debate ilumina a noção de sacralidade do corpo humano, defendida pelo cristianismo.

## Lovejoy e *A grande cadeia do ser*

A ideia de normas de comportamento e regras que, de alguma forma, devem ser consideradas universais, de princípios e conjuntos de leis que tenham validade intrínseca e que sejam distintos tanto do sistema de normas e leis de uma determinada sociedade e Estado quanto de um determinado momento histórico (direito civil ou direito positivo) – ou seja, da existência de um *direito natural (jus naturale)* – é também muito antiga, duradoura e persistentemente influente, tendo seus elementos originários, sua fonte, na Antiguidade (Wolf, 1984). Tal *direito natural* articula-se à *perspectiva de ser humano no Ocidente*, uma noção de humano independente de contingências locais, e é isso que, neste momento, nos interessa.

O direito natural afirmaria o que é *justo por natureza* em contraposição ao *justo por lei*, por convenções deliberadas por parte de cada grupo humano. As doutrinas do direito natural tiveram, em comum, a noção de que haveria princípios morais e legais universais e que tais princípios poderiam ser inferidos da natureza, em particular de algo formulado como *natureza humana*.

Entretanto, ao longo da história do direito natural, variaram muito as noções de direito e de natureza humana, mudando muito, consequentemente, a definição e a abrangência de tal direito natural (Wolf, 1984).

A fonte primordial do direito natural foi atribuída ora à vontade de Deus, divindade que se manifestaria na ordem natural, ora à razão, que seria elemento universal do humano ou da natureza (sobretudo a partir dos gregos), ou ainda a uma suposta natureza humana que dotaria os seres humanos com determinadas características ou propensões morais (no Ocidente, quase sempre de alguma forma associadas à razão). Também, tal direito natural ficou ora restrito à humanidade, ora estendido a todos os seres vivos, aos animais e talvez a toda a natureza, atribuindo universalidade não apenas à razão, mas à condição de ser vivo.

O drama *Antígona*, de Sófocles (1999) (cerca de 441–454 a.C.), é tido como exemplo do contraste entre a lei da *polis* – a lei do tirano Creonte, sob a qual o rei ordena que o corpo do irmão de Antígona, Polinice, tido como traidor da cidade, seja abandonado no campo, ao ar livre, *sem lágrimas e sem exéquias*, para ser devorado pelos abutres – e uma outra lei, superior e infalível, inerente ao *logos* e determinada pela divindade, que obriga a consciência de Antígona, fiel aos seus, fazendo-a dar sepultamento digno a seu irmão, às custas de sua própria vida – que terá que pagar com morte por *apedrejamento dentro da cidade*.

Aqui, embora seja citado tal esboço de direito natural em Sófocles, não há o contraste entre o direito civil da *polis versus* o direito natural, de toda humanidade, mas um direito universal, determinado pela divindade, ditado pela consciência da irmã fiel *versus* o direito convencional da *polis* e do tirano.

Embora sofistas como Protágoras relativizem a ideia de um direito natural baseado em uma ordem cósmica (Protágoras rejeita tal noção, mas mantém a tese de que a medida não é o Cosmos, mas o ser humano), e o mestre de Sócrates, Archelaus, tenha manifestado uma posição fortemente convencionalista de direito – "o justo e o injusto não o são por natureza, mas por costume" (Archelaus, citado por Foriers & Perelman) –, tanto Platão como Aristóteles tendem para a defesa de um direito natural (Platão é decididamente anticonvencionalista).

Na Antiguidade, entretanto, a formulação mais acabada de direito natural ficou a cargo da doutrina estoica. No estoicismo grego a natureza ocupa lugar central, ela é o eixo (*hexis*), a essência automovível através da razão seminal. Ordem natural, razão e lei devem caminhar intimamente atreladas.

A partir da influência estoica, o direito natural penetra profundamente o direito romano (que surgira como inteiramente convencional) sobretudo após a anexação da Grécia por Roma, em 146 a.C., notadamente com o estoicismo médio de Panaetius e Posidonius.

Isso se identifica nas definições de justiça e de lei, como a do filósofo grego Celso (ca. 178 d.C.), muito debatida em Roma, que diz *Jus est ars boni et aequi* (a justiça é a arte do bem e do equitativo), e a do mais influente jurista romano, Ulpiano (150–223 d.C.), *Iusticia est constans et perpetua voluntas ius suum cuique tribuendi* (a justiça é a vontade constante e perpétua de atribuir a cada um o que lhe é devido). Tais definições refletem, assim, a influência do direito natural grego sobre a lei romana, e apontam para um direito universal aplicável, então, a um homem universal.

No direito romano, foi Marco Túlio Cícero (106–43 a.C.) quem mais influência teve no sentido de estabelecer o direito natural como inspiração e baliza do que deve ordenar as leis. A definição de lei em sua obra *De republica* (3.22.22) (Cícero, 2008) é bastante significativa nesse sentido: "a verdadeira lei é a razão correta que está em congruência com a natureza" (do latim "est quaedam vera lex recta ratio, naturare congruens"). Dessa forma, a lei estaria inscrita no coração do homem (universal) assim como a religião, a piedade, a gratidão, a vingança, o respeito e a verdade.

Com Cícero, a distinção entre *direito natural* e *direito da cidade* passou a ser adotada de forma mais generalizada pelos jurisconsultos romanos. Ulpiano estabelece uma divisão tripartite da lei: lei natural, lei humana e lei civil. A lei natural proviria da razão natural humana, sendo, então, universal; ela regularia instituições gerais como o casamento (proibindo, por exemplo, o incesto). A lei humana regularia a maior parte das sociedades, e a lei civil seria particular de cada sociedade.

Na Idade Média, as teses do direito natural foram adotadas e desenvolvidas tanto pelos autores da patrística como, depois, pelos escolásticos. Agostinho assumiu suas teses, mas, diferentemente de Aristóteles, não tinha dúvidas de que o direito natural refletia a vontade de Deus.

Também adotaram o direito natural o imperador romano Flávio Graciano Augusto (359–383), Isidoro de Sevilha (560–636) e, depois, Alberto Magno e Tomás de Aquino. Este último diferencia a lei natural da lei divina: a lei natural repousaria sobre a razão humana, e a lei divina seria a própria essência de Deus. O ser humano, por natureza, possuiria uma espécie de conhecimento dos princípios da lei natural que seriam universalmente válidos ou imutáveis.

O jusnaturalismo moderno foi constituído e, em parte, reformulado a partir do século XVI e XVII, sobretudo por juristas e filósofos como Hugo Grócio (Huig de Groot), com sua obra *De jure belli AC pacis* de 1625, além de vários outros como Locke, Pufendorf, Cumberland, Burlamaqui, Vattel, Wolff, e mesmo Rousseau e Kant.

A ideia de Grócio, por exemplo, é estabelecer um direito fundamentado na razão humana, válido para todos os povos, para todos os seres humanos, posto que se refere a um homem natural ou universal. Assim, no direito natural que se constitui no Ocidente a partir da Renascença, está implícita a ideia de um homem universal e natural.

Finalmente, cabe assinalar que o jusnaturalismo moderno tem caráter claramente laico, nutrindo-se não de preceitos religiosos, mas principalmente da doutrina estoico-ciceroniana do direito natural. Tem, também, uma forte marca liberal e individualista, pois parte da ideia de que os direitos natos do indivíduo devem ser absolutamente respeitados. No século XIX, o jusnaturalismo caiu em marcante descrédito, vindo a recuperar sua relevância após a Segunda Guerra Mundial, sobretudo em uma forma que tem conexões indiretas e complexas com a ideia original de direito natural: a de *direitos universais do homem* (Hunt, 2009), que faz ressurgir a ideia de um homem universal na contemporaneidade.

As expressões "*direitos humanos*" ou "*direitos universais do homem*" são consideravelmente novas, tendo ganho maior divulgação a partir da Segunda Grande Guerra e da fundação da Organização das Nações Unidas, em 1945. Elas substituem, mesmo que de modo não totalmente sobreponível, a noção de *direitos naturais*, pois esta perdeu sua força na medida em que a chamada *lei natural* passou a ser desacreditada.

Até a Renascença, a *lei natural* era vista mais como conjunto de deveres e bem menos como direitos básicos. Partindo de Tomás de Aquino (1224–1274) e Hugo Grotius (1583–1645), mas sobretudo com *Carta Magna* (1215), *Petition of right* (1628) e *English bill of rights* (1689), surge a ideia de que os seres humanos são dotados de direitos eternos e inalienáveis, que nunca podem ser renunciados ou negados na medida em que a espécie humana estabelece o *"contrato"* de adentrar em uma forma de vida social, a partir de um estado primitivo. Esses direitos eternos e inalienáveis se contraporiam, inclusive, até aos *direitos divinos dos reis*.

Com a Revolução Francesa, a *Declaração dos direitos do homem e do cidadão*, de 1789, e a *Declaração da independência dos Estados Unidos*, de 1776, a ideia de um *homem universal* portador de direitos universais se consolida.

Como afirma Lynn Hunt (2009, p. 19):

> Os direitos humanos requerem três qualidades encadeadas: devem ser naturais (inerentes nos seres humanos), iguais (os mesmos para todo mundo) e universais (aplicáveis por toda parte). Para que os direitos sejam direitos humanos, todos os humanos em todas as regiões do mundo devem possuí-los igualmente e apenas por causa de seu status como seres humanos. Acabou sendo mais fácil aceitar a qualidade natural dos direitos do que a sua igualdade ou universalidade.

A ideia de *direitos humanos universais* no século XVIII não impede, entretanto, realidades como a escravidão, a discriminação política e social das mulheres e de outros grupos, assim como no século XX não representa significativo bloqueio à exploração e à violência contra grupos vulneráveis.

# A noção de humano no pensamento renascentista

Durante o século XIV, sobretudo no norte da Itália, verifica-se o surgimento de um vigoroso movimento em que as ideias de ser humano e humanismo ganham proeminência. O *humanitas* latino, um ideal político e educacional equivalente ao grego *paideia*, investe na perspectiva do desenvolvimento das virtudes humanas e na ideia de uma dignidade do humano, assim como na de um homem universal (do italiano *uomo universale*) (Gadol, 1973).

O cardeal nascido em Tréveris (atual Alemanha) Nicolau Chrypffs (1401-1464), ou Nicolau de Cusa, é tido como um dos primeiros representantes da noção renascentista de ser humano ou, mais exatamente, da transição entre as concepções cristãs medievais – sobretudo da escolástica – e as propriamente renascentistas. Em tal transição se realizou o esforço de conciliar a visão cristã com os ideais de *paideia* e *humanitas*, da Antiguidade grega e romana.

Para Nicolau de Cusa, os elementos centrais na concepção do humano são o de *dignidade do homem* e de *homem universal*. Sua obra dá ênfase à realidade do homem, sobretudo do homem racional, pensante. Para ele, "[...] o conhecimento sensível é um conhecimento restrito, pois a sensação só alcança o particular. O conhecimento intelectual é universal [...] existe absolutamente e separado da restrição particular" (Von Kues, 1993, p. 5, tradução nossa).

Ao dar ênfase ao predicado da infinidade, simbolizado na perspectiva de um mundo infinito, Nicolau de Cusa contrapõe a infinitude cósmico-divina à individualidade humana. Anuncia, assim, a noção de indivíduo, ideia central do pensamento e da sensibilidade renascentistas (Vaz, 1991), que grande relevo ganhará posteriormente, na Modernidade ocidental.

Como mencionado, o tema da *dignidade do homem*, que adquire contornos nítidos e fortes na Renascença, apesar de já haver sido um tema recorrente da literatura antiga, se relaciona com a ideia de que a espécie humana é "[...] a mais alta no gênero da Animalidade, pois nela [...] a sensação produziu um animal que, ainda que sendo animal, é também entendimento" (Von Kues, 1993, p. 5, tradução nossa).

Essa dignidade de origem antiga – tal ideal de *dignidade humana* provém, segundo Vaz (1991), mais especificamente de Sófocles, assim como da sofística – sofre, na Renascença, algumas transformações significativas. Se para os gregos antigos é a atividade de contemplação, *theorein*, que marca a grandeza e a dignidade do homem, para os renascentistas, além da contemplação, o agir, *operari*, a capacidade de transformar o mundo passa a ser a marca da superioridade e da dignidade específica do ser humano.

Já a noção de homem universal, ou *Homo universalis*, relaciona-se à ampliação dos marcos geográficos e sociais da cristandade medieval. Com as primeiras grandes viagens às terras distantes da África e das Américas, ao encontrar novos grupos humanos, surge para os europeus o questionamento sobre a unidade e a igualdade dos seres humanos, assim como um renovado questionamento da ideia de *natureza humana*.

## O ser humano, artífice de si mesmo

Autor de um texto inicialmente intitulado *Oratio Elegantissima* (mas, após a morte do autor, renomeado *De dignitate hominis* ou *Oratio de hominis dignitate*), obra considerada um dos principais *manifestos da Renascença*, e nascido em Mirandola (atual Itália), Giovanni Pico della Miràndola (1463–1494) propõe uma determinada consciência de humanidade, ou seja, a apreensão de características essenciais ao homem que forjarão uma universalidade da constituição humana (Pico della Miràndola, 2005). Assim, assevera Vaz (1991), o homem renascentista é descoberto e formulado não mais como restrito a particularidades de seu mundo social (a *civis* romana, ou o *servus*, *christianus* ou *paganus* medieval). Surge, então, uma sensibilidade especial articulada a uma nova consciência de humanidade do homem, uma humanidade vislumbrada como universal.

Mas interessa particularmente aqui, vinculada a tal apreensão de ser humano, a tese central de que o ser humano é um ser inacabado, a ser feito; uma ideia que terá grandes consequências para as humanidades no Ocidente.

Diferente dos outros seres que têm uma estrutura pré-fixada, o ser humano é por Deus concebido como uma criatura aberta e incompleta; é como se a divindade dissesse ao homem, nas palavras de Pico della Miràndola (2005, p. 39):

> As outras criaturas já foram pre-fixadas em sua constituição pelas leis por nós instituídas. Tu, porém, não estás coarctado por amarra nenhuma. Antes, pela decisão do arbítrio, em cujas mãos depositei, hás de predeterminar a tua compleição pessoal.

Para Pico, o ser humano é *modelador* e *escultor* da própria imagem segundo a sua preferência, segundo as opções que decidir adotar.

Como o pensamento renascentista tem sua inspiração na literatura da Antiguidade, esta também não é uma invenção totalmente original dos humanistas renascentistas. Também em Sófocles (1999), por exemplo, a ideia do homem como artífice de si mesmo já está claramente presente:

> Inúmeras maravilhas
> terríveis maravilhas
> há no mundo,
> mas nenhuma tão maravilhosa
> quanto o homem...
> A tudo ele conquista...
> E sua fala, seu pensamento,
> velozes como o vento
> o espírito e a mente para a lei que
> governa a cidade –
> tudo isso ele ensinou a si mesmo.
> "Ode ao Homem", em
> *Antígona* (tradução com
> modificações do autor)

Entretanto, deve-se assinalar que essa visão de ser humano defendida por Pico della Miràndola tem bases e consequências evidentemente morais. A incompletude se assenta no livre-arbítrio, na ampla liberdade de escolher o que ser, que caminhos trilhar, pois, assim, "poderás descer ao nível dos seres baixos e embrutecidos, poderás, ao invés, por livre escolha da tua alma, subir aos patamares superiores, que são divinos" (Pico della Miràndola, 2005, p. 40).

Essa dimensão de liberdade quase absoluta se contrapõe ao determinismo da vida animal, e mesmo põe-se em contraposição aos seres puramente espirituais, como os anjos. Enquanto os animais vivem, desde o nascimento, sujeitados por uma ordem de-

determinística, e enquanto os anjos existem de forma estática desde o início da eternidade, o homem, ao contrário, é – a partir de sua origem – um ser indeterminado, a ser construído, ou melhor, autoconstruído.

> A ele [o homem] foi dado possuir o que escolhesse; ser o que quisesse. Os animais, desde o nascer, já trazem em si [como diz Lucílio], 'no ventre materno', o que irão possuir depois. Os espíritos superiores, a partir do início ou logo depois, já eram aquilo que pela eternidade seriam. No homem, todavia, quando este estava por desabrochar, o Pai infundiu todo tipo de sementes, de tal sorte que tivesse toda e qualquer variedade de vida. [...] Quem não admiraria esse novo camaleão? [...] Não é sem motivo que o ateniense Asclépio afirmara estar o homem prefigurado nos relatos míticos como um Proteu, dada a sua natureza versátil, a ponto de ser autotransformável. Daí lhe advém aquelas metamorfoses celebradas entre os hebreus e os pitagóricos (Pico della Miràndola, 2005, p. 40).

O sentido moral de tal indeterminação do homem é de que no tipo de vida que adotar, os hábitos, costumes e condutas que exercer ao longo de sua vida, de livre escolha sua, serão os elementos que determinarão o que ele será de fato. Assim, na antropologia de Pico, há uma ênfase total no *habitus*: os seres humanos serão aquilo que suas opções de conduta adotarem ao longo de suas vidas. Tais comportamentos e hábitos dependem dos modelos que se escolher seguir:

> [...] os pitagóricos transmudam os homens protervos em irracionais, sendo que para Empédocles eles viram até vegetais. À imitação desses também Maomé costumava assegurar: 'quem se distancia da lei divina acaba em animalidade'. [...] Por conseguinte, se viver um homem devotado às coisas do ventre, como uma serpente que rasteja sobre o solo, aquilo é um cepo e não foi a um ser racional que vistes. [...] Se, em contrapartida, ao filósofo que, com reta razão, discerne todas as coisas, se a ele venerares, então és um ente celeste e não terreno (Pico della Miràndola, 2005, p. 41).

A liberdade outorgada por tal visão de ser humano é ampla e, por isso mesmo, imprevisível e ameaçadora. Daí também a grande importância dada à educação, aos modelos de pensamento e de ação, a tudo o que o homem faz e a tudo no que se envolve em seu dia a dia.

Se para Pico della Miràndola *o homem se forja a si mesmo e não tem por si e por nascimento uma configuração própria*, aquilo que está à sua disposição é, na verdade, um conjunto de configurações que, segundo Pico (como afirmara o persa Evantes) são *estranhas e adventícias*. Assim, para reafirmar tal posição, ele recorre a um amplo espectro da cultura antiga, além de gregos, romanos e persas, incluindo também caldeus – para citar o ditado destes últimos: "*Enosh hu shinnujum vekammah tebhaoth haj*", ou seja, o "homem é um animal de natureza multiforme e cambiante" (Pico della Miràndola, 2005, p. 42).

Enfim, a antropologia de Pico della Miràndola articula-se com um ideal moral que admoesta os seres humanos a perseguirem metas ideais, a se inspirarem em seres superiores para, assim, se tornarem também seres elevados. O fundamental para o homem de Pico é pautar sua vida por modelos os mais altos possíveis. Entre tais modelos, além das referências cristãs, os grandes mestres da Antiguidade estão no início da fila, tanto como pauta de comportamento, quanto como fonte de informações e pensamentos que organizam a mente humana.

> Se nossa vida deve ser plasmada de acordo com o modelo dos Querubins, cumpre atentar, minuciosamente, para o seu viver e para a qualidade do mesmo bem como para seu modo de agir e de operar. Posto que isso não nos é dado conseguir apenas com nosso empenho, porquanto somos carnais e afeitos ao terreno, socorremo-nos então dos antigos mestres que de tudo nos podem fornecer informações fartas e seguras. Aliás, essas coisas eram-lhes até familiares e conaturais (Pico della Miràndola, 2005, p. 44).

Tal antropologia, do início da Renascença, irá ter marcante influência no pensamento sobre o homem que se formulará daí em diante. Posteriormente, nos séculos XVII e XVIII, a consciência sobre o homem e o humano irá se ramificar, incluindo, também, uma grande curiosidade pelo "animal humano" e pela possibilidade de apreensão científica de tal animal (por exemplo, a anatomia de Vesalius e a fisiologia de Harvey). Assim, abre-se um campo temático com o conceito abstrato de *Homo universalis*: a possibilidade de que a natureza humana possa ser empiricamente observável e estudada e, em grande medida, modificada.

É também fundamental aqui lembrar que o período renascentista coincide com as grandes descobertas europeias que iniciam o ciclo colonial na transição entre os séculos XV e XVI. Nesse contexto, por exemplo, uma série de bulas papais de meados do século XV debate sobre a adequação de se incluir ou excluir da humanidade uma série de povos contatados da África, assim como sobre a autorização, pelo Papa Nicolau V, concedida a Portugal para escravizar populações africanas (Del Roio, 1997).

Nessa linha, a questão de essência humana ou não humana dos indígenas das Américas é também amplamente discutida, por exemplo, em muitas dissertações na Universidade de Salamanca, em 1550 e 1551, e nos célebres debates promovidos pela Igreja Católica em Valladolid, entre 1550 e 1570, em que o capelão e cronista do rei da Espanha, Juan Ginés de Sepúlveda, argumenta contra a humanidade e a dignidade humana dos indígenas, enquanto o dominicano Bartolomé de las Casas os defende.

Também na linha dos debates renascentistas relacionados à circunscrição sobre o que é o humano, Michel de Montaigne (1533–1592) aborda a diversidade dos tipos e modos de vida que os seres humanos, em distintas circunstâncias, são capazes de adotar.

Em Montaigne, em contraposição a Pico, há uma intenção crítica, cética, não isenta de ironia, sendo, então, o padrão de homem que se busca perscrutar não apenas o ideal da Antiguidade Clássica, mas os novos homens, de outras nações recém-descobertas.

Seu ceticismo em relação aos preconceitos de uma época marcada pelo início do contato com povos radicalmente distintos dos europeus e sua inspiração nos filósofos helênicos da escola cínica (aguda crítica dos costumes e hipocrisias sociais) conduzem Montaigne a uma abordagem original sobre como os seres humanos se comportam, a quais valores se reportam, que ideais perseguem, enfim, o que seria o homem e o que significaria ser humano em um estado considerado, então, bem mais próximo da natureza.

Em seu ensaio *Des cannibales*, a partir de tal perspectiva próxima a Maquiavel, busca uma descrição de como seres humanos, considerados radicalmente estranhos, sentem, se comportam e se organizam politicamente (Montaigne, 2009; Smith, 2009).

Assim, Montaigne (2009), a partir de descrições de exploradores franceses (como as de Villegagnon, no Rio de Janeiro, em 1557, e as de obras como a do huguenote Jean de Léry e a do frei franciscano e cosmógrafo André Thevet, autor de *La France antartique*, de 1557), defende a tese de que os indígenas do Brasil não são menos humanos do que os europeus, não são melhores nem piores: são apenas diferentes. A alegada barbárie é apenas uma questão de ponto de vista:

> [...] não há nada de bárbaro e selvagem nessa nação, pelo que dela me relataram, senão que cada um chama de bárbaro o que não é de seu uso – como, em verdade, não parece que tenhamos outro padrão de verdade e de razão que o exemplo e a ideia das opiniões e usanças do país de onde somos (Montaigne, 2009, p. 51).

Montaigne rejeita narrativas antigas incorporadas à tradição e, assim, se afasta da autoridade estabelecida; sua preferência é antes pelo conhecimento provindo da observação do que da autoridade.

O Novo Mundo não era uma ilha, qual Atlântida perdida, povoada por seres monstruosos; era um continente, terra firme, povoado por povos distintos, como os mais civilizados do México, os mais poderosos do Peru e os de melhor vida, pois a mais natural de todas (*vivem numa terra muito agradável e bem temperada* [...] *é raro ver um homem doente*), como os do Brasil (Smith, 2009).

Nos indígenas do Brasil, Montaigne vê um misto de simplicidade, ingenuidade e dignidade, mas tudo isso muito próximo da natureza e muito longe da sofisticação, do artificialismo e da hipocrisia europeia. Há, nesse momento, uma identificação da tradição e dos costumes europeus com o artificialismo, e um fascínio pelo fantástico e exótico que os povos do Novo Mundo representam, agudamente captado por Montaigne (Ginzburg, 1993);

> [...] não puderam imaginar uma simplicidade tão pura e natural [...] nenhum conhecimento das letras, nenhuma ciência dos números [...] nenhum uso da servidão, da riqueza ou da pobreza. [...] As palavras mesmas que significam a mentira, a traição, a dissimulação, a avareza, a inveja, a detração, o perdão, são inauditas (Montaigne, 2009, p. 54).

Mas tal simplicidade e proximidade da natureza não os faz menos humanos. Esses outros, esses seres humanos tão distintos, são dotados de um sentido ético próprio; "[...] toda sua ciência ética contém apenas dois artigos: firmeza na guerra e afeição pelas mulheres" (Montaigne, 2009, p. 58).

O canibalismo, visto de forma simplória e preconceituosa pelos europeus como absurdo e macabro, tem um sentido claro entre eles, ocorrendo em contexto ritual relacionado à guerra e a um certo sentido de grupo. Nesse ritual, eles amarram o prisioneiro e, *em presença de toda a assembleia, fulminam-no a golpes de espada*. O sentido de devorar o inimigo é dramatizar a vingança, elemento central no jogo da guerra; "não é como se pensa, para se alimentarem, como faziam os antigos citas, mas para manifestarem uma extrema vingança" (Montaigne, 2009, p. 60).

Assim, ao longo do século XVI, na Europa, as dimensões do mundo aumentam de forma extraordinária, e o conceito de ser humano alarga-se e transforma-se. O tema de uma natureza moral geral, universal, do gênero humano, é mais e mais revisado. Para alguns, os outros são *semi-homens*, monstros desnaturados; para outros, como Montaigne, a espécie humana é algo unitário, apesar das diferenças locais; os monstros são obra da imaginação preconceituosa (Leach, 1985b).

## O surgimento da visão moderna de homem

No final do século XVI e início do XVII, o racionalismo da tradição antiga do *zôon logikón* é retomado, porém em um novo marco conceitual, o do mecanicismo. Tem-se, agora, o modelo da natureza como grande máquina aplicado à vida e ao humano. É também bem conhecido o dualismo de René Descartes (1596-1650), que concebe o ser humano, de um lado, como *res cogitans*, coisa que pensa, ou seja, como subjetividade do espírito, consciência-de-si, e, de outro, como *res extensa*, coisa material, corpo concebido mecanicisticamente, como exterioridade absoluta em relação ao espírito.

Assim, o dualismo de Descartes é distinto do dualismo clássico platônico e neoplatonizante; o espírito separa-se do corpo não para a contemplação das *ideias perfeitas* (como no *Fédon* de Platão), mas para melhor conhecer e dominar o mundo material, a *res extensa*. Em Descartes há, portanto, uma física do corpo, obedecendo às leis e aos movimentos que acionam a máquina do mundo, e uma metafísica do espírito, da razão pura. Constatam-se, assim, duas naturezas completas, incapazes de subsistir uma sem a outra.

Cabe lembrar que o mundo cartesiano não é mais a *physis* grega – natureza dotada de um princípio imanente de movimento – mas um grande engenho mecânico passível de ser analisado e dominado pela razão, um mundo a ser captado por modelos matemáticos. Assim, com Descartes se inicia, efetivamente, a Idade Moderna: uma determinada forma de pensar a realidade, o mundo e o homem a partir de pressupostos novos.

Surge, então, nesta antropologia racionalista, a ideia de que o corpo humano pode ser resumido a um conjunto de artefatos e máquinas, e que apenas a presença da razão, do espírito que se manifesta através da linguagem, irá separar o homem do animal-máquina (Vaz, 1991).

Não há diferença substancial entre máquinas vivas hipotéticas e o animal destituído de razão:

> [...] se houvesse máquinas assim, que tivessem os órgãos e a figura de um macaco, ou de qualquer outro animal sem razão, não disporíamos de nenhum meio para reconhecer que elas não seriam em tudo da mesma natureza que esses animais [...] (Descartes, 1973, p. 68).

O uso das palavras e da razão são os elementos fundamentais que permitem estabelecer, segundo Descartes, a diferença que há entre os seres humanos e os brutos (Cottingham, 1995):

> Pois é coisa muito de notar que não há homem, por estúpido e abobalhado que esteja, sem excetuar os loucos, que não seja capaz de arranjar um conjunto de várias palavras e compor um discurso que dê a entender seus pensamentos; e, pelo contrário, não há animal, por perfeito e felizmente dotado que seja, que possa fazer outro tanto (Descartes, 1973, p. 69).

Descartes, que visa explicar os animais em termos exclusivamente mecânicos, sem admitir um princípio animador neles, quase não usa a palavra *animal* (pois esse termo remete a seres dotados de *anima*, de tal princípio animador), preferindo termos como besta (do francês *bête*) ou bruto (do latim *brutum*).

O dualismo cartesiano irá produzir uma nova versão de homem, híbrida como a da Antiguidade, como a de Aristóteles, mas uma nova forma de hibridismo. Tal visão é expressa em duas obras específicas, *O homem*, escrita em 1633 e publicada apenas postumamente, e *As paixões da alma*, de 1649. O corpo humano é uma máquina de tal forma que

> Verdadeiramente, pode-se muito bem comparar os nervos da máquina que vos descrevo aos tubos das máquinas dessas fontes; seus músculos e seus tendões aos outros diversos mecanismos e molas que servem para movê-las; seus espíritos animais à água que as move, cujo coração é a nascente, e as concavidades do cérebro são as aberturas (Descartes, 2009, p. 131).

Descartes visa chegar aos mínimos detalhes em tal síntese, não sem dificuldades. Para explicar como, no nível corporal, retiro minha mão da chama que a queima, ou como enxergo tal chama, ele lança mão da noção de *espíritos animais* (já bastante antiga e recorrente na fisiologia humana, desde a Antiguidade), espécie de microelemento sutil, corpúsculos que não têm nada de espiritual e que funcionam como transmissores das informações ao longo do corpo.

Os processos somáticos ocorrem no cérebro, mas é a alma que sente; todos os processos corporais independem da alma, exceto a razão, a vontade e alguns aspectos da percepção. As percepções de nossas volições são de natureza anímica; outras, como a maior parte delas (visão, tato, audição, olfato), dependem dos nervos (Descartes, 1944, p. 40).

A alma está em todo o corpo, pois o corpo é uno e a alma não tem nenhuma relação com a extensão. Entretanto, Descartes precisa explicar como os fenômenos perceptivos que são produzidos por órgãos duplos (olhos, ouvidos), terminam por produzir imagens unitárias; isso se dá porque a visão se torna sintética na glândula pineal, centro do cérebro, onde repousa a alma; "não há no corpo nenhum outro lugar em que se possam reunir dessa forma, se não depois de juntarem-se em dita glândula" (Descartes, 1944, p. 47, tradução nossa).

Desta forma, o dualismo de Descartes busca compatibilizar matéria e espírito, um universo mecânico perfeitamente descritível pela ciência natural, e um espírito específico e separado, guardião da liberdade humana e de sua elevada espiritualidade. As dificuldades de tal dualismo irão aparecer recorrentemente, mas nem por isso ele deixará de ter grande influência no pensamento moderno sobre o homem.

## Hobbes: autoconstrução do ser humano por meio da vida em sociedade

Contemporâneo de Descartes, Thomas Hobbes (1588–1679) irá também aplicar uma fórmula do racionalismo mecanicista à compreensão do humano e da sociedade.

Para Hobbes, a ideia de corpo é fundamental para se compreender a natureza, o humano e a sociedade. Uma das diferenças fundamentais entre o racionalismo de Hobbes e o de Descartes é que Hobbes, como Julien Offray de La Mettrie (1709–1751), é um materialista radical e integral; ele não atribui ao *cogito*, à *res cogitans*, a dignidade ontológica que Descartes lhe confere. Apenas os corpos existem, os corpos que ocupam espaço; Deus mesmo é corporal (Vaz, 1991).

Quais seriam, então, as características essenciais do humano, aquelas que lhe são próprias e que distinguem o homem dos outros seres? A originalidade humana não se revela pelos atributos que a tradição filosófica lhe confere – a saber: razão correta, liberdade de escolha, imortalidade da alma. A sua originalidade se verifica, em fórmula análoga à usada dois séculos antes por Pico della Miràndola, por meio da tarefa que sua constituição própria lhe atribui, ou seja, a de ser o artífice de sua própria humanidade.

Entretanto, em Hobbes essa tarefa parte de pressupostos e se situa em campos muito distintos daqueles vislumbrados por Pico della Miràndola. Enquanto este centra a autoconstrução do homem na liberdade, no livre-arbítrio, para Hobbes simplesmente não há livre-arbítrio, pois este é apenas uma ilusão. O livre-arbítrio é expressão de uma atitude de negação e ocultamento relativo às verdadeiras causas da conduta e das decisões humanas, ou seja, suas paixões. Das paixões, que são os verdadeiros motores do humano, sobressaem, sobretudo, o medo da morte e o desejo de sobrevivência.

Em Hobbes, para ser o artífice de sua própria humanidade, o ser humano deve sair do "estado de natureza" e elevar-se ao "estado civil", tornando a sociedade e o estado os únicos palcos nos quais sua humanidade pode realizar-se plenamente.

O sistema hobbesiano se divide, então, em três grandes blocos: uma cosmologia e uma física radicalmente materialistas e mecanicistas; uma antropologia sensualista e desiderativa; e uma política contratualista, absolutamente não transcendental.

Nesta linha, o homem hobbesiano é primeiramente um *Homo desiderius*, um homem movido por desejos, por paixões. Dentre todas as paixões, há aquelas que são as mais importantes e que mais influenciam a existência humana: "As paixões que fazem os homens tender para a paz são o medo da morte, o desejo daquelas coisas que são necessárias para uma vida confortável, e a esperança de consegui-las através do trabalho" (Hobbes, 1974, p. 77).

Por um processo desconhecido, por meio de uma combinação de ações divinas e naturais, o homem se torna um ser da linguagem, um *Homo loquens* – sendo, para Hobbes, a linguagem o elemento diferenciador do ser humano em relação aos animais.

Particularmente importante, Hobbes destaca que por meio do pacto social é viabilizada a instauração da vida social integral e, necessariamente, o Estado, o *Leviathan*. Só então, uma vez constituído o Estado, pode o homem se humanizar plenamente (Matos, 2007).

Mas como se articulam esses três blocos hobbesianos? Para Matos (2007), a antropologia de Hobbes é o que está no centro, pois se a física é o pano de fundo, a base material para se erigir a antropologia, a sua política é totalmente decorrente da antropologia que construiu.

A física e o materialismo radical de Hobbes irão permitir que se formule o homem como uma grande máquina, pois tudo o que existe no Cosmo são apenas corpos em movimento; Deus, ele mesmo, é um corpo. Mas o homem é um corpo especial, uma máquina dotada de desejos e paixões. A paixão básica que move o homem, como assinalado acima, é o desejo de preservar o seu ser, de continuar a existir, de não ser violentamente destruído por outros homens.

O estado de natureza, período hipotético e lógico, mas não histórico ("[...] e acredito que jamais tenha sido geralmente assim, no mundo inteiro [...]" [Hobbes, 1974, p. 76]), é um estado de guerra permanente de todos contra todos, pois nesse estado o homem deseja tudo para si e é juiz em causa própria.

Os seres humanos no estado de natureza são basicamente iguais entre si, mas sentem-se com plenos direitos a tudo. Na ausência de um poder único e soberano, os homens iguais entre si disputam livremente e constantemente todas as coisas; não há juiz ou justiça. Portanto, não há injustiças nem perversidades, apenas o desejo de possuir tudo, de se apossar de todas as coisas comuns (pois "[...] onde não há lei não há injustiça" [Hobbes, 1974, p. 77]).

A consequência desse estado é uma situação de medo e ameaça constantes, de iminência de uma morte violenta, de desconfiança total entre os homens. A morte violenta espreita constantemente a existência humana, pois no *estado de natureza* o homem é um ser que deseja tudo para si, seu desejo não conhece fim ou limites.

Em tal antropologia, o homem em estado de natureza ainda não é plenamente humano, ainda não se constituiu integralmente a sua humanidade. O estado de natureza é um estado de guerra potencial ou virtual, no qual "[...] todo homem é inimigo de todo homem [...]" (Hobbes, 1974, p. 76). Em tal situação, diz Hobbes:

> [...] não há lugar para a indústria [...], não há cultivo da terra, nem navegação, nem uso das mercadorias [...], nem artes, nem letras; não há sociedade; e o que é pior do que tudo, um constante temor

> e perigo da morte violenta. E a vida do homem é solitária, pobre, sórdida, embrutecida e curta (Hobbes, 1974, p. 76).

Em resumo, o estado de natureza de Hobbes representa "[...] a miserável condição em que o homem realmente se encontra, por obra da simples natureza (Hobbes, 1974, p. 77).

No entanto, é justamente no estado de natureza que surge na mente do homem o desejo de livrar-se da potencialidade onipresente de tal morte violenta, de alcançar um estado de paz. Mas como isso pode ser alcançado?

A linguagem, atributo único dos humanos, tem um papel central nesse esquema hobbesiano. Ela permite aos seres humanos que se reúnam e, a partir do medo de morrer, decidam pela formalização de um pacto:

> Mas a mais nobre e útil de todas as invenções foi a da linguagem, que consiste em nomes ou apelações e em suas conexões, pelas quais os homens registram seus pensamentos, os recordam depois de passarem, e também os usam entre si para a utilidade e conversa recíprocas, sem o que não haveria entre os homens nem Estado, nem sociedade, nem contrato, nem paz, tal como não existem entre os leões, os ursos e os lobos (Hobbes, 1974, p. 20).

Por meio desse pacto viabilizado pela linguagem, os seres humanos, medrosos diante da morte, criam o estado civil, um estado sem transcendência nas palavras de Matos (2007), um *simples artefato humano*. Nessa linha, ao criar o Estado, o ser humano gera as condições para construir a sua própria humanidade.

Cabe destacar, portanto, que a autoconstrução de sua humanidade será, para o homem hobbesiano, uma obra coletiva, permitida apenas pelo surgimento da linguagem. Se a existência do homem no *estado de natureza* é pobre, embrutecida, solitária e curta, é no *estado civil* que se configurará uma existência plena, com a criação arbitrária de leis, regras e um poder repressor que imponha um acordo entre os seres humanos. Em tal estado civil são, então, artificialmente geradas as condições de racionalidade e de justiça que configurarão a possibilidade de realização da humanidade plena dos seres humanos.

Assim, em Hobbes, na condição natural, o homem não é bom nem mau, não é justo nem injusto: o que está em jogo é apenas ser forte ou engenhoso o suficiente para sobreviver, ou não o ser e perecer. O homem natural, desse modo, não é plenamente humano.

Por outro lado, no estado civil, na vida humana criada artificialmente pelo pacto social e pela invenção do Estado, o ser humano alcança as condições de produção de sua integral humanidade. Nesse estado, justiça e injustiça, assim como racionalidade e irracionalidade, serão dimensões relacionais e artificiais da vida comum dos seres humanos, que passam a existir apenas e somente em consequência do estado de sociedade.

*Leviathan*, o Estado, a condição civil por ele constituída, é, portanto, o que permite que o homem construa cabalmente a si mesmo, que realize finalmente a sua humanidade.

Uma realização arbitrária e artificial, que surge a partir de um Estado autoritário absolutista, mas não por isso destituída de concretude.

A partir do final do período renascentista e após ele, constata-se uma série de transições e metamorfoses: da perspectiva de homem da idade medieval, visto como criatura concebível apenas nas molduras possíveis do divino e do demoníaco, a algo que no período pós-renascentista irá se configurar como um homem animal-máquina, e, depois, como homem-ser da natureza e da sociedade (Leach, 1985b).

Nessa linha, Giambattista Vico (1668–1744) é um exemplo da tentativa de reconstruir as formas de viver e de sentir dos seres humanos, no seu devir histórico, sem recorrer a qualquer explicação teológica, mas apoiando-se na comparação de materiais de linguagem que restaram dos povos, nos fatos criados pelos seres humanos.

No século XVIII, luzes acendem no pensamento ocidental e geram uma percepção nova: a do homem como um complexo de ideias relacionais geradas socialmente (Leach, 1985b). Assim, tem-se em Montesquieu (1689–1755), por exemplo, em *De L'esprit des lois*, 1748, a proposta de uma separação decisiva entre aquilo que constitui os aspectos propriamente social e político da vida humana em contraposição aos desígnios divinos, que já não servem para a compreensão das formas reais de vida dos humanos.

Faz, então, muita diferença que a perspectiva da história humana passe a ser vista mais como um processo social do que como consequência da arbitrária intervenção divina ou das decisões políticas de indivíduos poderosos. Passa-se a considerar a perspectiva de homem como um ser social: sem a vida social, sem a educação, sem as leis, o ser humano não poderia mesmo existir, ele não poderia sobreviver, seria inconcebível fora da sociedade.

Mesmo o contexto físico no qual o indivíduo nasce e cresce é organizado e regido por regras e convenções feitas pelo homem. Começa a ser cristalizada, assim, a partir do século XVIII, a ideia de que, nas palavras de Edmund Leach (1985b, p. 44, tradução nossa), "a história humana é feita pelo próprio homem, mas mais pelo homem como coletividade do que pelo homem como herói individual".

Também no Iluminismo, sobretudo em um de seus mais destacados polígrafos (especialmente da *Encyclopédie)*, Denis Diderot (1713–1784), diz-se que o ser humano não deve ser separado da natureza; há um sistema da natureza (*un système de la nature*), um universo em que tudo está unido e permanece em constante transformação, em um fluxo incessante. Em tal sistema, o homem deve ser concebido e estudado segundo os mesmos métodos que se empregam para estudar os demais seres existentes.

Assim, o ser humano passa a ser descrito e estudado de forma detalhada e minuciosa em seus aspectos anatômicos, morais e políticos (ver os verbetes *Espèce humaine, animal, droit naturel,* da *Encyclopédie*, redigidos pelo próprio Diderot). Em tais verbetes, Diderot relata a história natural do homem, do nascimento até a morte; o homem concebido como *um sistema de diferentes moléculas orgânicas*. A espécie humana é também uma espécie animal, e sua característica mais marcante, a razão, é um instinto aperfeiçoado e perfectível (Diderot; D'Alembert, 2015).

Diferentemente de Buffon (ver capítulo seguinte), a quem Diderot recorre constantemente, este acredita que o homem, apesar de concebido como espécie especial, permanece incluído no interior da animalidade; as mutações da espécie e as adaptações às funções e às necessidades é que criaram o ser humano tal como ele é. As leis civis devem, consequentemente, se harmonizar com as leis naturais.

O homem natural é, em princípio, bom. Sua bondade é estar em harmonia com a natureza. A natureza não os fez mau; a má educação, os maus exemplos, a má legislação é que os corrompem. Mas aqui já nos aproximamos da visão rousseauniana de homem, com a qual Diderot mantém permanente debate. Entretanto, para Diderot, o homem natural sobrevive a todas as metamorfoses, o império da natureza não pode ser destruído.

"É do homem que devo falar" (Rousseau, 1978, p. 235), assim inicia Jean-Jacques Rousseau (1712–1778) o seu *Discurso sobre a origem e os fundamentos da desigualdade entre os homens*, de 1754, pois sendo esse o mais útil dos temas filosóficos, é também *o menos adiantado dos conhecimentos*.

Como Hobbes, Rousseau irá centrar sua investigação sobre o homem, sobretudo sobre a relação homem-sociedade e, em particular, lançará mão de antinomias como *homem natural-homem social* e *estado de natureza-estado de sociedade*. Ele busca, enfim, identificar como tais antinomias se articulam para produzir e expressar o que o ser humano realmente se tornou.

Rousseau irá interpelar alguns interlocutores principais: os jusnaturalistas, Hobbes e, naturalmente, Aristóteles.

Contra os jusnaturalistas, rejeita a visão de que no estado de natureza já há um homem racional e moral, um homem tal como ele é hoje; também recusa a noção deles de que haveria uma sociabilidade instintiva no ser humano. Segundo ele, os jusnaturalistas projetam no homem natural o homem atual, produto do estado de sociedade.

Contra Aristóteles, em linha semelhante à oposição aos jusnaturalistas, refuta decididamente a ideia de que o homem é, por natureza, um ser político – isto é, que há uma sociabilidade intrínseca e constitutiva no ser humano que viabiliza desde o início o homem político (oposição que também Hobbes faz a Aristóteles).

Contra Hobbes, Rousseau não irá tanto contrapor o *bom selvagem* ao homem naturalmente mau – como induziu pensar uma longa tradição que parece ter sua origem nos artigos de Diderot para a *Encyclopédie* –, pois nem para Hobbes, nem para Rousseau, o homem em estado de natureza é bom ou mau, ele simplesmente não tem moralidade.

O homem natural não é mau precisamente por não saber o que é ser bom, "[...] pois nem o desenvolvimento das luzes, nem o freio da lei, mas a tranquilidade das paixões e a ignorância do vício que os impedem de proceder mal" (Rousseau, 1978, p. 252). A diferença fundamental entre os dois filósofos (Hobbes e Rousseau) concerne antes à visão política e de sociedade do que à teoria das paixões que as precede (embora haja diferenças também claras na antropologia dos dois autores).

Se para Hobbes o Estado viabiliza a realização da humanidade do homem, para Rousseau a sociedade civil e o Estado produzem uma espécie de degeneração do humano, pois incrementam intensamente, em um nível degradante, as desigualdades mínimas que existiam dormentes no *estado de natureza*. O verdadeiro fundador da sociedade civil, diz o filósofo, "[...] foi o primeiro que, tendo cercado um terreno, lembrou-se de dizer isto é meu, e encontrou pessoas suficientemente simples para acreditá-lo" (Rousseau, 1978, p. 259).

Assim, no estado de sociedade, para Rousseau, introduz-se a propriedade e desaparece a igualdade. Com a propriedade, surge a escravidão, a exploração, o roubo e a miséria.

> [...] começaram a nascer, segundo os vários caracteres de uns e de outros, a dominação e a servidão, ou a violência e os roubos. Os ricos, de sua parte, nem bem experimentaram o prazer de dominar, logo desdenharam todos os outros e, utilizando seus antigos escravos para submeter outros, só pensaram em subjugar e dominar seus vizinhos, como aqueles lobos famintos que, uma vez comendo carne humana, recusam qualquer outro alimento e só querem devorar homens (Rousseau, 1978, p. 268).

A constatação de que a vida social poderia ser a principal responsável pelo aprofundamento da desigualdade entre os seres humanos e pela consolidação de seus efeitos ganha força em vários pensadores dos séculos XVII e XVIII.

Além das contraposições entre *homem natural* e *homem social*, assim como entre *estado de natureza* e *estado de sociedade*, as ideias contratualistas devem ser aqui lembradas, a fim de se situar esses debates de forma minimamente compreensível.

O contratualismo refere-se a diversas noções e teorias que floresceram na Europa, do começo do século XVII até o final do XVIII; concepções políticas que enxergam tanto a origem da sociedade como o fundamento do poder em um acordo, um contrato tácito ou expresso, contrato esse celebrado entre a maioria dos indivíduos, de um lado, e um soberano ou representante da sociedade, de outro. Tal contrato marcaria o fim do *estado de natureza* e daria origem ao *estado de sociedade* ou *estado político*. Além de Hobbes e Rousseau, acima examinados, outros expoentes do contratualismo foram J. Althusius (1557–1638), Baruch Spinoza (1632–1677), S. Pufendorf (1632–1694) e John Locke (1632–1704), podendo aqui ser incluída até parte da obra de Immanuel Kant (1724–1804).

Para Lourival Machado (1968), Rousseau busca, como Hobbes, achar um ponto de partida claro e preciso na figura desse *homem natural*, mas reconhece a enorme complexidade que existe em formular esse ponto de partida.

O interesse pelo *homem natural* esbarra frontalmente na dificuldade em distinguir o que haveria de original e o que haveria de artificial na natureza do homem que hoje se observa. Na mesma linha que Hobbes, para Rousseau o *homem natural* e o *estado de natureza* talvez nunca tenham existido. Trata-se, antes, de uma condição virtual, um ponto de referência para se formular sobre as relações entre o homem, a natureza e a sociedade, e para investigar sobre os fatores genéticos dessas relações.

A piedade, essa repugnância inata de ver sofrer o seu semelhante, é também uma marca do *homem natural*, mas não uma marca específica, pois os animais também a possuem, visto que a piedade precede o uso de qualquer reflexão. As próprias bestas dão sinais perceptíveis de piedade: os cavalos têm repugnância de

> [...] pisar em um ser vivo [...] um animal não passa sem inquietação ao lado de um animal morto de sua espécie; há alguns que lhes dariam, inclusive, sepultura, e o gado muge tristemente no matadouro, pois percebe o horror que lá se passa (Rousseau, 1978, p. 253).

Mas o ponto central da antropologia rousseauniana que interessa particularmente aqui é o que traça a diferença específica entre o homem e o animal, mesmo do homem mais próximo ao animal, que é o hipotético *homem natural*. Não é pela diferença física que o ser humano se afasta do animal, nem pela inteligência ou pelo entendimento, mas apenas pela capacidade de se reconhecer livre para aquiescer ou para enfrentar o que se lhe opõe. É na consciência de tal liberdade que deve se reconhecer o específico do humano (Machado, 1968).

> Não é, pois, tanto o entendimento quanto à qualidade de agente livre possuída pelo homem que constitui, entre os animais, a distinção específica daquele. A natureza manda em todos os animais, e a besta obedece. O homem sofre a mesma influência, mas considera-se livre para concordar ou resistir, e é sobretudo na consciência dessa liberdade que se mostra a espiritualidade de sua alma, pois a física de certo modo explica o mecanismo dos sentidos e a formação das ideias, mas o poder de querer, ou antes, de escolher e no sentimento desse poder só se encontram atos puramente espirituais que de modo algum serão explicados pelas leis da mecânica (Rousseau, 1978, p. 243).

# Filósofos alemães modernos

## KANT

Também central no Iluminismo, Immanuel Kant (1724–1804) representa fundamental articulação no pensamento europeu, sobretudo no conflito entre o empirismo britânico e o racionalismo francês.

Se em Locke e Hume o conhecimento provém das sensações, para Descartes as impressões sensoriais não são nada se não forem filtradas, modeladas e trabalhadas pelas faculdades da mente; mas, em última instância, é uma mente independente do mundo que é capaz de conhecer.

Kant articula essas duas perspectivas: a experiência sensorial e o pensamento se relacionam de forma indissociável; a obtenção de conhecimentos é um processo criativo. O ser humano é incapaz de conhecer o mundo como ele é, de conhecer a coisa em si mesma (do alemão *Das Ding an sich*). Obter o conhecimento do mundo é, na verdade, criar um mundo acessível ao conhecimento. O ser humano só pode conhecer o mundo na medida em que tal mundo representa a si mesmo para o homem (do alemão *Das Ding für mich*).

Assim, Kant dá início a uma radical mudança da Modernidade, na medida em que estabelece que conhecer o mundo é participar de sua *criação*. Depois de Kant, será problemático pensar um mundo dado, absolutamente independente do conhecimento que o concebe e o constitui.

Kant é, portanto, um pensador-chave para a Modernidade e para se analisar o estatuto do homem na Modernidade a partir das perspectivas das humanidades.

O principal de seu sistema é o caráter crítico, ou seja, seu sistema visa determinar os limites e as possibilidades do conhecimento. Para ele, as questões fundamentais do conhecimento são: o *que posso saber* (a questão básica de sua epistemologia e metafísica); o *que devo fazer* (sua moral transcendental); o *que me é lícito esperar* (sua teoria teológica, sua visão de religião) e, finalmente, o *que é o homem* (sua antropologia) (Kant, 1992, p. 42). Entretanto, diz Kant, em seu tratado de lógica, que as três primeiras questões se reportam à última delas sobre o homem; "Mas, no fundo, poderíamos atribuir todas essas à antropologia, porque as três primeiras questões remetem à última" (Kant, 1992, p. 42).

De fato, Kant foi um dos primeiros pensadores importantes a formular uma antropologia (filosófica e antes psicológica do que sociocultural) como um projeto moderno de conhecimento da espécie humana, um projeto universalista que, de certa forma, reage a Herder (1990; Eriksen; Nielsen, 2007) – que afirmava que não se podia abordar o ser humano, mas apenas alemães, franceses, ingleses etc., ou seja, seres humanos situados em comunidades de sangue e solo.

Johann Gottfried Von Herder (1744-1803), marcado pelo início do movimento romântico, defende a primazia das emoções e da linguagem sobre a razão. Todo povo (do alemão *Volk*) tem sua língua, seus costumes, seus valores, enfim, um espírito próprio (do alemão *Volksgeist*). A sociedade deve ser vista como uma comunidade mítica profundamente consolidada.

Em 1774, Herder publica *Auch eine philosophie der geschichte zur bildung der menscheit* (em tradução livre do alemão, "Sobre uma filosofia da história para a constituição da humanidade"), em que critica o universalismo francês defendido, por exemplo, por Voltaire (1694-1778). O universalismo de Voltaire, a ideia de civilização, é, na verdade, um provincianismo francês disfarçado, argumenta ele. Herder formula uma visão em que cultura e civilização se diferenciam; cultura é algo orgânico, experiencial, enquanto civilização pertence à esfera cognitiva, sendo vista como superficial. O homem é constituído a partir de seus traços raciais (sangue), sua educação, o clima em que vive e sua vida material, ou seja, das idiossincrasias concretas das condições e formas de vida específicas

Kant estabelece, em outro sentido, o projeto de uma antropologia que seria cosmopolita, que buscaria fazer a ligação do ser humano em sua especificidade local (*polis*) com a sua universalidade global (*Cosmos*) (Kant, 1964; Rapport, 2007).

Assim, no prólogo de sua *Antropologie*, ele distingue dois campos fundamentais para o conhecimento do ser humano. De um lado, o conhecimento fisiológico do homem, que "[...] trata de investigar o que a natureza fez do homem" (Kant, 1964, p. 399, tradução nossa); de outro lado, o que ele denomina conhecimento *pragmático*, que seria do que o próprio homem, "[...] como ser que obra/trabalha livremente, faz ou pode e deve fazer de si mesmo" (Kant, p. 399, tradução nossa).

Cabe ressaltar que, em sua antropologia, Kant afirma dois aspectos sobre a caracterização do ser humano que interessam aqui em particular: o de ser autoconsciente e o de seu caráter duplo, de ser da natureza e ser da cultura.

Para Kant, o ser humano se caracteriza pelo "fato de que em sua representação é possuidor de um Eu, sendo isto o dado que o eleva infinitamente acima de todos os outros seres vivos que vivem na terra" (Kant, 1964, p. 407, tradução nossa). Ele exemplifica essa dimensão fundamental por meio do desenvolvimento da criança humana:

> É notável, entretanto, que a criança que logo começa a falar relativamente bem, apenas consideravelmente depois (talvez cerca de um ano mais tarde) inicia a se expressar com o pronome Eu. Ela fala de si por muito tempo na terceira pessoa (Carlos quer comer, andar etc.), e parece haver acendido uma luz para ela quando começa a expressar-se dizendo Eu; pois a partir desse dia nunca mais retorna àquele modo anterior de falar. Antes, a criança simplesmente sentia a si mesma, agora, pensa a si mesma (Kant, 1964, p. 407, tradução nossa).

Assim, pode-se inferir que o homem, na antropologia kantiana, se caracteriza em contraposição aos animais fundamentalmente por ser uma criatura autoconsciente.

O outro ponto é a articulação de natureza e cultura, já central na antropologia do filósofo alemão. Assim, o ser humano é caracterizado por ter uma dupla natureza: ele "[...] pertence ao sistema da natureza viva" e, por outro lado, "[...] ele possui um caráter que ele próprio criou para si, ao ser capaz de aperfeiçoar-se de acordo com os fins que ele mesmo se propõe" (Kant, 1964, p. 286, tradução nossa). Kant explicita bem esse passo. Inicialmente, o ser humano seria um ser *dotado da faculdade da razão*, um animal que potencialmente é aparelhado para utilizar a razão (*animal rationabile*). Ao utilizar a razão, o homem torna-se um *animal racional* (*animal rationale*), pois domina a técnica e a pragmática e vive no domínio moral.

> Entre os viventes habitantes da Terra é notório que o homem é diferente de todos os restantes por sua **capacidade técnica** (ou a mecânica unida à consciência) para manejar as coisas, por sua **capacidade pragmática** (para necessitar e buscar outros homens de acordo com suas próprias intenções) e pela sua **constituição moral** (de obrar a seu respeito e a respeito dos demais em vista do princípio da liberdade sob as leis para si e para os outros). Nesses três graus residem a sua natureza e cada um dos quais pode, por si só, diferenciar caracteristicamente o homem dos demais habitantes da Terra (Kant, 1964, p. 674, tradução nossa).

Em seus escritos sobre a história e a filosofia da história, inspirados pelo debate com

Herder, Kant manifesta seu interesse em se aproximar da história da humanidade baseando-se em fundamentos filosóficos. Busca, então, analisar a história dos seres humanos de um ponto de vista universal e cosmopolita.

No escrito *Começo conjectural da história humana*, de 1786, Kant busca utilizar como referência para suas especulações a Bíblia, em particular as fases da narrativa do Gênesis, pois considera a Bíblia o documento mais antigo e mais confiável sobre os possíveis começos do homem (Menezes, 2010).

O ser humano só existe como um ser já dotado de razão (mas, ainda no início, não obedecendo a ela) pois seria impossível pensar a existência do homem, ou seja, considerá-lo *completamente formado*, sem que ele já fosse dotado de razão.

Assim, para Kant, é impossível partir de uma natureza do humano "[...] em estado absolutamente rude [...]" (Menezes, 2010, p. 15). Portanto, "se o primeiro homem já fora capaz de erguer-se e andar, e também, segundo Gênesis, 2:20, podia falar e discorrer, logo podia pensar" (Menezes, 2010, p. 16). Entretanto, esse homem já capaz de pensar ainda era determinado, controlado, pelo instinto, "[...] esta voz de Deus, à qual obedecem todos os animais [...]" (Menezes, 2010, p. 16).

Quando o homem, como ser plenamente dotado e orientado segundo a razão, surge, dá-se, então, uma nova fase da história humana, configura-se uma nova humanidade. Segundo Kant (Menezes, 2010), enquanto o homem obedecia à voz da natureza, ele encontrava-se bem. Ao ser instigado pela razão, o ser humano começa a analisar o mundo, a estabelecer paralelos entre as possibilidades que se lhe apresentam. A razão lhe permite, então, "[...] transpor os limites em que são mantidos todos os animais, e isto modifica totalmente o seu modo de vida" (Menezes, 2010, p. 18).

Nesse ponto, não se trata apenas de transpor a natureza, mas de se lhe opor, para "[...] se contrapor à voz da natureza, o que permite a primeira tentativa de uma livre escolha [...]" (Menezes, 2010, p. 18). A razão abre os olhos do homem e o faz descobrir "[...] a faculdade de escolher por si mesmo sua conduta e de não estar comprometido, como os outros animais, com um modo de vida único" (Menezes, 2010, p. 16).

O que se observa nessa formulação sobre as origens do ser humano é a realização da razão sobrepujando-se aos sentidos, aos instintos, às paixões e aos desejos. O homem é elevado *acima da sociedade com os animais* e percebe que ele é o fim último da natureza; seu destino torna-se, então, *ser um fim para si mesmo* (Menezes, 2010, p. 22).

Fica claro, portanto, que a constituição do humano, em Kant, se dá pela passagem da natureza para a cultura, a passagem "[...] da rudeza de uma criatura puramente animal para a humanidade, do governo do instinto para o da razão, da tutela da natureza para o estado de liberdade" (Menezes, 2010, p. 24).

Dialogando com Rousseau, ele é bastante explícito ao se referir sobre tal salto ou passagem, em particular sobre como rastrear o problema ainda difícil de elucidar, de "[...] saber como a cultura deve progredir para desenvolver as disposições da humanidade, como espécie moral, conforme a sua destinação, de sorte que esta última não se oponha mais à primeira, à espécie natural" (Menezes, 2010, p. 26).

É curioso, entretanto, notar como, nesse texto sobre o *Começo conjectural*, Kant sugere que a cultura tenha se originado da troca social, em proximidade com a escola sociológica e antropológica francesa do século XX: "Os primeiros bens necessários à sobrevivência, cuja provisão requer um gênero de vida distinto, puderam ser mutuamente permutados. Daí surgiram a cultura e as primícias da arte, tanto para as belas-artes como para as artes úteis [...]" (Menezes, 2010, p. 32–33). Também de tal permuta, das relações sociais estabelecidas entre os grupos sociais (pastores, caçadores e agricultores), surgem os primeiros elementos da constituição civil e da justiça pública.

Embora Kant diga com todas as letras que "o homem se distingue do animal pela cultura (Kultur)" (Kant, 1977, p. 466, tradução nossa), cabe assinalar que o termo *Kultur* em Kant não se ajusta ou se traduz integralmente ou identicamente pela noção homônima atual da antropologia social. Mais ainda: deve-se assinalar que a noção de cultura para a antropologia social e cultural do século XX não foi e não é, de modo algum, unívoca, como bem evidenciaram Kroeber & Kluckhorn, já em 1952.

Em Kant, cultura é uma noção marcadamente normativa, ou seja, um conjunto de princípios fornecidos pela educação, a vida civil, a obediência às leis, o adequar-se aos costumes etc.; a civilização, por exemplo, "[...] é um tipo de cultura, marcado pela prudência (Klugheit) [...]" (Menezes, 2010, p. 26).

## HEGEL

Georg Wilhelm Friedrich Hegel (1770–1831) em parte segue Kant em vários aspectos relativos à noção de homem. A autoconsciência é, também, uma das especificidades fundamentais do humano, pois "[...] o homem se sabe a si mesmo; e isto o diferencia do animal" (Hegel, 2001, p. 34).

Também em Hegel o homem se diferencia do animal por possuir a capacidade de conter seus impulsos e instintos; ele "[...] cessa de ser algo natural, cessa de estar meramente entregue a suas intuições e impulsos imediatos, à satisfação e produção desses impulsos [...]". Assim, ele "reprime seus impulsos, coloca então o pensamento entre a violência do impulso e sua satisfação" (Hegel, 2001, p. 34).

Assim como em Kant, essa propriedade de submeter os impulsos ao domínio da razão possibilita a independência do ser humano, possibilita que ele seja um ser que se autodetermina.

O homem é, aqui também, um ser pensante, mas pensar é, para Hegel, alcançar o conhecimento do universal (Hegel, 2001). Segundo ele, a independência do humano reside em *saber o que o determina*, o ideal que, na conhecida fórmula hegeliana, é o mesmo que o real.

O animal, em contraposição, "[...] não tem suas representações como algo ideal, real, falta-lhe, por isso, esta independência íntima" (Hegel, 2001, p. 35). Assim, tendo essa possibilidade de escolher entre reprimir ou satisfazer seus impulsos, o ser humano age de acordo com determinados fins e busca determinar-se segundo o universal. Assim, o "[...] homem é um ser que faz a si mesmo [...]", constrói o que deve ser e se desprende da natureza; "[...] tem que adquirir tudo por si só, justamente porque é espírito; tem que sacudir o natural" (Hegel, 2001, p. 36).

Mas Hegel também aprofunda e modifica a abordagem fundada por Kant. A perspectiva que Hegel estabelece sobre a história humana pressupõe uma noção central em seu sistema de pensamento: o *espírito abstrato* ou *absoluto*. Esse espírito evolui de tal maneira que o homem e a humanidade se constituem, na verdade, como o corpo portador de tal espírito. Assim, segundo a filosofia de Hegel, a história do ser humano se transforma na história do *espírito absoluto* da humanidade.

Se em Kant o conhecimento do mundo é um processo que gira em torno do sujeito cognoscente, em Hegel esse ponto de ancoragem, esse sujeito cognoscente fixo, se desfaz. O sujeito cognoscente é um dos elementos do processo de conhecimento e é também resultado do processo cognoscente. Para conhecer o mundo, não apenas é necessário criar um mundo capaz de ser conhecido, mas também é necessário criar um eu capaz de conhecê-lo; criar, pois ele não existe *a priori*. Mas se o indivíduo não é o sujeito fixo do conhecimento, quem poderia sê-lo?

Hegel introduz, então, a ideia de que a sociedade é uma instância mais fundamental que o indivíduo; com o de Hegel, se verifica o surgimento de um determinado *coletivismo metodológico*, em oposição ao *individualismo metodológico* (Eriksen; Nielsen, 2007). Hegel afirma que um *espírito do mundo* (do alemão *Weltgeist*) evolui de forma independente do indivíduo, embora se manifeste através do indivíduo.

Se articularmos, então, o pensamento precedente a Hegel, sobretudo dos humanistas renascentistas, com o de Hegel, podemos pensar que, se o homem, a partir da Renascença, passa a ser concebido como o artífice de sua própria humanidade, com o advento do pensamento hegeliano, entretanto, é o ser humano enquanto sociedade, enquanto coletividade, que é o artífice de sua própria humanidade.

Certamente não é apenas em Hegel que tal noção se configura. Nota-se que também em Hobbes, Rousseau, Vico e Montesquieu, por exemplo, o processo de autoconstrução do homem se dá através da constituição da sociedade. Enfim, tal formulação talvez seja uma das mais influentes noções que surgem no interior das humanidades com o advento da Modernidade.

Tal articulação conceitual irá influenciar profundamente as ciências do homem na segunda metade do século XIX e ao longo do século XX, articulando-se com a pregnante ideia de *construção social* do mundo (que terá todos os seus desdobramentos na segunda metade do século XX).

## MARX

Karl Marx (1818-1883), como Hegel, também constrói uma noção de humano como produto histórico (para uma análise detalhada da noção de homem em Marx, em contraposição a pensadores anteriores a ele, como Montesquieu, Locke, Rousseau e Hegel, ver Plamenatz [1975]).

Mas, aqui, a história da humanidade não é a do espírito absoluto em evolução. É todo o sistema de produção da vida material (relação homem-natureza), da vida social, articulada à constituição da vida concreta, que forma o cerne da experiência e da condição humanas.

Não é, portanto, na consciência abstrata dos seres humanos que vivem em sociedade que se encontrará o que determina o homem e sua história. Pelo contrário, é bem estabelecido que, no sistema de Marx, é preciso dirigir o foco para o ser social concreto, inserido em relações de produção concretas; é aqui que irá se produzir tal consciência.

O homem é produzido social e historicamente, e a história é, nesse sentido, a história da autorrealização do ser humano. Mas tal produção do homem é mediada por um elemento central: o trabalho.

A noção de trabalho em Marx é uma categoria antropológica, não apenas uma noção econômica (Marx, 1975). Como em Hegel, para Marx, o homem só pode se realizar plenamente quando se relaciona ativamente com o mundo, não quando é somente um ser passivo-receptivo (Marx, 1975; Fromm, 1975).

A categoria trabalho é, portanto, fundamental para se compreender a relação entre o homem e a natureza (Chiarello, 2001) e sua produção, sua constituição, como ser completamente humano. Na visão de Leach (1985d), cabe ressaltar, é esta a leitura que Gramsci faz de Marx, segundo o qual "não se pode falar de 'natureza' como algo fixo, imutável e objetivo, pois a natureza do humano é o conjunto das relações sociais que determina uma consciência historicamente definida". No caso do ser humano, a natureza se submete às relações homem-natureza e, finalmente, às relações históricas e sociais.

Na formulação marxista bem conhecida, quando o trabalho se dá em condições livres, de plena maturidade sócio-histórica (como no caso da sociedade comunista), dá-se o salto da humanidade do *reino da necessidade* para o *reino da liberdade*.

Assim, o trabalho é a expressão mais genuína da vida humana, e é por meio do trabalho que o ser humano se forma e transforma a si mesmo. No sistema de pensamento de Marx e Engels, o trabalho é a condição fundamental de origem e constituição da vida humana, e isso em tal grau que Engels chega a afirmar, em seu opúsculo *A participação do trabalho na humanização do símio*, que foi o trabalho que criou os seres humanos, eles mesmos: "Ele, o trabalho, criou os próprios homens." (do alemão "Sie (die Arbeit) hat den Menschen selbst geschaffen") (Engels, 1989, p. 377, tradução nossa). O trabalho é, então, conceituado como o elemento formador principal do humano; é apenas por meio do trabalho que o homem se torna plenamente humano.

Mas não se trata de qualquer tipo de trabalho; certamente não se trata do trabalho como mercadoria. Marx, quando fala do trabalho como elemento humanizante central, está se referindo ao trabalho livre, em contraposição ao trabalho alienado. É nesse sentido que o trabalho é visto, a um só tempo, como o ato de autocriação do homem e a expressão própria e genuína do humano.

É também nessa linha que se podem compreender afirmações de Marx encontradas já em sua obra de juventude*, *Manuscritos econômicos e filosóficos*, de 1844, como: "O que é animal se torna humano, o que é humano se torna animal" (Marx, 1975, p. 94). Quando o trabalhador vive uma condição de trabalho alienado, sua vida se restringe às suas funções animais – comer, beber e procriar –, e, assim, suas funções humanas

---

\* Não cabe aqui entrar em um debate mais específico de se o Marx da juventude é ou não é legitimamente "marxista", de contrapor um Marx "filosófico" a um Marx "científico", debate que a obra de Louis Althusser lançou com a leitura que realizou e que com ele se passou a fazer da obra de Marx, a partir de meados dos anos 1960.

se reduzem à animalidade. Nesse sentido, o corpo do homem ascende da pura animalidade à humanidade através do processo social de criação do mundo humano: "O olho tornou-se olho humano quando seu objeto passou a ser um objeto humano, social, criado pelo homem e a este destinado" (Marx, 1975, p. 120).

Cabe, então, assinalar que, nessa concepção, o trabalho especificamente humano se diferencia de toda forma de atividade animal. Para o animal, o trabalho é uma atividade instintiva, pois castores constroem diques; formigas, grandes formigueiros; pássaros fabricam ninhos e as abelhas, fantásticas colmeias, mas estes não estão realizando um trabalho, no sentido que a formulação marxista visa defender.

Para Marx, o trabalho humano e humanizante é algo totalmente de outra natureza em relação à atividade desses animais, pois, como se lê no trecho famoso de *O Capital*;

> [...] mas desde o início o que distingue o pior mestre de obras (Baumeister*) da melhor abelha é que ele construiu em sua cabeça os alvéolos (de sua 'colmeia') antes de construí-los na cera. No final do processo de trabalho surge um resultado que, em seu início, já era representação para o trabalhador, ou seja, já existia idealmente (Marx, 1987a, p. 203, tradução nossa).

O trabalho humano implica, assim, a realização das totalidades das capacidades humanas; inclui, necessariamente, imaginação, planejamento, concepção do que se deseja, vontade, decisão etc. O trabalho humano é a atividade humana objetivada, pois, no homem, o trabalho salta de uma atividade instintiva para uma atividade plenamente pensada, ascende da espontaneidade animal para a racionalidade que pertence apenas à esfera humana.

Mas o trabalho pode ser o principal elemento alienante do ser humano, como no caso do trabalho escravo e do trabalho nas sociedades capitalistas industriais.

No trabalho nas sociedades capitalistas, o processo de decomposição dos atos necessários à produção – a divisão do trabalho, a realização de tarefas separadas e que, em si, são destituídas de sentido – representam uma profunda perversão do trabalho, potencialmente constituinte do humano.

O trabalho se torna exterior ao trabalhador, não mais lhe pertence, mas a outra pessoa que não participa da atividade laborativa. Assim, transforma-se o trabalho, na perspectiva marxista, não em uma atividade humanizante, mas, sim, animalizante; *o humano se torna animalesco*. Nas palavras de Marx, sobre o trabalho alienado e alienante:

> Chega-se ao resultado de que o homem (o trabalhador) apenas se sente ativamente livre (sich als freitätig fühlt) em suas funções animalescas (tierischen Funktionen) – comer, beber e procriar, ou ainda, no máximo, poder morar em algum lugar, usar adornos etc. –, enquanto em suas funções (propriamente) humanas se reduz a animal. O animalesco (das Tierische) se torna humano (das Menschliche), e o

---

* *Baumeister*, literalmente mestre de construção, pode ser traduzido como mestre de obras, construtor civil ou arquiteto.

humano, animalesco (Marx, 1987b, p. 87, tradução nossa).

A autocriação do humano, formulada desde a Renascença, ganha, então, nas obras de Marx e Engels, um sentido específico e preciso: o homem é o ser que se autoproduz, em um processo que é, a um só tempo, histórico e social, dialético e concreto.

Enfim, cabe aqui, antes de adentrarmos nos debates mais contemporâneos, resumir algumas das noções e linhas de pensamento principais nas concepções de homem e humano que foram vistas nas páginas acima.

Tomado como *uomo universale*, ao humano foram atribuídas unidade e dignidade próprias. Sendo um ser *da* ou *ligado à* natureza, a essência do ser humano é, porém, dela se libertar, decolar, voltando-se para uma condição outra, elevada (por exemplo, em Kant, Hegel e Marx) ou pelo menos mais segura (como em Hobbes e Freud, que veremos a seguir).

A razão e a linguagem são quase sempre os elementos-chave de tal ascese, as marcas e o que torna possível a elevação do homem, de precário ser vivente em *estado de natureza*, para ser pleno, no *estado de sociedade*. Assim, a concepção do humano no Ocidente tem, desde há muito, operado com a díade natureza/sociedade-cultura para situar o ser humano plenamente constituído no reino da cultura/sociedade, mas também lembrando que a esfera da animalidade representa uma espécie de origem e, em certas condições, seu potencial destino em forma de retorno/danação.

Mas talvez a concepção mais recorrente e pregnante no Ocidente seja a do homem como *artífice de si mesmo*, artífice que inicialmente obra na solidão de seus embates morais (a liberdade para errar e decair ou a coragem e dignidade para ascender). Entretanto, nos últimos três ou quatro séculos (desde Hobbes, pelo menos), esse artesão passa a ser um artesão coletivo; é o corpo coletivo, a sociedade em seu devir histórico, que se torna produtora do homem plenamente humano (como em Vico, Montesquieu, Hegel e Marx, por exemplo). Tal visão terá consequências fundamentais para o pensamento antropológico no século XX.

No final do século XIX e na primeira metade do XX, verifica-se o incremento marcante de um espírito materialista e cientificista relacionado à concepção do mundo e do ser humano. Entretanto, nesse mesmo momento, perspectivas críticas como a de Friedrich Nietzsche (1844–1900) apontam para o abandono da discussão sobre o humano em termos de essência, para perspectivas relacionadas antes ao seu devir, às suas possibilidades múltiplas. O que o homem é em essência perde lugar para o que ele não é ou não deveria ser: um ser humano desfigurado por uma cultura doente, marcado pelo ressentimento contra a vida.

Foucault (1980) assinala três nomes fundamentais que irão, então, lançar o pensamento em nova perspectiva no século XX; são os que ele talentosamente denomina os *mestres da suspeita*: Marx, Nietzsche e Freud. Os três realizam verdadeiras revoluções no que ele chama de *técnicas de interpretação*, aprofundando algo que a tradição hermenêutica já notara – que "[...] a linguagem não diz exatamente o que diz [...]" (Foucault, 1980, p. 6), que o significado mais importante é o que *está por baixo* (Foucault, 1980, p. 6). Eles radicalizam a ideia de que a linguagem quer dizer algo diferente do que diz, entrevendo que há linguagens dentro da linguagem.

Com esses três autores, os símbolos não podem mais ser considerados seres simples e benévolos, e o processo de simbolização perde toda naturalidade e ingenuidade; a interpretação se converte, então, em uma tarefa infinita. Na verdade, não há mais algo primário a ser interpretado, rocha dura para assentar a estaca da verdade. O trabalho interpretativo que eles incitam é não apenas infinito, mas reflexivo, desconfiança quase autofágica. A interpretação deve voltar-se para si, tem a obrigação de interpretar-se a si mesma.

## Outros pensadores modernos e contemporâneos

### FREUD

Sigmund Freud (1856–1939) é um personagem intelectual de incomensurável destaque entre os formadores do pensamento moderno, pois sua psicanálise, tendo nascido no interior da medicina e se assentado, mais recentemente, no terreno da psicologia clínica, tangencialmente – mas cada vez de forma mais marcante – passou a circular e a se inserir de modo recorrente e profundo nas humanidades.

Freud formulou uma sofisticadíssima teoria sobre o humano, o especificamente humano e sua subjetividade, articulando, como Lévi-Strauss (que veremos em outro capítulo), natureza e cultura, um hipotético homem-animal em contraposição ao homem plenamente humano, ser da cultura. Tais teses e formulações tiveram e têm impacto marcante e recorrente no pensamento contemporâneo sobre o humano.

O pensamento de Freud sobre o especificamente humano (sua antropologia) faz parte, principalmente, de suas obras a partir da década de 1910 até o final da década de 1930, caminhando para a maturidade de suas últimas produções. Esse período da obra freudiana revela seus interesses aproximando-se da etnologia, da antropologia, da história e da arqueologia, mas com as especificidades de um autor que centra sua visão do humano em um indivíduo universal, e não no ser social, historicamente constituído por forças sociais, culturais e políticas.

Ressalte-se, como discutido por Domiciano & Dunker (2021): a apropriação de Freud da etnologia e da antropologia de sua época é muito seletiva; ele lança mão das informações e teses antropológicas e etnográficas que interessam ao desenvolvimento de suas próprias teses. Em sua obra psicanalítica-cultural, por exemplo, segundo levantamento de Delrieu (2004), Freud cita 13 vezes William Robertson Smith (1846–1894), orientalista escocês, seis vezes Edward Tylor (1832–1917), antropólogo evolucionista inglês, e duas vezes Lewis Morgan (1818–1881), antropólogo evolucionista norte-americano.

Entretanto, em quem mais Freud se baseia e com quem mais debate é, certamente, com o escocês James Frazer (1854–1941), o importante antropólogo evolucionista cujas teorias (a antropologia evolucionista paralelista) começam a soar algo anacrônicas já nos anos 1910 a 1930 (quando da produção da obra cultural de Freud). Freud faz 31 menções a Frazer, preferindo-o à sociologia e à antropologia que floresciam na época e que recusavam elocubrações evolucionistas, passando a valorizar e a preferir a etnografia rigorosa e o especificamente social.

Essa nova antropologia estava sendo produzida por autores como Franz Boas (1858–1942) (com quem Freud se encontrou na Universidade Clark, em 1909), autor de *Os princípios de classificação etnológica* (1887) e *A mente do homem primitivo* (1911); Émile Durkheim (1858–1917), autor de obras sociológicas originais como *O Suicídio* (1897) e *As formas elementares da vida religiosa* (1912); Marcel Mauss (1872–1950), autor de *Ensaio sobre a natureza e função do sacrifício* (1899) e *Ensaio sobre a dádiva* (1923–24); e Malinovsky, autor de obras etnográficas metodologicamente revolucionárias como *A família entre os aborígenes da Austrália* (1913), *Crenças e costumes nativos sobre procriação e gravidez* (1914), *Os Argonautas do Pacífico Ocidental*, (1922), *Crime e costume na sociedade selvagem* (1926) e *Sexo e repressão na sociedade selvagem* (1927).

Não obstante recusar a antropologia social que nascia com forte vigor, e utilizar um evolucionismo desgastado por elocubrações frágeis, a cultura torna-se uma questão central e incontornável na construção do homem freudiano (Mezan, 1990).

Freud confessava ser *Totem e tabu*, de 1913, seu livro preferido, mais bem escrito. O criador da psicanálise chega à formulação de que o tabu, tal como descrito por certa etnografia de sua época, resulta de uma proibição ancestral, imposta sobre os indivíduos e consagrada aos desejos e impulsos fundamentais do ser humano. Permanecerá sempre, na espécie humana, o desejo inconsciente de violar o tabu, assim como uma ambivalência profunda relacionada àquilo que o tabu proíbe (Freud, 1986).

Diferentemente de *Totem e tabu*, em *O futuro de uma ilusão* (1927), seu livro especificamente dedicado à religião, Freud enfatiza que, premido pela necessidade de defender-se tanto das forças avassaladoras da natureza – que submetem o homem ao perigo constante da fome, da doença, da privação absoluta – quanto das pulsões agressivas e eróticas, incompatíveis com a vida social, os seres humanos se refugiam de seu desamparo intrínseco e buscam na imagem de um pai onipotente a salvação. O homem permanecerá para sempre uma criança ao perceber-se incapaz frente às forças superiores da natureza e às suas próprias pulsões (Freud, 1982).

Em *O futuro de uma ilusão*, Freud equipara a religião a uma neurose infantil e a uma ilusão: a ilusão de ser protegido de seu desamparo constitutivo (Freud, 1982). Assim, o homem natural vivendo em sociedade é um ser condenado a contradições insolúveis. Essa neurose e ilusão atávicas, entretanto, poderão ser superadas com o progresso da humanidade, no sentido de uma vida social e cultural fundada na razão, no autoconhecimento e na ciência – utopias do intelectual e cientista moderno comprometido com o projeto de racionalidade ocidental.

Essas utopias freudianas, entretanto, serão contestadas pelo amigo íntimo Oskar Pfister, pastor protestante e esperadamente defensor da religião, que dirige a Freud seu opúsculo *A ilusão de um futuro: um embate amigável com o Prof. Dr. Sigmund Freud* (1928), no qual critica o cientificismo (messiânico, talvez) de Freud, assim como seu otimismo e sua crença na suficiência da ciência – que, para Pfister, não pode dar conta de fundamentais questões éticas e estéticas (Pfister, 2003).

Em relação à cultura, especificamente, Freud propõe conexões entre a história, o universo cultural e a experiência subjetiva, como, por exemplo, nas suas formulações referentes ao complexo de Édipo e ao romance familiar, fundamentais na constituição da subjetividade humana.

Questiona o pensamento ocidental a refletir por que se rejeita tão profundamente a sexualidade e, fundamentalmente, a irracionalidade. Pode-se afirmar com certeza que suas teses sobre a cultura e sobre o humano, sobretudo acerca da constituição da subjetividade humana, tiveram grande impacto sobre toda a análise teórica do século XX e do início do século XXI.

Talvez a obra mais representativa do pensamento antropológico de Freud seja *Mal-estar na Cultura* (1930). Sua tese de fundo nesse livro propõe uma espécie de contraposição entre o *homem cultural* e o *homem natural*, contraposição em que as pulsões agressivas e as libidinais se articulam de modo complexo com as tendências destrutivas e homicidas dos seres humanos *versus* as tendências a estabelecer ligações solidárias entre os humanos (Freud, 1953).

Para Freud, os seres humanos não são seres dóceis e afáveis que apenas desejam amar e ser amados (Freud, 1953); o homem freudiano (sobretudo o de *Mal-estar na cultura*) está mais próximo do homem de Hobbes do que das noções que atribuem ao hipotético homem natural uma bondade e uma solidariedade espontâneas.

Em *Mal-estar na cultura* (1930), o seguinte trecho expressa bem essa visão do *humano* em Freud:

> O quê de realidade por trás disso, que as pessoas gostam de negar, é que o ser humano não é uma criatura branda, ávida de amor, que no máximo pode se defender, quando atacado, mas sim que ele deve incluir, entre seus dotes instintuais, também um forte quinhão de agressividade. Em consequência disso, para ele o próximo não constitui apenas um possível colaborador e objeto sexual, mas também uma tentação para satisfazer a tendência à agressão, para explorar seu trabalho sem recompensá-lo, para dele se utilizar sexualmente contra a sua vontade, para usurpar seu patrimônio, para humilhá-lo, para infligir-lhe dor, para torturá-lo e matá-lo. Homo homini lupus* [O homem é o lobo do homem]; quem, depois de tudo o que aprendeu com a vida e a história, tem coragem de discutir essa frase? (Freud, 1953, p. 286).

Devido, sobretudo, à pulsão de morte (e não ao *medo da morte*, como em Hobbes), o homem freudiano deve gastar enorme quantidade de energia para conter sua agressividade e poder viver em sociedade, transformando-se em ser da cultura.

O homem cultural vive, assim, permanentemente ameaçado pela desintegração dos impulsos destrutivos que repousam em seu mais íntimo interior. Também a sexualida-

---

\* *O homem é o lobo do homem*, aforismo do dramaturgo romano Plautus (254–184 a.C.) em sua obra teatral *Asinaria* (de asno, tolo, estúpido). A frase, indicando que o homem é um ser intrinsecamente autodestrutivo, como que fadado a destruir a si mesmo, foi utilizada e, em certo sentido, popularizada por Hobbes em sua obra mais importante, *Leviatã*).

de, que de fato liga apenas duas pessoas, e não o grupo social, não contribuindo para a solidariedade no interior do grupo, deve ceder progressivamente lugar às regras e às normas de convivência social. O homem cultural vive, então, em permanente mal-estar; preço alto que a humanidade paga para existir fora da animalidade, que, para Freud, adormece, se esconde, mas nunca o abandona, nunca cessa de espreitá-lo e de ameaçá-lo.

## FOUCAULT

É nos anos 1960 e 1970 que irrompe no pensamento filosófico, histórico e social a marcante personalidade intelectual que foi Michel Foucault (1926–1984). Sua visão da *figura do homem* é, decididamente, uma das mais influentes no contexto contemporâneo (Castro, 2009). Depois que Nietzsche decreta *a morte de Deus*, Foucault decreta *a morte do homem*; mas é preciso esforço e precisão para localizar e apreender o que ele quis expressar com tal decreto.

No seu livro sobre a arqueologia das ciências do homem, *As palavras e as coisas* (1966), já na introdução ele afirma, apresentando as transformações do campo epistemológico, da *episteme* da cultura ocidental, que é como se

> [...] uma historicidade profunda penetrasse no coração das coisas, criando dessa forma [...] uma configuração, desenhada pela disposição nova que ele [o homem] assumiu recentemente no saber. Daí nasceram, prossegue Foucault, todas as quimeras dos novos humanismos, todas as facilidades de uma 'antropologia', en-

> tendida como reflexão geral, meio positiva, meio filosófica, sobre o homem (Foucault, 2007a, p. XXI).

A conformação de tal *episteme moderna*, que permitiu o surgimento da *figura do homem*, se refere a duas figuras importantes que teriam possibilitado tal surgimento: aquilo que Foucault chama de *analítica da finitude* e o surgimento propriamente das *ciências humanas*. Não cabe aqui, entretanto, detalhar esses rebuscados argumentos de Foucault*.

Tais quimeras (o humano e o humanismo) surgem, então, no período que se segue à Idade Clássica (em sua periodização, por volta de meados do século XVII), período que faz o salto, por exemplo, da história natural de Linnaeus e de Buffon para a anatomia comparada de Cuvier e para a biologia evolutiva de Darwin.

É significativo que Foucault termine *As palavras e as coisas* com o mesmo pensamento referente à morte do homem com que iniciou o livro. Na última página, nos três últimos parágrafos, ele diz:

> Uma coisa em todo o caso é certa: é que o homem não é o mais velho problema nem o mais constante que se tenha colocado ao saber humano. Tomando uma cronologia relativamente curta e um recorte geográfico restrito – a cultura européia desde o século XVI – pode-se estar seguro de que o homem é aí uma invenção recente. Não foi em torno dele e de seus segredos que, por muito tempo,

---

* Ver, nesse sentido, os verbetes *Homem* e *Humanismo* em Castro (2009).

> obscuramente, o saber rondou. [...] não constitui liberação de uma velha inquietude, passagem à consciência luminosa de uma preocupação milenar, acesso à objetividade do que, durante muito tempo, ficara preso em crenças ou em filosofias: foi o efeito de uma mudança nas disposições fundamentais do saber. O homem é uma invenção cuja recente data a arqueologia de nosso pensamento mostra facilmente. E talvez o fim próximo. Se estas disposições viessem a desaparecer tal como apareceram [...] então se pode apostar que o homem se desvaneceria, como, na orla do mar, um rosto de areia (Foucault, 2007a, p. 536).

Mas tal surgimento do homem, e do humanismo que o acompanha (para Foucault, como se verá a seguir, humanismo de triste sina...), deve em breve desaparecer:

> [...] é um reconforto e um profundo apaziguamento pensar que o homem não passa de uma invenção recente, uma figura que não tem dois séculos, uma simples dobra de nosso saber, e que desaparecerá desde que este houver encontrado uma forma nova (Foucault, 2007a, p. XXI).

O termo "homem" indica aqui, portanto, a *figura do homem*, uma construção do saber, enfim, um construto que faz parte de forma exemplar apenas da *episteme moderna*. Mas esse reconforto e apaziguamento que Foucault sente com a iminente morte do homem (ou melhor, da *figura do homem*) são mais bem compreendidos quando se constata a sua ojeriza pelo humanismo, ou por aquilo que ele concebe como humanismo.

Convém assinalar que Foucault, ao refletir sobre o homem, está situado intelectualmente nas sombras do movimento estruturalista francês, em que se analisa o homem enquanto homem-sujeito, sede da razão. Na crítica estruturalista, esse homem-sujeito da razão seria uma formulação ideológica que vela a percepção de que o homem é determinado por forças não conscientes e não racionais. Também o humanismo ao qual Foucault se refere parece ser aquele circunscrito às ideias pós-iluministas da história, relacionadas a noções como autodesenvolvimento e autoperfeição humanos – ideias que se fixaram no século XIX, segundo Raymond Williams (2007).

Para Foucault, o humanismo, portanto, não é um elemento universal e constante nas diversas culturas do mundo, da mesma forma que a figura do homem não esteve sempre presente no Ocidente. Assim, uma suposta universalidade do humanismo e do construto *homem* é, para Foucault, uma grosseira ilusão.

Nem também o humanismo moderno esteve sempre relacionado a utopias aparentemente positivas. Nos séculos XIX e XX, por exemplo, diversos humanismos deram origem a utopias distintas, ora cientificistas, ora anticientificistas.

No século XX, utopias que se autodesignavam humanistas originaram fenômenos macabros, como o nacional-socialismo e o stalinismo, fenômenos que não estão distantes de certas teses humanistas; enfim, "[...] os humanistas consideram, com efeito, que são os únicos que podem definir o que é a 'ventura dos homens' e os únicos que podem realizá-la" (Foucault, 1994a, p. 617, tradução nossa).

Giorgio Agamben (2007) argumenta, nessa linha, que os projetos do nazismo de melhoramento eugênico seriam a expressão, no extremo, de um elemento potencial do pensamento moderno: a ideia de valorizar o melhoramento da vida. Assim, o ideal eugênico estaria sempre latente na forma como a sociedade moderna ocidental se constituiu; é o que Agamben chama de a politização da vida nua (*La nuda vita*), presente desde o início da Modernidade.

Em relação à história, o humanismo a que Foucault se refere e que deseja desmontar é aquele que se sustenta em uma história unitária, progressiva e teleológica do homem. Mais que isso: para Foucault, o humanismo que se relaciona ao homem moderno e ocidental como sujeito e objeto do conhecimento é marcado na medula por uma moral e uma política, ou seja, designa que o dever do homem é o de se responsabilizar pelo destino do mundo, cumprir a tarefa de ser, por excelência, o *funcionário da história*. Em *Dits et écrits I*, de 1994, diz Foucault:

> [...] o humanismo do século XIX esteve sempre ligado ao sonho de que, um dia, o homem seria feliz. Para fazê-lo feliz, se quis transmutar as estruturas políticas e sociais, edificaram-se sistemas filosóficos e o homem sonhou o homem para o homem. O que se torna claro agora, talvez simultaneamente, é que o homem não é nem o problema teórico fundamental e nem o problema prático que foi representado, e que não é o objeto do qual devemos ocupar--nos sem cessar, talvez porque o homem não pode pretender ser feliz (Foucault, 1994a, p. 108, tradução nossa).

Outro aspecto a se ressaltar é que a possibilidade de se colocar o homem no campo do saber ocorre, na perspectiva de Foucault, a partir da instauração de um processo de disciplinarização e normalização que implicam um modo de sujeição. Foi por meio de tal poder normalizador que se viabilizou o conhecimento do homem.

Assim, segundo ele, a condição de possibilidade do humanismo moderno é a sociedade de normalização. Neste ponto, certamente, é de se destacar como Foucault vê as relações de poder nas sociedades modernas atravessadas pelo que ele denomina *biopoder*: formas relacionadas à vida que se relacionam ao controle e à disciplinarização do corpo e da subjetividade.

O homem do humanismo moderno nasce, portanto, de um conjunto de técnicas de controle, de um *corpus* de saber e de fazer, que se erigiram tanto para o controle como para a utilização dos seres humanos – ou seja, técnicas e dispositivos destinados à produção de corpos e subjetividades dóceis e úteis. O humanismo criou o que Foucault chama de *soberanias sujeitadas*, que são a *alma* (que é soberana sobre o corpo, embora sujeitada a Deus), a *consciência* (soberana na ordem do juízo e que se submete à ordem da verdade), o *indivíduo* e a *liberdade* (Foucault, 1994b, p. 226).

Ainda, em *Dits et écrits IV*, finalmente, ele afirma;

> O que me aterroriza no humanismo é que ele apresenta uma determinada forma de 'nossa ética' como um modelo universal válido

> para qualquer tipo de liberdade. Eu penso que nosso futuro comporta mais segredos, liberdades possíveis e invenções do que as que nos deixa imaginar o humanismo (Foucault, 1994c, p. 782, tradução nossa).

Cabe assinalar que, contra o projeto humanista moderno, Foucault, como cético, propõe uma postura de crítica permanente, uma tarefa de criarmos a nós mesmos de forma original, a todo momento (Veyne, 2011).

Assim, a obra de Michel Foucault coloca uma marca de dúvida e suspeita sobre toda proposta moderna de retratar o que possa ser o homem e o humano, em termos gerais e teóricos. Entretanto, a partir dos anos 1980 e 1990, uma outra vertente surge nos debates das ciências humanas sobre esse tema. Estamos aqui já respirando os ares do movimento heterogêneo e desestabilizador que foi (ou ainda é?) o Pós-Modernismo, que, de certa forma, realizou o decreto de Foucault de morte do homem. Mas foi além: ousou criar uma figura distinta do homem ocidental moderno de Foucault; inventou o pós-humano.

## O pós-humano

As últimas duas décadas do século XX e as duas primeiras do século XXI testemunharam a transformação dos sistemas de produção e circulação de informações que, no início e em meados do século, já estavam expressas no cinema, no rádio e na televisão, mas que depois, a partir dos anos 1990, assumiu presença pela profunda e onipresente influência da informática.

Esse período também testemunhou a emergência de mudanças marcantes nas biociências e biotecnologias (biomedicina), que produziram não poucas transformações na vida econômica, social, cultural e política. As relações de tais transformações com o poder e com o que se passou a designar como *produção de corpos* e da *subjetividade* contemporânea, passou a ocupar de forma crescente o debate atual. Além disso, nesse contexto, elementos como, além da cibercultura, a também influente *cultura do consumo*, são percebidos como algo de importância marcante, sendo fenômenos ao mesmo tempo individualizantes e massificantes (Sibilia, 2002).

Essas mudanças têm a ver, de várias formas, com determinadas mutações do capitalismo. Além do processo de globalização, constata-se, no final do século XX e início do XXI, uma crescente automatização da indústria, que transforma o sentido da força de trabalho e das funções dos trabalhadores no sistema capitalista, gerando uma crise profunda do emprego, sua disponibilidade e sentido. Ela produz, então, um novo panorama nas relações capital-trabalho.

Do capitalismo industrial moderno, e mesmo do capitalismo financeiro, para formas contemporâneas de circulação globalizada do capital e da importância e centralidade que a *informação* ganha dentro do sistema capitalista; disso tudo surgem esses novos cenários econômicos, sociais, culturais e políticos.

Enfim, concernente àquilo que Foucault chamava de *sociedades disciplinares* relacionadas à Modernidade, nas quais se visava produzir formas de modelação de corpos dóceis e úteis por meio do biopoder, tem lugar um conjunto de transformações marcantes. Esse novo panorama tecnológico, econômico e sociopolítico constitui um tipo original de formação social, assim como devem ser constatadas mudanças originais no regime de poder. A esse novo tipo de saber-poder que se estabelece no mundo no final do século XX, Gilles Deleuze chama de *sociedades de controle*.

Nesse tipo de sociedades, ocorreria a passagem de uma vigilância disciplinar para uma vigilância individual, privada, através de dispositivos de controle que são agora mais introjetados por meio de práticas de consumo privadas e individuais.

No pós-escrito de 1990 de sua obra *Conversações* (1992), Gilles Deleuze (1925–1995) fala da implantação de um novo regime de poder-saber, relacionado a transformações econômicas, sociais e políticas e articulado ao capitalismo pós-industrial, que gera esse novo tipo de sociedade (Deleuze, 1992). Nascem, então, novos mecanismos de dominação; uma nova lógica de poder. Em tais *sociedades de controle* nada, em momento algum, fica fora de controle.

Deleuze cria a imagem da serpente como ícone de tal tipo de sociedade: ondulante, hipnótica, sinuosa, mutante. Os processos de transformação dessa nova era ocorrem agora com uma rapidez extrema, distinta dos processos biológicos da evolução natural e mesmo dos processos históricos verificados até os primeiros dois terços do século XX. Além disso, em tal panorama contemporâneo verifica-se, também, um maciço incremento do contingente de pessoas excluídas e, não sem relação com isso, as indústrias da segurança incrementam-se ao extremo.

É nesse contexto que surgem, então, novas formas de modelagem do corpo humano e da subjetividade, através de artefatos biotecnológicos e informáticos. No contexto pós-moderno, o corpo exaurido do operário e o ideal de corpos e subjetividades dóceis e úteis, corpos transformados em força de trabalho, dão lugar a corpos ávidos por consumo, permanentemente alteráveis por drogas (psicoativas), medicamentos (sobretudo psicofármacos), próteses e manipulações genéticas.

Torna-se, assim, relevante observar, no debate antropológico contemporâneo e ao se considerar o decreto e vaticínio de Foucault, a morte do homem e o surgimento de um novo paradigma: o do pós-humano.

Na linha das teorias pós-modernas (de autores como, entre outros, Fredric Jameson, Jean-François Lyotard, Jacques Derrida) que proliferaram nos anos 1980 e 1990, vários autores têm defendido que no contexto atual, em relação à *figura do homem*, é preciso parar com os discursos e as reflexões sobre homem e humano e se passar a falar de *pós-humano* e de *pós-humanidade* (Clifford; Marcus, 1986).

Com a incidência da biotecnologia, do surgimento e do incremento da informática, da cibercultura e de uma visão cibernética do corpo e da vida, viabilizou-se, potencialmente, a manipulação radical e a reconstrução do corpo humano e da subjetividade. Nessa linha, as ideias de humano, de pessoa e de sujeito fariam parte do passado, sendo necessárias novas categorias para se pensar o homem e o humano no momento atual.

Em um dos textos bem emblemáticos dessa perspectiva, *Um manifesto para os ciborgues: ciência, tecnologia e feminismo socialista na década de 80*, Donna Haraway (1944–) apresenta o seu *mito político irônico* do *cyborg*, construção já totalmente pós-moderna, como contraposição à defunta figura do homem, pertencente à finada Modernidade (Haraway, 1994; Kunzru, 2009). Trata-se de um texto claramente polemizante politicamente, fiel ao que a autora denomina *feminismo socialista materialista*. Mas sua abrangência é intencional e seguramente maior do que a luta específica à qual Haraway menciona.

O mito político do *cyborg* se refere a *um organismo cibernético híbrido,* que é, ao mesmo tempo, máquina e organismo; "[...] uma criatura ligada não só à realidade social como à ficção" (Haraway, 1994, p. 243-244). O imaginário do final do século XX, por meio da ficção científica (mas não apenas), estaria povoado por essas "[...] criaturas simultaneamente animal e máquina, [...] ambiguamente naturais e construídas" (Haraway, 1994, p. 244). Elas dão origem a esse herói (e anti-herói) pós-moderno, um mapeamento ficcional da realidade social e corporal que viria para desbancar definitivamente a *figura do homem*.

A proposta de Haraway é expressamente a de realizar "[...] um esforço no sentido de contribuir para a cultura e para a teoria socialista-feminista numa perspectiva não naturalista e pós-moderna" (Haraway, 1994, p. 245). Assim, o *cyborg* encarna um herói que está fora da história da salvação, uma criatura num mundo pós-gênero, em um universo sem gênese, que se desembaraça do mito ocidental de uma história de origem, na qual a situação igualmente mítica de uma unidade original é definitivamente abandonada.

O *cyborg* surge como mito viável para a militância radical, segundo Haraway (1994), justamente quando a fronteira entre o humano e o animal é transgredida. Nesse contexto, as máquinas, as próteses biomédicas, os equipamentos computadorizados que reconfiguram o corpo, nas últimas décadas do século XX, tornariam ambíguas as diferenças entre natural e artificial, entre o corpo e a mente, o autodesenvolvimento e o projeto exterior.

Para ela, as máquinas são *perturbadoramente vivas,* e nós (as pessoas), *apavorantemente inertes* (Haraway, 1994). Por meio da microeletrônica, da miniaturização e da nanotecnologia, as fronteiras entre o físico e o não físico teriam se tornado muito imprecisas.

Assim, as fronteiras *humano-animal-máquina* são violadas, e fusões potentes e possibilidades perigosas, mas alvissareiras, surgem para as pessoas progressistas, diz Haraway. No contexto da luta política, essa substituição da *figura do homem* pelo mito do *cyborg*, apesar de revelar potencialidades de dominação, abre possibilidades de libertação inimagináveis de um outro ponto de vista (Haraway, 1994).

Haraway busca, portanto, uma ontologia de um sujeito pós-humano, talvez de um pós-sujeito. Pois, segundo ela, para o Ocidente o homem, especificamente o de sexo masculino, foi constituído como seu mais alto produto: aquele que não é animal, bárbaro ou mulher. Assim, o humanismo ocidental seria um dos pilares da dominação masculina.

Para Haraway (1994), desenvolvendo a linha inaugurada por Foucault, o homem, no sentido ocidental e assentado em uma teoria essencialista, estaria em seus estertores. Segundo a autora, a produção de uma teoria universal e totalizadora sobre o ser humano, a natureza, a cultura e a história foi um grande erro dogmático, que no final do século XX perdeu grande parte de sua realidade e de seu poder de convencimento.

De acordo com Haraway, o pensamento ocidental e sua construção do humano se relacionam a determinados dualismos recorrentes, "[...] sistêmicos para a lógica e as práticas de dominação da mulher, das pessoas de cor, da natureza, dos trabalhadores, dos animais [...]" (Haraway, 1994, p. 278).

Os principais dualismos "[...] se referem a eu/outro, corpo/mente, cultura/natureza, civilizado/primitivo, realidade/aparência, todo/parte, agente/recurso, criador/criado, ativo/passivo, certo/errado, verdade/ilusão, total/parcial, Deus/homem" (Haraway, 1994, p. 278). São tais dualismos que começam a se esfacelar, e o mito do *cyborg* talvez seja a melhor expressão de tal esfacelamento.

A cultura de alta tecnologia, segundo a autora, desafia tais dualismos de modo intrigante. Nessa mesma linha, em trabalho posterior, para Haraway o DNA tornou-se um signo pós-moderno do código de todos os códigos, cuja eficácia, elevada ao cubo, foi, em última instância, a capacidade de abolir a barreira epistemológica moderna entre a representação e o real (Haraway, 1997). Aqui, "não fica claro quem faz e quem é feito na relação entre homem e máquina", enfim, "não fica claro o que é mente e o que é corpo em máquinas que se resolvem através de práticas de codificação" (Haraway, 1994, p. 278).

Outros autores também enveredam por essa defesa ou busca pelo pós-humano. Paul Rabinow (1996, 1999) aborda a concepção de corpo relacionada à Modernidade, em que este é considerado um receptáculo do espírito, componente de um sujeito universal, racional e unitário. Na perspectiva contemporânea, o corpo se fragmentaria e não seria mais o sustentáculo do humano, e a biotecnologia seria elemento fundamental nessa desestabilização do corpo humano.

Ao mesmo tempo em que o corpo é desmaterializado, ele é tornado muito mais flexível e transformado em agregado de informações que, potencialmente, podem ser transferidas para sistemas informatizados. Rabinow sugere o construto *biossocialidade*, que implicaria a utilização e a mobilização do corpo para a interação social, corpo agora centrado em seus aspectos genômicos. Novas socialidades são permitidas pelo que se convencionou chamar de reflexividade: o objeto modificado na sua natureza a partir das definições arbitrárias que o conformam.

Hermínio Martins (2003) fala de uma *omnimodificabilidade* tecnologicamente controlada do corpo e da subjetividade, apontando também para o pós-humano. A produção científica e tecnológica contemporânea estaria produzindo o esfacelamento final da separação entre o natural e o artificial, gerando tal perspectiva *reflexiva* (no sentido de *construída*) dos objetos naturais.

Enfim, na perspectiva pós-humanista, os humanos (ou pós-humanos) atuais não seriam mais seres naturais ou culturais: seriam seres híbridos, que misturariam corpos com artefatos tecnológicos, computadores, próteses e robótica; resultados de uma prática de hibridização natureza-cultura-tecnologia. Engenharia genética aplicada a humanos, clonagem humana, produção de seres humanos transgênicos: são essas as figuras inebriantes que constituem o cenário dos autores e defensores do pós-humano.

# A morte do homem

É, de fato, difícil acompanhar Foucault em suas afirmações de que a *figura do homem* seria uma preocupação relativamente recente no pensamento ocidental, sobretudo porque Foucault foi um conhecedor erudito e aprofundado da história do Ocidente.

Seguramente, a analítica da finitude da Modernidade (marcada pela obra de Kant), a dupla finitude do homem cognoscente, constrangido por possibilidades finitas de conhecer, e o homem, objeto do conhecimento também limitado por uma concepção que o marca igualmente como finito, são perspectivas novas no pensamento.

A ideia de historicidade dos objetos de conhecimento também é algo relativamente novo e original do pensamento moderno (embora a ideia de progresso não o seja [Nisbet, 1985]). Enfim, a própria conformação das disciplinas científicas em suas disposições modernas são produções que se seguem à Renascença.

Assim, analítica da finitude, historicidade e saber científico são elementos da episteme moderna. Mas daí se afirmar que a *figura do homem* só é possível nesses marcos, ou que uma preocupação séria com tal figura só tem pouco menos de dois séculos, parece mais um argumento retórico do que uma tese incontestável.

O pensamento antigo – dos gregos, sobretudo – testemunha a presença recorrente das reflexões sobre o humano ou sobre a *figura do homem*. Os poetas trágicos Sófocles e Eurípedes se ocupam de sua natureza e suas propriedades.

Sobretudo Aristóteles se dedica detidamente à figura do homem, seja em seus textos naturalísticos (história dos animais, partes dos animais, geração dos animais), em que, de forma recorrente, contrapõe o ser humano a outros animais para melhor compreender os dois, seja em seu tratado *Sobre a Alma* (Aristóteles, 2010) ou nas obras relacionadas à ética, à política e à metafísica.

No tratado aristotélico *Sobre a alma* (*Peri psyches*), o homem é, por exemplo, definido como um ser composto (*syntheton*) de *psyché* e *soma*. A *psyché* é a perfeição ou o ato (*enteléicheia*) do corpo organizado. A hierarquia dos seres no tratado de Aristóteles é exposta desde as funções mais elementares, como a nutrição, às sensações dos animais e à função intelectiva, específica do humano (Aristóteles, 2010).

Assim, o ser humano difere de todos os outros animais pelo predicado de possuir o logos, a razão – ele é um *zôon logikón*. No homem, a atividade racional eleva-se sobre as atividades de nutrição, sensação e memória, e constitui a atividade própria do intelecto (*nous*). Entretanto, é bem conhecida uma certa ambiguidade no pensamento aristotélico sobre a relação entre a *psyché* e o *nous*: estas seriam duas instâncias separadas e autônomas, ou o *nous* seria uma parte da *psyché*.

Por ser um animal racional (*zôon logikón*), o homem é um ser ético-político (*zôon politikón*), e a sua vida ética e política ocorre em decorrência de o *logos* fornecer as artes para se viver segundo a razão. Só na vida política – vida ética em seu sentido mais alto – o homem exerce seu pleno exercício de humanidade. Enfim, para Vaz (1991), as teses de Aristóteles sobre o homem são vistas como uma síntese entre as noções dos pré-socráticos (fisicismo jônico), o finalismo intelectualista socrático e a visão do homem como ser da *polis* e ser da cultura, dos sofistas. Elas revelam o vivo interesse dos antigos por delimitar a figura do homem.

Há, também, uma detida reflexão sobre a natureza humana em Platão (por exemplo, em *Fedro*, *Fédon*, *Timeu*, *A República* e *Leis*), na filosofia helenística, no neoplatonismo e nos estoicos romanos (por exemplo, em Epiteto e Marco Aurélio). Na Idade Média, o eclipse teocêntrico não abole uma preocupação com a definição e a circunscrição do humano e de suas propriedades, bem conhecidas em Agostinho e depois em Tomás de Aquino.

Assim, a ideia de que "[...] o homem não passa de uma invenção recente, uma figura que não tem dois séculos [...]" (Foucault, 2007a, p. XX) talvez deva ser compreendida, para se salvar a tese de Foucault, restritamente em relação ao homem como objeto das ciências modernas, definindo-se que todo o saber sobre o homem gerado antes do século XVII ou XVIII não foi de forma alguma científico, e que a abordagem das ciências humanas modernas, dos séculos XVIII e XIX, é a representante por excelência daquilo que o Ocidente teria a dizer sobre a *figura do homem*.

É bastante limitado, entretanto, se ater a um tipo de saber produzido pelo Ocidente sobre a figura do homem, restringindo-se ao que foi produzido pelos projetos de conhecimento justapostos às ciências naturais (que é o que as ciências humanas teriam feito, segundo Foucault).

Outra linha de defesa da tese de Foucault é tomá-lo como cético radical, como propõe Paul Veyne (2011), que rejeita todo projeto de conhecimento abrangente, totalizante e essencialista sobre o humano. As ciências humanas teriam tal projeto e por isso deveriam ser desmontadas. Mas seriam elas sempre dotadas de tal dogmatismo e essencialismo? Não seriam mesmo as formulações das ciências vistas por elas próprias como modelos permanentemente descartáveis, provisórios e superáveis? É difícil, portanto, aceitar o pensamento de Foucault quando decreta peremptoriamente a morte do homem.

## O pós-humano II

A tese pós-moderna da superação do humano e do surgimento do pós-humano sustenta-se, entre outras coisas, na ideia de que, a partir das últimas duas décadas do século XX e das duas primeiras do XXI, as tecnologias relacionadas ao corpo e à subjetividade teriam criado um humano radicalmente distinto, já não humano, posto que híbrido, mesclado profundamente com os dispositivos tecnológicos.

Esse tipo de imagem de humanos híbridos parece basear-se mais em uma ilusão do que na realidade sobre o que seriam, de fato, os dispositivos biotecnológicos mais modernos.

Próteses, marca-passos cardíacos (e mesmo cerebrais), pinos metálicos ligando ossos fraturados, *chips* implantados no corpo, enfim, variados tipos de dispositivos são utilizados com crescente frequência pela biomedicina nos dias de hoje. No entanto, ao se observar as pessoas reais que os portam, não se veem ciborgues, nem sombra deles. Vê-se, antes, seres humanos com limitações: uma perna que dói, que claudica, que não ajuda na caminhada, ou então uma pessoa com um coração que às vezes dispara, com dentes desgastados e implantes substitutivos.

São, enfim, intervenções em corpos doentes. Os dispositivos representam mais apêndices em corpos que continuam, como sempre foram, frágeis, limitados, finitos, absolutamente perecíveis, enfim, corpos humanos fadados ao desgaste e à finitude. Tais dispositivos remediam, são inegavelmente úteis, mas não deixam de revelar suas limitações. Há, portanto, um grande exagero retórico sobre a importância, no mundo atual, dos dispositivos biotecnológicos, sobretudo no que se refere à transmutação radical da condição e da experiência humanas.

Os seres humanos inventam, produzem, formatam o próprio corpo e suas distintas subjetividades desde há muito tempo, nos mais diversos contextos históricos e socioculturais.

A modificação do corpo por artefatos técnicos criados pela cultura não é uma criação nova, nem é absolutamente nova a perspectiva de a cultura moldar radicalmente o corpo e a subjetividade das pessoas, seja simbolicamente, seja concretamente (no mais das vezes, as duas dimensões se integram).

Os pés das meninas chinesas envoltos em ataduras duramente postas, que geram mulheres com pés muito pequenos; as cabeças com o formato do crânio radicalmente modificado por dispositivos atados a elas desde a infância; escarificações; cortes; amputações de partes do corpo, sobretudo genitais, faciais, nas orelhas, nos membros etc., não são invenções pós-modernas. São o modo como os humanos criam seus corpos a partir de seus universos sociais e culturais, como transformam corpos físicos em seres simbólicos culturais.

As modificações radicais dos genitais descritas por Rivers, no início do século XX, foram bem estudadas em *Circumcision, incision and subincision* (1926). Segundo o antropólogo inglês, a circuncisão, a remoção do prepúcio e a incisão – corte longitudinal-dorsal do prepúcio – estavam amplamente presentes na Melanésia, na Polinésia, na Nova Guiné, na Austrália e na Indonésia (Rivers, 1926).

Também estavam difundidas na África, mesmo antes da chegada do islamismo. Já a subincisão, que implica em mutilação mais radical – quando se corta e expõe toda a uretra, de sua abertura até a raiz do pênis, no períneo – foi prática estudada por Rivers e presente na Austrália e em Fiji. No Brasil, Viveiros de Castro (2002) mostra também como, por exemplo, na cosmologia yawalapiti, o corpo humano é plenamente construído, reinventado constantemente pela cultura.

As mutilações nos genitais das meninas, amplamente difundidas no mundo islâmico, assim como a circuncisão nas culturas judaica, cristã e islâmica (e, também, em muitos grupos africanos subsaarianos), expressam os intuitos das sociedades humanas de criarem corpos não naturais, corpos modificados por significados culturalmente desejados e ritualizados.

Mas não apenas mutilações do corpo: também tatuagens, pintura corporal, adornos e mesmo o uso de vestimentas são expressões do caráter artificial, criado, remodelado, que o corpo, e com ele a subjetividade humana, adquiriu ao longo da história. O advento da biotecnologia certamente é algo novo e de dimensões radicais, mas a modificação do corpo humano efetuada por ela é uma forma de modificação cujo impacto radicalmente original ainda precisa ser dimensionado.

O velho, cansado e frágil humano parece continuar vagando por aí. As humanidades, as diferentes formas da antropologia, mantêm a preocupação por ele; ora mais diretamente, mas, no mais das vezes, de forma oblíqua, indireta. Sim, trata-se de um homem, de um humano, bem menos idealizado, totalizante e essencializado do que já foi. Mas por onde se dirige o olhar, não se veem ciborgues, seres meio-homem, meio-máquina ou *pós-homens*. É um velho, dissimulado, às vezes envergonhado por suas arrogâncias não realizadas de outrora, e que caminha combalido por ruas e avenidas poluídas, cujos sinais e expressões confusas não deixam claro que direção pretende tomar.

As disciplinas científicas de biologia e antropologia social e cultural modernas se configuraram a partir da segunda metade do século XIX e ao longo do XX. A ideia do homem como artífice de si mesmo já estava bem assentada, e as noções seguras de um sistema de conhecimento cuja metafísica mostra o caminho para as essências já estavam em plena decomposição.

A partir daí, a história que mais nos interessa neste trabalho não é mais a história dos pensamentos filosófico e humanístico gerais sobre o homem, mas a história e os desdobramentos presentes do que as disciplinas de biologia humana e antropologia fizeram com a noção de homem e de humano. É disso que tratarão os capítulos seguintes.

## CHOMSKY

Dentre os principais autores modernos revistos no cenário contemporâneo, como os já falecidos Freud, Foucault e Deleuze e os contemporâneos vivos Donna Haraway e Giorgio Agamben, falta um autor de considerável influência, ainda em plena atividade, apesar da idade bem avançada: o linguista, pensador e ativista político Noam Chomsky (1928–).

Mas por que, como e em que reside a sua importância para o debate sobre a especificidade do humano? Chomsky, por meio de sua longa produção teórica em linguística, assim como utilizando-se das investigações empíricas e teóricas de autores baseados nas várias versões de sua obra, produziu verdadeira revolução para as humanidades. Tal revolução esteve centrada inicialmente no campo da linguística, mas trouxe consigo muitas consequências para as demais ciências humanas, sobretudo a psicologia e a antropologia (alguns denominam sua contribuição como a *"virada chomskiana"*). Vejamos, então, em que consiste essa revolução.

O jovem linguista, filho de um respeitado erudito em hebraico (que escreveu um livro sobre a origem, a história, o desenvolvimento e a gramática do hebraico), começou sua obra intelectual no início dos anos 1950, com uma tese de mestrado em 1951 (sobre morfofonêmica do hebraico moderno) e outra de doutorado em 1955 (sobre análise transformacional) (Chomsky, 1951, 1955, 1957). Nesse período, produziu e publicou vários trabalhos sobre linguística, sobretudo focados em aspectos da estrutura lógica da sintaxe (Chomsky, 1953, 1955a, 1955b). Nesses trabalhos já se vislumbra o início de um projeto intelectual arrojado e transformador.

Em 1959, ele escreveu uma resenha para a importante revista *Language* sobre o livro de B. F. Skinner, *Verbal behavior* (1957). Nessa resenha (que deu ensejo ao famoso debate Chomsky-Skinner), Chomsky como que inaugura o seu questionamento radical das visões que apostam na noção de que a mente humana (e podemos, talvez, expandir para *o humano*), suas aptidões e principais características distintivas (como a linguagem, o pensamento e o conhecimento do mundo) são produzidas pelo ambiente, pela educação e, em certo sentido, pela sociedade, cultura e história. Na resenha, ele afirma:

> O fato de que todas as crianças normais adquirem uma gramática basicamente comparável (à dos adultos) de grande complexidade com notável rapidez sugere que os seres humanos são, de alguma forma, especialmente projetados para fazer isso, com capacidade de manipulação de dados ou 'formulação de hipóteses' de caráter e complexidade desconhecidos (Chomsky, 1959, p. 57, tradução nossa).

Nessa linha, em relação à *aquisição de linguagem*, chama a atenção de Chomsky que a criança, com uma oferta de estímulos bastante limitada, adquire ou exprime de forma surpreendentemente rápida, até os dois ou três anos de idade, uma capacidade linguística impressionantemente grande e de complexidade sintática incompatível com o relativamente parco aporte de estímulos que recebeu do ambiente (tese da *pobreza de estímulos*).

Do final do primeiro ano de vida até os 16 meses, a criança vai adquirindo um vocabulário de palavras isoladas crescente; entre os 16 e os 24 meses, ocorre uma verdadeira explosão, pois, em poucas semanas, a criança pode passar de algo em torno de 50 palavras para 400 palavras (Bates; Bretherton; Snyder, 1988). Nesse período, ela já utiliza verbos e adjetivos e constrói frases com duas palavras. A fase que vai de um ano e meio a três anos é considerada como a fase de "grande explosão da linguagem", isto é, de crescimento rápido e intenso de vocabulário, gramática e compreensão. Nesse período a linguagem da criança transforma-se, propiciando uma conversa gramatical fluente, o comprimento das frases aumenta constantemente e o número de grupos sintáticos aumenta exponencialmente (Kuhl, 2004; Papalia; Olds; Feldman, 2006; Belsky, 2010).

De fato, em uma excelente revisão sobre aquisição da linguagem, publicada na revista *Nature* e intitulada *Aquisição precoce da linguagem: desvelando o código da fala*, a renomada linguista norte-americana Patricia Kuhl (2004, p. 831, tradução nossa) afirma que é surpreendente como

> as crianças pequenas aprendem sua língua materna de forma rápida e sem esforço, desde balbuciar aos 6 meses de idade até frases completas aos 3 anos de idade, e seguem o mesmo caminho de desenvolvimento, independentemente da cultura.

As crianças pequenas, no segundo e terceiro ano de vida, conseguem fazer combinações de palavras, construir frases e entender e utilizar nuances finas, em grande número e complexidade. Pra Chomsky, tal habilidade é impossível de ser explicada por imitação e/ou reforços específicos. Além disso, a fala dos adultos é um modelo de imitação pouco confiável, pois frequentemente não segue a gramática correta (tese da pobreza de estímulos [Brewick et al., 2011]). Os pais, segundo o linguista especializado em aquisição da linguagem Steven Pinker (2002), na sua grande maioria, não se preocupam com a correção gramatical da fala de suas crianças quando elas iniciam a aquisição da linguagem; preocupam-se mais com o sentido comunicativo do que com a estrita correção gramatical.

Mais ainda: uma teoria de aprendizagem contrária ao *inatismo* chomskiano não consegue dar conta da forma marcadamente imaginativa das crianças falarem coisas, como dizem Papalia, Olds e Feldman (2006), citando a menina Anna, que, para falar de seu tornozelo torcido, usou a palavra "*tornozido*", e que não queria dormir ainda pois não estava "*bocejenta*". (Papalia; Olds; Feldman, 2006). Tais exemplos são confirmados por todos que lidam com crianças bem pequenas em seu processo de aquisição da linguagem. Além disso, crianças no segundo e no terceiro ano de vida, de dezenas de culturas estudadas, utilizam categorias lexicais como functores (pequenas palavras gramaticais, como *ele, isso, sobre, de*) e palavras de conteúdo (por exemplo, substantivos e verbos que carregam significado lexical, como *flor, tabela, correr, cantar*).

Nessa linha, em 1977, em diálogo com a teórica da literatura, poeta e linguista francesa Mitsou Ronat (1946–1984), Chomsky afirma:

> No caso da linguagem, deve-se explicar como um indivíduo, a partir de dados muito limitados, desenvolve um saber extremamente rico: a criança imersa numa comunidade linguística, confronta-se com um conjunto muito limitado de frases, na maioria das vezes imperfeitas, inacabadas etc.; entretanto, ela chega, num tempo relativamente curto, a 'construir', a interiorizar a gramática de sua língua, a desenvolver um saber bastante complexo. Concluímos disso que o saber interiorizado deve ser estreitamente limitado por uma propriedade biológica; e sempre que nos defrontamos com uma tal situação, em que um saber é construído a partir de dados limitados e imperfeitos (e isto de maneira uniforme e homogênea entre os indivíduos), poderemos concluir que um conjunto de coerções aprioríticas determina o saber (o sistema cognitivo) obtido. [...] Encontramo-nos diante de um paradoxo que de fato não o é: onde um saber rico e complexo pode ser obtido, construído como o saber de uma língua, devem existir coerções, limitações, impostas biologicamente ao tipo de saber a ser obtido e adquirido. Isto significa que o campo do saber está fundamentalmente ligado aos seus limites (Chomsky, 1977, p. 69–70).

A favor do *inatismo* de Chomsky, já há quase 40 anos, Eimas (1985) revisa a percepção precoce da fala em bebês, e relata as evidências de que todos os seres humanos nascem com mecanismos perceptuais sintonizados com as propriedades da fala. Tal constatação foi repetidamente replicada (Gervain; Mehler, 2010).

Entretanto, as atitudes dos pais e cuidadores revelam uma grande variabilidade entre diferentes culturas. Como salientam Elena Lieven e Sabine Stoll (2013), o desenvolvimento cognitivo das crianças, incluindo a linguagem, varia marcadamente menos que a diversidade em tipo e estilo de cuidados fornecidos por pais e cuidadores em diferentes culturas.

Em países e sociedades marcadamente diferentes culturalmente, as crianças parecem adquirir a linguagem de forma bastante semelhante, com aquisição de vocabulário, regras sintáticas, padrões prosódicos e atividade dialógica consideravelmente análogas, com marcos etários que variam pouco. Por exemplo: em culturas ocidentais industrializadas, os pais tendem a falar com os bebês desde o nascimento e a esperar que eles respondam, estabelecendo, com frequência, atenção conjunta e triádica; já se observa em algumas culturas a prática de pouco falar com crianças muito pequenas, ainda não verbais. Isso provavelmente tem seu impacto na aquisição da linguagem, mas não a muda radicalmente*.

Chomsky defende ainda dois aspectos relacionados inicialmente à linguagem, mas passíveis de serem generalizados para as principais capacidades humanas: a *modularidade*, ou seja, condições que falam a favor de um módulo relativamente autônomo (mas em interação com outros módulos) para a linguagem, além do já citado *inatismo*, que é a noção de que a capacidade para a linguagem repousa em um "dispositivo para a aquisição da linguagem" com o qual cada ser humano já nasce, pois é uma propriedade do cérebro do *Homo sapiens*. Ele afirma, nos diálogos com Mitsou Ronat, que

> em minha opinião, o que sabemos sobre tais questões (os princípios que governam as funções cognitivas humanas, funções mentais superiores) sugere que o espírito constitui, como o corpo, um sistema de órgãos – que por analogia, poderíamos chamar de 'órgãos mentais', isto é, de sistemas altamente específicos, organizados em função de um programa genético determinante de sua função, de sua estrutura, e da duração e do processo de seu desenvolvimento, de modo bastante detalhado. Entretanto, naturalmente, a articulação particular desses princípios fundamentais depende de sua interação com o contexto, como no caso do sistema visual de que falamos anteriormente. Se isso for correto, podemos dizer não somente que o cérebro é complexo, mas que não é uniforme. Em minha opinião, é ele constituído de órgãos 'mentais' tão especializados e diferenciados quanto o resto do corpo (Chomsky, 1977, p. 84).

Na linguística chomskiana, a dimensão *criatividade* tem lugar central. Retoma Chomsky a intuição do filósofo, pedagogo e linguista alemão Wilhelm von Humboldt (1767–1835), para quem a linguagem implica capacidades ilimitadas a partir de elementos limitados, ou, nas palavras de von Humboldt, "*infinitos usos de meios finitos*". A partir de um conjunto finito de sons e palavras, o sujeito falante pode construir um

---

* Revisão em Stoll e Lieven (2014).

número infinito de frases e de narrativas concatenadas, também infinitas.

Assim, para Chomsky (2009, 2006, p. 50):

> [...] a gramática de uma língua deve conter um sistema de regras que caracteriza as estruturas profunda e superficial e a relação transformacional entre elas, e – se deve abranger o aspecto criativo do uso da linguagem – que o faça por um domínio infinito de estruturas profundas e superficiais acopladas. Para usar a terminologia que Wilhelm von Humboldt empregava, na década de 1830, o falante faz uso infinito de meios finitos. Sua gramática deve, pois, conter um sistema finito de regras que gere infinitamente múltiplas estruturas profundas e superficiais, adequadamente relacionadas.

Mas a agenda chomskiana não se restringe à linguagem. O estudo da mente e do comportamento humano, sobretudo referente às habilidades perceptivas (visão, audição etc.), cognitivas (conhecimento do mundo, pensamento, memória etc.) e mesmo artísticas (música, poesia etc.) deveria, segundo ele, seguir uma linha análoga à que ele desenvolveu para a linguística – elaborando a sua linguística gerativa e transformacional com os resultados que pôde obter. Ele propõe:

> [...] devemos esperar que todo progresso alcançado na psicologia da linguagem forneça modelos excelentes para outros aspectos da psicologia cognitiva (como a visão, a formação das teorias que concernem ao mundo exterior, sejam as do senso comum, seja a da pesquisa científica consciente etc.) que poderiam ser estudados com proveito da mesma maneira: começar por identificar o sistema cognitivo, e interrogar os processos da aquisição destes sistemas (Chomsky, 1977, p. 55).

Um pouco adiante, ele continua:

> Depois que o sistema é identificado, deve-se conhecer a sua natureza e propor uma teoria. [...] Depois, devemos encontrar os fundamentos sobre os quais o sistema foi erigido, quais são os análogos da gramática universal [...] Em seguida, somente o modelo de análise pode examinar a maneira pela qual o sistema cognitivo é utilizado, e como entra ele em interação com outros sistemas cognitivos. Tal deveria ser o paradigma da psicologia (Chomsky, 1977, p. 58).

Conclui-se, a partir desse arrazoado relativamente breve da perspectiva chomskiana, que há na concepção teórica desse autor uma vigorosa visão de humano e do especificamente humano que aponta para determinados constrangimentos associados a possibilidades criativas infinitas. Pelo menos do ponto de vista cognitivo, as capacidades humanas são restringidas e abertas ao mesmo tempo. O que o humano pode ser é relativamente limitado pelo seu arcabouço físico, genético, cerebral; o que ele pode fazer com isso não tem limites definidos. Assim, há aqui uma relação *sui generis* entre constrangimentos e criação, e, por que não, determinismo e liberdade, lançados em uma nova plataforma, em um novo nível, para pesquisas e reflexões sobre o especificamente humano.

# 3

# A noção de ser humano para as ciências biológicas

## [ A constituição do pensamento biológico moderno

No Iluminismo, alguns autores importantes, como o naturalista Pierre Louis Moreau de Maupertuis (1698–1759) e o filósofo Denis Diderot (1713–1784), defendem que os seres vivos não representam espécies fixas, mas seres em contínua transformação (Gaudant; Gaudant, 1971a; Théodoridès, 1984; Caponi, 2004).

Eles se confrontam não apenas com as noções tradicionais oriundas do platonismo e do aristotelismo (e sua versão fixista da *grande cadeia do ser*), que marcam profundamente o pensamento biológico ocidental, mas, também, com um dos principais naturalistas do século, o fixista (pelo menos em parte) Georges-Louis Leclerc, conde de Buffon (1707–1788).

Buffon recusa a ideia leibniziana de uma gradação insensível entre os seres. Nenhuma espécie foi produzida pela degeneração – o modelo para Buffon de transformação. Os animais teriam sido criados por obra e graça da divindade e permaneceriam basicamente inalterados em sua forma e estrutura.

Na segunda metade do século XVIII, em caloroso debate, Georges Cuvier (1769–1832) rejeita o transformismo, pois vê na estrutura dos organismos uma harmonia organizada, um sistema fechado, único e perfeito (Gaudant; Gaudant, 1971a). Já Auguste de Saint-Hilaire (1772–1844), assumidamente transformista e continuísta, postula haver uma unidade de composição orgânica na natureza; os seres vivos se relacionam historicamente e possivelmente se transformam (Northcutt, 2001).

Na transição entre os séculos XVIII–XIX, Lamarck (1744–1829) é possivelmente um dos autores mais importantes. Suas teses evolucionistas baseiam-se em duas ideias básicas: a existência de uma gradação insensível entre os animais (de determinadas linhas de evolução) e a afirmação de que seus hábitos de vida influenciam a sua constituição e são transmitidos para as gerações subsequentes (Lamarck, 1968).

Como se verá em outro capítulo, essas teses de Lamarck, afinadas com o programa da Ilustração, serão as mais influentes no evolucionismo cultural – possivelmente mais que as de Darwin – até a primeira metade do século XX. Mas, sobretudo, é fundamental considerar que o evolucionismo biológico do século XIX, com o qual os evolucionistas culturais se deparam, tem suas origens no Iluminismo francês e escocês do século XVIII, e com ele se defronta e entra em debate constantemente (Gaudant; Gaudant, 1971a; Théodoridès, 1984).

É, entretanto, apenas ao longo do século XIX que a perspectiva do surgimento e da transformação da vida como um processo natural, não controlado por forças sobrenaturais, que implica em uma transformação biológica das espécies, de seus órgãos e sistemas, irá se consolidar.

De fato, alguns naturalistas do final do século XVIII e início do XIX, como Erasmus Darwin, Saint-Hilaire e Lamark, tornam-se cada vez mais convencidos de que os seres vivos atuais são o resultado de um lento processo evolutivo natural.

Assim, as espécies biológicas não seriam imutáveis e as relações de semelhança entre elas deveriam ter algum significado, não apenas teológico (como um plano de criação de Deus), mas natural e histórico. Faziam-se necessárias, pois, teorizações plausíveis e bem arquitetadas acerca da mudança biológica para se compreender como fósseis de animais extintos há milhares de anos poderiam se relacionar com espécies vivas, atuais (Bowler, 1989).

Em 1859, é publicado *On the origin of species*, de Charles Darwin, marco do evolucionismo em biologia moderna (apesar de Darwin só utilizar pela primeira vez o termo *evolução*, e não mais que meia dúzia de vezes, na sexta edição, em 1872; o uso técnico do termo *evolução* no século XIX significava, sobretudo, *desdobramento de estruturas embriológicas ocultas*). Darwin (1952) gestou lentamente e, por fim, formulou a ideia de que a evolução não poderia ser um processo linear, como pensava Lamarck (linear, ainda que em linhas paralelas), mas deveria ser um processo no qual ocorrem divergências a partir de ancestrais comuns, ou seja, uma imagem mais arboriforme do que linear.

No centro do modelo, ao invés de linhas paralelas, Darwin propõe *a grande árvore da vida*, uma imagem metafórica já poderosa no Ocidente (como a bíblica *árvore do conhecimento*) (Ridley, 2006). Assim, duas espécies muito parecidas entre si deveriam ser descendentes de uma única espécie que teria existido no passado e se extinguido; todas as espécies, parecidas ou muito distantes, seriam, de alguma forma, aparentadas entre si (Ruse, 2009).

O mecanismo de tal processo evolutivo não seria fundamentalmente a aquisição de caracteres adquiridos e sua transmissão aos descendentes (a proposta de Lamarck que Darwin inicialmente aceita, porém considera secundária em importância e, finalmente, dela se distancia), mas a seleção natural. Darwin se arrependeria posteriormente desse termo, teria preferido *preservação natural* dos indivíduos mais aptos à sobrevivência e à reprodução, cujos caracteres seriam transmitidos aos seus descendentes.

Além disso, são centrais nas concepções darwinianas a ideia de uma descendência comum, o caráter gradual da evolução das diferentes espécies (pois a transformação evolutiva sempre procede gradualmente, nunca aos saltos), a multiplicação das espécies (a diversidade de espécies ocorre continuamente e é produzida por adaptação diferencial) e a especiação populacional, vista sobretudo como um processo biogeográfico.

Finalmente, a seleção natural ocorreria em duas etapas: a produção de variação e a sua discriminação por seleção e eliminação; ou seja, diferentes taxas de sobrevivência e reprodução. Ela viria a ser o componente mais ousado e inovador do evolucionismo de Darwin, sendo também o que sofreu maior resistência por seus contemporâneos (Mayr, 2005a).

Cabe ressaltar que a seleção natural, para Darwin, ocorreria a partir de um processo de geração de variações e de diversidades que ele notara na natureza (mas cuja genética, ou ausência de uma formulação teórica sobre ela, não conseguia explicar satisfatoriamente), variações essas submetidas a pressões e condições ambientais (climáticas e geográficas, hoje ditas ecológicas) cambiantes que influenciariam a luta pela existência.

A ideia de que as variações hereditárias, constitutivas dos indivíduos, surgem "*como se fosse devido ao acaso*", em passos minúsculos e cumulativos, associada à noção de que as mudanças ambientais também em boa parte ocorrem de forma não dirigida ou intencional (esfriamento ou aquecimento ambiental, terremotos, erupções vulcânicas, aumento ou diminuição da humidade, mudanças do curso dos rios etc.) – esses dois conjuntos de fatores implicam a deflação da visão de que haveria um fim ideal buscado pela evolução, de que haveria um plano pré-estabelecido para os seres da natureza; enfim, corroboram para a recusa ou o enfraquecimento de certa perspectiva teleológica.

Não obstante, a seleção natural, o processo de luta por sobrevivência e de reprodução dos mais aptos, não é, em si, aleatório, seguindo certa lógica, como a ideia de adaptação. Mas as variações hereditárias e ambientais, que ocorrem "*como se fosse por acaso*", acabam por demarcar certo antifinalismo e recusa de teleologia no darwinismo.

Não apenas antes ou durante a vida de Darwin (em pensadores influentes como Leibniz, Kant e Schopenhauer, por exemplo), mas sobretudo após Darwin, do final do século XIX até meados do XX, teorias finalistas e vitalistas abundam em biologia com autores não pouco influentes, como o embriologista alemão Hans Driesch (1867––1941), o paleontólogo norte-americano Henry F. Osborn (1857–1935) e o zoólogo francês Lucien Cuénot (1866–1951), que refutam frontalmente o caráter não finalista da evolução e defendem teses do tipo *ortogênese* (de evolução internamente direcionada), em que a evolução orgânica encaminha as espécies para estados de perfeição, em alguns autores através de um *princípio vital* ou um *impulso evolutivo*.

Tais perspectivas são articuladas filosoficamente, por exemplo, por pensadores muito lidos e influentes como Henry Bergson (1859–1943), em seu *Evolução criadora* de 1907, e mais tarde por Teilhard de Chardin (1881–1955), em *O fenômeno humano* (1940) (Gaudant; Gaudant, 1971a).

## A noção de espécie em biologia

O desejo de classificar é um instinto humano fundamental; como a predisposição ao pecado; ele nos acompanha no mundo ao nascer e fica conosco até o fim (Hopwood, 1959, p. 230, tradução nossa).

Bem longe, pois, de o homem classificar espontaneamente e por uma espécie de necessidade natural. [...] Uma classe é um grupo de coisas; ora, as coisas não se apresentam por si mesmas tão agrupadas à observação. [...] o esquema da classificação não é um produto espontâneo do entendimento abstrato, mas resulta de uma elaboração na qual entraram todos os tipos de elementos estranhos (Mauss, 2001a, p. 402–403).

As duas citações acima representam ideias sobre o ato de classificar que, à primeira vista, podem parecer antagônicas. Observar, escolher características do observado e classificar seria uma atividade natural, intuitiva do espírito humano na visão de Hopwood, *versus* algo absolutamente não espontâneo, artificial e arbitrário, como salienta Mauss (2001a).

Talvez as duas ideias contenham parte da verdade, pois, como se verá adiante, o ímpeto por classificar os objetos e os eventos do mundo (dentre os quais os animais e, entre eles, o ser humano, que mais nos interessa aqui) está por toda parte, mas as formas e os contornos que tal ímpeto adquire são extremamente circunstanciais, dependendo intimamente dos contextos intelectuais, sociais, políticos e históricos em que os movimentos e esforços classificatórios se dão.

Como se trata, neste capítulo, de captar a noção de ser humano formulada pelas ciências biológicas, e considerando que na biologia o ser humano é apreendido sobretudo como uma *espécie biológica*, *Homo sapiens*, interessa inicialmente observar como a ideia mesma de espécie surge e se configura no interior das disciplinas incluídas nas ciências da vida. Depois disso serão abordados os debates específicos sobre a noção de ser humano em biologia.

## No nascedouro da noção de espécie biológica

Nas obras biológicas de Aristóteles – como *História dos animais*, *Partes dos animais*, *Mo-*

*vimento dos animais, Postura dos animais* e *Geração dos animais* – não são indivíduos que são observados, mas grupos homogêneos, dos quais o recorte mais recorrente é o de espécie (Aristóteles, 1952b).

Para designar tipos ou grupos homogêneos de animais, os gregos da época de Aristóteles utilizam, segundo Pierre Louis (1987), três termos: *filos* (ψυλον), *genus* (γενος) e *eidos* (εἶδος). Platão utiliza *genus* e *eidos* sem diferenciá-los; Aristóteles utiliza também os dois termos, mas é precisamente *eidos* o termo que corresponde à noção de espécie biológica que se consagrou ao longo dos séculos posteriores.

De modo geral, o termo *eidos* se aplica a todo grupo de indivíduos que apresenta, entre seus membros, certo número de similitudes. Mas o ponto central para Aristóteles é o de que todos os indivíduos que constituem uma espécie (*eidos*) têm incontestavelmente em comum a possibilidade de originar seres semelhantes a si mesmos. Há, dentro de uma mesma espécie, um número de características que se mantêm através das gerações.

Nas últimas linhas de seu tratado *Da geração e da corrupção*, Aristóteles afirma que, em oposição aos corpos celestes, que são indestrutíveis, os seres perecíveis do mundo sublunar desaparecem individualmente e apenas permanecem enquanto espécies – "[...] ele é o mesmo apenas como espécie" (Aristóteles, 1952a, p. 441, tradução nossa).

Em *Geração dos animais*, fica evidente que o que constitui a espécie é, definitivamente, a identidade de forma entre o engendrador e o engendrado; Aristóteles reafirma recorrentemente a fórmula: *um homem engendra um homem* (não outro tipo de ser). Tal noção não está presente apenas nos tratados naturalísticos, mas em muitas passagens da *Metafísica*. Assim, o conceito aristotélico de espécie animal repousa sobre as noções de descendência, reprodutibilidade e identidade de seres de uma mesma linhagem.

Aristóteles cita vários exemplos de cruzamentos entre espécies distintas, constatando que, de modo geral, a maior parte desses cruzamentos geram indivíduos estéreis, embora haja exceções – ou seja, híbridos não estéreis –; o que não abala seu sistema, pois, com o passar das gerações, os híbridos acabam retornando à forma original da fêmea primeva.

Os animais foram classificados por Aristóteles de acordo com o meio em que se movimentam (ou seja, na água, no ar ou na terra). Eles foram divididos em dois grandes grupos: os que têm sangue vermelho (*enaima*), como homem, cão, cavalo, baleia etc., e os sem sangue vermelho (*anaima*), como insetos, cefalópodes, crustáceos, moluscos etc.

Essa divisão corresponde, ainda que não de forma estrita, à divisão moderna entre vertebrados e invertebrados. Os *enaima* se dividem em dois grupos: os vivíparos, animais que produzem filhotes vivos, que se formam dentro do corpo materno (homem, baleia etc.), em contraste com os ovíparos, cuja reprodução se dá através de ovos que se desenvolvem e eclodem fora do corpo materno (aves, anfíbios, a maioria dos répteis, cobras e peixes).

O ser humano é, portanto, no sistema aristotélico, um animal terrestre, dotado de sangue vermelho, bípede (diverso dos quadrúpedes) e vivíparo. Para Aristóteles, portanto, o ser humano é uma espécie animal, mas um animal distinto de todos os outros por ser dotado de *logos*, de linguagem e de razão (ver discussão sobre o caráter duplo do ser humano entre os gregos antigos no capítulo 2).

Francis Wolff, em *Pensar o animal na antiguidade* (1998), aponta, entretanto, para a imprecisão dos limites da noção de animal na Antiguidade grega. Para esse autor, a distinção seria mais entre faculdades dos seres viventes do que entre grandes gêneros de seres vivos, como vegetal/animal/homem. Haveria certo gradualismo entre os gêneros de seres viventes, sendo difícil determinar em que gênero se situaria uma série de formas intermediárias (o que estaria de acordo com a ideia de plenitude e continuidade na *grande cadeia do ser*, como sugerido por Lovejoy).

Assim, para os gregos, o ser humano é o animal bípede que tem o maior cérebro de todos em relação ao seu tamanho (mas o cérebro não se conecta, em todos os autores, com faculdades mentais; em Aristóteles, por exemplo, serve principalmente para refrigerar o sangue).

O ser humano tem uma inteligência próxima à dos deuses, sendo próprias do ser humano a aptidão para adquirir a ciência (o conhecimento das causas) e a prudência. É o único animal a possuir mãos, porque é o mais inteligente de todos os animais. Suas faculdades perceptivas, com exceção do tato, são inferiores em relação aos outros animais. O ser humano é um ser vivente que se situa entre a animalidade e a divindade, entre os outros animais não dotados de razão e os deuses imortais.

Para o filósofo epicurista Lucrécio (99–55 a.C.), diz Wolff (1998), o conjunto dos seres vivos só constitui unidade englobado pela noção de espécie. As várias espécies de seres vivos, incluindo o ser humano (que, para Lucrécio, é uma entre as outras espécies de seres vivos), nascem, existem por um tempo e desaparecem.

Depois da Antiguidade, na visão de Conway Zirkle (1959), a ideia de espécie biológica perde importância. Segundo esse historiador da biologia, a palavra latina *specere*, *spicere*, que, como dito, corresponde ao *eidos* dos gregos, provém do verbo *specere*. Assim, o termo retém de algum modo o sentido de inspecionar, espiar, olhar para algo. A espécie a que pertencem coisas ou organismos refere-se ao seu aspecto externo, à sua aparência, não à sua suposta essência interna. Isso fica mais marcante, segundo Zirkle, com a ampla adoção das noções platônicas e neoplatônicas pelo cristianismo.

Segundo Zirkle (1959), em parte por conta disso, os naturalistas da Idade Média e da Renascença até a Ilustração (sobretudo, até a influente obra de Linnaeus e dos naturalistas franceses do século XVIII) não dão grande valor à noção de espécie.

Assim, a espécie à qual pertence um ser humano seria a sua aparência, os atributos de seu corpo material, não os de sua alma imortal, que é o que de fato interessava no ser humano. A espécie do ser humano estaria naturalmente subordinada ao seu ser espiritual.

Assim, por exemplo, a crença no lobisomem ou licantropo, antiquíssima e muito difundida (Cascudo, 1923), de uma criatura que durante o dia é humano e, de noite, lobo, não seria em si problemática, pois revelaria apenas uma mudança de espécie, uma mudança da aparência superficial; a realidade interna, a essência do ser, o que interessa, de fato, permaneceria – ou seja, a alma pecadora de determinado ser humano, que se exprime ora na espécie humana, ora na espécie lobo.

Segundo Zirkle (1959), durante o século XVIII o conceito de espécie passa por mudança paulatina, e a noção moderna de espécie biológica começa, lentamente, a se configurar. Segundo ele, a maioria dos naturalistas continuava ainda a pensar que espécies representavam apenas formas efêmeras. Também o acúmulo de observações taxonômicas passa a indicar que espécies orgânicas têm estabilidade, pelo menos ao longo da vida dos observadores.

## Conceito de espécie a partir de Linnaeus

Carolus Linnaeus (1707-1778) ocupa posição de destaque na biologia moderna, que se constitui a partir do final da Renascença. O impacto de sua obra na história natural e nos sistemas de classificação dos seres vivos é, indubitavelmente, muito relevante.

Linnaeus é um naturalista (marcadamente botânico em seu início – *O gênero das plantas* é de 1737 –, depois zoólogo, com incursões na ainda não existente antropologia física) cujas posições teóricas representam uma mescla de escolasticismo e baconismo, temperada com uma apreensão intuitiva, possivelmente influenciada por inescapável antropocentrismo e pela reverência ao deus helênico *logos* (razão), que o conduzem à ideia de que a natureza seria, em essência, coerente e racional (Brøberg, 1997a).

Para Linnaeus, as espécies biológicas, de plantas e animais, devem ser concebidas como entidades reais e objetivas, que seriam constantes no tempo (fixas, imutáveis) e claramente delimitáveis umas das outras. Assim, em tal ideia de espécie, há uma perspectiva morfológica, física, material, amplamente passível de inspeção.

A ideia de *tipo*, associada à noção de espécie, aponta também para a questão da clara descontinuidade entre as espécies. Como se verá adiante, tal noção se articula à noção platônica do "*esculpir a natureza em suas juntas*" (na tradução inglesa, "*carving nature at its joints*", *carving* significando "*esculpir, talhar ou cortar a natureza em suas juntas, em suas dobras, em suas fissuras já existentes*", [Platão, 2011, tradução nossa]). Ao naturalista, na linha de Linnaeus, caberia identificar corretamente onde estão situadas as dobras, as fissuras da natureza, os cortes reais que existem desde sempre no mundo concreto. Espécies seriam, nessa perspectiva, elementos descontínuos, categóricos, presentes de modo real e individualizável na natureza.

Além disso, Linnaeus toma certos órgãos específicos como elementos-chave para a classificação; por exemplo, os insetos eram classificados segundo suas asas; os peixes, segundo suas nadadeiras; as aves, segundo seus bicos; e os mamíferos, segundo a morfologia de seus dentes. Sua classificação das espécies incluiu, ao final de sua obra, 5.897 diferentes espécies de organismos (Ronan, 2001).

Tal noção de espécie terá grande importância para a história moderna do naturalismo e da biologia e para as noções de espécie biológica no Ocidente.

Segundo Ernst Mayr (1976), até por volta de 1750, ao contrário da concepção doutrinária fixista do platonismo e do neoplatonismo, não eram poucos os naturalistas que acreditavam que as espécies orgânicas eram mutáveis, e certamente não absolutamente estáveis (na linha anteriormente apontada por Zirkle).

Com a delimitação precisa para cada espécie proposta por Linnaeus, seria estabelecida a base para o estudo observacional de espécies nas faunas e floras locais, obra dos principais naturalistas que se inicia na Renascença mas que se acentua na segunda metade do século XVIII e na primeira metade do XIX.

Além disso, o sistema linnaeliano de classificação de plantas e animais se caracteriza pela busca por simplicidade e utilidade. Cada espécie pertence a um gênero definido; cada gênero, a uma ordem; cada ordem, a uma classe. Há, enfim, uma ordem perfeita e hierárquica entre as distintas espécies de organismos.

O conceito de Linnaeus de espécie segue, portanto, o espírito de simplicidade e de ordem, que, no fundo, seria a característica da natureza criada pela divindade; nas palavras do naturalista sueco, expressas em sua obra *Philosophia botanica*, de 1751, no aforismo nº 157 ele diz: "Há tantas espécies quanto distintas foram as formas criadas por Deus na origem do mundo" (Gaudant, 1971a, tradução nossa). Assim, para Linnaeus, as espécies são criadas por uma entidade divina e permanecem imutáveis na forma como são concebidas e produzidas (Hanson, 1973).

No grande projeto iluminista francês, a *Encyclopédie* ou *Dictionnaire raisonné des sciences, des arts et des métiers*, organizada por Denis Diderot e Jean le Rond d'Alambert e publicada de 1751 a 1772, o termo espécie, possivelmente inspirado em Buffon, já traz uma conotação bem mais próxima da usada em biologia contemporânea. No verbete, lê-se:

> Todos os indivíduos similares existentes na superfície da Terra são considerados os componentes de sua espécie. Contudo, não é o número ou a coleção de indivíduos similares que perfaz a espécie; o que a constitui é a sucessão constante e a renovação ininterrupta desses indivíduos. Um ser que durasse para sempre faria uma espécie tanto quanto um milhão de seres similares que também durassem para sempre. Espécie é, portanto, uma palavra abstrata e geral, cuja coisa só existe considerando-se a natureza na sucessão do tempo, a destruição constante e a renovação igualmente constante dos seres. [...] É o ponto mais fixo de que dispomos na História Natural. Toda outra semelhança ou diferença que se possa apreender na comparação dos seres não é tão constante, real ou certa como essa (Diderot; d'Alembert, 2015).

Assim, a visão aristotélica de espécie como que retorna ao século XVIII, e retorna para permanecer, mesmo que com críticas, até os tempos atuais.

Segundo Michel Foucault (2007b), a partir do século XVII ocorre uma transformação profunda na relação entre a ideia de representar e o domínio das coisas, dos objetos reais eles mesmos. Até tal século, haveria como que uma indistinção, uma adesão dos signos sobre as coisas significadas – "[...] os signos faziam parte das coisas" (Foucault, 2007b, p. 177) –, o que tornaria irrelevante ou menos relevante a distinção entre fatos e objetos supostamente objetivos, concretos, reais, e as narrativas que se constroem sobre eles.

Embora aceitemos em certo grau a ideia de Foucault relativa à noção de representação na Modernidade, é controversa a ideia de que os renascentistas, medievais e, sobretudo, os antigos, não fizessem uma distinção clara entre a representação e as coisas, não percebendo, então, com considerável clareza, o caráter artificial da linguagem, a convencionalidade dos signos linguísticos (Robins, 1979; Platão, 2010; Aristóteles, 2016).

De toda forma, para Foucault (2007a), a partir do século XVII, da Idade Clássica (na periodização foucaultiana), o *dizer*, que antes estava colado ao *ser*, dele se distancia; entre o *ser* e o *dizer* interpõe-se a noção de *representar*. A história natural, nessa formulação foucaultiana, na Modernidade encontraria seu espaço, seu lugar, nesta distância aberta entre as palavras e as coisas.

É tentador articular essa formulação de Foucault com as propostas de Lamarck e de Darwin, de conceber a noção de espécie e os sistemas classificatórios da história natural através de um certo nominalismo (Bowler, 1989).

É notável como naturalistas ligados a objetos evidentemente concretos, como plantas e animais, puderam abandonar certo senso comum de considerar categorias como leão, samambaia ou homem como coisas que existem de fato e de forma constante, inalterável, no mundo, e optar por considerar tais categorias como relativamente artificiais e arbitrárias, posto que transitórias na dimensão temporal, sobretudo no longuíssimo termo das transformações da Terra e de seus organismos. De toda forma, o confronto entre realismo e nominalismo gerou importantes debates desde a Antiguidade (sobretudo com Aristóteles), mas também na Idade Média e até a contemporaneidade (Waal, 2010).

No entanto, antes de adentrar às ideias de Lamarck e de Darwin, convém situar o pensamento geral da biologia em relação a uma noção central, determinante de todo o pensamento biológico a partir do século XIX: a noção de evolução.

Lamarck (1968), em sua obra mais influente, *Philosophie zoologique*, de 1809, é claro na sua posição de considerar todo agrupamento, toda classificação, como um procedimento artificial, necessário ao entendimento, mas absolutamente independente das coisas mesmas:

> A natureza não fez nada assim, nada parecido [com nossas classificações], e em vez de nos abusarmos confundindo nossas obras [classificatórias] com as suas [as obras da natureza], nós devemos reconhecer que classes, ordens, famílias, gêneros e nomenclaturas, em relação a eles [os organismos da natureza], são meios de nossa invenção, sem os quais nós não saberemos passar, mas que devem ser empregados com discrição (Lamarck, 1968, p. 63, tradução nossa).

As categorias classificatórias não se encontram na natureza, apenas na mente dos homens ("Nada disso tudo, eu o repito, se encontra na natureza [...]" [Lamarck, 1968, p. 63, tradução nossa]). Ele assegura que, entre as produções da natureza, não há nada que nos assegure a existência real de qualquer categoria classificatória: "Não há realmente categorias de formas, nem classes, nem ordens, nem famílias, nem gêneros, nem espécies constantes, mas tão somente indivíduos que se sucedem, uns aos outros, e que se parecem àqueles que os produziram" (Lamarck, 1968, p. 63, tradução nossa). É impressionante o nominalismo do naturalista francês, que muito se aproxima do nominalismo de Aristóteles, afirmado em sua metafísica.

Aqui, é importante notar que, até o nível da espécie, todos os agrupamentos são vistos como artifícios, e para o caso da espécie, ele deixa claro que espécies constantes não existem, há apenas indivíduos que se sucedem e se assemelham aos seus genitores.

Portanto, o nominalismo de Lamarck (como o de Darwin, como se verá adiante), é decorrente de suas posições radicalmente transformistas. A natureza toda é vista como composta de seres em constante transformação; as categorias e os esquemas classificatórios são recursos artificiais que congelam tal processo dinâmico, a fim de viabilizar o estudo do naturalista.

Há uma única exceção ao nominalismo taxonômico de Lamarck: os dois grandes reinos da natureza orgânica, as plantas e os animais. Mas também essa exceção tem sua base em seu plano transformista; para Lamarck (1968), não há continuidade entre todos os seres orgânicos (ao contrário de Darwin): animais não podem evoluir a partir de plantas e vice-versa; não há um ancestral comum para os dois reinos: eles formariam, em realidade, dois reinos diversos em suas origens. Como esses dois reinos também estão separados no processo evolutivo, pode haver aqui um agrupamento e uma separação reais, concretos, não apenas nominais.

Darwin, por seu lado, irá, ao longo do século XIX, articular um conceito de espécie que, mesmo ele utilizando no seu trabalho diário a noção tipológica estabelecida, como Lamarck, acaba também por desfazer tal noção e se encaminhar igualmente para algo no sentido oposto ao de Linnaeus.

Como investigador viajante – observador de plantas e de animais selvagens, além de interessado nos processos de criação doméstica, suas hibridizações e a busca por cepas novas –, revela-se impressionado pela fluidez dos limites entre as espécies e as variedades internas às espécies e pela subjetividade implicada em suas delimitações.

Em várias passagens de *On the origin of species*, ele expressa claro ceticismo em relação à noção tipológica; assim, em Darwin, se instaura um radical continuísmo (mais radical ainda que o de Lamarck) e uma ênfase na perspectiva filogenética, o que torna a noção de espécie sumamente artificial:

> Fiquei muito impressionado como totalmente vaga e arbitrária é a distinção entre espécies e variedades. [...] há sempre uma boa chance de que formas intermediárias sejam descobertas que ligarão os estados extremos, e estas são então degradadas ao posto de variedades [...] O termo espécie passa a ser uma mera abstração inútil, implicando e assumindo um ato separado de criação. É certo que muitas formas, consideradas por juízes altamente competentes como variedades, se assemelham a espécies tão completamente em caráter, que foram assim classificadas por

outros juízes altamente competentes. Mas discutir se devem ser chamadas de espécies ou variedades antes que qualquer definição desses termos tenha sido geralmente aceita, é em vão bater no ar (Darwin, 1952, p. 26–27, tradução nossa).

Na medida em que a noção de evolução filogenética vai se fixando na mente de Darwin, a ideia de uma delimitação precisa das espécies vai se tornando menos viável. Ao final, as espécies biológicas tornam-se conceitos com certa artificialidade (do sistema taxonômico em questão) e subjetividade (das opções do cientista envolvido). Assim, Darwin vai se revelando um nominalista em relação à noção de espécie: "Eu olho para o termo espécie como um termo arbitrariamente dado, por uma questão de conveniência, para um conjunto de indivíduos que se assemelham um ao outro [...]" (Darwin, 1952, p. 76, tradução nossa).

Eliminando a noção de espécie como uma unidade concreta da natureza, Darwin, conscientemente ou não, enfraquece o problema da multiplicação das espécies – o que talvez se relacione, diz Mayr (1976), com seu pouco empenho em solucionar o problema da especiação em On the origin of species.

Entretanto, certamente sendo um dos elementos centrais do pensamento de Darwin, a ideia de continuidade em todos os elementos orgânicos cria uma espécie de tensão entre a noção central, que é a espécie em biologia (e mesmo a práxis do naturalista, que é a de identificar e classificar espécies distintas), e tal visão de continuidade. Darwin, assim como Lamarck, pensa certamente em uma perspectiva histórica, temporal, ao formular que as espécies se transformam de forma minusculamente gradual.

## O conceito de espécie na biologia contemporânea

Tenho, nos últimos tempos, me dedicado a comparar definições de espécies [...] É realmente risível ver quantas ideias diferentes são expressamente marcantes nas mentes de vários naturalistas, quando eles falam de 'espécies' [...] Tudo vem, acredito, da tentativa de definir o indefinível (Darwin, 1887, p. 88, tradução nossa).

A noção escolar de espécie biológica que aprendemos no Ensino Médio refere-se à ideia de espécie como uma unidade fundamental, talvez uma das principais unidades em biologia (como está na *Encyclopédie* do século XVIII: *"o ponto mais fixo de que dispomos na História Natural"*). Nessa concepção, afirma-se que um grupo de indivíduos pertence à mesma espécie se (Storer et al., 1998; Allaby, 1999; Hickman Jr. et al., 2008):

1. Tiverem grande número de caracteres morfológicos e fisiológicos comuns;
2. Tiverem descendência e ascendência com indivíduos desse mesmo grupo;
3. Apresentarem intrafertilidade (são férteis se houver cruzamento reprodutivo entre indivíduos desse mesmo grupo) e interesterilidade (são inférteis se houver cruzamento entre indivíduos desse

grupo com outro, mesmo que parecido ou próximo).

Entretanto, o construto "espécie", em biologia contemporânea, não é tão simples como a noção escolar nos faz crer. De fato, o chamado *"the species problem"* refere-se ao intenso debate contemporâneo em torno de uma das noções mais centrais da biologia (Mayden, 1997; Hey, 2006; Pavlinov, 2023).

Atualmente há, nos estudos acadêmicos, cerca de 35 diferentes conceitos de espécie, propostos por biólogos e grupos de pesquisa na área (Kollár; Poulíčková; Dvořák, 2022; Pavlinov, 2023). Isso revela um campo de debates intricados e com demandas e finalidades diversificadas.

Os mais importantes construtos são: conceito fenético ou tipológico; conceito biológico, conceito de reconhecimento; conceito ecológico; conceito evolutivo; conceito filogenético/cladístico e conceito de coesão (Ridley, 2006; Kollár; Poulíčková; Dvořák, 2022). Abordaremos apenas superficialmente esse complexo debate.

O *conceito fenético, fenotípico ou tipológico* é o herdeiro direto e fiel da noção de Linnaeus de espécie: os caracteres morfológicos observáveis, assim como a estrutura morfológica ou anatômica, como o tamanho global e o de suas partes, a coloração, o esqueleto (no caso dos animais vertebrados), a estrutura interna do organismo, a organização dos órgãos e dos sistemas orgânicos, a aparência geral etc. Esses elementos permitem que se agrupem semelhanças e diferenças, de tal forma que *tipos* possam ser identificados e discriminados. É conceito relativamente intuitivo e disseminado não apenas na esfera acadêmica, mas que, devido à diversidade morfológica no interior de inúmeras espécies consideradas pelos biólogos, tem se revelado cada vez mais frágil.

O *conceito biológico de espécie* (citado na introdução deste item) era o conceito ensinado nas escolas secundárias como a visão oficial da biologia. Entretanto, para muitos biólogos profissionais, tal perspectiva é apenas a mais didática.

O critério atual do *conceito biológico de espécie* não é mais o de *semelhanças e diferenças estruturais* (sobretudo morfológicas) observáveis da noção tipológica ou fenética, mas a dimensão das fronteiras reprodutivas. Para Mayr (2005b, p. 147), em suas palavras, espécie representa "[...] grupos de populações naturais capazes de entrecruzamento que são reprodutivamente (geneticamente) isolados de outros grupos similares".

Entretanto, cabe ressaltar, o *conceito biológico atual de espécie* – centrado na noção de fronteiras reprodutivas – aplica-se apenas a seres multicelulares, sexuados. Segundo Cracraft (2000), muitos botânicos, taxonomistas (ou sistematistas) e zoólogos de invertebrados frequentemente se mostram algo indiferentes ou céticos em relação à completude de tal conceito.

Ele já estava presente no início do século XIX, mas ganhou plena maturidade com as propostas de Dobzansky e Mayr. Este último sugeriu explicitamente que se devem considerar espécies os grupos de populações naturais que apresentam *isolamento reprodutivo*. Dobzansky afirma, nessa linha, que espécie é um grupo de indivíduos totalmente férteis entre si, mas impedidos de intercruzar com outros grupos semelhantes por propriedades fisiológicas.

O *conceito de espécie por reconhecimento* de Paterson (1993) concebe espécie como um conjunto de indivíduos que compartilham um sistema específico de reconhecimento para acasalamento ou para fertilização – geralmente, um sistema específico de informações sensoriais para reconhecimento de parceiros potenciais (grilos machos, por exemplo, atraem as fêmeas pela difusão de suas canções espécie-específicas).

O intercruzamento fica restrito à espécie pois cada espécie tem seus próprios estímulos sensoriais, não atraindo parceiros de outra espécie. De fato, esse conceito é bastante próximo do *conceito biológico de espécie*, podendo ser a ele acoplado.

Já o *conceito ecológico de espécie* define espécie como um grupo de organismos que vive circunscrito a um determinado nicho ecológico; é o contexto ecológico no qual o organismo vive que define a sua espécie. Espécie, desta forma, é um conjunto de organismos que se assemelham por explorar os mesmos recursos e por ocupar os mesmos *hábitats*.

Nessa perspectiva, as populações constituem agrupamentos fenéticos distintos (que os biólogos reconhecem como espécies) porque os processos ecológicos e evolutivos que determinam e controlam a divisão dos recursos tendem a produzir tais agrupamentos de populações. Assim, um grupo de organismos adaptados a um nicho ecológico singular evolui de forma separada de linhagens que se situam fora de tal contexto ecológico. Espécie, então, é o conjunto de indivíduos que exploram o mesmo nicho. Há aqui, nesse conceito, a noção de exclusão competitiva; apenas espécies suficientemente distintas podem coexistir em determinado nicho.

Os *conceitos evolutivo e filogenético* de espécie introduzem a dimensão temporal para a definição de espécie. Nessa perspectiva, o problema da especiação, a formação de novas espécies, articula-se com a noção e delimitação das espécies, discutido acima. Boeger (2009) assinala que, ao lado da especiação aditiva, que é quando uma espécie forma duas espécies descendentes, há também a especiação redutiva, quando, por hibridização com outra linhagem, duas espécies se fundem para formar uma terceira; há, ainda, o processo chamado anagênese, em que uma espécie muda, ao longo do tempo, sem sofrer divergência ou especiação aditiva. Espécies, em geral, segundo o esquema conceitual atual da biologia, teriam uma longevidade média de 2 a 10 milhões de anos; espécies primatas, entretanto, durariam em torno de 1 milhão de anos (Benton, 2009).

Para o *conceito filogenético de espécie*, este é o menor agrupamento diagnosticável de organismos individuais, no interior do qual há um padrão parental de ancestralidade e descendência (Cracraft, 2000).

Próximo a tal conceito, no *conceito evolutivo de espécie* tem-se que ela deve ser compreendida como uma linhagem singular, como populações em uma sequência de ancestrais e descendentes, que evoluíram separadamente de outras linhagens, com tendências evolutivas únicas que se relacionam a uma história evolutiva também única. Nos conceitos evolutivo e filogenético, as espécies são as menores unidades analisáveis por métodos cladísticos e são interpretáveis como o resultado da história filogenética (Nixon; Wheeler, 1990; Ptacek; Hankison, 2009).

O *conceito de coesão*, formulado por Alan Templeton (1998), visa produzir uma noção mais ampla ou geral de espécie. Ele postula que espécie seja um grupo de organismos no qual tanto o intercruzamento como a adaptação ecológica são necessários para se explicar o conjunto de formas que se identificam como espécies.

Espécie, aqui, seria o grupo mais inclusivo de organismos, potencialmente viável em que ocorram trocas genéticas e trocas demográficas. Nessa conceituação, as espécies revelam uma *coesão*, ou seja, elas existem como agrupamentos fenéticos distintos; entretanto, o motivo para tal coesão (isolamento reprodutivo, adaptação ecológica ou história filogenética) pode variar de uma espécie para outra.

Finalmente, um conceito probabilístico foi recentemente formulado por Kollár, Poulíčková & Dvořák (2022), mas ainda é muito recente para confirmar a sua aceitação na comunidade científica.

De toda forma, os vários conceitos de espécie hoje presentes na biologia expressam distintas necessidades epistêmicas e empíricas das diferentes especialidades dentro do campo das ciências biológicas. É pouco plausível que um conceito de espécie seja suficiente para a diversidade de formas e organizações dos organismos vivos, assim como para os distintos fins e aspectos que são estudados sobre eles.

## Limites e transições entre as espécies

O debate sobre quanto de continuidade e de descontinuidade ocorre entre os tipos de seres na natureza e sobre se há ou não separações, divisórias e articulações (*joints*) na natureza passíveis de serem identificadas ("[...] *carving nature at its joints*"; em português, "*esculpir a natureza em suas juntas*"), ocupa, desde há muito, um lugar importante na reflexão ocidental sobre a estrutura mesma do Cosmos.

Em Platão, no *Phaedrus* (265d–266a), surge pela primeira vez esta frase – "*esculpir a natureza em suas juntas*" – a qual se tornou célebre nos debates sobre classificação dos elementos da natureza. Sócrates, em diálogo com Fedro, diz: "[…] o segundo princípio é aquele da divisão em espécies de acordo com a formação natural, onde as dobras (ou juntas) estão, não quebrando em qualquer parte como um mau escultor (ou entalhador) o faria" (Platão, 1952, p. 134, tradução nossa).

Assim, a visão de Platão inspira, até hoje, a *perspectiva realista* e os debates sobre taxonomia. O termo grego *taxis* se refere ao arranjo de um grupo de soldados. Separar as espécies pela visão realista inspirada em Platão seria reconhecer corretamente onde estão situadas as dobras da natureza, das espécies, dos gêneros, das famílias, das ordens, das classes etc.

Ao distinguir nitidamente o cão do lobo, o tigre do leão, o *sapiens* do chimpanzé (ou do neandertal), estaríamos talvez tratando de "*esculpir*" a natureza em suas juntas (reais e precisas). Resumidamente, as variadas críticas (de posições céticas, pragmáticas ou até decididamente antirealistas) afirmam que tais juntas são criadas pela mente humana, pois não estão simplesmente dadas na natureza; são juntas e cortes produzidos em momento histórico dado, em determinada sociedade e cultura, com valores, representações, formas de poder e cosmologias que os criam artificialmente.

Também neste sentido é lembrado o aforismo "*a natureza não dá saltos*" (no original "*natura non facit saltus*") (Lovejoy, 2005), às vezes de autoria equivocadamente atribuída a Leibniz (1984), que apenas o utilizou em *Novos ensaios* (IV, 16). Leibniz de fato citou a frase para sustentar a tese de que a natureza não cria espécies e nem gêneros absolutamente distintos; sempre existem formas intermediárias (identificáveis ou não) que deslizam continuamente em um espectro contínuo como o da luz. Essa visão traduz, de forma sintética, a noção gradualista sobre a natureza de que não há juntas, mas transições sutis e graduais.

Tal aforismo, de grande importância na história natural, incluindo centralmente a biologia, tem longa história; já utilizado na época de Aristóteles, sua origem exata, entretanto, não é conhecida. Foi citado por pensadores da Antiguidade latina, como Plotino e Porfírio, tendo talvez relação com a noção gnóstica de *emanação*. Tomás de Aquino e Alberto Magno, na Idade Média, usam a noção, defendendo que a natureza não faz os tipos de animais separados sem produzir algo de intermediário entre eles, pois a natureza não passa de um extremo a outro nisi per médium (sem passar pelo meio).

Para alguns, as separações em classes ou tipos identificados pelos estudiosos seriam uma espécie de vício, de artificialidade produzida pela mente humana, uma indesejável herança do platonismo, mas não presente na natureza mesma. "*Natura non facit saltus*" foi citado e utilizado por Darwin várias vezes em *On the origin of species*, em seu projeto decididamente gradualista e continuista, e por outros naturalistas e intelectuais da época (Fishburn, 2004).

No período contemporâneo, a questão da descontinuidade e da continuidade entre as espécies continua, de uma forma ou de outra, presente. Noções como a de *espécies-anel* e a de isolamento *versus* hibridização entre espécies servem como exemplos para esses debates antigos, mas inesgotáveis (Stejneger, 2016).

Na noção de *espécies-anel* – grupos de organismos semelhantes, com apenas diferenças leves e regionais e que se reproduzem entre si, gerando descendentes férteis (espécies, no conceito biológico de espécie) –, ao longo de um *anel de subgrupos*, irão, no final do anel (quase tocando de volta o tipo que está em seu início), formar grupos (espécies) que se diferenciam e se isolam reprodutivamente do tipo inicial (Pereira; Wake, 2015).

Um exemplo é uma espécie de ave, o pássaro gorjeador esverdeado siberiano (*Phylloscopus trochiloides*), que habita a Sibéria e circunda o Platô Tibetano. Nas regiões contíguas, diferentes subpopulações mantêm trocas reprodutivas, mas quando membros do grupo nordeste se encontram com membros do grupo noroeste, as trocas reprodutivas não mais ocorrem, como se, afinal, constituíssem duas novas e distintas espécies (Freeman; Herron, 2009).

Sobre *isolamento reprodutivo* (e noções relacionadas, como *isolamentos pré* e *pós-zigóticos*, *reforço* e prole híbrida com *aptidão reduzida*) *versus hibridização*, no caso de mamíferos, organismos relativamente próximos dos humanos, verifica-se, ao invés de separações reprodutivas sempre bem delimitadas entre as espécies, como seria de se esperar de acordo com o *conceito biológico de espécie*, a existência de *gradientes de separação*.

Assim, em canídeos (Lehman *et al.*, 1991; Wayne; Jenks, 1991), como no caso do lobo (*Canis lupus*) e do coiote (*Canis latrans*) norte-americanos, consideradas espécies claramente distintas que, não obstante, cruzam, produzem prole fértil e revelam troca gênica, reconhece-se que recentemente se produziu uma nova espécie – um *loboiote,* ou *coiolobo* – adaptativamente e reprodutivamente bem exitosa. A hibridização de espécies do gênero *canis* na América do Norte é fenômeno já bem conhecido e assentado (VonHoldt; Aardema, 2020).

Também se verificaram exemplos semelhantes no caso de cervos, como os do gênero *Odocoileus*: o cervo-mula (*O. hemionus*) e o cervo-de-cauda-branca (*O. virginianus*). Apesar de distintos morfológica, comportamental, genética e ecologicamente, há trocas genéticas ocorrendo já há algumas gerações, onde as populações são simpátricas (simpátrica diz respeito a um tipo de especiação entre espécies semelhantes, mas com algumas diferenças, que ocorre sem que haja separação geográfica entre essas populações) (Cathey; Bickham; Patton, 1998; Goodman *et al.*, 1999). Há também exemplos semelhantes registrados em camelídeos (Skidmore *et al.*, 2001).

No caso de primatas, tem sido constatado o surgimento de híbridos férteis em cativeiro como os do *Cercopithecus ascanius* e do *Cercopithecus mitis*, congêneres que têm aparência bastante distinta, que diferem ecologicamente e parecem ter divergido filogeneticamente há cerca de 4 milhões de anos, e raramente hibridizam na natureza. Entretanto, em algumas situações naturais, eles podem hibridizar livremente e produzir considerável quantidade de híbridos totalmente férteis e diversos (Detwiler; Burrell; Jolly, 2005).

Híbridos intergêneros de primatas também já foram descritos: *Theropithecus* e *Papio* (cujas populações se separaram há cerca de 5 milhões de anos) produziram fêmeas híbridas férteis em cativeiro (Jolly *et al.*, 1997) e podem ocasionalmente hibridizar na natureza.

O que os primatólogos têm concluído é que a série de casos de hibridização de espécies primatas parece revelar uma relação inversa entre a possibilidade e a habilidade para a hibridização e o tempo desde que houve a divergência entre os grupos (verificado através de dados fósseis ou de análise genômica mitocondrial).

Assim, híbridos viáveis de chimpanzés e gorilas, ou mesmo de chimpanzés e humanos, são muito improváveis de ocorrer, não porque os símios antropoides (humanos incluídos) sejam muito exigentes em seus gostos por parceiros(as), mas possivelmente porque sua distância/divergência genética é demasiado grande. Sendo a separação entre chimpanzés e humanos estimada em 6 a 7 milhões de anos, e a dos humanos e dos chimpanzés com os gorilas em 8 a 10 milhões de anos (Phillips-Conroy; Rogers, 2009), é algo previsível que a hibridização entre tais espécies seja improvável.

Trenton Holliday apresentou, no *Current anthropology* (2003), uma instigante proposta de se conceber as espécies biológicas (focando seus exemplos nos primatas e na evolução do *H. sapiens*) em evolução não apenas como na visão darwiniana, de linhagens que se desdobram em forma de arbusto, mas como redes em emaranhados (aqui, os arbustos emaranham seus galhos) com canais de intercomunicação genética entre as espécies (*reticulation*).

O padrão reticular que Willi Hennig havia pensado para a troca gênica no interior das espécies (padrão *tokogenético*) ocorreria, de fato, entre espécies biológicas vizinhas ou próximas. Assim, espécies de animais ou de plantas de um mesmo gênero – e mesmo de gêneros distintos – formariam, com mais frequência do que se pensava, aglomerados evolutivos onde a troca gênica seria a regra, os chamados *syngameons*. Esses seriam, então, grupos ou *taxa* hibridizantes, em que há intercâmbio de parceiros reprodutivos e consequente troca gênica, podendo decorrer disso tanto uma especiação por hibridização como uma *introgressão* de material genético de uma população para outra, podendo gerar variabilidade adaptativa. Entre os mamíferos, os *syngameons* seriam particularmente frequentes.

Para Holliday (2003), há consistente evidência de que a evolução do ser humano, de seus ancestrais hominíneos, ocorreu em *syngameons* tanto no período dos ancestrais comuns a chimpanzés, gorilas e hominíneos, como posteriormente, no período dos australopitecos. Continuou, ainda, na fase do gênero *Homo* (sendo também possível, a depender da convivência simpátrica entre *Homo* e australopitecinos, que estes tenham também formado *syngameons*).

Tal perspectiva torna pelo menos questionável a ideia de que a espécie humana seja vista como categoria discreta na natureza, isto é, obra de um acaso muito especial, como o pensamento ocidental recorrentemente formulou.

Tipos ou grupos muito próximos ao *Homo sapiens* atual foram extintos (como o *Homo neanderthalensis*, os *Denisovano* e o *Homo heidelbergensis*) até há cerca de 30 mil anos, mas possivelmente representaram um contínuo entre o *Homo sapiens* e esses parentes reprodutivamente não isolados dos humanos. E isso parece ser exatamente o que ocorreu na origem do ser humano.

O caso de trocas gênicas entre o *Homo sapiens* e o *Homo neanderthalensis* – verificadas por meio de estudos recentes (Green *et al.*, 2010) de paleogenômica – é um exemplo, para a própria espécie humana, de que a noção biológica de espécie representa apenas um recorte possível, com limitações claramente constatáveis.

O isolamento radical da espécie humana em sua história evolutiva em relação aos demais primatas parece uma tese amplamente improvável e implausível. Nesse sentido, a espécie humana é uma entre tantas espécies (Foley, 1998; Lewinsohn; Prado, 2005). Mais do que isso: a espécie humana não foi e não é, como qualquer espécie, um produto puro, especial e isolado; pelo menos é isso que implica considerar as noções que emergem da zoologia, da genética e da paleoantropologia contemporâneas.

Estima-se que exista algo em torno de 11 milhões (mas se especulam valores até de 7 a 100 milhões) de espécies vivas no planeta Terra, tendo sido descritas pelos taxonomistas cerca de 1,7 milhão delas (no Brasil, haveria de 170 mil a 210 mil espécies) (Lewinsohn; Prado, 2005).

A espécie humana que vive atualmente no planeta, o *Homo sapiens*, é uma delas; uma espécie sem dúvida *sui generis*, capaz de se interrogar sobre a sua origem e constituição. No entanto, como adverte o paleoantropólogo inglês Robert Foley (1998), todas as espécies são únicas, com histórias e perfis morfológico e comportamental únicos, assim como ocupam lugar e função únicos em seus nichos ecológicos. Ele afirma que a unicidade, a singularidade, é paradoxalmente uma característica de todas as espécies, não apenas dos humanos.

Assim, se tais perspectivas em biologia evolucionista, filogenética e genômica forem levadas a sério, será plausível formular que não só a evolução seria completamente gradual, mas toda a natureza seria gradual, sem divisórias, sem as famosas *juntas* a (não) serem identificadas. As descontinuidades, as categorias como espécies biológicas, seriam um artefato da mente humana que, intuitivamente, *preferiria* perceber as coisas como descontínuas. Mas retornemos à noção de espécie humana como espécie biológica, que é o foco de nosso interesse.

## O ser humano como espécie biológica: *Homo sapiens Linnaeus*, 1758

### LINNAEUS

A criação do construto biológico e a nomenclatura da espécie humana (que passou a ser nomeada *Homo sapiens*) têm data e contexto exatos de nascimento. Linnaeus, o pai da "criança", foi o primeiro naturalista e taxonomista da Modernidade a empreender uma classificação biológica dos seres humanos justapostos a outros animais, seguindo critérios e regras naturalísticas estritas (ou seja, o primeiro após a Antiguidade, sobretudo após a influente biologia de Aristóteles).

A primeira formulação original de Linnaeus nesse sentido foi esboçada na edição inaugural, de 1735, de seu mais importante tratado: *Systema naturae, sive regna tria naturae, systematice proposita per classes, ordines, genera et species* (Sistema natural, ou os três reinos da natureza, proposta sistemática segundo as classes, ordens, gêneros e espécies), editado e reeditado, então, de 1735 a 1758.

Na décima e última edição, de 1758, Linnaeus, depois de já haver descrito e ordenado o ser humano como espécie biológica nas edições anteriores, propõe batizar a criatura com o nome *Homo sapiens*.

Com esse nome, se passou a designar no Ocidente, no contexto intelectual e no das ciências, a espécie biológica representante da humanidade, que rigorosamente, segundo as regras modernas de nomenclatura zoológica, deveria ser subscrita de forma completa como *Homo sapiens Linnaeus, 1758*.

Cabe ressaltar que, na época da edição de 1758, Linnaeus já havia expandido a conceituação da espécie humana, acrescentando na definição de gênero humano, além dos aspectos físicos elementares, características culturais e temperamentais (Brøberg, 1997b).

O ato fundador de Linnaeus não é absolutamente original, nem novo. Nas obras de Aristóteles sobre os animais, há uma constante tendência no sentido de salientar a unidade da espécie humana; uma ideia unificada de "espécie humana", diz Leach (1985b).

Assim, ao realizar o ato de nomear o ser humano como *Homo sapiens*, Linnaeus expressa sua assumida influência aristotélica: o ser humano tido como animal, mais especificamente contido em uma noção híbrida (para nosso olhar contemporâneo) ou combinada de "animal racional".

Entretanto, nesse ponto da obra de Linnaeus há certa ambiguidade, afirma o historiador das ciências e biógrafo de Linnaeus,

Gunnar Brøberg (1997b), já que ele considera que os animais teriam um certo *status* superior e, correspondentemente, o naturalista sueco guardava opiniões depreciativas sobre a espécie humana, buscando, entretanto, não ferir publicamente os dogmas cristãos do humano como Senhor da criação (Brøberg, 1997b).

É interessante também assinalar a insinuação de Shakespeare, que contrapõe, ao orgulho dos humanos por sua suposta posição hierárquica, a fala de Otelo: "[...] trocaria minha condição de homem pela de um macaco" (Shakespeare, 1999, p. 43). A visão satírica em relação à superioridade humana está bem representada já no século XVII, segundo os estudos detalhados de Arthur Lovejoy (1961).

De fato, como salienta Agamben (2007), Linnaeus tinha uma queda especial por macacos; ele reuniu em Uppsala, em um pequeno zoológico, vários símios e macacos, tendo afeição em particular por Diana, uma fêmea da espécie macaco-de-gibraltar (*Macaca sylvanus*). O macaco-de-gibraltar é uma espécie de macaco sem cauda encontrado nas cordilheiras do Atlas da Argélia e do Marrocos, mas também com uma população em Gibraltar (Europa). É um dos primatas mais bem conhecidos do Velho Mundo e o único primata, além dos humanos, a habitar atualmente a Europa.

A ideia de que primatas, como outros *brutos*, deveriam ser categoricamente separados dos humanos por não possuírem alma era uma tese que Linnaeus não desejava ceder facilmente aos teólogos. Agamben (2007) afirma que, em uma nota de rodapé de seu *Systema naturae*, Linnaeus desqualifica a tese cartesiana que concebe os animais como *automata mechanica* (autômatos mecânicos),

dizendo que certamente Descartes nunca viu um símio.

Em obras posteriores, Linnaeus insiste na impossibilidade de identificar, do ponto de vista das ciências naturais, elementos decisivos que separem inequivocamente o ser humano dos símios parecidos e próximos a ele (Linnaeus, 1758 *apud* Agamben, 2007).

Nesse sentido, cabe ressaltar que Linnaeus ordena a criação segundo a arraigada noção de *grande cadeia do ser* ou *Scala Naturae*. Assim, a família humana de Linnaeus precisou ser locada dentro de tal cadeia do ser. Na edição de 1735 de *Systema Naturae*, assim como em outra obra sua do mesmo período (*Anthropomorpha*), ele classifica os seres humanos no topo da classe zoológica dos *Quadrupedia*, na ordem *Anthropomorpha*, que incluiria os gêneros *Homo*, *Simia* e *Bradypus* (um tipo de bicho-preguiça ou preguiças-de-três-dedos).

Cabe notar que, segundo Agamben (2007), o naturalista inglês John Gray (1627–1705) já havia proposto, em 1693, distinguir, dentro do grande grupo dos animais quadrúpedes, o grupo dos *Anthropomorpha*, animais com forma de humanos, em que Linnaeus irá, nas primeiras edições de seu *Systema Naturae*, inserir os próprios humanos (1735 a 1758). De fato, segundo John Gray, as ordens propostas por Linnaeus nada mais seriam do que paráfrases às já antes formuladas por ele mesmo, John Gray.

Posteriormente, em 1758, na décima edição, Linnaeus abandona tal ordenação, mudando a classe de referência de *Quadrupedia* para *Mammalia*, introduz a ordem *Primates* e passa a admitir quatro gêneros para a ordem dos primatas: *Homo*, *Simia*, *Lemur* (os lêmures de Madagascar) e *Vespertilio* (morcegos; curiosamente, até o presente os zoólogos, com dados empíricos da genética molecular, debatem sobre a proximidade filogenética entre primatas e morcegos).

Na décima edição de *Systema Naturae*, de 1758 (disponível na íntegra, em latim, na internet), Linnaeus descreveu o *Homo sapiens* iniciando com a afirmação filosófica latina: *nosce te ipsum* (conhece a ti mesmo) (Linnaeus, 1758–1759). A citação na sua forma completa, que Linnaeus colocou em nota de rodapé logo no início de sua definição do que deve ser concebido pelo naturalismo como o *Homo sapiens*, é a seguinte: "*Nosse se ipsum gradus est primus sapientiae, dictumque Solonis, quondam scriptum litteris aureis supra Dianae Templum*" (Linnæi, 1758–1759, p. 20, griffo nosso), cuja tradução livre seria: "Conhecer a si mesmo é o primeiro grau da sabedoria; afirmação de Solon, escrita certa vez com letras de ouro sobre o templo de Diana".

De fato, na sua descrição fundante do *Homo sapiens*, Linnaeus é pródigo em transcrever definições e descrições, em notas de rodapé, de sábios gregos e romanos, principalmente de Homero, Sêneca e Plínio, além de Santo Agostinho e Tertuliano. Essas descrições transcritas se referem à anatomia, à aparência, à nutrição, mas sobretudo às variações comportamentais, morais e políticas dos seres humanos – como ser falante, austero ou avaro, sóbrio e tranquilo ou luxurioso e ambicioso, e assim por diante.

De particular relevância em *Systema Naturae* (1758), sobre a espécie *Homo sapiens* e seus subtipos a descrição se estende por cinco páginas, discutindo e buscando circunscrever o que seria especificamente a espécie humana. A descrição do *Homo sapiens* sem outras especificações (a categoria genérica de humanos) ocupa todas as partes em que ele não se refere especificamente aos subtipos – que, como veremos adiante, se articularia com a noção de raças humanas.

Linnaeus, ele mesmo, ao que parece não se classificava como *Homo sapiens europaeus* (que veremos adiante), pois descreve o *H. sapiens europaeus* como *Pilis flavescentibus, prolixis. Oculis caeruleis* (cabelos loiros volumosos e olhos azuis), enquanto ele mesmo tinha cabelos e olhos castanhos. Acredita-se que ele se classificava como sendo um exemplar do tipo genérico *Homo sapiens*.

Prossegue, em seguida, introduzindo a definição resumida de ser humano: *Sapiens 1. Homo diurnus, varians cultura, loco*, cuja tradução poderia ser *homem diurno, que varia segundo a cultura espiritual e a região de moradia* (o termo *cultura* em latim traduz-se por *plantação, agricultura*, mas também por *cultura intelectual, moral* e *espiritual*, e os termos *loco* ou *locus* podem ser traduzidos por lugar ou local onde se vive, situação, posição) (Rezende; Bianchet, 2005).

Em seguida, relata os principais tipos de *sapiens*, começando com o *ferus* – as *crianças-selvagens* ou *crianças-lobo*, humanos que seriam *tetrapus, mutus, hirsutus*, ou seja, que andam de quatro, são mudos ou silenciosos e cobertos de pelo. Relacionado ao *ferus*, Linnaeus cita sete crianças-lobo descritas de 1344 a 1719.

Após o *ferus*, ele descreve com algum detalhe os outros subgrupos de humanos: *americanus, europaeus, asiaticus, afer* – que se tornaram, depois, as consideradas quatro grandes raças da humanidade –, citando o que seriam as suas principais características; sendo elas cor da pele, temperamento, postura, forma da cabeça e da face e características psicológicas.

Acrescenta, então, a esses quatro subtipos raciais, um quinto subtipo: o *Homo monstrosus*. Este último grupo é utilizado para descrever seres humanos cujos corpos são modificados, seja pelo solo e clima (*solo*, em latim), seja artificialmente, pela ação do ser humano (*arte*, em latim). Entre os modificados por solo e clima, ele inclui os *Alpini* ou montanheses (pequenos, ágeis e tímidos) e os *Patagões* (grandes e indolentes). Entre os modificados artificialmente, os *hotentotes* (menos férteis), *europeus* (cujas meninas têm abdômen afinado), *chineses* (macrocéfalos, com cabeças cônicas) e os *canadenses* (plagiocéfalos, com cabeças comprimidas na parte anterior).

A seguir, em cerca de duas páginas inteiras, Linnaeus expõe detalhadamente as características gerais descritivas do *Homo sapiens*, como:

1 *Aspecto geral do corpo* (*corpus erectum, nudum*, ou seja, ereto e nu, pouca pilificação em geral);
2 *A cabeça* (forma predominante oval);
3 *A face* (nua, com pálpebras, supercílios, olhos, pupilas, lábios, nariz, mento, orelhas);
4 *O tronco* (pescoço, tórax, dorso e abdômen);
5 *Os membros* (braços, pernas, mãos, pés, dedos, unhas).

No final da descrição ele adverte o leitor, poupando-se de descrever o que chamou de *cultura espiritual e a região de moradia*, que "[...] as histórias anatômicas, fisiológicas, naturais, morais, civis e sociais do homem são mais bem descritas por seus respectivos escritores" (Linnæi, 1758–1759, p. 22–23, tradução nossa).

Assim, no naturalismo linnaeliano, o *Homo sapiens*, ao ser criado, já é descrito tanto em suas dimensões corporais, comportamentais, sociais e culturais, dando-se ênfase às variações dos subtipos de humanos (o que se tornaria a obsessão pela raça dos séculos vindouros), como nas distintas possibilidades relacionadas à cultura espiritual e ao local de habitação.

Do ponto de vista taxonômico, é importante ressaltar que, como o sistema zoológico de Linnaeus, além de ordem, exigia completude, não poderia haver lacunas marcantes entre as espécies. Ele sugere, nessa linha, a existência de grupos especiais de seres humanos que, de um modo ou de outro, preencheriam as lacunas entre o ser humano e os outros animais, assim como toda a variação possível de ser humano.

Desta forma, Linnaeus coloca, logo após o gênero *Homo* (homem), cujo *sapiens* é o principal representante, outras espécies ou gêneros, como o gênero *troglodytes* (em uma nota de rodapé, designado também como *Homo caudatus*).

*O troglodytes* é um *Homo nocturnus* (um homem noturno, em contraposição ao *sapiens*, que é diurno); em nota de rodapé, Linnaeus acrescenta que o *troglodytes* se soma (ou seria uma variante, não está claro) ao *Homo sylvestris Ourang Outang*, também chamado *Kakurlacko*, símio que habita a Etiópia e Java.

Possivelmente *troglodytes*, nessa obra de Linnaeus, se refere aos grandes símios africanos e asiáticos em conjunto; os chimpanzés, orangotangos e gorilas das classificações atuais. Linnaeus cita, logo depois do *troglodytes*, um novo tipo, o *Homo lar*, designação dos gibões que haviam sido recentemente descritos.

Assim, no sistema de Linnaeus, há uma série de tipos mais próximos ou distantes dos humanos, seres selvagens, naturais, brutos, figuras meio-homem, meio-símio, que serviriam, segundo Brøberg (1997b), para, no universo linnaeuliano, além de dar completude ao sistema taxonômico, realçar o caráter frágil da classificação da condição humana, expressa algo vagamente no termo *Homo sapiens*.

Para o Linnaeus pré-iluminista, já influenciado por ares do Iluminismo, o ser humano seria (como também defenderão depois Buffon e Blumenbach, mas em termos distintos) um animal essencialmente *doméstico*, mas domesticado artificialmente e humanizado pela educação e pelos costumes.

Está implícito que, retirando-se esses elementos humanizantes artificiais, o ser humano rapidamente degradaria, tal como demonstrado, defende Linnaeus, pela criança-selvagem de Hesse e pelos casos semelhantes descritos na categoria *Homo ferus* (Brøberg, 1997b).

Cabe também ressaltar que, embora no sistema linnaeliano haja categorias classificatórias acima de espécie, mais englobantes e menos específicas, como *gênero*, *ordem*, *classe* e *reino*, não são claros em Linnaeus os limites abaixo ou dentro da espécie – limites, por exemplo, entre espécies e variedades, em particular no caso do gênero humano.

As variedades de *Homo sapiens* propostas por Linnaeus, *H. americanus*, *H. europaeus*, *H. asiaticus* e *H. afer*, *H. ferus* e *H. monstrosus*, se justapõem às espécies vizinhas, *Homo troglodytes*, *Homo sylvestris*, *Homo satyrus* (estas últimas, apesar de ter o primeiro nome *Homo*, são colocadas no *Systema Naturae* entre os símios e não entre os homens-*Homo*).

Nesse contexto, é importante lembrar que seres humanos e grandes símios são aproximados no *ethos* da Ilustração, em relação ao qual o naturalista sueco deve ser, de alguma forma, situado.

Nessa mesma época, o juiz escocês, linguista e filósofo James Burnett, ou Lorde Monboddo (1714–1799), defende resolutamente que os orangotangos deveriam ser classificados como seres humanos (Fernández-Armesto, 2007). Mas cabe ressaltar, entretanto, que para muitos dos naturalistas, pensadores e filósofos de então (por exemplo, o próprio Linnaeus, Lorde Monboddo, Buffon, Rousseau, entre outros) o termo *orangotango* não significa o que hoje designam os zoólogos pelo nome *orangotango*. Naquele contexto, *orang outangs* era o termo para grandes primatas da Ásia e da África (possivelmente os hoje nomeados chimpanzés, gorilas, orangotangos, mandris etc.); alguns desses autores não viram pessoalmente nenhum desses símios, e não havia muitas figuras ou desenhos realistas deles.

A ideia de Lorde Monboddo, de incluir os *orang outangs* entre os humanos (ou, pelo menos, de aproximá-los intimamente), não era uma idiossincrasia desse autor; ela era, realmente, relativamente difundida, sendo aceita, em parte, também por Linnaeus e outros.

O interesse de Lorde Monboddo em incluir os grandes símios entre os humanos, de fato, relacionava-se a uma visão política que se contrapõe à de Aristóteles. Monboddo, como Rousseau, discordava da tese de que os seres humanos são por natureza seres políticos, posto que dotados de razão e linguagem, e que, assim, tenderiam automaticamente à vida social na *polis*. Há povos inteiros sem linguagem (como os *orang outangs*), afirma Monboddo. Linguagem, disposição para formar estados, senso moral, tudo isso não são dotes instintivos, mas produtos da educação (Fernández-Armesto, 2007).

Na Ilustração francesa, também se verifica certa busca por seres intermediários entre os grandes símios e os humanos europeus (Moran III, 1993). Dá-se, então, ênfase à figura do *Homem natural*, às vezes visto como um ser a meio caminho entre os *orang outangs* e os humanos civilizados.

Nessa aproximação, um expediente recorrente é rebaixar os nativos africanos, sobretudo os hotentotes (vistos, por exemplo, como desvairados e promíscuos sexualmente), e elevar os grandes símios. Nos hotentotes são ressaltados os aspectos de sua sugerida animalidade, e nos *orang outangs*, o senso de justiça, a capacidade para caminhar ereto e ser bípede, o claro comedimento e modéstia sexual e até os bons modos à mesa, quando são educados para isso.

Buffon (como se verá com detalhes um pouco adiante) segue essa linha, mas para o naturalista francês, mesmo rebaixando os hotentotes ao máximo permanece o fosso entre os *orang outangs* e os hotentotes, posto que estes falam e compreendem a palavra, enquanto os *orang outangs* estão totalmente fora do mundo da linguagem.

Também debatem vários iluministas quais seriam os elementos básicos, as características fundamentais do *Homem natural* que lhe garantiriam o status humano.

Para Rousseau, embora antes uma figura hipotética que real, o *Homem natural* seria fisicamente forte, vegetariano, harmonioso, relativamente estúpido e solitário. Suas características morais são a natureza pacífica, a busca por liberdade e igualdade e os sentimentos de piedade e compaixão. Na trajetória da humanidade, Rousseau situa o *Homem natural* nos seus primórdios (mais lógicos do que cronológicos), enquanto Buffon sugere o contrário: no início, seriam os europeus civilizados que terminariam por degenerar, no sentido de constituir, o *Homem natural* (Moran III, 1993).

## BUFFON

Em meados do século XVIII, o mais importante e influente naturalista francês do século (sobretudo da segunda metade), Georges-Louis Leclerc, conde de Buffon (1707–1788), publicou o livro *Histoire naturelle de l'homme* (1749), expondo detalhadamente suas posições sobre o que seria a espécie humana (Corsi, 1988; Caponi, 2010; Duchet, 1995; Roger, 1962).

Essa obra situa-se dentro de uma obra maior, a sua *História natural*, no ponto onde termina o tema anterior, *História da terra*. Assim, a *História natural* de Buffon, publicada de 1750 a 1774 em 22 volumes, é um ambicioso projeto de retratar a natureza como um grande sistema material e mecânico completo.

Todos os seres vivos são formados por moléculas orgânicas em número fixo, mas que se dispõem das mais variadas formas. Há, sim, proporcionalidade e harmonia na construção dos corpos dos animais e na estrutura das plantas. O ser humano e sua história natural pertencem, portanto, a esse quadro geral do ambicioso projeto do naturalista francês.

Buffon, para realizar a história natural do ser humano, se baseia em estudos de anatomistas, de outros naturalistas, de médicos e, sobretudo, de viajantes que descrevem as variedades de seres humanos em suas longínquas viagens (gênero muito comum na época).

A figura do ser humano, apesar de situada no reino da natureza, é colocada em um *lócus* especial desse reino. O ser humano é um animal, mas não um simples animal: ele é superior em relação a todos os outros animais, "ser único e superior por essência" (Buffon, 1834 *apud* Duchet, 1995, p. 531, tadução nossa).

No sistema de Buffon, o ser humano, embora ocupando uma posição superior extrema, está situado completamente dentro da natureza, não fora dela. Igualmente em relação aos outros animais, ele possui uma anatomia, uma organização presente em todas as suas partes – assim como há uma organização presente em todas as partes da natureza.

No grande quadro de classificação dos animais (animais selvagens, domésticos, carnívoros, do Velho Continente, do Novo Mundo etc.), o ser humano deve ser situado entre os animais domésticos. Mas cabe ressaltar que o sistema de Buffon é estritamente hierárquico e descendente, ou seja, vai dos seres mais perfeitos até os seres mais degradados. Como grupo, estão no topo os animais domésticos, seguidos dos animais selvagens e, nestes, um pouco abaixo, os animais carnívoros.

Trata-se de uma ordem de dignidade decrescente. Também acima estão os animais do Velho Continente em relação aos do Novo Mundo (outros dois capítulos da *História Natural* de Buffon). De modo geral, quanto mais próximo do homem civilizado, quanto mais *doméstico*, quanto mais influenciado e tocado por tal homem civilizado, mais alta é a posição na hierarquia; quanto mais distante, mais baixa. Assim, o sistema natural de Buffon é um sistema centrado no ser humano, uma perspectiva radicalmente antropocêntrica da natureza.

Entre todos os animais, o ser humano é um tipo único e superior, isto é, repetido e enfatizado reiteradamente. Essa posição hierárquica do ser humano, de ápice da natureza, não se explica aqui com argumentos teológicos, mas apoia-se em argumentos considerados factuais, observando-se as operações naturais, diz Buffon, pois apesar de se parecer com os outros animais nos aspectos materiais, sua superioridade verifica-se facilmente ao vê-lo comandar os outros animais; "*le plus stupide des hommes suffit pour conduire le plus spirituel des animaux*" (o mais estúpido dos homens é suficiente para conduzir os mais espertos dentre os animais) (Buffon, 1834 *apud* Duchet, 1995, p. 356, tradução nossa). Assim, é a dimensão de poder aquela que mais centralmente diferencia o homem dos outros animais; ele é, por excelência, o senhor da natureza toda.

As diferenças mais importantes que distinguem o ser humano dos outros animais são as relacionadas ao pensamento, à linguagem, à inventividade e, sobretudo, à perfectibilidade. Assim, é única a faculdade de comunicar o pensamento pela palavra – verificada tanto no homem selvagem como no civilizado – pois nenhum outro animal possui tal signo do pensamento.

Para Buffon, ser e pensar é, para o ser humano, a mesma coisa; não podemos perceber a nossa alma de outra forma que não pelo pensamento, e a essência do pensamento consiste na reflexão ou na faculdade de associação de ideias, uma tal combinação da qual os animais são incapazes, em que a linguagem é o signo sensível.

Os animais não inventam nada e não aperfeiçoam nada (*n'inventent et ne perfectionnent rien*); suas ações são aquelas traçadas pela espécie inteira, não pertencem ao indivíduo. O animal é visto sempre como conjunto, tipo, grupo, nunca como indivíduo. Só há indivíduo no caso do humano.

Além disso, para Buffon, o caso do ser humano seria um exemplo excepcional de salto, de diferença radical entre seres da natureza:

> A partir dessas três evidências – reflexão, linguagem, capacidade de inventar e aperfeiçoar – que estabelecem uma 'distância infinita entre as faculdades do homem e as do animal mais perfeito', decorre uma dupla afirmação: o homem é 'de natureza diferente', e não se pode descer 'insensivelmente e por nuances do homem para o macaco' (Buffon, 1834 apud Duchet, 1995, p. 359–360, tradução nossa).

A descontinuidade entre o ser humano e os outros animais só é interrompida por formas degeneradas de seres humanos. O ser humano que não exerce suas atividades racionais, a sua superioridade natural, desce ao nível das bestas; são os seres humanos estúpidos, os imbecis – ou o *homem selvagem* – que podem, assim, aparecer como degenerados em relação à sua própria espécie.

Diz Michèle Duchet (1995), importante estudioso da antropologia de Buffon, que assim como pensam os jansenistas (que acreditam, na linha calvinista, que os seres humanos nascem salvos ou não, com ou sem a graça, não a podiam de modo algum a adquirir ao longo da vida), para Buffon a qualidade superior do ser humano não pode ser adquirida. Entretanto, ela pode ser perdida quando o ser humano degenera e é lançado ao inferno da animalidade.

Para Buffon, o ser humano é um ser intrinsecamente social. A sociabilidade do ser humano é natural pois determinada por um instinto congênito à vida gregária; tudo concorreu para tornar o ser humano sociável. A cultura é parte, prolongamento, da natureza. Assim, em relação ao caráter social e cultural do ser humano, Buffon se aproxima de Aristóteles e difere claramente tanto de Hobbes como de Rousseau, que veem a sociabilidade e o caráter cultural do ser humano como algo produzido pela história humana, não como atributos naturais.

No entanto, certos insetos, elefantes, castores e muitos símios também vivem em grupo, andam em tropas, agem coletivamente, se defendem, se submetem, mas não formam verdadeira sociedade. As sociedades de abelhas e de castores, diz o naturalista, apresentam uma fixidez marcante, pois os animais não inventam e nem aperfeiçoam nada, nem a si mesmos.

A sociedade humana é, para Buffon, um conjunto de relações morais, de indivíduos que se organizam por meio de livre escolha. Assim, a diferença entre os agrupamentos sociais e as sociedades humanas é de natureza qualitativa, não de grau, não quantitativa.

O ser humano é um animal social que soube criar a si mesmo, comandar a si mesmo, e por isso pôde, potencializadas suas qualidades pela vida social, conquistar todo o planeta. A sociedade é, ao mesmo tempo, efeito e causa da humanidade do ser humano.

Um dos determinantes centrais do aperfeiçoamento de uma sociedade humana, segundo Buffon, está relacionado ao número de indivíduos que a compõe. A condição de progresso e o nível de civilização de uma sociedade humana é tanto maior quanto mais populosa for tal sociedade. Isso explicaria por que os selvagens africanos e americanos seriam tão mais degradados e inferiores em relação aos brancos europeus.

Finalmente, no que concerne à relação do ser humano com os símios, tão parecidos anatomicamente (sobretudo na anatomia interna), Buffon discorda totalmente de Lorde Monboddo e de outros iluministas. Para ele não há qualquer transição, qualquer continuidade. Há, sim, um abismo profundo entre o ser humano e os *orang-outang*, abismo esse demarcado pela capacidade da fala.

Nenhum símio, por mais aperfeiçoado que seja, é capaz de falar e compreender a fala; nenhum selvagem, por mais degradado que seja, não a possui. A linguagem é intrínseca e essencialmente natural no ser humano. Em Buffon, não se coloca o problema da origem da linguagem, assim como não se coloca a distinção entre um *homem natural* e um *homem social*; o ser humano só é concebível como ser social dotado de linguagem.

## LA METTRIE

Consideravelmente distante das concepções de ser humano de Buffon está a instigante e também influente obra de seu contemporâneo Julien Offray de La Mettrie (1709–1751).

Aluno do naturalista, o médico e humanista holandês Herman Boerhaave (1668–1738), foi, primeiro, filósofo (formado na escola filosófica-teológica jansenista), formando-se posteriormente como médico e naturalista – as duas formações se entrelaçam continuamente em sua obra.

Ele publica, em 1748, apenas um ano antes da *História natural do homem* de Buffon, o livro que o tornou famoso, o intencionalmente polêmico *L'homme machine* (O homem máquina). Essa obra logo se torna um escândalo, obrigando La Mettrie a abandonar os Países Baixos e a se exilar na corte de Frederico, o Grande, onde logo em seguida vem a falecer.

Em La Mettrie se verifica, assim como em Hobbes e em Buffon, uma antropologia integralmente materialista. Para ele, há apenas dois sistemas filosóficos: o materialismo e o espiritualismo; ele definitivamente opta pelo primeiro, tornando-se, então, um materialista hedonista, com forte inspiração no epicurismo.

La Mettrie se opõe ao sistema filosófico de Descartes (mas também aos de Leibniz, Wolf e Malebranche), que havia formulado que a natureza deveria ser vista como um grande maquinismo: os animais seriam máquinas, bestas-máquina (*bête machine*), mas o ser humano se diferenciaria radicalmente dos animais, pois apenas nos seus aspectos corporais seriam máquina, uma vez que seu espírito é de outra natureza, essencialmente diversa.

Para La Mettrie (1865) (como para Buffon e Hobbes), ao contrário, só há uma natureza, a matéria, e o ser humano todo é matéria organizada; assim, ele deve ser descrito e explicado por meio dos processos fisiológicos que ocorrem em tal matéria. Toda especulação que se afaste de tal perspectiva materialista, fisiológica, é, para ele, inútil.

Toda matéria organizada se caracteriza por um princípio de movimento próprio. O estudo das relações entre o cérebro, os órgãos do sentido e os dos nervos irá permitir a compreensão da estruturação mental do ser humano.

Diz La Mettrie: "L'âme et le corps s'endorment ensemble" (a alma e o corpo adormecem juntos) (La Mettrie, 1985, p. 35); e, um pouco adiante: "Les divers états de l'âme sont donc toujours corrélatifs à ceux du corps" (os diversos estados da alma são, portanto, sempre correlativos àqueles do corpo) (La Mettrie, 1985, p. 47). Enfim, todo fenômeno anímico, todo espírito é um aspecto, uma manifestação da matéria corporal dependente da organização do cérebro e do todo corporal.

O ser humano se diferencia dos outros animais não por possuir uma alma, um espírito único, nem por uma essência superior, mas por sua organização corporal ser de uma natureza quantitativamente (não qualitativamente) mais fina e sutil.

No entanto os animais, segundo La Mettrie, também são dotados de capacidade para pensar e têm sentimentos morais. Em radical contraposição a Buffon, para ele a diferença entre o ser humano e o animal seria apenas de grau, não de qualidade.

Cem anos antes de Darwin, La Mettrie concebe o ser humano em continuidade íntima com a natureza e com os outros animais "a grande analogia entre o símio e o ser humano, dos animais ao ser humano, a transição não é violenta" (La Mettrie, 1985, p. 56, tradução nossa), e, tal como o naturalista inglês, projeta resolutamente nos animais as faculdades humanas.

O estudo do ser humano deve, para ele, apoiar-se ou referenciar-se no estudo dos animais, na anatomia comparada e sobretudo na neuroanatomia comparada, que revela muito mais semelhanças do que diferenças entre o ser humano e os grandes mamíferos: "En general, la forme et la composition du cerveau des quadrupedes est à peu près la même que dans l'homme" (em geral, a forma e a composição do cérebro dos quadrúpedes é quase a mesma que a do ser humano) (La Mettrie, 1985, p. 47).

Espécies como as dos grandes símios, o castor, o elefante, a raposa, o cão e o gato, revelam extrema semelhança anatômica com o ser humano (sobretudo no cérebro) e também muitas semelhanças comportamentais.

O ser humano é um animal que, ao nascer, apresenta instintos insuficientes, precários, e por isso sua dependência absoluta da educação. Esta pode ocorrer porque o ser humano foi dotado de linguagem de signos que o libertaram da prisão do instinto.

Para La Mettrie, é impossível saber como a linguagem se originou no ser humano, mas esta lhe permitiu um grande desenvolvimento, e, com os signos, abriu aos homens o acesso ao conhecimento simbólico (*la connaissance symbolique*).

Linguagem, signos, conhecimento simbólico, enfim, a educação atuando em um cérebro finamente dotado, permitiu o surgimento disso que se denomina alma ou espírito: "se o cérebro é bem organizado e bem ordenado, é uma terra fértil perfeitamente semeada, que produz cem vezes do que recebeu" (La Mettrie, 1985, p. 73, tradução nossa).

Mas La Mettrie vai mais longe; ele se inspira na obra do médico suíço Johann Conrad

Amman (1669-1724), que, na Holanda, ensinou a fala a crianças surdas de nascença e escreveu tratados sobre sua arte pedagógica: *Surdus loquens* (1692) e *De loquela* (1700), obras que têm viabilizado que crianças surdo-mudas possam aprender uma linguagem. Da mesma forma, são inspiradores os prodígios da educação demonstrando as possibilidades pedagógicas em crianças cegas de nascença (*aveugles-nés*) ou com outras anomalias (*imbéciles, fous*; deficientes intelectuais, loucos), e também nos *homens-selvagens*, crescidos nas florestas com as feras (crianças-lobo).

Baseado nesses pedagogos inventivos, pergunta La Mettrie, então: por que os animais não seriam também passíveis de se desenvolver com a educação? "En un mot, serait-il absolument impossible d'apprendre une langue à cet animal? Je ne le crois pas" (em uma palavra, seria absolutamente impossível ensinar uma língua e esse animal? Não creio) (La Mettrie, 1985, p. 53).

Ele crê que os grandes símios possam aprender a linguagem, possam ser educados como os seres humanos o são; trata-se de se desenvolver um método próprio para eles, como fizeram os pedagogos com as crianças surdo-mudas de nascença.

Enfim, o que é substancial em La Mettrie é a noção de que não há diferenças qualitativas, abismos insuperáveis, entre seres humanos e animais, apenas continuidade, semelhanças marcantes e um grande otimismo em relação às possibilidades da educação, seja para os seres humanos em condições as mais diversas, seja para os animais.

É importante salientar que a ideia de continuidade com os animais entra em um contexto em que se reforça a posição filosófica de fundo de La Mettrie, seu epicurismo radical. Se somos animais; se, como todos os outros animais, somos mortais; e se não possuímos uma alma especial e transcendental, o sentido da existência humana está em viver a vida presente da melhor forma possível, com o máximo de prazer e de felicidade e o mínimo de dor:

> Ser máquina, sentir, pensar, saber distinguir o certo do errado, como o azul do amarelo, em uma palavra, nascer com inteligência e um instinto de moral, e ser apenas um animal, são, portanto, coisas que não são mais contraditórias do que ser um símio ou um papagaio e saber dar-se prazer (La Mettrie, 1985, p. 145, tradução nossa).

Cabe, então, finalmente ressaltar aqui a enorme distância da concepção de ser humano entre estes dois importantes naturalistas do século XVIII, La Mettrie e Buffon. De um lado (La Mettrie), o ser humano como um animal entre os animais, dotado das mesmas bases e potencialidades; de outro lado (Buffon), em um sistema igualmente materialista e mecanicista, o ser humano é o ser supremo, especial, uma espécie de semideus absolutamente distinto e colocado no cume da natureza. La Mettrie estabelece no centro de seu sistema a ideia de "boa vida", de prazer; para Buffon, é o poder, a possibilidade de dominar o mundo, dominar todos os outros seres, o ponto central do sistema naturalístico no qual o ser humano ocupa a posição central.

## LAMARCK

Jean-Baptiste Pierre Antoine de Monet, o Chevalier de Lamarck (1744-1829), se refere ao ser humano com algum detalhamento no final de sua obra mais importante, *Philosophie Zoologique*, de 1809.

Ao tratar dos mamíferos em geral, afirma que eles são, necessariamente, a última classe do reino animal, pois tal classe compreende os animais mais perfeitos, que têm mais faculdades, mais inteligência, uma organização mais complexa (*la plus composée*) (Lamarck, 1968). A organização dos mamíferos se aproxima à dos seres humanos, reunindo os sentidos e as faculdades mais perfeitas. É aqui, portanto, que deve terminar a imensa série dos animais existentes.

No entanto, entre os mamíferos há uma família que deve ser reconhecida como a mais perfeita de todas, a dos *quadrúmanos* (que corresponde aos atuais primatas), sendo que o gênero dos *orang* ou *pithecus* (atualmente denominados grandes símios) deve ser colocado no extremo de perfeição de tal família, enquanto no outro extremo inicial da série animal estão as mônadas.

O ser humano, entretanto, afirma Lamarck (1968), deve ser colocado em relação aos quadrúmanos em uma família à parte, a dos bímanos, pois ao contrário dos quadrúmanos, eles têm duas mãos e dois pés (os quadrúmanos têm quatro mãos inespecíficas), e apenas no ser humano haveria o polegar opositor aos outros dedos das mãos.

Os bímanos compreendem somente uma espécie – o ser humano – separada em seis variedades (Lamarck aqui segue parcialmente Blumenbach): caucasianos, hiperbóreos, mongóis, americanos, malásios e etíopes ou negros.

Os hiperbóreos, grupo que não está na classificação de Blumenbach, seriam os povos que habitam as regiões árticas, tais como, na América do Norte, os *inuit* (antes denominados esquimós). Na Antiguidade, de acordo com a concepção grega, os hiperbóreos seriam os povos que viviam no extremo norte da Europa e da Ásia, em uma terra inacessível onde não haveria guerras, pragas ou desastres. Eles teriam uma vida edênica, sem o auxílio dos deuses, e seriam *povos originários*. Tiveram forte presença na literatura exotérica no século XIX. Entretanto, no contexto de Lamarck, é mais plausível pensar que "hiperbóreos" se refira aos povos das regiões árticas norte-americanas, como os então denominados esquimós, sem o conteúdo exotérico que depois veio a adquirir.

Também diferencia radicalmente o ser humano dos quadrúmanos o fato de o primeiro possuir pés apropriados para a marcha (além de as mãos terem cessado de ser utilizadas como pés), a postura ereta e uma visão que permite ao mesmo tempo a profundidade e a largueza do campo visual. Os maxilares e os dentes também são especiais, tendo perdido muito de sua função como arma.

Como no centro da concepção de natureza de Lamarck está o seu transformismo, também para o caso do ser humano tal transformismo evolucionista se aplica plenamente. Algumas características foram, assim, sendo adquiridas pelo hábito nas sucessivas gerações, a partir de um quadrúmano bem-sucedido. Para o surgimento dos seres humanos, teríamos, então:

> [...] que agora se supõe que uma raça de quadrúmanos, como a mais aperfeiçoada, que adquiriu, por hábitos constantes em todos os seus indivíduos, a conformação

> que acabei de mencionar e a capacidade de ficar em pé e andar, e que então conseguiu dominar as outras raças de animais [...] (Lamarck, 1968, p. 296, tradução nossa).

Para Lamarck, a espécie humana se originou de um processo evolutivo em que um tipo de quadrúmano mais bem dotado, uma raça (Lamarck usa "raça" com o sentido de espécie) teria como finalidade dominar as outras raças, e conseguiu, ao cabo apoderar-se da Terra.

Essa raça exitosa de primatas teria disputado os bens da natureza com as outras raças primatas. Sendo vencedora, obrigou-as a se refugiar em terras remotas.

Como exemplo de raças primatas derrotadas nessa competição feroz, inferiores em inteligência e em faculdades corporais, Lamarck cita os *orang d'Angola* ou *Simia troglodytes linnaeus*, os hoje denominados chimpanzés, e os *orang des Indes*, ou *Simia satyrus linnaeus*, atualmente denominados orangotangos. Como a raça primata exitosa (o ser humano) fez as outras raças primatas derrotadas ocuparem regiões inóspitas, estas não puderam se desenvolver numericamente (e, então, degeneraram no sentido buffoniano). Já a raça especial pôde ocupar regiões férteis, multiplicar-se numericamente, exercitar sua poderosa indústria e aperfeiçoar gradativamente suas faculdades:

> Que, finalmente, esta raça preeminente tendo adquirido supremacia absoluta sobre todas as outras, terá conseguido colocar entre ela e os animais mais avançados uma diferença e, de certa forma, uma distância considerável.

> Assim, a raça mais avançada de quadrúmanos poderia ter se tornado dominante (Lamarck, 1968, p. 297, tradução nossa).

Lamarck (1968) segue, então, em sua concepção de ser humano, uma linha próxima à de Buffon, mas incluindo em seu sistema a dimensão evolucionista. Nesse sentido, agrega a linha do também importante naturalista, físico e filósofo francês Pierre-Louis Moreau de Maupertuis (1698–1759).

Tendo sido discípulo e mesmo um *protégé* de Buffon (Corsi, 1988), Lamarck, apesar de seu evolucionismo e gradualismo que o distanciam de Buffon, nesse ponto afirma que a questão central a diferenciar o ser humano de seus primos mais próximos – os grandes símios como chimpanzés e orangotangos – é a questão de possuir maior poder, maior capacidade para o domínio do mundo.

Cabe lembrar que, no sistema evolucionista de Lamarck, os organismos não são passivamente modificados pelo ambiente. As mudanças ambientais produzem mudanças nas necessidades dos organismos, e tais ambientes modificados causam, incitam alterações em seus comportamentos.

Uma mudança nos padrões de comportamento que se torna um hábito repetitivo acaba por provocar o aumento de certas estruturas e a redução de outras. Todas essas mudanças passam, então, a ser herdadas pelas novas gerações da espécie. Além disso, os primatas mais capazes, com maior capacidade para a dominação dos outros, são também aqueles que têm aumentadas as suas necessidades.

Aqui, o alinhamento com Buffon torna-se mais claro, pois, repetindo Buffon, Lamarck formula que os grupos mais numerosos, mais populosos, são exatamente aqueles que maior capacidade têm para o desenvolvimento de suas habilidades. Com isso, com tal crescimento populacional, multiplicam-se as ideias produzidas e, com elas, a necessidade de comunicá-las aos seus semelhantes. Isso gera a necessidade de criar e multiplicar os signos referentes às ideias; cria-se, então, nos pré-humanos a necessidade crescente pela produção do que viria a ser a fala, a linguagem articulada.

Os primatas derrotados, relegados a locais remotos, a florestas inóspitas ou a desertos, não são constrangidos por necessidades novas, não adquirem ideias novas, e o número pequeno de ideias não lhes cria problemas na comunicação com seus semelhantes. Enfim, não há necessidade de desenvolvimento das capacidades relacionadas à criação de signos.

O contrário ocorreria com os primatas vitoriosos, a raça dominante (*les individus de la race dominante*). Estes têm aumentada necessidade de multiplicação de signos "[...] para comunicar rapidamente suas ideias que se tornam cada vez mais numerosas" (Lamarck, 1986, p. 300, tradução nossa), não podendo se contentar apenas com os signos pantomímicos, com a linguagem gestual ou apenas com as inflexões da voz. Para representar essa multidão de signos que se fizeram necessários, tiveram, por fim, que criar e dar forma a sons articulados (*sons articules*), que, com o desenvolvimento posterior, tornou-se essa *admirável faculdade da fala*.

Assim, na base do surgimento da espécie humana, no cerne de sua natureza, além da propensão ao domínio, ao poder, está a necessidade de formação de uma capacidade comunicativa superior, expressa pela linguagem articulada.

## Do outro lado do Canal da Mancha

Na Inglaterra, nesse período, os naturalistas também se interessam vivamente pelo ser humano, suas origens e suas marcas diferenciais. Um dos mais proeminentes deles, o geólogo escocês Charles Lyell (1797–1875), debate esses temas em seu *Principles of geology*, cuja primeira edição é de 1832, e em *Geological evidences of the antiquity of man*, de 1863.

Em *Principles of geology*, particularmente em seu segundo volume (esse foi um dos principais livros estudados por Darwin durante sua viagem no *Beagle*), Lyell concentra seus argumentos em se contrapor a Lamarck (a quem, inicialmente, muito admirara), buscando todos os pontos frágeis em seu sistema evolucionista.

Lyell (1991), em suas concepções geológicas, é *uniformitarianista*, defendendo que as mudanças geológicas da superfície da Terra ocorrem de forma gradual, por forças lentas, por meio de mecanismos naturais como chuva, neve e erosão, se opondo a Georges Cuvier (1769–1832) e seu sistema *catastrofista* – que propunha que a maior parte das mudanças geológicas teriam ocorrido através de catástrofes como terremotos e maremotos.

Entretanto, em relação à evolução dos seres vivos e, sobretudo, à evolução da espécie humana, Lyell (1991) tem mais ressalvas do que entusiasmos. Em suas cartas privadas, ele aceita um evolucionismo mitigado, mas em seus textos públicos, é mais comedido. Na questão do ser humano, aceita que seu corpo possa ter evoluído na série primata, mas seu espírito, suas qualidades intelectuais, devem ter uma origem divina (essa questão ressurgirá adiante, no debate Darwin-Wallace sobre o tema).

No final dos anos 1850 e ao longo dos 1860, um belicoso e sonoro debate – que chegou até mesmo à grande imprensa, sendo, talvez, um dos debates científicos de maior visibilidade no século XIX – ocorreu em Londres, contrapondo o anatomista comparativo de maior prestígio na Inglaterra, Richard Owen, e o cirurgião e naturalista, amigo próximo de Darwin, Thomas Henry Huxley (Owen; Howard; Binder, 2009; Gross, 1993).

A posição de Owen sempre fora a de se opor às teorias de Darwin, centrando seu argumento na impossibilidade de o ser humano ter se originado de um primata semelhante a um gorila, orangotango ou chimpanzé. Sua tese, baseada em dissecções de primatas e humanos, era a de que o cérebro do *Homo sapiens* seria qualitativamente distinto daquele dos símios.

O ser humano, segundo Owen (Gross, 1993), possuiria três estruturas que estariam ausentes nos outros primatas: o *hippocampus minor* (hoje denominado *calcar avis*, tido atualmente como involução da parede ventricular produzida pela fissura calcarina), o *corno posterior* dos ventrículos laterais e o *lobo cerebral posterior*, ou projeção posterior do lobo occipital.

Esse debate ficou conhecido como *"The great hippocampus question"*, comentado ironicamente nos jornais e pelo autor de livros infantis Charles Kingsley, em seu *The water-babies: a fairy tale for a land baby*. Kingsley renomeia o debate científico travado na imprensa londrina sobre *The great hippocampus question* para o que ele chama *The great hippopotamus test*, ridicularizando as posições radicais de Owen e Huxley. Também aparecem, na imprensa londrina, muitas caricaturas e poemas irônicos sobre tal debate.

Nesse debate, Huxley afirma que Owen se engana nos níveis factual, teórico e político. Os primatas teriam também essas estruturas que Owen não identifica, e este agiria ou de má-fé, dissecando cérebros já deteriorados, ou não os analisando bem, apenas revelando imperícia em sua técnica de anatomista.

Também para Huxley, engana-se Owen no nível teórico, pois rejeita as evidências da evolução do ser humano e suas marcantes semelhanças anatômicas com os outros primatas, e se equivoca no plano político, ao se alinhar com os teólogos e não defender – como ele, Huxley – o surgimento de uma ciência totalmente secular, conduzida por uma nova classe: a de cientistas profissionais independentes (Huxley ministra, nessa época, aulas sobre evolução para operários, suas *sixpenny lectures*, na *School of mines*, professando sua adesão total à ciência e a necessidade de difundi-la a toda a população, inclusive ao proletariado).

Enfim, o que estava em jogo não era apenas a teoria da evolução (sobretudo de Darwin), a colocação do ser humano em um lugar especial ou junto com os outros primatas, ou detalhes da anatomia comparada; o que se disputava eram as implicações filosóficas, teológicas, ideológicas e políticas do lugar específico em que o ser humano deve ser colocado na *grande cadeia do ser*.

Em 1863, Huxley publica *Evidence as to man's place in nature*, o livro tão esperado por Darwin, que o chamava de *monkey book* (livro dos macacos). Esse livro é mais uma detalhada descrição dos grandes primatas do que propriamente centrado no *homem*, como o título faz parecer (Huxley, 1863).

A obra se inicia com um histórico sobre o conhecimento dos grandes primatas, chamados por Huxley, não por acaso, de *man-like apes*. Ele cita que uma das mais antigas referências seria a do navegador português Eduardo Lopez, de 1598. Ao longo do livro, aborda a anatomia e o comportamento de primatas como o mandril e o babuíno, mas se aprofunda em detalhes sobre os orangotangos de Sumatra e Bornéu e sobre os chimpanzés e gorilas da África.

Huxley analisa as contribuições para essa primatologia inicial de Tyson, Buffon, Cuvier, Savage e Wallace. Assim, ele examina com detalhes os dados disponíveis sobre os grandes símios africanos e asiáticos mais parecidos com o ser humano e conclui pelo parentesco íntimo deles com o ser humano, enfim, pela origem comum de seres humanos e símios.

Darwin não era anatomista, e a primatologia era ainda incipiente. Ele sentia grande necessidade de apoio dessas áreas para as suas formulações sobre o ser humano.

## DARWIN

Em sua principal obra, *On the origin of species*, de 1859, Charles Darwin, além de não se concentrar sobre a evolução de qualquer espécie em particular, se abstém resolutamente de comentar qualquer coisa em específico sobre a evolução e o lugar do ser humano na natureza. Ele mesmo deixa claro que tocar na questão do ser humano em tais embates sobre a evolução dos seres orgânicos favoreceria a rejeição de seu livro.

Entretanto, Darwin, desde muito antes de 1859, ocupou-se sistematicamente de tal assunto tabu. Segundo Bernard Campbell (1972), o naturalista inglês desde 1838 começou a coletar sistematicamente informações; a fazer notas com observações sobre os seres humanos em diferentes idades e partes do mundo – homens saudáveis ou com perturbações mentais (enviando questionários aos alienistas ingleses); a escrever continuamente para naturalistas, colonos e missionários nos mais variados cantos do mundo; a fazer questionários sistemáticos a cuidadores de animais em zoológicos e a fazendeiros criadores de animais; e a observar detalhadamente, com a lupa de naturalista, seus cães, gatos, cavalos, pombos e também seus filhos.

Darwin sistematicamente preparou o seu livro sobre o ser humano por mais de 30 anos, e embora afirme no início de *The descent of man* (traduzido como *A origem do homem*) que jamais pensou em publicá-lo, é difícil, para a maior parte de seus biógrafos, acreditar nisso.

Enfim, nos anos 1870, Darwin publica suas três obras expondo suas teses, dados e teorias sobre o ser humano: *The descent of man* (1871), que na verdade são dois livros em um (o primeiro, sobre a origem, evolução e lugar do ser humano na natureza; o segundo, sobre a seleção sexual), *The expression of emotions in man and animals* (1872) e o artigo *A biographical sketch of an infant* (1877), publicado na revista *Mind*, em que basicamente esmiúça para o bebê humano o que ele apresentara em *The expression of emoticons* (Celeri; Jacinto; Dalgalarrondo, 2010).

A seguir serão examinadas, com algum detalhamento, as produções de Darwin sobre o ser humano, devido à centralidade e aos desdobramentos de seu pensamento no interior das ciências biológicas.

A obra *The descent of man* contém sete capítulos focados na evolução do ser humano e mais 11 sobre a seleção sexual. Na parte final, de conclusões, há mais três capítulos que retomam e fecham a discussão sobre a evolução do ser humano.

De modo geral, os sete capítulos iniciais e os três últimos relatam as evidências anatômicas, embriológicas e comportamentais que visam demonstrar a tese de que o ser humano descende de espécies primatas anteriores, intermediárias entre o ser humano moderno e os símios antropoides. Darwin denomina tais espécies intermediárias com vários termos: *"early progenitors of man"*, *"our early semi-human progenitors"*, *"primeval men"*, *"ape-like progenitors"*.

No início do livro, ele expõe claramente seus objetivos:

> [...] o único objetivo deste trabalho é considerar, em primeiro lugar, se o homem, como todas as outras espécies, descende de alguma forma preexistente; em segundo lugar, a maneira deste desenvolvimento; e, em terceiro lugar, o valor das diferenças entre as chamadas raças do homem (Darwin, 1930, p. 2, tradução nossa).

Para Darwin, o ser humano está mais perto dos grandes símios do que estes dos cães (como para Huxley, os grandes símios estavam mais perto do ser humano do que dos primatas pequenos).

O bipedalismo teve, para Darwin, considerável relevância para a evolução do ser humano. Entre os grandes símios, apenas o ser humano é exclusivamente bípede (*"man alone has become a biped"* [Darwin, 1930, p. 53]). Sua postura ereta é um de seus mais conspícuos caracteres. O ser humano, formula ele, não teria alcançado a sua condição de animal dominante no mundo sem o uso de suas mãos, "[...] tão admiravelmente adaptadas para agir em obediência à sua vontade" (Darwin, 1930, p. 53, tradução nossa).

Mas a comparação entre o ser humano e os animais mais próximos, para Darwin, se dá na arena comportamental e vai muito além das semelhanças anatômicas.

Embora a noção dominante fosse a de que os animais estariam sempre relegados ao domínio do instinto e, assim, privados da inteligência, Darwin irá se contrapor a tal visão. Cuvier afirmara que a relação entre instinto e inteligência seriam inversas (quanto mais instintos, menos inteligência). Darwin, para recusar tal formulação, lança mão dos trabalhos do importante antropólogo norte-americano Lewis Henry Morgan (1818–1881) sobre castores, no qual este demonstra que castores são mamíferos com grande riqueza instintiva e, ao mesmo tempo, altamente inteligentes (Morgan, 1868).

Também os animais são vistos, diz Darwin (1930), como muito semelhantes dentro de uma espécie, não havendo individualidade neles. Outra vez, Darwin discorda desse senso comum, pois notara como cães e cavalos – que observara por anos com proximidade – têm qualidades individuais altamente distintas em termos de timidez, coragem, bom ou mau humor, por exemplo.

Um aspecto interessante da proximidade e do parentesco do ser humano com o animal é que, recorrentemente, o naturalista inglês, no sentido inverso de perspectivas influentes tanto em sua época como contemporaneamente (que buscavam e buscam o *animal* no *humano*), busca com cuidado e intensidade identificar o *humano* no *animal*.

Assim, no capítulo III, ele fala do amor e mesmo da devoção do cão por seu dono, que, mesmo no momento da morte, acaricia seu dono, mesmo sendo vivisseccionado, lambe a mão de seu dono-algoz. O trecho no original é o seguinte:

> [...] e todos ouviram falar do cão que sofria sob vivissecção, que lambia a mão do operador; este homem, a menos que a operação fosse plenamente justificada por um aumento de nosso conhecimento, ou a menos que ele tivesse um coração de pedra, deve ter sentido remorso até a última hora de sua vida (Darwin, 1930, p. 76, tradução nossa).

Os animais, argumenta Darwin (1930), revelam sentimentos aparentemente de exclusividade humana, como devoção materna pelos filhotes de sangue ou adotados; emoções complexas, como ciúmes, amor e desejo de ser amado; competição por amor; adoração por serem aceitos ou elogiados; sentimentos e comportamentos expressando vergonha, desconfiança, gratidão e magnanimidade, vingança e trapaça. Além disso, são suscetíveis ao ridículo e têm mesmo certo senso de humor.

Eles têm em suas mentes a base emocional para o desenvolvimento intelectual; adoram a novidade e sofrem pelo tédio (como Darwin notara em cães e macacos). De modo geral, os animais sentem espanto e exibem curiosidade; macacos apavorados, instintivamente, por víboras não resistem à tentação de abrir a caixinha para saciar a curiosidade e poder vê-las.

Esse *humano no animal* se revela também quando Darwin fala que macacos teriam certa noção de classificação zoológica, ao revelarem um estranho medo perante lagartixas e sapos (anfíbios com alguma proximidade das cobras), ou sobre o medo dos orangotangos pela simples visão de uma tartaruga (réptil como as serpentes).

Eles possivelmente têm a faculdade da imaginação (*the highest prerogatives of man*, a mais alta prerrogativa do homem), pois o sonho, presente em cães, gatos, cavalos, pássaros e possivelmente em todos os animais superiores, seria a expressão de pelo menos alguma capacidade de imaginação.

Se desde a Antiguidade a razão é considerada como a propriedade que mais claramente separa o ser humano das bestas, Darwin procura demonstrar que os animais também são dotados de razão.

Darwin anota que os animais são observáveis ao parar, deliberar e depois resolver alguma questão, e mesmo os animais localizados *extremamente no ponto inferior da escala, aparentemente apresentam uma certa quantidade de razão*.

Animais praticam a trapaça, como se percebe nos elefantes que intencionalmente enganam os outros, sabendo bem o que querem. Ursos e elefantes presos em jaulas foram observados fazendo uma corrente de água do lado de fora da jaula para aproximar pedaços de comida, um comportamento dificilmente instintivo e bem mais provavelmente inteligente.

Darwin aproveita também, neste sentido, para citar o naturalista alemão Alexander von Humboldt (1769–1859). Este, para defender a existência de razão no mundo animal, relata que donos de mulas na América do Sul diziam sempre: "Eu não te darei a mula de cavalgadura mais fácil, mais confortável, mas 'la mas racional' – aquela que raciocina melhor" (Darwin, 1930, p. 87, tradução nossa).

Enfim, os animais possuem as faculdades de imitação, atenção, deliberação, escolha, memória, imaginação, uso de ferramentas, noção de propriedade, associação de ideias e razão. Embora em grau distinto do humano, mas, na base, elas estão presentes neles como nos humanos.

A perfectibilidade, a capacidade para a melhora progressiva, seria também, rezam alguns autores do Iluminismo, exclusiva dos humanos. Darwin aceita que, devido à linguagem articulada, os humanos têm uma capacidade para maior e mais rápido aperfeiçoamento; mas os animais aprendem com muita frequência.

A mesma armadilha não os captura repetidamente; os jovens são mais suscetíveis que os velhos; os fios telegráficos instalados em cidades matam os pássaros mais jovens e as novas gerações, mas com o tempo não matam mais nenhum pássaro que lá vive. O cão doméstico, descendente do lobo e do chacal, adquiriu algumas habilidades cognitivas humanas, e o rato comum aprendeu a sobreviver nas várias gerações, evitando a destruição visada pelos humanos e superando espécies rivais.

No contexto das habilidades racionais, Darwin (1930) afirma que mesmo faculdades elevadas como abstração e autoconsciência estão também presentes em muitos animais; há graus de abstração e autoconsciência, e mesmo na espécie humana é difícil definir em que idade tais capacidades surgem na criança.

Além da razão, a linguagem é considerada por muitos, diz nosso autor, como uma das "[...] chief distinctions between man and the lower animals" (Darwin, 1930, p. 94). Assim, formas de linguagem estão presentes nos animais; gestuais, como nos macacos, e sonoras, como nos pássaros.

No ser humano, a linguagem é um instinto (a tendência instintiva para a fala), mas é também uma arte como a culinária e a escrita, argumenta Darwin (1930). Entretanto, nos pássaros, o canto também é uma mescla de instinto e aprendizado.

No ser humano, Darwin formula a hipótese de que a linguagem tenha sido, primeiro, uma expressão afetiva de sons com características musicais, e apenas depois de um longo processo evolutivo, em que a sofisticação dos processos mentais evoluiu de forma integrada às capacidades de expressão fonética, teria surgido a linguagem articulada, que permitiu o funcionamento das atividades mentais humanas mais elaboradas.

Não menos importante, o senso do belo também é observado em alguns estados iniciais em animais, pois mesmo nas aves se verifica uma atração pelo belo e o amor pela novidade *for its own sake* (por si mesma).

O sentido religioso também não está ausente totalmente nos animais, pois quem observa um cão ou um macaco quando do retorno de seu mestre querido, nota aí algo da devoção dos homens por seus deuses.

Na base da sociabilidade estariam os sentimentos de simpatia. Nos capítulos IV e V de *The descent of man*, Darwin (1930) desenvolve a hipótese de que o sentimento de simpatia e o instinto social teriam sido fortalecidos pelo hábito e pela seleção natural por meio da obediência do indivíduo aos desejos e julgamentos de sua comunidade.

A simpatia, seja ela inata ou adquirida, é o elemento fundamental dos instintos sociais, e um ser humano sem traços de tais instintos seria um monstro antinatural. O sentimento de prazer obtido na vida social é provavelmente, diz ele, uma extensão dos sentimentos de ligação parental ou filial, pois o instinto social parece se desenvolver quando os filhotes permanecem por períodos mais longos com seus pais.

É difícil saber como teriam se originado os instintos sociais – se por seleção natural, como decorrência de outros instintos ou por hábitos de longa duração. O instinto que um grupo de animais tem, de ter uma sentinela que avisa à comunidade do perigo, dificilmente, pensa Darwin (1930), é decorrente de outros instintos. Por outro lado, o hábito dos machos de algumas espécies sociais, de defender a própria comunidade de inimigos, deve ter se originado daquilo que Darwin chama de *mutual sympathy*.

O ser humano é um animal eminentemente social; seus instintos sociais devem ter sido adquiridos em uma fase muito inicial de sua evolução. Tais instintos adquiridos já pelos *early ape-like progenitors* ainda fornecem os impulsos para as melhores ações dos seres humanos atuais.

Entretanto, as ações dos seres humanos atuais são mais determinadas pelos desejos expressos e os julgamentos dos outros membros da sociedade. Muitas vezes, infelizmente, também são mais determinadas pelos poderosos desejos egoístas do que pelos ancestrais instintos sociais.

Os sentimentos de simpatia e os instintos sociais podem cobrir diferentes círculos de um indivíduo. As simpatias podem ficar restritas às pequenas tribos das quais o sujeito faz parte, podem se estender a todos os membros de sua nação, e podem ainda se referir a todos os homens de todas as nações e raças. O limite maior do sentimento de simpatia, diz Darwin (1930), aquela simpatia que avança sobre os confins do ser humano e da humanidade, e que se direciona até os animais inferiores, "[...] seems to be one of the latest moral acquisitions" (Darwin, 1930, p. 136).

Com o hábito, por meio de experiências benéficas, pela educação e pelo exemplo, as simpatias podem se estender para todos os seres humanos, de todas as raças, incluindo também deficientes físicos e intelectuais, bem como todos os membros estropiados da sociedade, e incluindo, ao final, os animais inferiores; isso revelaria como o padrão de moralidade pode se elevar a níveis cada vez mais altos ("*morality rise higher and higher*" [Darwin, 1930, p. 139]). Mas tal utopia moral é conflitiva para o ser humano, pois seus instintos sociais, dos quais derivam suas maiores qualidades, são constantemente contrapostos por instintos e desejos egoísticos baixos, afirma o naturalista inglês.

Tendo os instintos sociais sido adquiridos pelo ser humano, assim como nos outros animais, para o bem da comunidade, eles devem ter lhes despertado o desejo de ajudar seus parceiros, tendo por eles sentimentos de simpatia e de atenção sobre suas reações de aprovação ou desaprovação.

Tais impulsos devem ter servido em fases primevas para o início das noções de certo e errado. O senso moral é originalmente derivado dos instintos sociais – pois ambos se relacionam exclusivamente à comunidade de pertença do indivíduo – sendo também influenciado pela aprovação ou reprovação dos membros de sua comunidade e, finalmente, marcado pela atividade passada relacionada às mais altas faculdades mentais do ser humano, que deixam traços vívidos em sua bagagem de memória.

Para Darwin, definitivamente, "[...] there is no fundamental difference between man and the higher mammals in their mental faculties" (não há diferença fundamental nas faculdades mentais entre o homem e os mamíferos mais desenvolvidos) (Darwin, 1930, p. 71). Mais do que isso, as diferenças que existem serão sempre quantitativas, de grau, e não qualitativas ou de natureza; "The difference in mind between man and the higher animals, great as it is, certainly is one of degree and not of kind" (Darwin, 1930, p. 140). Enfim, não há um abismo, um salto intransponível entre o ser humano e os outros animais; há, sim, uma continuidade radical.

No início do sexto capítulo, ele resume as principais teses defendidas no livro. Para ele, o ser humano se caracteriza da seguinte forma:

> Seu corpo é construído no mesmo plano homólogo que o de outros mamíferos. Ele passa pelas mesmas fases do desenvolvimento embriológico. Ele mantém muitas estruturas rudimentares e inúteis, que, sem dúvida, já foram úteis [...] Essas aparências, por outro lado, são inteligíveis, pelo menos em grande parte, se o homem é o co-descendente com outros mamíferos de alguma forma desconhecida e inferior (Darwin, 1930, p. 166, tradução nossa).

Como primata, o ser humano deve ser classificado junto com os catarrhine (macacos do Velho Mundo) e mais proximamente ainda aos *anthropomorphous apes*, como o gorila, o chimpanzé, o orangotango e os *hylobatidae* (gibão e siamango).

Alguma forma ancestral desses primatas deve ter dado também origem ao ser humano. Além disso, o mais provável é que tenham vivido na África símios extintos bastante aparentados com o gorila e o chimpanzé, os dois parentes mais próximos do ser humano, e que, portanto, seguramente "[...] nossos progenitores viveram no continente africano, bem mais provavelmente do que em outro lugar" (Darwin, 1930, p. 177, tradução nossa).

Ao longo de todo o livro, Darwin visa demonstrar, com exemplos da anatomia, da embriologia e da zoologia de sua época (seja com observações dele próprio ou de outros), que o *Homo sapiens* é, enfim, como todas as outras espécies, um animal pertencente à natureza. Ele termina *The descent of man* com o seguinte parágrafo:

> Devemos, no entanto, reconhecer, como me parece, que o homem, com todas as suas nobres qualidades, com a simpatia que sente pelos mais degradados indivíduos, com a benevolência que estende não só aos outros homens, mas à criatura viva mais humilde,

> com seu intelecto semelhante ao de um Deus, que penetrou nos movimentos e constituição do sistema solar – com todos esses marcantes poderes – o homem ainda carrega em sua moldura corporal a marca indelével de sua origem primitiva (Darwin, 1930, p. 244, tradução nossa).

O livro *A expressão das emoções no homem e nos animais* é não apenas um complemento de *The descent of man*, mas, também, a abertura de uma nova via para se relacionar o ser humano como os demais animais, enfocando mais enfaticamente os aspectos comportamentais e deixando em segundo plano os aspectos anatômicos, embriológicos e morfológicos em geral.

É interessante notar que, nessa obra, Darwin (2009) faz uso frequente de noções como *hábitos* e *comportamentos* que se repetem ao longo de inúmeras gerações, e de associações entre sensações e comportamentos que também se repetem até se cristalizarem. Desta forma, as noções lamarckianas de aquisição e herança de caracteres adquiridos estão muito mais presentes aqui do que em outras obras de Darwin.

Curiosamente, para a evolução do comportamento ele recorre com mais ênfase à perspectiva fundada por Lamarck. Também cabe assinalar que algumas noções do *behaviorismo* moderno (noções de condicionamento e de condicionamento operante) que surgirão no século seguinte aparecem embrionariamente nesse texto de Darwin, e possivelmente a inspiração dele está no associacionismo dos filósofos britânicos (Hume e Locke, por exemplo).

No plano comportamental, o parentesco íntimo entre todas as raças humanas e entre os humanos e os outros primatas se expressa com clareza:

> [...] as diferentes raças humanas exprimem suas emoções e sensações de maneira notavelmente uniforme ao redor do mundo. Algumas das formas de expressão dos macacos são interessantes também por sua semelhança com as expressões do homem (Darwin, 2009, p. 116).

Através da expressão das emoções nos animais, pode-se perceber uma vida mental mais complexa do que se suporia normalmente. Os animais não expressam apenas raiva e medo, como afirmara Sir Charles Bell (1774–1842), mas, por meio de seus movimentos, notam-se traços e gestos quase tão expressivos quanto os dos humanos (Darwin, 2009).

Assim como as características anatômicas, os comportamentos expressivos podem ser colocados em uma espécie de árvore de caracteres, os quais provêm de troncos e se ramificam em galhos, revelando proximidades e distâncias relativas às suas origens evolutivas.

No ser humano, a expressão das emoções é fortemente moldada por fatores culturais, pois fenômenos importantes como o choro e o lacrimejar são muito variáveis entre os distintos povos de distintas culturas, sendo, com frequência, vistos como sinal de fraqueza e falta de masculinidade.

Falando de seu próprio ambiente cultural, ele diz:

> Os ingleses raramente choram, a não ser na tristeza mais aguda. Já em outras partes da Europa, os

> homens choram com muito mais facilidade e liberdade [...] Os ingleses demonstram muito menos suas emoções do que os homens da maioria dos outros países da Europa (Darwin, 2009, p. 134, 226).

Assim, a cultura é vista por Darwin como um elemento de contenção da expressão das emoções, pois, por exemplo, os loucos, desprovidos das restrições da cultura, expressam suas emoções de forma muito mais direta e intensa, de forma que "[...] chorar parece ser expressão primária e natural, como vemos nas crianças, e em qualquer tipo de sofrimento, seja uma dor física ou uma aflição da mente" (Darwin, 2009, p. 135).

A cultura e a linguagem são elementos novos da espécie humana, mas estão entrelaçados à expressão das emoções, que tem sua origem no processo evolutivo dos animais – incluindo o ser humano.

Finalmente, Darwin (2009) busca, nesse trabalho, alguma sustentação em uma neurofisiologia ainda muito rudimentar. Ele relaciona os hábitos e as expressões comportamentais que se cristalizam, e ressalta a importância de possíveis forças nervosas, impulsos nervosos, presentes em determinadas vias do sistema cerebral e cerebrospinal, assim como das linhas de conexão entre as células nervosas, cuja direção é influenciada pelo hábito. Ele termina sua obra afirmando que:

> Vimos que o estudo da teoria das expressões confirma, até certo ponto, a conclusão de que o homem descende de alguma forma animal inferior, e reforça a crença na unidade específica ou subespecífica das inúmeras raças. Mas até onde eu sei, essa confirmação não era necessária. [...] Entender, na medida do possível, a fonte ou a origem das várias expressões que a todo momento podem ser vistas nos rostos dos homens à nossa volta, sem mencionar nossos animais domesticados, deveria ter um enorme interesse para nós (Darwin, 2009, p. 311).

## WALLACE

Em *The descent of man*, Darwin defende, explicitamente contra Alfred Russel Wallace (1823–1913), a tese de que as capacidades intelectuais do ser humano foram produzidas pela seleção natural – no caso, capacidades como linguagem articulada, produção de artefatos complexos, produção e dominação do fogo ("This discovery of fire, probably the greatest ever made by man [...]" [Darwin, 1930, p. 50]).

Segundo Wallace, a grande capacidade intelectual humana baseada em um cérebro altamente complexo não pode ser explicada pela seleção natural, pois os povos selvagens não teriam sofrido pressões seletivas para alcançar tais capacidades cognitivas e, não obstante, têm um cérebro semelhante ao dos povos civilizados.

Darwin, nesse sentido, diz: "Não posso, portanto, entender como é que o Sr. Wallace mantém a afirmação de que a 'seleção natural' poderia apenas ter capacitado o selvagem com um cérebro apenas um pouco superior do que o de um símio" (Darwin, 1930, p. 50, tradução nossa).

Respondendo a Darwin em uma revisão de *The descent of man* publicada no periódico *Academy*, Wallace afirma:

> A postura absolutamente ereta, a completude de sua nudez, a perfeição harmoniosa de suas mãos, as capacidades quase infinitas de seu cérebro, constituem uma série de avanços correlacionados muito grandes para serem contabilizados pela luta pela existência de um grupo isolado de macacos em uma área limitada (Wallace, 1871, p. 538, tradução nossa).

De fato, Wallace, desde seu importante *The malay archipelago* (livro dedicado ao amigo Darwin), defende posições marcadas por uma visão teleológica progressista com certa inspiração utopista e socialista (Raby, 2002), pois acredita que a sociedade caminha (ou deve caminhar) para um estado de perfeição social (Wallace, 1869b).

Ele alerta, entretanto, que enquanto as sociedades altamente civilizadas expressam grande desenvolvimento técnico e prático, as qualidades mentais e, sobretudo, morais, têm regredido. Diferentemente de Darwin, há em seu pensamento uma evidente simpatia pelos *povos primitivos* com os quais teve contato.

A recusa de Wallace em aceitar que a seleção natural ou, de modo mais geral, a teoria da evolução possa explicar a origem da vida mental humana, sobretudo de sua consciência, é enfaticamente repetida por ele entre o final dos anos 1860 e o início dos anos 1870.

Certas características físicas e mentais humanas seriam impossíveis de ser compreendidas por meio da teoria da evolução, tais como o cérebro humano, os órgãos da linguagem, as mãos e as formas externas do corpo humano.

O cérebro humano, em particular, não poderia ter sido criado unicamente pela seleção natural, pois um selvagem possuiria um cérebro que se desenvolveu de modo bem mais elevado do que as suas necessidades imediatas requereriam. Sendo o cérebro dos selvagens e o dos civilizados muito semelhantes, não houve, nos selvagens, forças seletivas que impulsionassem o desenvolvimento de tal cérebro para a realização de funções que só se fazem necessárias na vida civilizada.

Wallace (1869b), a partir desses aspectos impossíveis de serem compreendidos como resultado da evolução e da seleção natural, conclui que parecem haver evidências de que um poder externo tenha guiado a ação das leis que definiram a direção da evolução das espécies para fins específicos.

Seria bem possível que uma inteligência superior tenha guiado as mesmas leis naturais da evolução, mas, no caso do ser humano, para fins mais nobres. Isso também possibilitaria uma melhor reconciliação da ciência com a teologia:

> Mas não vamos fechar os olhos para a evidência de que uma Inteligência superior tem vigiado a ação dessas leis, direcionando, assim, suas variações, e assim determinando sua acumulação, como finalmente para produzir uma organização suficientemente perfeita para admitir, e até mesmo para ajudar, o avanço indefinido de nossa natureza mental e moral (Wallace, 1869a, p. 394, tradução nossa).

Na mesma linha, comentando sobre uma obra de Lyell, na *Quarterly Review*, ele diz:

"But the moral and higher intellectual nature of man is a unique a phenomenon as was conscious life on its first appearance in the world, and the one is almost as difficult to conceive as originating by any law of evolution as the other" (Walllace, 1869a) (Mas a natureza moral e intelectual mais elevada do homem é um fenômeno tão único quanto o da vida consciente em sua primeira aparição no mundo, e a que é quase tão difícil de conceber como originária de qualquer Lei da evolução como a outra).

Wallace escreveu para seu amigo Darwin dizendo que tinha plena consciência de que, com suas teses que remetiam a forças superiores espirituais para explicar a evolução do ser humano, sobretudo de seu cérebro e de suas capacidades mentais e morais, estava cometendo uma "*little heresy*".

Darwin prontamente percebeu o significado das novas teses de Wallace, e na edição da *Quarterly review* em que leu tais ideias de Wallace, escreveu ao lado do texto um "*no*" (não) sublinhando-o três vezes, e imediatamente enviou uma carta para Wallace dizendo "[...] eu, com pesar, discordo de você e peço desculpas por isso [...] vejo que não há a necessidade de invocar uma causa adicional e imediata em relação ao homem" (Marchant, 1916, p. x, tradução nossa).

Finalmente, na mesma carta, Darwin arremata; "I hope you have not murdered too completely your own and my child" (Espero que você não tenha assassinado tão completamente o seu e o meu bebê) (Marchant, 1916, p. x). Aqui, certamente, o "*child*" (bebê) é a teoria da evolução baseada na seleção natural, ambas formuladas praticamente ao mesmo tempo por Wallace e Darwin.

Wallace mantém sua posição até o final de sua vida, publicando artigos e livros como *The limits of natural selection as applied to man* (Os limites da seleção natural quando aplicada ao homem), em 1870, e os dois volumes de 1905 de *Man's place in the universe: A study of the results of scientific research in relation to the unity or plurality of worlds* (O lugar do homem no universo: um estudo dos resultados da pesquisa científica em relação à unidade ou pluralidade dos mundos).

## Interlúdio: noções e termos zoológicos para situar a espécie humana

As classificações em zoologia visaram no passado e ainda visam estabelecer relações entre as espécies, no sentido de se constituir, se possível, uma rede de parentescos.

Há uma divisão informal dos taxonomistas: de um lado, os "*splitters*", que buscam estabelecer cada vez mais subdivisões, aumentando o número (e, consequentemente, o sentido) de táxons (categorias classificatórias) que existiriam na natureza; e de outro lado, os "*lumpers*", mais restritivos e agrupadores, que reconhecem menos categorias diferentes na natureza (Storer; Usinger, 1974). Obviamente, no caso da espécie humana, os problemas e os valores implicados em qualquer classificação se incrementam; é de nós mesmos que se trata.

Cabe também assinalar que há um processo assentado pela biologia – e utilizado até o presente momento – de como se deve estabelecer a identidade de uma espécie biológica. A espécie humana, considerada nesse sentido como fenômeno biológico, foi incluída nesse conjunto de procedimentos científicos e, de uma forma ou de outra, se submeteu aos problemas que tal campo produz.

A sistemática, ramo da biologia que cria as regras para a classificação dos organismos, inclui a taxonomia, que organiza os táxons (espécies, gêneros, classes, filos etc.), e a filogenética, que estuda a história evolutiva de cada um desses táxons.

A descrição minuciosa de aspectos morfológicos e comportamentais foi, nos últimos três séculos, o procedimento padrão para a identificação de novas espécies. Entre o final do século XIX e o início do XX, os zoólogos criaram uma comissão permanente para preparar as chamadas *Regras internacionais de nomenclatura zoológica*, que foram adotadas a partir de 1901 (Storer; Usinger, 1974).

Tal normatização dos procedimentos de classificação de animais segue, portanto, na zoologia contemporânea, as regras da *International Commission on Zoological Nomenclature*. No presente, as espécies são nomeadas de acordo com a nomenclatura zoológica internacional, seguindo o Código Internacional de Nomenclatura Zoológica (*International code of zoological nomenclature*)*.

Um tipo ou *holótipo* não é um representante médio da espécie, como o nome pode sugerir. É um espécime, um indivíduo da espécie que serve para que se fixe a aplicação do nome a uma espécie zoológica em particular.

Nos museus de zoologia, os taxonomistas são instruídos a, após coletar na natureza uma nova espécie de besouro ou de borboleta, por exemplo, depositar um espécime. Este passa, então, a ser o *holótipo*, o tipo padrão da nova espécie. Tal *holótipo* deve ser designado e identificado de forma detalhada e, se possível, inequívoca. Os *holótipos* devem ser espécimes únicos, de preferência e com maior frequência machos e adultos (o *alótipo* é o *holótipo* de sexo feminino ou de sexo oposto, caso o *holótipo* tenha sido uma fêmea) – indicando, mais uma vez, como valores atravessam sempre indelevelmente as práticas científicas.

Exemplo disso é o episódio divulgado em 1993, em que o famoso paleontólogo Edward D. Cope teria, em vida, manifestado o desejo de ser considerado o espécime-tipo, o *holótipo*, da espécie *Homo sapiens* (Spamer, 1999).

Em um lance de ciência macabra, após a morte de Cope o paleontologista Robert Bakker teria seguido os desejos de Cope e preparado e descrito seu crânio, formulando a descrição do *holótipo*, do tipo padrão da espécie *Homo sapiens*.

Tal descrição teria sido aceita pela *International Commission (Committee) for Zoological Nomenclature*. Mas essa história foi, na melhor das hipóteses, uma brincadeira, e na pior, uma fraude científica grotesca. Cope, em seu cientificismo radical, apesar de ter deixado por escrito que seu corpo deveria ser entregue a estudos científicos, ao que parece nunca afirmou o desejo de ser o *holótipo* de sua espécie.

Aparentemente, os responsáveis por tal fraude foram os escritores Louie Psihoyos e John Knoebber, que publicaram um livro chamado *Hunting dinosaurs* cuja introdução foi escrita por Robert Bakker (daí, talvez, o início da credibilidade dessa história no meio científico). Em *Hunting dinosaurs*, os

---

* Para acessá-lo, ver: http://www.iczn.org

autores afirmam que, por volta de 1993, conseguiram o crânio de Cope e o mostraram a vários paleontologistas (Spamer, 1999).

Segundo eles, Robert Bakker lhes disse que o *Homo sapiens* não teria um espécime-tipo (um *holótipo*) e, posto que Cope desejava ser o *holótipo*, os autores estariam autorizados a prosseguir nesse projeto. Segundo Spamer (1999), Bakker dificilmente teria dado tal conselho, pois a designação de um *holótipo* exige que o espécime tenha sido examinado pelo autor original (no caso, Linnaeus, em 1758), e não se basearia em detalhes descritivos e de mensuração citados no livro (Spamer, 1999).

Mas convém, agora, abrir um segundo interlúdio para que examinemos com mais detalhes o desenvolvimento histórico dos termos especificamente relacionados à classificação do *Homo sapiens*.

## Termos preferidos para a classificação biológica do ser humano

Para um pântano de diferentes propostas classificatórias, há, correspondentemente, outro pântano de termos com sentidos próximos, sobrepostos ou contraditórios. Termos como primata, símio, *Antropomorfa*, *Antropoidea*, *Hominoidea*, *Hominidae*, *Hominíneo* e *Homo* foram e continuam sendo muito utilizados em zoologia para situar o ser humano entre os mamíferos.

O termo *primata* é o sugerido por Linnaeus, em 1758, para designar uma ordem: a ordem *Primates*. Ao longo do século XIX, há intenso debate sobre os aspectos taxonômicos de tal ordem, do qual participam figuras proeminentes como St. George Jackson Mivart (1827–1900), com seu livro sobre homens e símios, assim como Wilhelm Friedrich Hemprich (1796–1825), Étienne Geoffroy Saint-Hilaire (1779–1844), John Edward Gray (1800–1875) Georges Cuvier (1769–1832), Thomas Henry Huxley (1825–1895) e Richard Owen (1804–1892), entre outros.

É interessante atentar etimologicamente para o termo *primata*, pois remete àquele que é da primeira ordem, um dos primeiros ou o principal (Houaiss, 2001). Em alemão, usa-se o termo *Herrentiere* para primatas, sendo que *Herren* se refere ou ao gênero masculino (*Herr* Silva, senhor Silva) ou ao sentido de senhor (*Herr*-patrão, dono), e *Tier* é o termo para animal; assim, *Herrentiere* conota o grupo de animais situado no cume do poder entre os animais. Assim, em tais etimologias (*primates*, *Herrentiere*), portanto, há uma clara referência à posição de domínio e *status* superior na ordem à qual pertence o *Homo sapiens*.

Símio vem do latim *similus*, que significa semelhante, parecido (Houaiss, 2001) – ou seja, uma referência à semelhança corporal desse grupo de animais com os humanos. Em zoologia, o termo *símio* refere-se à subordem *Simioidea*, ou símios, que em Linnaeus inclui dois grupos: *Simia* e *Homo*.

Os termos que têm a raiz grega *Anthropos* (*Anthropomorpha*, *Anthropoidea*) ou a latina *Homo* (*Hominidae*, *Hominoidea*, *Hominídeo*, *Hominíneo*), se referem diretamente à ideia de ser humano, ao gênero ou ao ser humano.

Especificamente, o termo *Hominidae* é designado por John Edward Gray em 1825, para nomear uma família (dentro da ordem dos *primates* e da subordem dos *anthropo*-

*morphous*) à qual pertenceria o *Homo sapiens*, (portanto, família dos *Hominídeos*) (Gray, 1825). Nessa família (*Hominidae*) estariam também incluídos, além dos *Homininae*, os *Simiina* (e aqui, os *Troglodytes*, como os chimpanzés). Assim, nessa classificação, Gray nomeia, além da família *Hominidae*, o gênero *Homininae* (gênero dos *Hominíneos*). Esse grupo, dos *Homininae*, seria, então, o grupo de primatas do qual o *Homo sapiens* seria a única espécie sobrevivente.

Tanto a designação *Anthropomorpha* como *Antropoidea* são termos reiteradamente propostos no século XIX para grupos mais amplos de primatas, cujo corpo, de alguma forma, se assemelha ao dos humanos. Além de Gray, é defendido por Huxley, em 1872, onde se situaria o *sapiens*, como grupo, em relação a seus primos símios. Em 1945 e em 1962, o zoólogo George G. Simpson cria a *superfamília Hominoidea* com os Parapitécidos, Pongídeos e Hominídeos (Simpson, 1962b).

Os termos *Hominina*, *Hominíneo* ou *Hominine*, *Homininae* – introduzidos, como visto acima, por Gray – vêm sendo usados desde o final do século XIX, de forma variada.

Gerhard Heberer, em 1949, se refere a *Hominíneo* como uma subfamília, sendo o termo às vezes utilizado como uma divisão da família *Hominidae*, que inclui *Hominíneos* de grandes cérebros, em contraste com aqueles com pequenos cérebros, incluídos, então, na subfamília dos australopitecinos (descritos apenas depois dos anos 1920) (Heberer, 1959). Ao longo do século XX, na subfamília dos *Hominíneos*, passaram, então, a ser locados vários gêneros, tais como os australopitecinos, o *Paranthropus* e o *Homo*.

Os usos contemporâneos de tais termos na classificação zoológica da espécie humana refletem dados obtidos especificamente em investigações paleontológicas com fósseis, e, mais recentemente, revelam a participação da biologia e da genética molecular.

Tradicionalmente, desde o século XIX e ao longo do XX, a espécie humana foi colocada na família *Hominidae*, separada do orangotango, do gorila e do chimpanzé, que eram locados na família *Pongidae*. O esquema tradicional para todos os primatas era, de forma simplificada, o apresentado na Figura 3.1 a seguir.

Entretanto, a partir de pesquisas com dados moleculares e análises cladísticas de caracteres morfológicos dos *Hominoidea*, evidenciou-se que humanos, chimpanzés e gorilas formavam um clado monofilético que compartilha um ancestral único e mais recente em contraste com os orangotangos (Futuyma, 2009).

As relações entre os gêneros *Homo*, *Pan* (chimpanzés e bonobos) e *Gorilla* não estão resolvidas (de fato, são complicadas pela marcante semelhança das sequências de DNA desses gêneros). Há dados que indicam uma maior proximidade entre humanos, chimpanzés e bonobos como grupos irmãos, em comparação com os gorilas. Assim, o esquema atual mais compatível com os dados seria o que se apresenta na Figura 3.2.

Verifica-se, então, um movimento nos últimos anos, questionando a separação nítida entre o gênero *Homo* e gêneros vizinhos, como *Pan* e *Gorilla*. Segundo os biólogos, tais questionamentos provêm, enfim, de dados empíricos da biologia molecular, mas é possível que aspectos sociais e políticos também tenham certa influência em tais oscilações taxonômicas.

## Primatas

**Prossímios**
(espécies menores, insetívoros, de vida noturna. Cérebros relativamente pequenos, lisos ou pouco sulcados)
- Társios
- Lêmures
- Lorises

**Antropóides**
(espécies geralmente maiores, dieta frugívora ou omnívora. Cérebro relativamente grande, com circunvoluções bem marcadas)

1. **Macacos do Novo Mundo** (platirrinos, macacos de nariz achatado ou com focinho [micos, saguis e macacos-prego])

2. **Macacos do Velho Mundo** (catarrinos, macacos de nariz estreito, sem focinho [mandris e babuínos])

3. **Hominoidea** (símios e humanos)
   - **Hylobatidae** (gibões e siamangos)
   - **Pongidae** (chimpanzés, bonobos, gorilas e orangotangos)
   - **Hominidae** (Homo: *erectus, neanderthalensis* e *sapiens*)

**FIGURA 3.1** Esquema classificatório dos primatas.
**Fonte:** Fleagle (1988).


Superfamília **Hominoidea** (símios e humanos)

- Família **Hylobatidae** (gibões e siamangos)
- Família **Hominidae**
  - Subfamília **Ponginae**
    - Gênero Pongo (orangotango)
  - Subfamília **Homininae**
    - Gênero Gorilla (gorilas)
    - Gênero Pan (chimpanzé e bonobo)
    - Gênero Homo (*erectus, neanderthalensis* e *sapiens*)

**FIGURA 3.2** Esquema classificatório atual dos primatas.
**Fonte:** Futuyma (2009).

# O gênero *Homo*

O termo latino *Homo* significa *homem*, assim como *Hominis* quer dizer *de um homem*, e *Humanus*, que origina o termo português *humano*, significa aquilo que é *próprio dos homens* (Williams, 2007). *Homo* é, portanto, a palavra latina para homem, tendo sido utilizada desde os filósofos medievais com o sentido de "ser humano".

William Shakespeare, em sua peça *Henrique IV*, de 1596, diz: *Homo is a common name to all men* (*Homo* é um nome comum para todos os *homens*) (200 ato II, cena I, p. 104). Ao que parece, o termo *Homo* entra para a zoologia apenas com Linnaeus, na edição de 1758, com a designação *Homo sapiens*.

Entretanto, em 1924, G. Elliot Smith retoma a ideia de problematizar as características do gênero zoológico ao qual pertenceria a espécie humana, o *genus Homo* (Smith, 1924). Posteriormente, surgiram algumas definições para o gênero *Homo*, como a de Robinson (1962 *apud* Comas, 1966, p. 497, tradução nossa):

> O gênero homo inclui os hominídeos onívoros com um volume endocraniano que excede os 750 cm$^3$ e apresenta grande variabilidade. Sempre há uma testa, que pode ser bem desenvolvida; o índice de altura supraorbital é maior que 60. Os ossos da face são proeminentes e com achatamento moderado. [...] O arco zigomático é moderado a pouco desenvolvido. Não possui crista sagital. O arco mandibular interno é em forma de U. [...] Os dentes caninos são desgastados a partir da ponta; moderadamente grandes em indivíduos primitivos e pequenos em formas posteriores. [...] O desenvolvimento cultural é de moderado a muito intenso.

Ou a definição de Le Gros Clark (1964, p. 86, tradução nossa):

> O gênero homo é um gênero da família hominidae que se distingue sobretudo por sua grande capacidade craniana, com valor médio acima de 1.100 cm$^3$, mas com variações entre 900 cm$^3$ e 2.000 cm$^3$. Possui arcadas supraorbitárias com desenvolvimento variável, mais amplas e formando um torus nas espécies Homo erectus e Homo sapiens; o esqueleto facial é ortognato ou moderadamente prognato; côndilos occipitais situados, aproximadamente, na parte média do eixo longitudinal basal. O mento é bem-marcado no Homo sapiens, mas falta no Homo erectus e é débil ou inexistente também no Homo neanderthalensis. A arcada dentária é arredondada e, em geral, sem diastema; o primeiro pré-molar bicúspide com grande redução da cúspide lingual; os molares são de tamanho variável, com relativa diminuição do tamanho do terceiro molar; os caninos são relativamente pequenos; o esqueleto das extremidades é adaptado à posição ereta total e para andar.

Nestas duas definições, tem-se em comum, além de descrições da anatomia óssea do crânio, da face e dos membros, pecualiaridades da dentição e da forma do maxilar, o grande tamanho do cérebro deduzido da capacidade craniana, e, em Robinson (1962), o desenvolvimento cultural como marca desse gênero.

Segundo a paleoantropologia contemporânea, a primeira espécie que existiu do gênero *Homo* teria sido o *Homo habilis*, que viveu entre 2,4 milhões e 1,6 milhões de anos no leste da África. Ele diferirira dos *Australopithecus* por uma capacidade craniana maior (entre 500 cm³ e 750 cm³, sendo 380 cm³ a 450 cm³ nos *Australopithecus*).

O *Homo habilis* diferirira, também, por ter face, maxilas e dentição menores, dentes pequenos na maxila e grandes dentes frontais. Entretanto, o lugar dessa espécie é ainda controvertido, pois alguns autores consideram o *Homo habilis* muito primitivo para ser incluído no gênero *Homo*, e preferem colocá-lo entre os australopitecíneos (Pough; Janis; Heiser, 2008).

Já no caso do *Homo erectus*, surgido há cerca de 2 milhões de anos no leste da África como *Homo ergaster*, este é classificado unanimamente dentro do gênero *Homo* por possuir um corpo de postura ereta especializada, tendo já perdido totalmente a exímia capacidade para trepar em árvores, além de dentes e mandíbula relativamente pequenos e um cérebro maior (com volume entre 775 cm³ e 1.100 cm³).

A redução do dimorfismo sexual no *erectus* (fêmeas apenas 20% a 30% menores que os machos) em relação aos australopitecinos e nas outras espécies subsequentes do gênero *Homo*, implicando possíveis modificações comportamentais (provavelmente de um sistema social poligâmico para a formação de casais monogâmicos), também seria uma marca de tal gênero.

Além disso, o *erectus* foi o primeiro hominíneo a apresentar um nariz humano com as narinas voltadas para baixo, a ter erupção dentária atrasada (o que sugere extensão da infância) e dentes relativamente pequenos em relação ao tamanho corpóreo (Pough; Janis; Heiser, 2008).

Em resumo, um conjunto de elementos, sobretudo anatômicos, tem sido utilizado ao longo do século XX para delimitar o gênero *Homo*: tamanho do cérebro; postura ereta mais exclusiva; tamanho e forma do crânio, da face e dos dentes. Variáveis comportamentais e culturais (mais supostas do que identificáveis empiricamente) têm sido também incluídas, como formas de acasalamento; infância mais prolongada; produção variada de ferramentas e cozimento dos alimentos.

## Classificação e definição do *Homo sapiens* na tradição disciplinar da zoologia

Desde Linnaeus, a espécie *Homo sapiens* é situada nas classificações zoológicas dentro da ordem *Primates*. No final do século XVIII, com Cuvier, e no XIX, com Owen, há, entretanto, a tentativa de se criar uma ordem totalmente, ou quase totalmente, à parte para o *Homo sapiens*: a ordem *Bimana*.

No final do século XIX, tratados de zoologia, como o do professor do Museu de História Natural de Paris Milne-Edwards (1886), mantêm a proposta da ordem *Bima-*

*na* (e o do professor de anatomia comparada e zoologia da Universidade de Viena, Claus (1889), a cita, embora já com avaliação crítica). Tal tendência minoritária desaparece por completo no século XX.

Em 1886 o já citado zoólogo Milne-Edwards, ao situar o *sapiens* dentro dos *Bimana*, os iguala, pois o *sapiens* é seu único representante. Para ele, os *Bimana* se caracterizam pela distinção de uso entre os membros anteriores e os posteriores (que só servem para a locomoção) e pela presença do polegar opositor, que fornece à mão humana uma pinça especial: "A existência de mãos nos membros anteriores é, por si, suficiente para distinguir os bímanos de todos os outros mamíferos ordinários" (Milne-Edwards, 1886, p. 373, tradução nossa).

O corpo é organizado para se mover em posição vertical. De modo próximo, Claus (1889) define zoologicamente o ser humano, logo no início do capítulo a ele dedicado, como "[...] dotado de razão e linguagem articulada. Postura vertical. As mãos e pés com planta larga e dedos dos pés pequenos" (Claus, 1889, p. 1254, tradução nossa).

Para Claus (1889), o que distingue morfologicamente o *Homo sapiens* das outras espécies de mamíferos, sobretudo dos símios antropomórficos, são alguns aspectos-chave: a configuração do crânio e da face; a estrutura do cérebro; a dentição; a configuração dos membros que se articulam de determinada forma à coluna vertebral e permitem a marcha vertical; a forma arredondada da vasta caixa craniana; a preponderância do crânio sobre a face, sendo que a face não se situa na frente do crânio, mas em ângulo reto abaixo do crânio; e, sobretudo, a massa relativamente volumosa do cérebro, o tamanho dos lobos anteriores e posteriores e o rico desenvolvimento das circunvoluções cerebrais. São esses os elementos anatômicos diferenciais para o professor vienense de zoologia.

No entanto, segundo Claus (1889), o que determinou que os velhos naturalistas colocassem o ser humano à parte, fora do reino animal, foi seu alto desenvolvimento intelectual: essa característica o tornou, "[...] graças à linguagem articulada, de fato um ser dotado de razão e suscetível de aperfeiçoamento quase ilimitado" (Claus, 1889, p. 1257, tradução nossa).

Seria para ele um absurdo, "[...] uma loucura negar o abismo profundo que, neste sentido, separa o homem dos animais mais elevados" (Claus, 1889, p. 1257, tradução nossa). No final do parágrafo, entretanto, ele relativiza esse abismo profundo citando o grande psicólogo e pesquisador alemão Wilhelm M. Wundt (1832–1920), que argumenta sobre as evidências de algumas características semelhantes às do ser humano presentes em animais superiores.

Para o professor de zoologia e anatomia comparada da Universidade de Munique, Richard Hertwig (1903), também autor de um influente tratado de sua especialidade, o ser humano deve ser situado na ordem dos primatas, na subordem dos *Anthropinen*, caracterizando-se como espécie primata pela "[...] regressão da cobertura de pelos na maior parte do corpo; marcha ereta e, em consequência, reduzida capacidade de movimentação; e hálux reduzido impedindo a função de garra nos pés" (Hertwig, 1903, p. 603, tradução nossa).

Do ponto de vista mental, o ser humano se caracterizaria pelo "[...] desenvolvimento da linguagem articulada, alta inteligência, grande crescimento do encéfalo e proporcional aumento da caixa craniana à custa dos ossos da face; tais são as marcas do gênero humano" (Hertwig, 1903, p. 604, tradução nossa).

Cinquenta anos depois, no extenso *Traité de Zoologie* – publicado em vários volumes e dirigido por Pierre-P. Grassé (1955) –, em seu tomo XVII, dedicado aos mamíferos, a definição de *Hominidae* (cuja única espécie sobrevivente seria o *Homo sapiens*) permanece quase inalterada.

Aqui se define o *sapiens* inicialmente do ponto de vista anatômico por duas propriedades distintivas: o extremo desenvolvimento do encéfalo (que ultrapassa absoluta e relativamente o dos outros primatas) e a marcha ereta. No plano mental, a propriedade psíquica profundamente diferencial é o emprego da linguagem articulada (Grassé, 1955, p. 2085), de tal forma que, para Grassé (1955), o ser humano pode ser definido com a fórmula antiga: *animal rationale, loquens, erectum, bimanum* (animal racional, falante, ereto, com duas mãos)*.

Nos anos 1960, em um dos tratados de zoologia mais difundidos do período, o de Tracy I. Storer e Robert L. Usinger (1974), no final do livro discute-se a definição de espécie humana.

Segundo esses autores, os biólogos seriam os cientistas mais bem equipados para definir e localizar a espécie humana, tendo a prerrogativa de analisar o lugar do ser humano na natureza a partir de sua origem (em contraposição a visões ingênuas, religiosas ou míticas), pois "[...] veem objetivamente a origem e a posição do homem, usando conhecimentos de estrutura e fisiologia do corpo humano, seu desenvolvimento embrionário e dados históricos, pré-históricos e fósseis" (Storer; Usinger, 1974, p. 685).

Para Storer e Usinger (1974), a espécie humana se define anatomicamente e fisiologicamente por possuir

> [...] encéfalo com capacidade funcional muito maior e de maior tamanho; face mais achatada e mais vertical [...]; pelos longos [...] mas esparsos no corpo; mãos do tipo generalizado, dedões mais desenvolvidos, pernas retas, 30% mais longas que os braços; infância e maturação do esqueleto prolongadas (Storer; Usinger, 1974, p. 685).

Já nas perspectivas mental e comportamental, para Storer e Usinger (1974), a espécie humana é concebida como aquela que *se sobrepõe a todos os outros organismos vivos em muitas capacidades funcionais*, como:

> 1. Construção e uso de ferramentas; 2. Modificação do ambiente para sua própria vantagem, incluindo a produção de alimento; 3. Posse de linguagem articulada e línguas; 4. Organização de vida social complexa com esforço cooperativo e 5. Formação de conceitos mentais e abstratos. Estas capacidades decorrem da posse de mãos de tipo generalizado e, mais importante, do desenvolvimento superior do encéfalo humano quanto ao tamanho, estrutura e capacidade funcional (Storer; Usinger, 1974, p. 685).

---

* Cabe notar, que, com a ajuda do Prof. Thomas Lewinsohn, pudemos identificar a autoria original de tal *fórmula antiga* como sendo uma formulação de Blumenbach, a partir do poeta latino Ovídio: *Sanctius-animal, mentisque capacius altae*, difundida no livro de Blumenbach, *Handbuch der Naturgeschichte*, de 1779.

Verifica-se aqui que, em sua base, a definição de espécie humana a partir de determinadas características morfológicas, mentais e comportamentais, pela biologia, permanece com seus elementos fundamentais sem modificações desde o final do século XIX. A antiga perfectibilidade é substituída por uma noção sobreposta relacionada à capacidade para o aprendizado e o acúmulo de conhecimentos, permitidos pela linguagem articulada:

> Pelo uso da linguagem articulada, escrita e memória, a espécie humana é capaz de assimilar e transmitir conhecimentos acumulados para as gerações vindouras. Disto resultaram progressos materiais, sociais, culturais e éticos. Em todos os outros animais a transmissão de habilidades entre as gerações é limitada aos instintos e reflexos, fixados pela hereditariedade (Storer; Usinger, 1974, p. 685–686).

No momento atual, a definição zoológica do ser humano parece, ao mesmo tempo, manter as teses centrais da disciplina e absorver ares de visões e de crises do mundo contemporâneo. Em um tratado atual de zoologia, *A vida dos vertebrados* (2008) (título mais coloquial do que "zoologia de vertebrados"), F. Harvey Pough, Christine M. Janis e John B. Heiser iniciam o tratamento da questão da espécie humana de um modo um tanto mais crítico:

> Os humanos têm sido colocados, tradicionalmente, em uma família separada, chamada de Hominidae, a qual inclui nosso próprio gênero, Homo, e o gênero bípedes relacionado, tais como Australopithecus. Entretanto, esta classificação é mais um reflexo do chauvinismo desta espécie, ao realizar tal determinação, mais do que qualquer diferença anatômica profunda entre símios e humanos. De fato, evidências moleculares sugerem uma relação muito mais próxima entre os símios e humanos do que a classificação sugere (Pough; Janis; Heiser, 2008, p. 641).

Mas Pough, Janis & Heiser (2008) mantêm a delimitação anatômica que especifica os humanos em relação aos outros símios, como o tamanho e a forma do crânio, a estrutura da mandíbula, da pélvis, do tronco e dos membros. Estas peculiaridades morfológicas permitem uma postura vertical e ereta do tronco. O crescimento intenso da caixa craniana permite acomodar a expansão da região frontal do cérebro. Enfim, esses autores apresentam uma definição de espécie humana recorrendo, naturalmente, à tradição da disciplina:

> Os humanos são classicamente distinguidos dos demais primatas por três características derivadas: uma postura e um modo de locomoção bípede, um cérebro extremamente aumentado e a capacidade de linguagem e de fala [...] e também consideramos a perda dos pelos corpóreos e a evolução do uso de ferramentas (Pough; Janis; Heiser, 2008, p. 651).

Assim, postura ereta, ausência de pelos cobrindo o corpo e, fundamentalmente, um cérebro muito expandido (em relação ao de outros símios e vertebrados), que permite a linguagem articulada e simbólica, são as marcas específicas do humano que a zoologia apreende.

A articulação complexa (pois os autores pensam que, na realidade, "[...] o cérebro elaborado do Homo sapiens pode ser tanto a consequência quanto a causa da cultura" (Pough; Janis; Heiser, 2008, p. 654) de um cérebro muito expandido com a linguagem articulada e simbólica, e desta com possibilidades culturais cumulativas (como o aperfeiçoamento na produção de ferramentas, o acúmulo de tradições e de conhecimentos culturais), forma um eixo bastante estável em tal concepção de espécie humana.

Pough, Janis & Heiser (2008, p. 654) afirmam que

> [...] embora outros animais possam produzir sons, e muitos mamíferos possam se comunicar por meio de vocabulários específicos de sons (como bem sabem aqueles que possuem animais domésticos), o uso de uma linguagem simbólica é atributo unicamente humano.

É interessante notar, em relação à linguagem simbólica e à cultura, como em outro livro contemporâneo influente da área – *Biologia evolutiva* (2009) –, Douglas J. Futuyma, em uma visão muito próxima à de Pough, Janis & Heiser (2008), assim se expressa:

> Os humanos são, ao que sabemos, únicos entre as espécies em sua capacidade para a linguagem simbólica e sintética; eles são imensamente mais capazes de aprender e transmitir informação do que qualquer outra espécie, e são extremamente flexíveis em seu comportamento (Futuyma, 2009, p. 740).

Mas voltando a Pough, Janis & Heiser (2008): verifica-se, nesses autores, uma perspectiva mais crítica em relação a uma visão antropocêntrica e triunfal da espécie humana, estando possivelmente tal perspectiva relacionada com a radicalização da visão antiteleológica do evolucionismo darwiniano (o livro todo é estruturado de modo a ressaltar a visão evolucionista na zoologia), assim como, talvez, com aspectos da crise ambiental.

Eles terminam o capítulo sobre os primatas e humanos dizendo:

> Os antropólogos têm mostrado que muito de nossa percepção da evolução humana como uma jornada para o progresso está mais relacionada com os mitos tradicionais ocidentais dos 'contos de heróis' do que com as evidências propriamente ditas (Pough; Janis; Heiser, 2008, p. 657).

Assim, se para alguns paleoantropólogos a cultura humana pré-histórica se relaciona à produção de ferramentas para a caça, sugerindo a visão de ser humano como herói caçador, as evidências, dizem os autores, "[...] sugeriram que os primeiros humanos eram carniceiros, em vez de caçadores" (Pough; Janis; Heiser, 2008, p. 657).

## A biologia no século XX: evolução e noções de ser humano

### EVOLUÇÃO

No cenário do evolucionismo biológico, entre o final do século XIX e as primeiras décadas do XX, há certo obscurecimento do darwinismo. Contra Darwin, tanto perspectivas neo-lamarckistas quanto finalistas e vitalistas ganham terreno.

Além disso, a genética de Mendel é redescoberta (ou descoberta) no começo do século XX e muitos consideram que ela deveria ser vista como uma alternativa ao evolucionismo darwiniano, pois a noção de Darwin de que a evolução ocorreria de forma profundamente gradual, continuista, é incompatível com a visão atomística da genética de Mendel. Esta é erigida sobre elementos discretos: caracteres fenotípicos determinados por elementos genéticos hipotéticos (depois denominados *genes*) que condicionariam a hereditariedade dos organismos vivos.

É apenas a partir dos anos 1930 que um grupo de biólogos matemáticos – Ronald Fisher, J. B. S. Haldane e Sewall Wright – produz modelos que predizem que os elementos discretos mendelianos interagem entre si e são transmitidos em grupos (cuja resultante é o caractere fenotípico observado), o que tornou o modelo mendeliano compatível com o gradualismo de Darwin (Fisher, 1930; Haldane, 1932; Wright, 1931).

A seleção natural de Darwin, utilizando a genética de Mendel, passou a ser concebida, de fato, como complementar e compatível com um suave e gradativo processo de variações observáveis nos seres vivos (Ruse, 2009).

Neste período, com o neoevolucionismo antropológico (sobretudo pensando-se em Julian Steward) e com as noções de evolução, a perspectiva ecológica torna-se bastante central e deve se articular com os esquemas de evolução social e cultural.

Embora noções ecológicas já estejam claramente presentes na biologia em figuras como Alexander von Humboldt (1769–1859) com seus gradientes ecológicos e relações entre espécies e áreas, Alfred R. Wallace (1823–1913) e sua sofisticada biogeografia (*The geographical distribution of animals*, de 1876), e Charles Darwin (em *On the origin of species*, de 1859, há também uma elaborada ecologia), a disciplina de ecologia, com suas feições modernas plenas, surge apenas no início do século XX – a palavra *ecologia* foi introduzida em 1869 por Ernst Haeckel, já com o sentido de estudo sistemático das interações dos organismos *em* e *com* seus ambientes.

A ecologia recebe seus contornos modernos, então, com autores como os botânicos Eugenius Warming (1841–1924), com *Ecology of plants: An introduction to the study of plant communities*, de 1895; Arthur George Tansley (1871–1955), que introduz a noção de ecossistema em biologia, e Frederic Clements (1874–1945), com seu livro *Research methods in ecology*, de 1905 (Drouin, 1993).

A ecologia animal faz também sua aparição com o aluno de Julian Huxley, Charles S. Elton (1900–1991), e seu livro *Animal ecology*, de 1927. Também devem ser mencionados outros nomes relacionados ao início da ecologia moderna, tais como, na Rússia, o aluno de Mendeleiev, Vladimir I. Vernadsky (1863–1945), e a noção de biosfera em 1926 e, no Japão, Kinji Imanishi (1902–1992) nos anos 1950, que, além de relevante para a história da ecologia, é um dos fundadores modernos da primatologia.

A ideia de aplicar princípios e métodos da ecologia para compreender grupos e sociedades humanas, ou seja, de erigir uma *ecologia humana*, surge também a partir do início do século XX, com sociólogos como o indiano Radhakamal Mukerjee (1889–1968), nos anos 1920, e o norte-americano Robert Park (1864–1944), e, nos anos 1930, com biólogos como Charles C. Adams (1873–1955). Entretanto, a chamada ecologia humana apenas alcança certa maturidade com o trabalho de Amos H. Hawley, intitulado *Human ecology*, de 1950.

O antropólogo Julian Steward, de fato, deve ser considerado também pioneiro em ecologia humana, já que seus trabalhos sobre o tema se iniciam na década de 1930 (*Ecological aspects of southwestern society*, de 1937). No entanto, o uso que Steward faz da ecologia humana não é o mesmo que aqueles sociólogos e biólogos propunham.

Para ele, a ecologia humana deve ser integrada à abordagem histórica e particularista da antropologia cultural, no sentido de se captar o processo criativo de adaptação da cultura ao contexto ecológico de cada grupo humano. Steward enfatiza que a cultura é o elemento principal na equação ecológica; a adaptação ecológica cultural, para ele, é em essência um processo criativo (Steward, 1955).

## NOÇÕES DE SER HUMANO NA BIOLOGIA NO SÉCULO XX

Como visto, no final do século XIX e início do XX, a visão biológica da espécie humana reflete, de alguma maneira, um certo eclipse do darwinismo (o termo é de Julian Huxley) e ascensão do lamarckismo, seja em biologia geral, seja em paleontologia, paleoantropologia, antropologia e sociologia.

Como afirma Peter Bowler (1987), se *On the origin of species* precipitou a conversão da comunidade científica para o evolucionismo, isso não significou, necessariamente, que a estrutura da teoria de Darwin sobre a evolução tenha sido aceita ou mesmo bem compreendida.

Uma perspectiva fortemente associada à ideia de progresso emergiu de forma paulatina, mas vigorosa, nas teses dos naturalistas a partir de meados do século XIX até o início do XX. Darwin, de fato, foi inicialmente aceito de forma mais restrita na Grã-Bretanha, sendo que na virada do século, na França, na Alemanha e nos Estados Unidos, uma forte perspectiva lamarckista (o chamado movimento neo-lamarckista) vinculada à ideia de progresso é que se estabeleceu com mais força.

No início do século XX, portanto, visões lamarckistas de progresso e de direção da evolução (como, por exemplo, a teoria da ortogênese) desenham um quadro em que a espécie humana deve ser vista como o ápice de um processo evolutivo linear, que já estava, de alguma forma, inscrito no livro da vida.

Por outro lado, se a visão lamarckista nesse momento é atraente para muitos naturalistas, a ideia de luta competitiva pela sobrevivência e de vitória dos mais aptos (assim como eliminação dos inaptos) é muito atraente como ideologia e justificativa política em círculos influentes que defendiam o capitalismo, o liberalismo econômico, o colonialismo e o imperialismo, assim como o tratamento político e social desigual para diferentes raças e povos*.

Assim, *struggle for existence* e *survival of the fittest* (luta pela existência e sobrevivência do mais apto), ideias centrais na teoria darwiniana (e nem tanto no adaptacionis-

---

* Uma discussão crítica e muito bem informada sobre o *social darwinism* encontra-se em Bowler (1983).

mo ambiental de Lamarck) são assumidas e incorporadas ao discurso científico e ao *ethos* político, enquanto são rejeitadas ou simplesmente negligenciadas noções como a evolução divergente em forma de árvore, o parentesco absoluto de todos os seres vivos e a perspectiva antiteleológica e não progressista relacionada ao aleatorismo na natureza, noções estas que também são centrais na teoria evolucionista de Darwin.

## KROPOTKIN

No início do século XX, uma proposta original de concepção da evolução dos seres vivos e do ser humano é expressa pelo teórico do anarquismo (ou anarco-comunismo), geógrafo e naturalista Piotr Alexeyevich Kropotkin (1842–1921), em seu *Mutual aid: a factor of evolution* (Ajuda mútua), de 1902.

Aqui, tem-se uma visão da vida e do ser humano em que, no lugar da luta hostil entre os indivíduos pela sobrevivência do mais apto, estão a cooperação e a solidariedade. Kropotkin aproxima a ideia de evolução biológica à de progresso, aliando-se ao Darwin de *The descent of man* quando este expõe suas ideias de simpatia e de cooperação entre indivíduos do grupo.

Kropotkin (1939), entretanto, se opõe à ideia de luta desenfreada individualista como motor da evolução; contra uma leitura hobbesiana da evolução, uma perspectiva rousseauniana. A ajuda mútua está presente e é fator central tanto na evolução dos animais como no progresso dos povos; o ser humano é, nos diversos tipos de sociedades, em certo sentido, produto da ajuda mútua, e sua vida deve por ela ser guiada.

Se a visão de Kropotkin expressa uma vertente da biologia da virada do século que tem a ver com o espírito daquele momento (certo progressismo e utopismo), tal vertente é seguramente minoritária, tendo talvez mais repercussão em alguns movimentos sociais do que nos conceitos da disciplina de biologia ou no naturalismo.

Ao longo das primeiras décadas do século XX, um grupo crescente de biólogos passa a se dedicar exclusivamente à genética e a reler as teses de Gregor Mendel – como, por exemplo, William Bateson, que faz a primeira tradução para o inglês dos trabalhos de Mendel. Entretanto, as ideias gradualistas de Darwin parecem incompatíveis com o caráter categorial das unidades genéticas de Mendel. Bateson prefere, por exemplo, a ideia saltacionista para a evolução e a ideia de mutações como motor da evolução.

Entretanto, a partir dos anos 1920, os naturalistas acostumados à observação de plantas e animais em pesquisas de campo e os novos geneticistas começam a formular o que se cristaliza, nos anos 1930 e 1940, como a *evolutionary synthesis* ou *modern synthesis* (síntese evolucionária ou síntese moderna). É, finalmente, o processo de articulação e compatibilização das teorias evolutivas de Darwin, baseadas na seleção natural, com a genética mendeliana e a nova genética de populações (Bowler, 1983), grande modelo sintético que embasa a biologia até os dias atuais.

Um grupo de cientistas se destaca na proposta e na defesa da *modern synthesis*; são eles: Julian Huxley, Ernst Mayr, George Gaylord Simpson e Theodosius Dobzhansky (junto com biólogos matemáticos como Fisher, Haldane e Sewall Wright). Nesse processo, Dobzhansky (1900–1975) foi um personagem muito importante, pois articulou sua experiência com a abordagem populacional de campo da escola naturalista russa às formulações mais abstratas dos biólogos matemáticos relacionados à genética.

## DOBZHANSKY

Em 1954, Theodosius Hryhorovych Dobzhansky (1900-1975) publicou o ensaio *The biological basis of human freedom*, no qual expõe uma visão de ser humano que, de certa forma, expressa a visão de espécie humana da biologia que emerge com a síntese moderna (*modern syntesis*). Esse livro é dirigido à comunidade intelectual geral, e quer mostrar as consequências para a visão de ser humano que a biologia moderna, modificada pela *síntese moderna*, implica.

A evolução biológica é a noção central para a teoria biológica geral, mas a evolução do ser humano é, em muitos aspectos, singular e única no mundo orgânico. Há uma visão otimista em relação ao ser humano; sendo este uma espécie biológica, é produto da evolução orgânica, mas um produto especial, pois "A singularidade da evolução humana se assenta no fato de que a espécie humana desenvolveu a cultura. A cultura é propriedade exclusiva do homem" (Dobzhansky, 1956, p. 6, tradução nossa).

A espécie humana é a única espécie biológica que desenvolveu uma alta capacidade para o pensamento simbólico, para o uso da linguagem e para construir um corpo complexo de tradições conhecido como cultura.

Mas Dobzhansky (1956), como geneticista, busca identificar as relações entre os genes e a especificidade humana. O conjunto de genes do ser humano confere a ele uma identidade diferencial em relação aos outros organismos. Entretanto, não são os genes que produzem a especificidade humana: eles viabilizam um organismo, um cérebro que é capaz de produzir o pensamento simbólico, a linguagem e a cultura.

Entretanto, cabe ressaltar, Dobzhansky rejeita o determinismo genético. Não são genes específicos os responsáveis por tais habilidades; os genes propiciam mais um arcabouço para uma cognição avançada e flexível:

> [...] o genótipo da espécie humana é um elemento necessário, mas não uma condição suficiente para o desenvolvimento cultural. A evolução da cultura é um longo processo histórico, cujas causas residem principalmente dentro da própria cultura, e não em seu substrato biológico (Dobzhansky, 1956, p. 42, tradução nossa).

A capacidade humana central e específica é a linguagem; ela é, ao mesmo tempo, o produto mais importante da cultura, seu veículo e o que viabiliza a sua produção pelos humanos.

O esquema geral de Dobzhansky é, portanto, o seguinte: a evolução orgânica, tal como concebida pelo modelo da *síntese moderna* (evolução baseada em mutações, recombinação de genes e seleção natural), produziu primatas com um genótipo específico: o genótipo humano. Tal genótipo se relaciona às especificidades estruturais do organismo humano: posição ereta, mãos livres habilidosas e, sobretudo, cérebro grande e complexo. Tal cérebro viabiliza o pensamento abstrato, que, por sua vez, torna possível a linguagem humana, simbólica e complexa. A linguagem humana, por sua vez, possibilita a produção de cultura, que, no caso humano, é passível de se desenvolver de forma progressiva pelo aprendizado das sucessivas gerações. A cultura humana é, então, cumulativa: implica uma *evolução cultural*, que é um tipo de evolução de natureza totalmente diferente da evolução orgânica.

A compreensão da cultura e da evolução cultural, para Dobzhansky, é obra de antropólogos culturais tais como Herskovits, Kroeber, Benedict e Murdock, nos quais ele baseia sua análise da cultura. O geneticista aponta para a especificidade da cultura como marca central do humano e adere a uma visão culturalista, sobretudo baseado nos alunos de Franz Boas.

Segundo Dobzhansky (1956), o ser humano é ao mesmo tempo um animal como os outros, produto da evolução orgânica, e um ser especial, único na história da Terra: "O homem é a única espécie biológica que se capacitou para liberar-se em parte das limitações da herança biológica. Ele o fez desenvolvendo a transmissão da cultura, que é uma nova hereditariedade, uma hereditariedade não biológica" (Dobzhansky, 1956, p. 42, tradução nossa).

A cultura é cumulativa devido à grande capacidade de aprendizado do ser humano: "[...] é a sua capacidade de adquirir e acumular experiências e conhecimentos que fez dele um sucesso biológico sem precedentes" (Dobzhansky, 156, p. 105, tradução nossa).

A diferença específica do ser humano em relação aos outros animais, as evidências de seu sucesso como espécie, se constatam por meio dos seguintes pontos: a espécie humana conseguiu um aumento populacional extremo ao longo de sua história (mas Dobzhansky já aponta para a questão problemática da explosão demográfica); conquistou grandes áreas da superfície da Terra; mudou o ambiente para si, para sua sobrevivência e conveniência; controlou outras espécies e modificou muitas delas (as espécies domesticadas); foi capaz de criar e de transmitir cultura, que se tornou cumulativa.

Assim, há uma visão triunfal da espécie humana, que, nos anos 1950, ainda não parece tocada pelas crises ambiental e populacional ou por uma postura autocrítica da espécie humana nas suas relações com o ambiente e com os outros animais.

Dessa forma, embora aceite plenamente o darwinismo e seja um dos principais articuladores e difundidores do evolucionismo darwinista no século XX, Dobzhansky, para o caso do ser humano, se afasta do gradualismo radical que Darwin aplicara enfaticamente ao ser humano.

Para Dobzhansky, há uma diferença abissal entre o ser humano e os animais:

> Tal diferença entre o homem e o animal é fundamentalmente uma diferença de grau, mas ela é tão grande que se pode com justiça descrevê-la como diferença qualitativa [...] há um vasto golfo entre a capacidade intelectual do chimpanzé e a do homem (Dobzhansky, 1956, p. 99, 102, tradução nossa).

Ao final de seu livro, Dobzhansky discute as implicações éticas que tal visão de ser humano traz à tona: o evolucionismo biológico não tem em si finalidade alguma, objetivos ou valores. A ética, como tal, não tem base genética e não é produto da evolução biológica. Para ele, a ética é parte da herança cultural da humanidade, e, consequentemente, pertence à nova evolução (a cultural) e não à *velha evolução biológica* (Dobzhansky, 1956).

Ética pressupõe liberdade, e a liberdade é o domínio da cultura, não da vida orgânica. Talvez seja a liberdade, afirma Dobzhansky ao encerrar seu livro, a característica fundamental do humano: "[...] o mais importante de todos os atributos importantes da especificidade humana" (Dobzhansky, 1956, p. 134, tradução nossa).

Finalmente, cabe ressaltar que Dobzhansky – segundo seu biógrafo, John Beatty (2009) – era, além de geneticista e darwinista, um cristão fervoroso e obcecado com questões éticas, em especial sobre o sentido de tudo, incluindo o da evolução. Nascido na Ucrânia e tendo estudado em Kiev e em São Petersburgo, emigrou para os Estados Unidos em 1927. Suas preocupações em discutir centralmente a ética, em contraposição tanto à visão do evolucionismo biológico (que abraçara) como à de pensadores marxistas de dentro e de fora da União Soviética, possivelmente se relacione a essa trajetória biográfica. Ciência e valores políticos e éticos, como sempre, dificilmente se separam.

## GEORGE G. SIMPSON

Próximo a Dobzhansky, mas radicalizando algumas de suas ideias, encontra-se nesse mesmo período o paleontologista, taxonomista, biólogo evolucionista e biogeógrafo, especialista em mamíferos, George Gaylord Simpson (1902–1984).

Por mais de 30 anos, ele foi um dos principais investigadores do *American Museum of Natural History*, de Nova Iorque (depois transferiu-se para o *Museum of Comparative Zoology*, na Universidade de Harvard). Seus influentes livros foram estudados por gerações de biólogos. Sua visão de espécie humana, apresentada aqui, baseia-se em dois trabalhos: *The meaning of evolution* (capítulo: O lugar do homem na natureza), de 1949, e *Biology and man*, de 1964.

Como biólogo, Simpson (1962a, p. 279) parte da ideia de que "o ser humano é parte da natureza e é da mesma essência que tudo o que é vivo", mas isso é dizer e compreender muito pouco sobre o ser humano, pois "[...] que o homem seja um animal é um fato, mas não é um fato que ele seja apenas um animal" (Simpson, 1962a, p. 281).

Se em Dobzhansky a espécie humana é vista de forma positiva, um tanto triunfal, em Simpson tal perspectiva, de considerar o ser humano como uma espécie absolutamente especial e superior, é bem mais clara e acentuada.

O ser humano tem atributos essenciais, diz ele, diferentes dos de todos os outros animais, pois ele é um tipo inteiramente novo quanto a aspectos e características fundamentais. Certas características mentais e comportamentais, como inteligência, flexibilidade, individuação e socialização, o distinguem de qualquer outro animal, constituindo "[...] uma diferença absoluta de natureza e não apenas relativa de grau" (Simpson, 1962a, p. 281).

O ser humano é uma das formas de vida atuais dominantes; teria sido a última a surgir e, no momento, a espécie dominante na sequência a que pertence. Adaptativamente, colonizou praticamente todas as zonas do planeta, e seu progresso "[...] não foi, até agora, autolimitativo e não conduz, no futuro, a nenhum beco sem saída evidente. De modo geral, ele é o mais adaptável dos animais" (Simpson, 1962a, p. 282).

Há, portanto, nesse naturalista darwinista, uma espécie de retorno não a Darwin, mas antes a Buffon e a Lamarck, na ênfase em colocar o ser humano no topo da série animal: "Será necessário insistir mais sobre a validade do ponto de vista antropocêntrico, que muitos cientistas e filósofos afetam desdenhar? O homem é o animal superior por excelência" (Simpson, 1962a, p. 283).

O que confere essa posição de superioridade ao ser humano são suas capacidades cognitivas e sua nova forma de organização social em que a transmissão de conhecimentos adquiridos ocorre de geração para geração. Tendo consciência de sua própria transformação, ele pode dirigir sua própria evolução.

Se o grau absolutamente excepcional de sua posição entre os animais é produto da evolução orgânica, suas capacidades intelectuais e sociais permitem um novo tipo de evolução, que é, então, histórica e cultural. O acaso conduz à evolução orgânica, na linha darwinista, mas esse acaso acabou por produzir um ser dotado de profunda significação. Para Simpson, o resultado da evolução orgânica foi "[...] a organização mais bem dotada da matéria que jamais apareceu sobre a Terra" (Simpson, 1962a, p. 290).

No capítulo *A natureza biológica do homem*, Simpson (1974) inicia sua argumentação afirmando que a pergunta "Que é o homem?" é, provavelmente, a mais profunda que pode ser formulada pelo próprio ser humano. Para ele, é necessário partir da perspectiva evolucionista para responder a essa pergunta.

O esquema de Simpson segue as formulações anteriores que a biologia evolucionista e a paleoantropologia já haviam afirmado. Em grupos de símios antropomórficos do passado, um passou a apresentar postura ereta, mãos preensíveis e hábeis, e o cérebro dos integrantes desse grupo começou a aumentar de tamanho em relação ao dos outros grupos. Então, tal evolução biológica forneceu os meios para que a adaptação humana deixasse de ser biológica para se tornar cultural, perdendo as adaptações biológicas, gradativamente, a sua importância.

As características que definem, então, a espécie humana (além das anatômicas já citadas), são: o ser humano raciocina e se aperfeiçoa; fabrica e emprega regularmente grande variedade de ferramentas; é consciente de si mesmo e reflete sobre seu passado, seu futuro, sua vida e sua morte; realiza abstrações mentais e desenvolve o simbolismo, cujo resultado mais essencial é a capacidade para a linguagem articulada; finalmente, o ser humano tem um sentido estético, moral e religioso. Enfim, diz Simpson, "o homem é um animal cultural e social que tem desenvolvido culturas e sociedades únicas em seu tempo e complexidade" (Simpson, 1974, p. 107, tradução nossa).

Deve-se ressaltar, aqui, que essa linha de pensamento sobre as especificidades do ser humano remonta a Buffon e a Lamarck, mas, em certo sentido, vai até os gregos antigos – linha que enfatiza que a linguagem é a marca mais central do humano. Apenas o ser humano, segundo Simpson, é capaz de uma linguagem que não se limita à "linguagem afetiva" (sistema de sinais emocionais), mas que é uma verdadeira linguagem que implica abstrações e simbolização. Nesse aspecto, não há qualquer transição gradual: "Os homens normais falam perfeitamente, e os outros animais, qualquer que seja o tamanho relativo de seus lobos temporais, não falam em absoluto" (Simpson, 1972, p. 114, tradução nossa).

Finalmente, a linguagem humana se tornou algo que vai muito além de ser um meio de comunicação. A linguagem e as capacidades anexas de simbolização permitiram a aquisição, participação e preservação do conhecimento no nível social. Sendo um elemento central em todas as sociedades, ela permite o surgimento e o desenvolvimento da cultura.

O ser humano, portanto, para Simpson, sendo um animal, não é meramente um animal, pois apesar de compartilhar com os outros seres orgânicos todas as marcas de sua estrutura biológica, ele "[...] constrói ferramentas como nunca se construiu antes, fala e pode mentir ou dizer a verdade [...], recorda seu passado, prediz seu futuro e escreve (talvez demasiadamente de forma extensa) sobre a sua própria natureza" (Simpson, 1974, p. 117, tradução nossa).

Tem-se, então, em Dobzhansky e Simpson, representantes destacados do modelo *síntese moderna*, que passou a dominar hegemonicamente a biologia no final da primeira metade do século XX; uma amostra de como biólogos que estão no centro da disciplina refletem sobre o que é o ser humano.

Há uma tentativa de articular a dimensão biológica com a cultural, dando-se ênfase à ideia de que é a dimensão cultural e intelectiva que constitui a especificidade do humano. Há também uma visão positiva do humano, como forma orgânica mais elevada da natureza. Produz-se, então, um marcante antropocentrismo e uma decisiva visão ligada à noção de progresso; embora sejam os herdeiros de Darwin no século XX, incorporam dele a noção e o modo da evolução biológica, mas, em certo sentido, se afastam de sua antropologia.

Entra em jogo a etologia moderna de Konrad Lorenz.

Além da visão desses dois representantes da *síntese moderna*, a perspectiva biológica de ser humano que surge com a etologia – ciência do comportamento animal em seu habitat natural – talvez expresse bem como a biologia passou a formular sua visão de espécie humana ao longo do século XX, sobretudo de meados do século até seu final.

Konrad Zacharias Lorenz (1903–1989) é a figura mais emblemática nesse sentido. Formado em medicina, doutorou-se em zoologia pela Universidade de Viena, onde estudou com o biólogo Oskar Heinroth e foi influenciado por Nikolaas Tinbergen (que com ele e Von Frisch dividiu o Prêmio Nobel de Medicina e Fisiologia, em 1973), recebendo de ambos o impulso para o estudo do comportamento animal. Lorenz foi tanto um dos fundadores da etologia moderna como um dos entusiastas de sua aplicação à espécie humana.

A biografia de Lorenz é, como suas ideias e personalidade, plena de questões polêmicas. Inicialmente em sua carreira, ensinou anatomia em Viena. Em 1938, com 35 anos de idade, entrou para o Partido Nazista (em lance de oportunismo profissional, convicção ideológica ou dos dois, o que também se debate) e aceitou um posto universitário sob o regime, escrevendo que contribuiria com seus trabalhos científicos para a causa nazista.

Na virada dos anos 1930 para os 1940, tornou-se professor de psicologia na universidade alemã de Königsberg. Em 1941, foi convocado para a *Wehrmacht* e atuou como médico no front oriental. Preso pelas tropas soviéticas, foi prisioneiro de guerra de 1944 até 1948, quando escreveu os manuscritos de *Die rückseite des spiegels* (*o outro lado do espelho*, no qual formula uma epistemologia naturalística).

Em várias biografias o etologista austríaco, sua história pessoal e sua produção científica são analisados e debatidos. Assim, a figura de Lorenz, defensor de um humanismo naturalista em seus livros, é, com frequência, também associada ao seu passado inegavelmente nazista (Taschwer; Föger, 2003; Burkhardt, 2005). A naturalização dos fenômenos humanos e o reducionismo biologizante em suas teses de etologia humana possivelmente contribuem para reforçar tal sombra vergonhosa.

Sua visão, de que o ser humano é uma espécie *domesticada* e que a *domesticação* enfraquece a espécie, pode remeter à ideia nazista de formas humanas degeneradas. Na maturidade, em termos políticos, Lorenz atribui cada vez mais importância à ecologia e às questões ambientais; se filia ao partido verde austríaco e passa a militar em movimentos de defesa ambiental.

De toda forma, as posições e atuações políticas de Lorenz, seu passado nazista e as implicações políticas de suas teses são tema de muitos artigos e mesmo de simpósios (por exemplo, *Konrad Lorenz, Austria, and the Nazi Past*, realizado em Viena, em 16 de julho de 2003), que chegam a conclusões divergentes – as quais, infelizmente, não poderemos aqui aprofundar.

A extensa obra de Lorenz se inicia com publicações que ganharam crescente divulgação no final dos anos 1940 e no início dos 1950. Em 1949, ele lança *Er redete mit dem Vieh, den Vögels und den fischen* (Ele fala com o gado, com as aves e com os peixes), no qual argumenta a favor da compaixão pelos animais, criticando como eles são tratados pelos humanos.

No capítulo sobre "Moral e armas" de *Ele fala com o gado, com as aves e com os peixes*, Lorenz (1983) apresenta brevemente sua tese (desenvolvida futuramente) sobre como os impulsos instintivos agressivos em animais predadores são acompanhados de mecanismos inibitórios em relação aos membros da mesma espécie. No ser humano, apesar de a cultura propiciar a produção de armas mortíferas, tais mecanismos de controle seriam defectivos, pois os humanos teriam uma herança de onívoros e não de carnívoros predadores. É, entretanto, especificamente em seu livro sobre a agressão, de 1963, que sua visão etológica do humano se consolida (Lorenz, 1973).

Em *A agressão*, Lorenz visa demonstrar que não apenas o comportamento de aves, cães e peixes obedece a leis naturais, mas que o comportamento humano de modo geral (e a agressividade, especificamente) segue os ditames da seleção natural. Os seres humanos recusam ser considerados simples membros da natureza e não ser colocados no centro do universo; mas a constatação de seus impulsos agressivos obriga a vê-los como membros da natureza, com sua agressividade animalesca (Lorenz, 1973).

A obsessão de Lorenz com o tema da agressividade e da destrutividade humanas, central para suas análises, se expressa em muitas outras obras de divulgação, como *Die acht todsünden der zivilisierten Menschheit* (Os oito pecados mortais do homem civilizado), de 1974, e *Der abbau des menschlichen* (A demolição do homem: crítica à falsa religião do progresso), de 1983.

A divisão entre um mundo de valores, governado pela razão humana, e um outro, neutro em relação a valores (o da natureza), é recusada por Lorenz. O ser humano é um primata, mas não apenas um primata, afirma ele, da mesma forma que Simpson. Entretanto, diferentemente deste e de Dobzhansky, para Lorenz os comportamentos humanos nunca abandonam suas bases naturais, por mais influenciados pela cultura que eles sejam. Trata-se, então, de buscar o animal que repousa no centro do ser humano (em contraste com Darwin, que visava o humano que repousa no animal).

Também como em Simpson e em Dobzhansky, o específico do humano, na visão de Lorenz, é aquilo que a evolução biológica permitiu emergir, ou seja, o pensamento conceitual e a linguagem. Esses atributos permitem uma gama nova e imensa de possibilidades, sendo o aprendizado cumulativo e a cultura os produtos disso. Mas em contraste, outra vez, com Simpson e Dobzhansky (que acreditavam que a cultura como que separava o ser humano da natureza), também a cultura tem, para Lorenz, suas principais raízes fincadas na dimensão natural do humano.

De fato, a cultura e o pensamento conceitual são vistos como elementos ambivalentes por Lorenz: eles permitem o avanço cognitivo, moral e tecnológico, mas afastam o ser humano de mecanismos instintivos de preservação dos membros da mesma espécie.

A cultura permite, de um lado, o surgimento de uma responsabilidade moral que refreia os impulsos agressivos e as tendências egoístas; mas é também a cultura que pode afastar o ser humano de sentimentos instintivos de empatia, pois apenas um ser regido pelo pensamento conceitual, pela razão, pode desprezar tanto os sentimentos de compaixão por coespecíficos. Não sendo o ser humano, em sua pré-história, um predador carnívoro, não teria havido pressões evolutivas no sentido de se produzir "[...] um mecanismo inibitório que impedisse o assassínio de congêneres até ao momento em que, de repente, a invenção de armas artificiais perturbou o equilíbrio entre as possibilidades de matar e as inibições sociais" (Lorenz, 1973, p. 251).

A história humana também gerou condições de vida social, em particular o superpovoamento da Terra e os grandes aglomerados urbanos, que favoreceriam o comportamento agressivo entre os humanos. A responsabilidade moral que surge da cultura teria que ser muito mais poderosa do que é, pois as formas de vida social atuais impelem os seres humanos a ver seus pares como inimigos.

O ser humano é um ser de cultura, para Lorenz, pois seu aparato de padrões comportamentais inatos é insuficiente e deve ser completado pelas normas e tradições culturais. Além disso, os valores – base dos sistemas de normas e ritos sociais desenvolvidos no decurso da história – são fortemente influenciados por simpatias e ojerizas instintivas. Assim, a cultura é vista como um conjunto de normas de comportamento social, costumes, tabus e ritualizações que foi gerado através do processo de seleção natural: "Os historiadores serão, portanto, obrigados a encarar o fato de que a seleção natural determina a evolução das culturas, tanto quanto das espécies" (Lorenz, 1973, p. 267).

Em 1982, Lorenz publica uma síntese de suas ideias em *The foundation of ethology* (Os fundamentos da etologia), onde explica como surge o seu projeto etológico de se contrapor às teses idealistas da psicologia humana, mas, principalmente, às teses behavioristas que defendem que todo comportamento é aprendido (Lorenz, 1995). O comportamento animal seria, sobretudo, baseado em *padrões comportamentais adaptativos* que são informados e deflagrados pelo ambiente, mas não gerados do nada por ele.

Inato e aprendido não se excluem, apenas predominam em um caso ou em outro.

A especificidade do humano, retoma Lorenz, é o surgimento do pensamento conceitual e da linguagem sintática (tal como concebida por Noam Chomsky, afirma ele). Esses novos elementos evolutivos não surgem do nada; como é mais frequente na evolução, surgem de reconfigurações de elementos esparsos que estavam presentes em outros animais, mas de forma embrionária e não integrada.

O pensamento conceitual, por exemplo, surge da integração dos impulsos exploratórios; da curiosidade já presente em primatas; da atividade lúdica que implica exploração e incrementa a relação com objetos e parceiros; dos processos de conceituação e de abstração relacionados a um mais detalhado reconhecimento do outro e dos objetos. A linguagem sintática, por sua vez, baseia-se em um programa filogenético, que é um salto da formação de conceitos e símbolos já presente em primatas antropoides (salto esse que os símios não puderam dar e que, por isso, não puderam desenvolver sua cultura cumulativa).

Em conclusão, a visão de espécie humana que surge com Lorenz e seu projeto etológico tem muitos pontos de coincidência com as visões expostas anteriormente. Entretanto, a novidade dessa perspectiva é um posicionamento naturalista mais radical, que será retomado e desenvolvido posteriormente, como veremos adiante, pela sociobiologia.

A etologia de Lorenz visa dar conta daquilo que é mais fundamental no ser humano, mesmo quando se reconhece as especificidades do humano. A humanidade do ser humano, sua cultura e sua história cultural são, no fundo, desdobramentos de sua história filogenética e mantêm laços contínuos com tal história.

A visão do humano já não é positiva, como em Simpson e Dobzhansky. O antropocentrismo é deslocado para a esfera de padrões comportamentais compartilhados entre diferentes animais, e a visão de progresso inevitável dos autores citados é substituída por um grave pessimismo em relação tanto ao progresso humano, por suas potencialidades destrutivas, quanto ao progresso das sociedades contemporâneas, por sua cegueira em relação às imposições do mundo natural, pela explosão demográfica e pela destruição ambiental que implica.

## A biologia da segunda metade do século XX ao início do XXI

Nos anos 1960, o entomologista alemão Willi Hennig (1913–1976) criou um método comparativo rigoroso de reconstrução das relações filogenéticas, denominado cladística (Hennig, 1966). Para reconstruir a árvore evolutiva dos seres vivos, busca-se, então, o menor número de mudanças que expliquem plenamente os padrões observados em caracteres (sejam eles morfológicos, fisiológicos ou comportamentais). Segundo Ruse & Travis (2009), apenas Carolus Linnaeus rivaliza com Hennig em influência sobre o processo de classificação dos organismos vivos.

A partir dos anos 1980, a comparação dos *genes do desenvolvimento* (genes que controlam o desenvolvimento do corpo do animal a partir da fase embrionária) em várias espécies de grupos taxonômicos diversos fez emergir uma perspectiva que integra a biologia do desenvolvimento com a biologia evolucionista (Raff; Kaufman, 1983), aproximando a genética molecular e a embriologia aos conceitos fundamentais da evolução (a chamada *evo-devo*, de *evolution-development* [Carroll, 2006]).

Com a *evo-devo*, os biólogos se convenceram de que a maior parte dos genes reconhecidos como organizadores da construção corporal de invertebrados, como a drosófila (mosca-da-fruta), são os mesmos genes que organizam a constituição corporal da maior parte dos animais, inclusive dos mamíferos e da espécie humana (Carroll, 2006; Ridley, 2006).

Assim, constatou-se que 21% dos genes do *Homo sapiens* são compartilhados com todos os seres vivos procariotos (como as bactérias) e eucariotos; outros 32% são homólogos aos de todos os eucariotos (organismos unicelulares ou multicelulares com membrana nuclear e organelas). Além desses, 53% dos genes são compartilhados até com organismos unicelulares, e outros 24% são compartilhados apenas com animais multicelulares (somando então 77% dos genes). Finalmente, a espécie humana compartilha mais 22% de seus genes apenas com os outros vertebrados. Enfim, compartilhamos com um camundongo, por exemplo, 99% de todos os nossos genes.

Tais dados da *evo-devo* e da genômica contemporânea como que apoiam o *insight* de Darwin, da descendência comum de todos os seres vivos do planeta. Nessa linha, o darwinismo, 150 anos depois de *On the origin of species*, consolida-se como a principal teoria unificadora das ciências biológicas e vê seu vigor renovado.

Possivelmente, além desses aspectos específicos da biologia evolutiva, outras dimensões das ciências biológicas são também muito relevantes no contexto das três ou quatro décadas finais do século XX e nas primeiras do século XXI.

Elas são, a nosso ver, a *biologia molecular (incluindo naturalmente a genômica, a transcriptômica e a metabolômica)*, as *neurociências* e a *questão ambiental*. A primeira tornou-se gradativamente hegemônica no cenário científico das biociências em geral; a segunda, no campo do comportamento, sobretudo o humano; e a terceira ganhou marcantes dimensões sociais e políticas.

A *biologia molecular* – incluindo a bioquímica, sobretudo de proteínas, enzimas, bases nitrogenadas e ácidos nucleicos, assim como a genética molecular – tem suas origens já no final do século XIX e no início do XX, mas apenas a partir dos anos 1920 a 1940 (por exemplo, com o trabalho de Linus Pauling, nos anos 1930) é que ela começa a se consolidar.

Na década de 1950, o célebre trabalho de J. D. Watson e F. H. C. Crick, *Molecular structure of nucleic acids*, publicado na *Nature* em 25 de abril de 1953, é talvez a marca do surgimento da biologia molecular como disciplina central e hegemônica das ciências da vida. Entre 1953 e 1965, em 12 anos, nove prêmios Nobel foram para a biologia molecular (por exemplo, 1954, Linus Pauling, *Estrutura de proteínas*; 1957, Alexander R. Todd, *Ligações covalentes entre nucleotídeos do DNA*; 1962, J. Watson & F. Crick, *Estrutura do DNA*).

Nas décadas de 1960 a 1980, o crescimento é vertiginoso, chegando ao ápice nos anos 1990 e 2000*.

---

* Uma discussão crítica e muito bem informada sobre o *social darwinism* encontra-se em Bowler (1983).

Um dos exemplos mais emblemáticos é a ideia de realizar um grande projeto científico para decodificar todo o genoma humano. Ela surge em 1984, em um grupo de cientistas norte-americanos de Utah que estuda modos de se identificar mutações genéticas induzidas em sobreviventes da bomba atômica.

O Departamento de Energia norte-americano, em 1987, recomenda em seus relatórios a importância de se decodificar a sequência do genoma humano. Em 1990, o Congresso dos Estados Unidos aprova recursos financeiros para a realização do então batizado "Projeto genoma humano" (PGH). Tal projeto foi comparado ao desafio de elaborar a tabela periódica, no século XIX (Garcia, 2006).

Em fevereiro de 2000, Francis Collins e Craig Venter, líderes do PGH, anunciam junto ao presidente Bill Clinton, na Casa Branca, a finalização do primeiro rascunho da sequência do genoma humano. No começo de 2004, exatamente 50 anos após a publicação do trabalho de Watson & Crick, o PGH é considerado finalizado.

A clonagem de plantas e, sobretudo, de animais, também é um elemento – para além dos aspectos internos à disciplina – pleno de implicações simbólicas, sociais, políticas e imagéticas de impacto na biologia/genética contemporânea.

Nos anos 1950, iniciam-se experimentos com clonagem de sapos, a partir de sapos adultos, por técnica de transferência de núcleo. Mas o rebuliço maior ocorre em 1997, quando um grupo escocês liderado por Ian Wilmut, consegue criar, por células da mama de uma ovelha adulta, um clone idêntico do animal – que se tornou a famosa ovelha Dolly.

Em 1998, inicia-se a clonagem de camundongos (com impacto na pesquisa médica), e desde então têm sido clonados bezerros, cabras, porcos e mesmo primatas (galinhas e coelhos ainda parecem resistir). Para o público geral e também para parte dos cientistas, a clonagem humana torna-se uma possibilidade não tão remota, que gera perplexidade e pavor em suas possíveis implicações éticas, sociais e políticas (Correia, 2002; Pereira, 2002).

## Noções de ser humano na biologia da segunda metade do século XX ao início do século XXI

### EDWARD O. WILSON

Nos anos 1960 e no início dos 1970, o produtivo entomologista norte-americano Edward Osborne Wilson (1929–2021) iniciou a publicação de seus trabalhos, sobretudo com formigas, em que combina de modo original a biogeografia com elementos de ecologia evolucionista (*The theory of island biogeography*, de 1967, e *The insect societies: an unified sociobiolocial perspective*, de 1971).

Entretanto, foi com a publicação, em junho de 1975, de *Sociobiology: the new synthesis*, que esse já renomado especialista em sociedades de formigas e na comunicação química entre elas ganhou notoriedade na comunidade científica mais ampla (Wilson, 1975). É interessante notar que o subtítulo, *new synthesis*, se refere assumidamente à ideia de lançar as bases do que seria a segunda grande revolução na biologia no século XX. Depois da *modern synthesis* dos anos 1930, viria, então, a *new synthesis*, gerada pela perspectiva sociobiológica nos anos 1970.

Mais do que isso, esse livro pautou um debate acirrado entre defensores de uma visão biológica do ser humano e da sociedade humana *versus* intelectuais das humanidades, críticos e alguns importantes militantes de esquerda, sobretudo nos EUA (Ruse, 1983).

A sociobiologia, definida por Wilson como o estudo sistemático das bases biológicas de todo comportamento social, na verdade pretendeu ser muito mais do que uma subespecialidade da biologia do comportamento – voltada para organizações e interações grupais e baseada nos pressupostos evolucionistas. Seu projeto é muito mais ambicioso do que os limites disciplinares de um campo da biologia.

De início, Wilson busca argumentar, para se diferenciar da etologia, que a sociobiologia é muito mais ampla e melhor fundada cientificamente do que o projeto de Lorenz e Tinbergen. A etologia estaria por demais restrita ao organismo individual e à sua fisiologia. Além disso, a sociobiologia, como disciplina híbrida, incluiria a etologia, a ecologia e a genética (também em perspectiva fortemente evolucionista), a fim de "[...] deduzir os princípios gerais concernentes às propriedades biológicas de sociedades inteiras" (Wilson, 1981, p. 16).

A publicação de *Sociobiology: the new synthesis* teve, de fato, uma repercussão enorme: foi capa da revista *Time*, gerou debates em universidades, recebeu menção no *New York review of books* e, sobretudo, provocou críticas agudas e imediatas, vindas tanto de biólogos respeitados (Stephen Jay Gould e Richard Lewontin) como de relevantes intelectuais das humanidades, como o antropólogo Marshall Sahlins.

Biólogos que politicamente se identificavam com o marxismo – organizados em Boston, como o *Grupo de Estudos Sociobiológicos da Ciência para o Povo* – publicaram várias réplicas à *Sociobiology*, afirmando que se tratava de reducionismo biológico a serviço de preconceitos socioeconômicos, uma apologia ao *status quo*, uma justificativa biológica para as desigualdades e as injustiças da sociedade capitalista contemporânea (Sahlins, 1976; Ruse, 1983).

Os pontos mais candentes e polêmicos da sociobiologia certamente se referem à sua aplicação à espécie e à sociedade humana, e é disso e de suas consequentes implicações para a noção de humano que trataremos aqui.

Há cientistas importantes (como John Maynard Smith) que assumem as teses centrais da sociobiologia, mas recusam a sua aplicação à espécie humana, considerando tal empreitada inadequada. Wilson, o pai fundador da sociobiologia, resolutamente não pertence a esse grupo (mais numeroso na Inglaterra do que nos EUA); um dos elementos mais importantes de seu projeto científico é a aplicação sem pudores da visão sociobiológica à espécie humana. Isso já está bem claro em *Sociobiology* e esta é a causa precípua da grande polêmica que desencadeou.

O grosso livro, de 575 páginas, tem apenas um capítulo sobre a espécie humana, mas é o capítulo final que traz uma espécie de coda triunfal à engenhosa sinfonia composta por Wilson. Nos 26 capítulos precedentes, além da exposição detalhada de princípios que fundamentam e exemplificam a sociobiologia, relacionados à biologia e à genética de populações, ele trata de questões fundamentais da biologia evolucionista, como nível da seleção (a criticada seleção grupal, seleção por parentesco, altruísmo recíproco [Ruse, 1999a]), mecanismos sociais relacionados ao tamanho do grupo, comunicação, agressão, territorialidade, sexo e sistemas de dominação etc.

De fato, uma grande inspiração para Wilson (Ruse, 1999) são as teses de William Hamilton sobre a seleção por parentesco (*kin selection*). Tal tipo de seleção possibilita uma compreensão maior das sociedades de formigas, abelhas e vespas (*Hymnoptera*). Robert Trivers (1972) também influencia Wilson com suas teses sobre altruísmo recíproco e investimento parental.

Em alguns desses capítulos, Wilson já introduz o debate comparativo dos comportamentos animais com os dos humanos (sobre comunicação, agressão e papéis sociais, por exemplo).

Três anos após publicar *Sociobiology*, Wilson publica *On human nature*, que completa sua trilogia (iniciada por *The insect societies*). Na verdade, *On human nature* é um detalhamento do último capítulo de *Sociobiology*, no qual as teses básicas são mantidas e apenas explicadas e exemplificadas minuciosamente. Trataremos, então, a seguir dessas duas peças em conjunto. Desde o início de sua obra, dos anos 1970 até o momento atual (primeiro semestre de 2013), certamente as ideias de Wilson mudaram, mas no que concerne à noção de ser humano, parece-nos que as teses lançadas em *Sociobiology* e *On human nature* permanecem relativamente estáveis em seu pensamento.

Com a obra de 1978 *Da natureza humana*, Wilson ganha seu primeiro Prêmio *Pulitzer*.

O capítulo final de *Sociobiology*, intitulado *Man: from sociobiology to sociology*, inicia com a descrição da especificidade do *Homo sapiens*. Aqui, Wilson mantém as teses tradicionais da biologia humana e da paleoantropologia: o ser humano é um grande primata com postura ereta e marcha bípede cujas mãos ficaram livres, possibilitando grande capacidade manipulativa; isso reduziu muito a cobertura corporal de pelos e expandiu extraordinariamente o tamanho de seu cérebro, possibilitando uma inteligência e uma criatividade incomparáveis no reino animal.

A perda de um período de cio (o período de estro) delimitado, com a possibilidade de atividade sexual permanente ao longo do ano, mudou também a relação entre parceiros sexuais, gerando atratividade feminina contínua e ligações maritais mais fortes.

Nos hominíneos eretos a partir dos australopitecos, a coleta de sementes e, sobretudo, a caça grupal teriam exercido uma pressão seletiva para o crescimento do cérebro. Já nos membros do gênero *Homo*, um cérebro grande e uma vida social complexa permitiram o salto quântico do surgimento da linguagem gramaticalmente organizada (aqui, Wilson segue intimamente a visão chomskyana de linguagem) e da cultura. Até esse momento, Wilson não apresenta nenhuma novidade em relação aos seus predecessores.

O que é novo em Wilson é sua visão do homem já plenamente humano e de sua cultura. Contrapondo-se a Dobzhansky, que defende que a cultura não é herdada nos genes, mas adquirida totalmente por aprendizagem (após o surgimento de uma *capacidade para a cultura* através de estrutura genética humana universal), Wilson afirma que esse tipo de tese é reflexo de uma visão ortodoxa que dá peso extremo ao ambiente e ao aprendizado.

As culturas humanas variam extremamente, mas os elementos culturais são influenciados por fatores genéticos que, mesmo variando pouco entre os humanos, como que conduzem as práticas sociais por determinadas raias. Há variações em traços comportamentais que são genéticas, e mesmo pequenas variações têm impacto marcante sobre a cultura.

No projeto científico de Wilson, a antropologia cultural deve ser alimentada por uma antropologia genética, assim como a sociologia, que, segundo ele, está ainda em uma fase apenas descritiva (que seria a fase de *história natural* dessa disciplina). A sociologia necessita, para decolar cientificamente, de uma psicologia *canibalizada* pelas neurociências: "Having cannibalized psychology, the new neurobiology will yield an enduring set of first principles for sociology" (tendo canibalizado a a psicologia, a nova neurobiologia irá permitir uma duradoura base de princípios básicos para a sociologia) (Wilson, 1975, p. 575).

A sociobiologia iria, então, orientar a sociologia (e demais disciplinas humanísticas, como antropologia e economia) a olhar para o lugar certo na investigação do que é o ser humano; a olhar para as bases genéticas, filogenéticas e neuronais, para, assim, fundar exitosamente as ciências humanas.

Assim, o projeto de Wilson é investigar todas as características humanas específicas e relevantes a partir de pressupostos biológicos – a sociobiologia servindo, então, de ponte para a genética, a filogenética, a ecologia e as neurociências, todas elas em perspectiva evolucionista. Seu reducionismo é, portanto, claro, radical e assumido. Para ele "[...] a redução é o instrumento tradicional da análise científica" (Wilson, 1981, p. 12). Assim, nas palavras do próprio Wilson:

> A biologia é a chave para a natureza humana, e os cientistas sociais não podem se dar ao luxo de ignorar seus princípios em rápida estruturação. Mas as Ciências Sociais são potencialmente mais ricas em conteúdo. Acabarão por absorver as ideias relevantes da Biologia e passarão a implorá-las (Wilson, 1981, p. 13).

Wilson, então, retoma o projeto original de Auguste Comte, de que todo conhecimento relevante será, no futuro mais ou menos próximo, proveniente das ciências positivas (Wilson tem, de fato, uma visão epistemológica própria de disciplinas e antidisciplinas científicas, articulando em níveis as ciências da física até a sociologia, que não trataremos aqui).

No momento histórico contemporâneo, embora a sociologia esteja no cume das ciências (como em Comte), por seu objeto de estudo, argumenta Wilson, metodologicamente são as ciências biológicas que lhe devem dar a mão para que ela caminhe por trilhas corretas.

Após estabelecer tais noções sobre o ser humano e o modo científico de estudá-lo, Wilson discute em detalhes os temas que considera centrais no capítulo de *Sociobiology*, tais como: organização social; escambo e altruísmo recíproco; sexo e divisão do trabalho; comunicação e linguagem; cultura; ritual e religião; ética; estética; territorialidade e o futuro do estudo do ser humano.

Em *On human nature*, ele acrescenta o tema da agressão, afirmando que se contrapõe à visão de Lorenz pois não considera o ser humano uma espécie essencialmente agressiva (mas, de fato, sua visão de que a agressividade humana tem bases biológicas está mais próxima de Lorenz do que ele quer admitir). Além disso, se aprofunda em aspectos da genética, da religião, do altruísmo e da ética.

A informação antropológica utilizada por Wilson é, de modo geral, uma coletânea de dados etnográficos enquadrados em uma visão funcionalista e utilitarista estrita, que a maior parte dos antropólogos contemporâneos seus recusaria como uma simplificação grosseira (Sahlins, 1976).

Cabe ressaltar que, ao contrário de Lorenz, Wilson tem também uma visão bastante positiva do ser humano. A espécie humana é dominada pela visão religiosa pois "[...] os homens, aparentemente, preferem acreditar ao invés de conhecer" (Wilson, 1981, p. 171). O humanismo científico – a posição filosófica em que Wilson gosta de se situar – não pode derrotar a religião, pois ela está mais bem fincada nas raízes da natureza humana; assim, "[...] a ciência pode explicar a religião, mas não pode diminuir a importância de sua substância" (Wilson, 1981, p. 172).

A ciência, sobretudo a genética, poderá fornecer o conhecimento das bases do comportamento humano, mas é discutível, segundo Wilson, se a humanidade desejará mudar sua própria natureza e avançar em direção à inteligência e à criatividade para alcançar padrões de sociabilidade que redundem em irmandades mais harmoniosas.

Assim, a ciência é a chave da esperança de Wilson, mas caberá aos seres humanos do futuro a decisão de adotá-la plenamente para reconfigurar uma sociedade melhor, ou manter-se aderidos a uma sociabilidade individualista e competitiva que empurra o ser humano para a desintegração social.

Nos anos 1980, Wilson aprofunda seus estudos sobre as formigas (que resultaram em um enorme volume, *The ants*, de 1990, ganhando com ele o seu segundo Prêmio *Pulitzer*). Em 1984, publica *Biophilia*, em que sustenta a hipótese de uma ligação instintiva entre a natureza e o ser humano, um amor pela vida, uma atração pelos seres vivos herdada biologicamente, possuída em maior ou menor grau por todos os humanos.

Posteriormente, em seus anos de maturidade, ele se volta crescentemente para a questão da biodiversidade e da sua defesa nas arenas filosófica e social. Em *The future of life*, de 2002, discute a destruição da vida no planeta, que se acelera, e expõe as possíveis saídas para evitar tal destruição.

Em resumo, a visão de espécie humana produzida por Wilson e sua sociobiologia tem vários pontos de continuidade com o pensamento biológico que o precede (dos tratados de zoologia, dos livros e artigos de Dobzhansky e Simpson, assim como da etologia humana), mas apresenta como novidade um projeto mais radical de reducionismo biológico (mais radical inclusive em relação a Lorenz) e de certo imperialismo epistemológico, em que as ciências biológicas estariam fadadas a dominar todo o campo de conhecimento seguro sobre o humano.

A visão de ser humano que emerge dessa sociobiologia é, no geral, otimista, como as de Dobzhansky e Simpson, mas bem mais reducionista que a de seus predecessores. Embora a sociobiologia de Wilson já tenha quase quatro décadas, e a sociobiologia humana tenha sofrido críticas severas (de cientistas sociais, mas também de muitos biólogos), uma parte dos biólogos, que se dedica ao estudo do comportamento humano, continua fiel a ela. O livro de um proeminente etólogo da atualidade, John Alcock, *The triumph of sociobiology* (2001), com todas as implicações para o caso humano, é um documento que vai nesse sentido (Alcock, 2003).

Após a introdução da etologia e, sobretudo, da polêmica sociobiologia no debate sobre o que é o ser humano, ficou muito claro que a biologia evolucionista viera para tentar se estabelecer no centro de tal debate. De certa forma, a sociobiologia roubou os holofotes da etologia humana, mas gerou críticas acirradas, como visto acima.

É compreensível, pois, que as correntes que sucederam a etologia e a sociobiologia nessa linha de estudos e de argumentação tenham sido mais comedidas, sobretudo em termos da linguagem politicamente incorreta muitas vezes utilizada pela sociobiologia, buscando se defender, evitar ou amenizar, quando possível, as acusações de que a sociobiologia protagoniza a justificativa de ideias e de movimentos como o sexismo, a xenofobia ou o racismo.

Nem por isso foram menos ambiciosas e reducionistas. De fato, verifica-se nos últimos 20 anos uma explosão de livros que visam explicar o comportamento humano (e, assim, redefinir o humano nessa via) a partir da biologia evolucionista.

O cenário contemporâneo: memética, ecologia comportamental, psicologia evolucionista, evolução gene-cultura e genômica e transcriptômica comparativa.

Algumas correntes principais passaram a concorrer dos anos 1980 até o presente pelo espólio da sociobiologia e etologia humanas, disputando pela liderança em termos de formulação biológica evolucionista sobre o humano, seu comportamento, sua especificidade, sua organização social: memética, ecologia comportamental humana, psicologia evolucionista, evolução gene-cultura e genômica e transcriptômica comparativa (Sterlny; Griffiths, 1999; Laland; Brown, 2002; Yamamoto, 2009).

## MEMÉTICA

A memética, proposta pelo biólogo Richard Dawkins (*The selfish gene*) e defendida pelo filósofo Daniel Dennett (*Darwin's dangerous idea*), foi o projeto que menos repercussão teve, apesar dos sucessos editoriais de seus autores proponentes.

Mesmo com tal sucesso, ela não resultou em pesquisadores aderindo a suas teses. Centrada na ideia de *memes* como unidades culturais de informação autorreprodutivas, análogas aos genes, ela não disse muito a que veio.

Como afirma Ferguson (2003), além da noção de *memes* ser ambígua, de seus proponentes não terem desenvolvido métodos de testagem de hipóteses (uma agenda de pesquisa), quem necessita de um processo de seleção natural a ser aplicado à evolução cultural, quando se pode apelar para um processo de seleção intencional, muito mais realista quando o caso são fenômenos socioculturais?

## ECOLOGIA COMPORTAMENTAL

A ecologia comportamental ganha corpo com a publicação do livro de Krebs & Davies (1997). Na sua aplicação aos humanos, ela parte da premissa de que os ambientes físicos, biológicos e sociais influenciam fortemente as estratégias comportamentais que os humanos adquirem, e, dessa forma, marcam as diferenças culturais observadas (Smith; Mulder; Hill, 2000).

Também um de seus pressupostos fundamentais é o de que as estratégias comportamentais são, de modo geral, adaptativas em relação ao meio ecológico e social; são definidos como *hiperadaptacionistas*. Assim, os indivíduos humanos são selecionados para otimizar sua reprodução ao longo de suas vidas, por meio de uma variedade de possíveis estratégias comportamentais.

Assim, o foco da ecologia comportamental, de forma análoga à sua predecessora sociobiologia, são os comportamentos (não cognições ou funcionamentos psicológicos, como na psicologia evolucionista). Aqui se assume que o comportamento individual é flexível e se enfatiza o quão necessárias são as relações custo-eficácia, os *tradeoffs*, em dilemas como reprodução *versus* crescimento, acasalamento *versus* investimento parental etc.

A ecologia comportamental se volta para questões como estratégia de aquisição de alimentos (*foraging strategies*), tamanho grupal ótimo, práticas de acasalamento/casamento e investimento parental.

Muitas críticas e limitações têm sido apontadas em relação à ecologia comportamental humana. Uma perspectiva que se baseia na evolução biológica (a ecologia comportamental é um ramo da ecologia evolucionista) deve ter em conta que um comportamento pode evoluir por uma razão e ser adaptativo por outra, bem diferente.

A inferência a partir da utilidade atual de um comportamento para sua causa evolutiva é muito arriscada, sobretudo se o ambiente mudou muito (que é o caso da espécie humana).

A observação etnográfica prolongada dos últimos 150 anos tem também evidenciado que muitos fenômenos culturais não se encaixam em esquemas utilitários estritos; esquemas hiperadaptacionistas para o caso humano rapidamente adquirem um caráter artificial e improvável. Além disso, na espécie humana os comportamentos são marcadamente modulados, direcionados e ressignificados ininterruptamente por representações mentais, símbolos culturais, esquemas cognitivos e valores, o que torna uma abordagem estritamente comportamental bastante limitada.

## PSICOLOGIA EVOLUCIONISTA

Das correntes evolucionistas, uma das que mais prestígio e visibilidade têm recebido nos últimos anos, no projeto de definir e compreender o que é o humano a partir de uma perspectiva biológica, é a chamada psicologia evolucionista. Por isso, a ela será dedicado aqui um espaço um pouco maior.

Embora tal corrente pareça pertencer à psicologia (por seu nome e pela afiliação profissional de muitos de seus proponentes) e não à biologia humana, sua afinidade, inspiração e bases conceituais são mais intimamente relacionadas à biologia evolucionista do que a qualquer outra corrente da psicologia acadêmica.

Dois de seus principais fundadores, Leda Cosmides e John Tooby ([1997], 2005), argumentam que, uma vez que os ancestrais dos humanos atuais não passaram por problemas e desafios adaptativos gerais ou genéricos, é enganoso esperar que tenham sido selecionados mecanismos adaptativos também gerais ou genéricos.

Devemos esperar, argumentam eles, que os mecanismos psicológicos, mentais e não apenas comportamentais (pois a psicologia evolucionista rejeita um behaviorismo estrito) que evoluíram na espécie humana tenham sido selecionados por sua eficácia sobre problemas adaptativos específicos, particulares, recorrentes e bem delimitados.

A partir disso, a psicologia evolucionista se baseia em alguns princípios fundamentais (Cosmides; Tooby, [1997]; Laland; Brown, 2002; Bjorklund; Ellis; Rosenberg, 2007; Yamamoto, 2009):

1 Os comportamentos humanos tradicionalmente descritos e estudados pela psicologia e pela antropologia devem ser explicados em termos de *mecanismos computacionais internos* (*minicomputadores* no interior da mente/cérebro, que são simultaneamente mentais/cognitivos e neurais), cada um deles selecionados por pressões evolutivas específicas que resultam em adaptações também específicas; o que importa, então, são os mecanismos mentais evoluídos, e não tanto os comportamentos observados;

2 As adaptações psicológicas relevantes foram selecionadas em ambientes específicos ancestrais, fundamentais na história da espécie humana; é a noção de *ambiente de adaptação evolutiva*, que no caso humano, para a psicologia evolucionista, é quase sinônimo da época referida como *Pleistoceno* (de 1,8 milhões até 10 mil anos atrás, época em que o gênero *Homo* evoluiu e surgiu o *Homo sapiens*, há cerca de 300 mil anos);

3 O que se verifica na espécie humana é um *descompasso temporal fundamental* entre os mecanismos que foram selecionados no Pleistoceno e o ambiente e as demandas adaptativas atuais;

4 A mente e os comportamentos humanos a serem estudados na perspectiva da psicologia evolucionista são marcados pela noção de *modularidade da mente*, tal como sugerida pelo filósofo Jerry Fodor (1983); os mecanismos computacionais internos correspondem, então, a módulos de domínio específico, que funcionam com considerável autonomia em relação a centenas de outros módulos existentes na mente humana.

Para esta linha da psicologia atual, é importante distinguir entre mecanismos cerebrais e cognitivos originados na evolução da espécie e comportamentos e sentimentos manifestos, observáveis. Muitos dos tais mecanismos oriundos da evolução nem sempre seriam verificáveis ou perceptíveis. As diferenças individuais no comportamento e nas reações afetivas seriam, muitas vezes, devidas à interação entre ambientes distintos dos diversos seres humanos e aos mecanismos universais que surgiram com a evolução (esses, sim, muito mais semelhantes entre os distintos humanos).

Muitos temas têm sido privilegiados no projeto da psicologia evolucionista: os trabalhos de David M. Buss (1989) sobre as diferenças entre homens e mulheres na escolha de parceiros (homens escolheriam mulheres mais jovens e atraentes, boas reprodutoras; mulheres escolheriam homens de maior *status* social, bons companheiros, sustentáculos para a criação dos filhos); os de Cosmides & Tooby (1997) sobre o módulo de detecção de trapaceiros, que permitiria aos humanos identificar quem é confiável e quem não o é nos contratos sociais; e os de Martin Daly e Margo Wilson (1982, 1988, 2001) sobre homicídio e o *efeito cinderela* (que consiste em maus tratos direcionados preferencialmente contra filhos adotivos e *proteção* dos consanguíneos).

A psicologia evolucionista tem somado uma quantidade grande de dados de pesquisas psicológicas de campo, dados demográficos e estatísticas relacionados a comportamentos (como crime, abuso infantil, idade de cônjuges dos dois sexos etc.), além de pesquisas experimentais que apoiariam suas teses.

A visão de ser humano – e humano que dela emerge – segue os cânones básicos da perspectiva da biologia humana evolucionista contemporânea: o ser humano e sua especificidade são os produtos da evolução biológica adaptativa, e suas características fundamentais são universais, no sentido de uma natureza humana geral e determinante. Entretanto, várias limitações e críticas a tal projeto têm sido apontadas.

As principais críticas à psicologia evolucionista incidem sobre um aspecto importante de seu projeto: nada menos do que seus fundamentos básicos, seus alicerces.

A hipótese de modularidade da mente foi assumida antes que evidências empíricas a sustentassem de modo minimamente consistente. Se há módulos e circuitos neuronais para a linguagem (Nobre; Plunkett, 1997) (talvez a função cognitiva sofisticada com tais circuitos mais bem descritos, desde o final do século XIX), para outras funções que não atos motores e perceptivos muito básicos (percepções visual, acústica, tátil, ou os movimentos musculares), ou seja, para funções cognitivas sofisticadas (como as estudadas pela psicologia evolucionista), a tendência das neurociências é, antes, apontar para uma organização cerebral extremamente complexa e flexível, na qual os módulos neuronais servem a diferentes funções – a depender do contexto em que o organismo é colocado – e distintas funções aliciam múltiplos módulos neuronais (Rose, 2006; Coolidge, 2020).

Entretanto, mesmo a linguagem, bem estudada em suas bases cerebrais, é função consideravelmente flexível em termos cognitivos e neuronais; crianças com cérebros lesados conseguem utilizar áreas adicionais para aprender a falar, e crianças congenitamente surdas utilizam regiões superiores dos lobos temporais, relacionadas primordialmente com a audição e a compreensão da fala, para o aprendizado da linguagem dos sinais.

As noções contemporâneas de *neural reuse* (reúso neural) e *neuronal recycling* (reciclagem neuronal), que têm sido percebidas como particularmente férteis para a compreensão das funções cognitivas, comportamentais e mentais complexas do cérebro humano, questionam radicalmente a especificidade e fixidez de módulos ou circuitos cerebrais (Coolidge, 2020).

Assim, é muito pouco provável que existam módulos mentais/neuronais categoricamente distintos, fixos e autônomos e que eles tenham evoluído de forma específica por meio de pressões seletivas também específicas em determinados momentos da evolução do *Homo sapiens*.

Além disso, os *mecanismos computacionais internos*, esses minicomputadores mentais/neuronais autônomos, parecem pressupor uma interação mente-cérebro com considerável isonomia e regida pela tese da identidade mente-cérebro – isto é, para mecanismos mentais específicos (e complexos), corresponderia um lócus ou circuito cerebral também específico.

Tal pressuposto é visto com bastante suspeita por neurocientistas (Rose, 2006), e tido como – pelo menos – polêmico por filósofos da mente (Matthews, 2007)*. O mais provável é que ocorram interações bem mais complexas e flexíveis.

A noção de *ambiente específico e dado de adaptação evolutiva*, aplicada a um período específico para determinada espécie, é também outro fundamento que tem suas fragilidades.

Por que os traços humanos fundamentais teriam sido selecionados apenas em um período determinado da evolução, e não em outro? Por que o Pleistoceno teria sido mais importante que outros períodos? Por que tanta concentração no gênero *Homo*, e não na linhagem hominínea?

A reconstrução de tal ambiente também é muito difícil e especulativa. O modelo para tal reconstrução, o dos grupos de caçadores/coletores contemporâneos, não é tão confiável para a comparação com as populações humanas pré-históricas do Pleistoceno. Os grupos humanos atuais que vivem em regime de caça e coleta passaram por inúmeras transformações em suas histórias; têm reiterados contatos e trocas com povos com agricultura, criação e mesmo indústria; têm sistemas de comunicação, rituais e símbolos os quais não é possível saber se os homens pré-históricos possuíam.

Além disso, mesmo no Pleistoceno, não houve um ambiente de adaptação único, mas possivelmente vários ambientes diferentes, com pressões seletivas distintas.

---
* Para uma análise clara sobre alguns pontos referentes a perspectivas atuais sobre a relação mente-cérebro, ver Matthews (2007).

Enfim, conforme teses da psicologia evolucionista, os humanos teriam parado de evoluir biologicamente há 10 mil anos, mas os dados indicam que a evolução biológica continuou ocorrendo, tendo possivelmente se acelerado devido ao aumento da população e da probabilidade de, com tal aumento populacional, ocorrerem mais mutações e, portanto, existir maior variabilidade para ser selecionada (Hawks *et al.*, 2007).

Assim, embora a psicologia evolucionista seja uma das mais populares entre as visões biológicas atuais sobre o humano, e embora tenha gerado um volume considerável de investigações e dados, ela é marcada por bases consideravelmente frágeis e é confrontada por dados empíricos que tem dificuldades em responder satisfatoriamente.

## EVOLUÇÃO GENE-CULTURA

Uma outra corrente candidata ao espólio recorrentemente recondicionado da sociobiologia é a da chamada *evolução gene-cultura*. Muitos autores gostam de argumentar que a evolução biológica e a cultural muitas vezes interagem, mas Peter J. Richerson e Robert Boyd (2005), assim como Luigi Luca Cavalli-Sforza (2000) buscaram apoiar todo o seu projeto de investigação em tal interação.

Richerson & Boyd (2005) partem da ideia de que tanto a evolução biológica como a cultural seguem uma linha darwiniana, sendo o mecanismo básico da seleção natural aplicável também à evolução cultural. Eles, ao contrário de sociobiólogos e psicólogos evolucionistas, dão ênfase à cultura como dimensão fundamental e autônoma das sociedades humanas; são, de certa forma, culturalistas.

A cultura é vista como informação (relacionada a crenças, valores, símbolos, hábitos etc.) que afeta o comportamento das pessoas e que é adquirida de outros membros do grupo social por aprendizagem, imitação ou outras formas de transmissão social (a noção de Sforza é semelhante). A cultura é um fator adaptativo importante, embora ela possa ser mal-adaptativa em muitos momentos.

Esses autores enfatizam que a evolução genética, no caso da espécie humana, ocorreu e ocorre muito atrelada à evolução cultural, e que tal interação é que produziu os seres humanos atuais e seus modos de vida. Cavalli-Sforza (2000) coloca sua lupa na evolução linguística da humanidade e busca demonstrar como esta interagiu íntima e constantemente com a evolução genética.

A força de tais propostas é possibilitar uma abordagem mais integrada das dimensões de habilidades e características humanas que incluem aspectos da biologia evolutiva e da antropologia cultural. Entretanto, as limitações dessa abordagem referem-se aos elementos que puderam, até agora, ser incluídos nos esquemas explicativos e aos resultados práticos dessas linhas de investigação, assim como a uma noção de cultura que valoriza elementos discretos (porém menos que a memética) e mantém um culturalismo hoje percebido como ingênuo por muitos antropólogos.

Por exemplo, a interação da aquisição cultural da criação de animais e o consequente uso do leite por humanos adultos (fator cultural) exerceu uma pressão seletiva no sentido de que a humanidade, ou pelo menos parte dela, fosse selecionada para manter geneticamente a atuação da lactase em adultos (seleção genética). Esse é um exemplo muito ilustrativo da evolução gene--cultura, que, embora importante do ponto de vista adaptativo e para se compreender a condição de intolerância à lactose de uma parte da humanidade, explica, ainda, apenas aspectos restritos do que é o especificamente humano.

A analogia entre a evolução das línguas e a dos genes é interessante, assim como a aplicação de metodologia cladística para a linguística histórica; entretanto, a distância entre fenômenos como a linguagem humana e o *pool* genético da humanidade (ou de grupos humanos) faz com que tal analogia se mantenha dentro de limites bem evidentes.

## Possíveis conclusões e cenários atuais

À guisa de se buscar alguma conclusão sobre as correntes da biologia que formulam uma visão sobre o ser humano e o especificamente humano, constata-se, de fato, a perspectiva de se abordar o ser humano focando em uma postulada natureza humana universal – de centrar o peso nos aspectos universais do corpo, da mente e do comportamento humanos.

As características mais importantes da mente humana que seriam universais, seriam também a marca da espécie. Essas características são o que se convencionou chamar de *natureza humana compartilhada*. Todos os humanos possuiriam uma base psicológica, cognitiva ou comportamental consideravelmente semelhante por baixo das variações culturais identificadas pelos antropólogos, e tais elementos básicos teriam surgido com a evolução da espécie.

As contemporâneas visões biológicas do humano, de modo geral, se esforçam para se defender de acusações vindas, sobretudo, das humanidades e de movimentos ou autores relacionados a posições como feminismo, antirracismo ou anti-homofobia, de que projetos de biologia humana conteriam em seu interior uma justificativa do *status quo* e da discriminação das mulheres, dos homossexuais (e demais subgrupos entre os LGBTQIAP+) e de grupos étnicos/raciais oprimidos, ou que serviriam para justificar uma visão tolerante em relação a tais discriminações e opressões.

A defesa que alguns autores de noções de humano da biologia apresentam coloca em ação o argumento da chamada *falácia naturalística* (Wilson; Dietrich; Clark, 2003). Tal falácia é resumida pelo slogan *ought cannot be derived from is* (o que *deve ser* não pode ser derivado do que *é*), ou seja, porque um determinado comportamento, módulo ou funcionamento psicológico é de determinada forma, isso não significa que a ética e a política devam aceitar e aprovar tais comportamentos ou funcionamentos mentais.

Por exemplo, se a psicologia evolucionista identifica que os indivíduos masculinos da espécie humana são mais propensos ao comportamento sexual promíscuo e traem mais suas companheiras ou companheiros porque o sexo masculino foi biologicamente selecionado para buscar espalhar ao máximo seus genes, isso não é o mesmo que aprovar, aceitar ou justificar a traição conjugal, o adultério.

Se a biologia humana evolucionista identifica fenômenos como xenofobia, estupro ou negligência de filhos adotivos como tendo hipotéticas bases naturais evolutivas, isso não implica em apoio ou aceitação de tais comportamentos.

Como afirmam Wilson, Dietrich & Clark (2003), o fato de determinado dado biológico ser identificado nos humanos não indica que tais comportamentos devam ser eticamente ou politicamente aprovados. Mas é, entretanto, inegável que determinados dados encontrados em pesquisas, que supostamente fariam parte do que *é o ser humano*, não podem ser considerados irrelevantes para a construção de uma ética ou de uma política, e é pouco provável que isso não contribua para justificar, pelo menos em parte ou para alguns, tais comportamentos. Assim, as consequências éticas e políticas de um programa de pesquisa com tanto impacto e visibilidade não são facilmente neutralizadas pelo argumento da *falácia naturalística*.

Politicamente, como argumenta Val Dusek (1999), as visões de humano propostas pela linha que vem da sociobiologia *teriam sido* (na sua perspectiva) *higienizadas* para se tornar a perspectiva da psicologia evolucionista.

Há uma tendência em certos projetos de biologia humana evolucionista do século XX de desqualificar a investigação antropológica (o caso Derek Freeman *versus* Margaret Mead é apenas um exemplo disso) como não científica, sem fundamentação empírica ou produto apenas ideológico.

Além disso, inegavelmente coisas como a naturalização do gênero e de suas alegadas diferenças, da homossexualidade, da transgeneridade, do crime, têm sido utilizadas pela direita política na construção de sua (re)visão de mundo e dão combustível para suas argumentações.

A ideia de que seria *antibiológico* ou *antinatural* transformar determinados aspectos da realidade e das sociedades humanas – argumento de base para justificar o sexismo, a transfobia, o racismo ou outras formas de discriminação e opressão – tem sido uma apropriação rápida e recorrente da direita política.

Isso ocorre mesmo que haja vários cientistas e filósofos (como Barbara Ehrenreich, Peter Singer ou mesmo Alan Sokal) que se posicionam a favor de teses progressistas, inclusivas, e que assumem que suas visões científicas ou filosóficas são próximas e afeitas aos projetos da biologia evolucionista aplicada ao ser humano.

## A biologia se transforma: genômica contemporânea, transcriptômica, epigenética e epitranscriptômica

Nas últimas décadas, tem sido postulado que os genes que são expressos no cérebro em momentos-chave do desenvolvimento do indivíduo devem contribuir especificamente para a evolução da singularidade do cérebro humano e das funções cognitivas, linguísticas e psicológicas também singulares da espécie humana (Francis, 2015; Piazza, 2021).

O estudo da evolução recente na linhagem humana desses genes específicos, em comparação com a genômica dos primatas mais próximos de nós (genômica evolutiva), assim como da expressão específica de tais genes em distintas áreas, circuitos e células do cérebro humano (transcriptômica evolutiva) e de suas consequências funcionais (metabolômica evolutiva, conectômica evolutiva) estão começando a possibilitar novos *insights* para a compreensão dessa dimensão da especificidade humana (Pembroke; Hartl; Geschwind, 2021; Kronholm, 2023; Vogt, 2023).

A possibilidade de se estudar genes que são expressos unicamente na espécie humana, em particular no cérebro humano (a partir de bancos de cérebros humanos e de primatas conservados para tais fins), tem permitido abordar a especificidade neurogenômica do *Homo sapiens* (Wang *et al.*, 2018; Pembroke; Hartl; Geschwind, 2021). Por exemplo, Khrameeva *et al.* (2020) estudaram 422 amostras de cérebros, avaliando a expressão de RNA (transcriptoma) em 33 regiões cerebrais distintas de quatro cérebros humanos, três de chimpanzés, três de bonobos e três de macacos rhesus.

Os resultados sugerem um padrão complexo de evolução genômica e de expressão dos genes no cérebro humano, implicando tanto regiões corticais como subcorticais – análogo ao que tem sido identificado em estudos de ressonância magnética cerebral funcional, com ênfase nos ricos padrões de conexões entre as diferentes estruturas cerebrais (conectoma) (Ardesch *et al.*, 2019). Segundo os autores, a expressão de possíveis genes específicos do cérebro humano em amplas áreas cerebrais e em distintos tipos de células nervosas indica um grande potencial para a identificação das bases genômicas de especificidades funcionais do cérebro humano.

Algo relevante a ser, aqui, enfatizado (Piazza, 2021; Park; Lee; Yoon, 2020) é que a perpectiva atual da biologia deixa claro que se deve abandonar a visão determinista das ciências biológicas, substituindo-a pela perspectiva probabilística e interacionista que as pesquisas recentes impõem.

Assim, um gene produz uma proteína (dogma central da biologia molecular, postulado por Francis Crick, em 1958), como aprendíamos em nossa genética escolar. Entretanto, o processo de transcrição e expressão gênica (com os múltiplos fatores de transcrição postos em ação), o momento, amplitude e local de expressão, a interação com outros genes, a função que exerce e as suas consequências são muito diferentes de acordo com o contexto presente e com o histórico de experiências passadas do indivíduo (e de seus ascendentes recentes – epigenética).

As noções já assentadas provindas dos estudos de neuroplasticidade, transcriptômica (os genes que são de fato expressos, em determinado local e contexto, em períodos curtos), epigenética (o ambiente produzindo metilação de DNA; modificação de histonas e mudanças na arquitetura da cromatina, modificando a expressão genômica em períodos mais longos, de duas ou três gerações) e epitranscriptômica (mudanças de comportamentos e experiências recentes e nas últimas gerações, que implicam em mudanças nas expressões gênicas) nos mostram um cenário de uma biologia – e consequentes neurobiologia e comportamento relacionados a ela – muito mais complexa do que se pensava há décadas atrás (Park; Lee; Yoon, 2020).

Estrutura biológica do indivíduo, código genético e situações e desafios ambientais estão em constante movimento não determinístico, mas probabilístico e interativo. Isso faz com que devamos pensar, de agora em diante, em uma superação dos determinismos biológicos *versus* ambientais, sociais, históricos. Em vez disso, um cenário de profunda e constante interação dessas várias dimensões.

# 4

# A noção de ser humano na antropologia social e cultural

Não cabe aqui discutir em que época surgiu a antropologia (e, com ela, sua noção de humano), seja em sentido amplo, como estudo sistemático do ser humano, seja em seu sentido propriamente moderno, enquanto estudo com marcante base empírica, estudo dos seres humanos em suas diversas sociedades e culturas.

Aponta-se, às vezes, para a tradição antiga de observações argutas feitas sobre a vida dos seres humanos em diferentes sociedades, como o fazem o historiador grego Heródoto ou o geógrafo romano Estrabão, ou sobre a mente humana, como protagonizado por Platão e Aristóteles. Também é debatido se, depois da Renascença, teriam sido Montaigne, Vico, Montesquieu, Rousseau ou Herder os precursores da antropologia social moderna (Hodgen, 1971).

Entretanto, há certo consenso de que a antropologia social e cultural moderna surge como disciplina acadêmica apenas em meados do século XIX, com investigadores como Morgan, Bastian e Tylor, e apenas irá se consolidar no século XX, com Boas, Radcliffe-Brown, Malinowski, Mauss e Lévi-Strauss.

Segundo a sugestão de Ernest Gellner (1998), é importante, para compreender o devir teórico da disciplina de antropologia, considerar que, a partir do final do século XVIII, uma grande divisão se estabelece no pensamento ocidental em relação às formulações sobre o ser humano.

O Iluminismo teria gerado duas correntes principais de pensamento antropológico: uma universalista e individualista, que teria suas bases nos sistemas de Descartes, Hume e Kant; outra (de certa forma uma reação às teses da Ilustração) relativista e coletivista, que se originaria em pensadores como Vico, Herder e Hegel (no entanto, parece problemático situar Hegel em qualquer sistema que se afirme relativista).

Seguindo esse tipo de esforço de ordenação, para o historiador da antropologia social George Stocking Jr. (1982, 1992), o desenvolvimento histórico da disciplina, do final do século XIX até o final do século XX, é marcado por determinado dualismo epistêmico, pelo embate entre duas grandes correntes de pensamento que têm, por sua vez, duas origens distintas.

A primeira corrente teria sua origem na concepção de ser humano e de sociedade do Iluminismo propriamente, enquanto a segunda seguiria as influências do Romantismo, sobretudo alemão. O Iluminismo teria formulado uma perspectiva universalista do *anthropos* (o ser humano); o Romantismo, por outro lado, seria marcado por certo *pathos* anti-iluminista, assentando sua ênfase no particularismo do *ethnos* (as distintas formas de vida dos seres humanos, seus costumes, suas culturas).

Na antropologia social, a visão influenciada pelo Iluminismo teria dado ênfase aos aspectos universais e estruturais da vida individual e social dos seres humanos; por sua vez, na visão influenciada pelo Romantismo, a ênfase seria em uma abordagem relativista e particularista – os seres humanos em seus contextos específicos.

Nesta formulação taxonômica de Stocking, a grande corrente da antropologia social baseada nas inspirações do Romantismo, que se desenvolveu nos EUA a partir da influência de Franz Boas (1858–1942), apoiaria seus fundamentos na abrangente noção de cultura.

Tal noção se originaria de concepções como a do filósofo alemão Johann Gottfried von Herder (1744–1803), que parte da ideia de que as pessoas pertencem e só são concebíveis como elementos de comunidades que possuem culturas holísticas, que são relativamente homogêneas e que se articulam a um sistema de vida coerente, originado em determinadas tradições. Em tal concepção romântica herderiana, os grupos humanos seriam intrinsecamente ligados à *terra*, à *língua*, ao *sangue* e à *religião*, de tal forma que seria natural que cada povo tivesse um mundo próprio, uma forma de vida e uma visão de mundo individuais (Rapport, 2007).

A outra grande corrente, a universalista, divide-se em duas, baseando-se em duas noções organizadoras: estrutura social e evolução sociocultural. A seguir, temos um esquema gráfico (Figura 4.1) simplificado dessas correntes da antropologia moderna, segundo Gellner (1998), Stocking Jr. (1982, 1992) e Rapport (2007).

## A vertente universalista: evolucionismos socioculturais

Dentro dessa divisão das correntes antropológicas modernas, na corrente universalista, ao lado das perspectivas funcionalistas e estruturalistas, pode-se alocar uma perspectiva que foi dominante no século XIX mas não deixou de existir no XX: a

**Vertente Universalista**
(influências de
Descartes, Hume
e Kant)
- Evolucionismos Socioculturais
- Estrutural-Funcionalismos
- Funcionalismos
- Estruturalismos

**Vertente Relativista**
(influências de
Vico e Herder)
- Particularismo histórico: Boas e sua escola (culturalismo)
- Antropologia Simbólica
- Vertentes Pós-estruturalistas

**FIGURA 4.1** Representação gráfica das vertentes da antropologia social moderna.
**Fonte:** Gellner (1998), Stocking Jr. (1982, 1992) e Rapport (2007).

perspectiva evolucionista. O período denominado por alguns historiadores da antropologia como *evolucionismo cultural clássico* compreende a segunda metade (sobretudo as últimas quatro décadas) do século XIX e a primeira década do XX (Eriksen; Nielsen, 2007).

Nas primeiras décadas do século XIX, a maior parte dos naturalistas já havia rejeitado as noções bíblicas de criação da Terra. Tal contexto científico abria as portas para novas formulações relativas à evolução do ser humano e das sociedades humanas (Bowler, 1997). Robert Carneiro (2003) afirma que, para a antropologia, uma definição objetiva de evolução, operativa no âmbito acadêmico e científico, que não fosse de caráter predominantemente filosófico e metafísico, só passa a ser formulada de forma mais consistente por pensadores sociais a partir da década de 1850.

Herbert Spencer (1820–1906), embora já tivesse usado o termo *evolução* em 1851 e em 1852, irá, em seu trabalho de 1857, *Progress: its law and cause,* possivelmente marcar o início do evolucionismo dito clássico, do século XIX. Nesse trabalho, por exemplo, ele afirma:

O avanço do simples para o complexo, através de um processo de sucessivas diferenciações, é visto da mesma forma nas primeiras mudanças do Universo [...] e de cada organismo em sua superfície; é visto na evolução da Humanidade, seja contemplada no indivíduo civilizado, ou na agregação de raças; é visto na evolução da sociedade em relação à sua política, à sua religião e às suas organizações econômicas [...] (Spencer, 1987, p. 465, tradução nossa).

De fato, a obra de Spencer é uma das mais influentes no evolucionismo do século XIX, sobretudo no anglo-saxão. Em seus escritos, o processo evolucionário, por meio de uma teoria da evolução supraorgânica (*supraorganic evolution*), é estendido a todos os rincões da vida dos seres humanos e dos fenômenos naturais. Assim, o avanço do *homogêneo para o heterogêneo*, do *simples para o complexo* por um processo de *sucessivas diferenciações* é concebido para as mais antigas mudanças do universo, para a evolução geológica e climática da Terra, para cada um de seus organismos e para a humanidade como um todo, seja nos indivíduos civilizados ou nas então chamadas raças primitivas (Spencer, 1857).

Também segundo Adam Kuper (1988), o evolucionismo clássico, ao final do século XIX, apesar de muitas divergências, chega a alguns consensos, como as seguintes teses:

1 A maior parte das sociedades primitivas estavam organizadas tendo como base relações de parentesco;
2 As organizações de parentesco estavam baseadas em grupos de descendência;
3 Esses grupos de descendência eram exogâmicos e relacionados entre si por meio de trocas para casamentos;
4 Tal como espécies extintas, as instituições originárias (casamento, família, lei, religião etc.) eram preservadas em forma fóssil, por meio de cerimônias e terminologias de parentesco, que testemunham práticas há muito extintas;
5 Com o desenvolvimento da propriedade privada, os grupos de descendência tenderam a se extinguir, e o Estado baseado no território emergiu. Essa teria sido a maior mudança revolucionária na história da humanidade, marcando a transição da sociedade tradicional e antiga para a sociedade moderna.

Segundo Bruce Trigger (2004), um dos principais problemas com que o evolucionismo cultural se deparou desde o seu início foi a necessidade de explicar, de forma satisfatória, por que algumas sociedades se desenvolveram mais rapidamente, ao passo que outras aparentemente teriam permanecido estáticas por centenas ou mesmo milhares de anos. A questão da transformação social, sobretudo as transformações que operam em sociedades iletradas, passa a ser um dos temas centrais deste primeiro evolucionismo cultural.

A partir da década de 1860 até o final do século XIX, figuras como Sir Henry Sumner Maine (1822–1888), Johann Jakob Bachofen (1815–1887), John Lubbock (1834–1913), John Ferguson McLennan (1827–1881), Sir Edward Burnett Tylor (1832–1917) e Lewis Henry Morgan (1818–1881) publicam boa parte de seus influentes trabalhos, constituindo o que posteriormente passou a se chamar *evolucionismo cultural clássico* (Kuper, 1988; Trigger, 2004; Castro, 2005).

Pode-se afirmar que o evolucionismo cultural da segunda metade do século XIX é, como o evolucionismo biológico, filho direto da Ilustração, sobretudo a francesa e a escocesa. Segundo Trigger (2004), as principais teses da Ilustração que influenciam marcadamente o pensamento evolucionista do século XIX dizem respeito ao *progresso social*; resultado do exercício do pensamento racional voltado à melhoria da condição humana, é a característica dominante da história humana. Tal progresso não caracteriza apenas o desenvolvimento tecnológico, mas todas as dimensões da vida humana, como organização social, crenças religiosas e moralidade.

As mudanças relacionadas ao progresso ocorrem por meio de uma *sucessão universal de estágios*. Para explicar tais estágios, cabe lembrar que, durante o século XVIII, as diferenças entre as sociedades e as suas transformações eram com frequência (mas não apenas) atribuídas a fatores ambientais e climáticos.

Entretanto, já no início do século XIX, as explicações ambientais e climáticas passaram a ser vistas como pouco convincentes.

Fizeram-se necessários outros recursos explicativos.

Robert Carneiro (2003) sugere que um conjunto amplo e complexo de fatores é debatido centralmente no evolucionismo cultural clássico como determinantes da evolução cultural (*determinants of cultural Evolution*). Tais determinantes podem ser divididos em *fatores inerentes* (em que há uma tendência interna, inerente ao ser humano, que impulsiona para o progresso cultural) ou *fatores externos* (em que tal impulso viria de fatores ambientais, sociais e/ou econômicos).

Dos *fatores externos* Carneiro (2003) cita, nesse contexto, fatores ambientais como clima, solo e outros, sobretudo relacionados à sobrevivência (abundância ou falta de caça, de pesca ou de alimentos vegetais, presença ou não de agricultura ou criação de animais), formas de organização econômica e fenômenos sociais (como ausência ou presença de instituições e fenômenos tais como família, propriedade e guerra).

A noção de *seleção natural*, oriunda da obra de Darwin, também é um dos determinantes importantes para a evolução cultural, segundo muitos autores do evolucionismo clássico (embora, como veremos adiante, muito provavelmente Darwin não tenha sido lido e interpretado naquele momento como o é atualmente).

O progresso também aperfeiçoaria a natureza humana (*perfectibilidade*), eliminando, por exemplo, *ignorância, paixão* e *superstição*. Finalmente, a Ilustração formula a tese da *unidade psíquica* de todos os grupos humanos, rejeitando a ideia de uma barreira física, constitucional, de essência orgânica entre os seres humanos. Entretanto, com o racismo cientificista do século XIX, essa tese é posta em questão e torna-se tema de controvérsias entre os evolucionistas clássicos.

Os *fatores inerentes* mais aludidos são a *unidade psíquica* do ser humano e sua *perfectibilidade*, o fator individual (são os indivíduos, sobretudo os *grandes homens,* por meio de uma criatividade destacada, os principais motores da história e do progresso), a existência de ideias básicas inatas no ser humano (em Adolf Bastian [1826–1905], *Elementärgedanken,* pensamentos elementares), potencialmente presentes em todos os povos e raças e que fariam germinar o progresso.

Entre os fatores inerentes, o determinismo racial (Haller Jr., 1971; Gould, 1991), no sentido de supostas diferenças cerebrais e intelectuais entre as diversas raças humanas, é admitido por quase todos os evolucionistas clássicos como importante para o avanço ou o retardo da evolução progressiva. Assim, um exemplo do evolucionismo clássico que apoia a evolução cultural sobre fatores biológicos é o naturalista George J. Romanes (1848–1894), que defende que a evolução humana (e, para ele, também a dos animais) repousa na evolução mental e cerebral aditiva. Assumidamente darwinista, para ele a evolução humana é a evolução da inteligência, dependente da evolução do cérebro (Romanes, 1888).

O alemão Theodor Waitz (1821–1864), autor de *Die anthropologie der naturvölker* (A antropologia dos povos naturais) (1864), é uma honrosa exceção ao determinismo racial, segundo Carneiro (2003), pois rejeita qualquer papel para o fator racial (sua ênfase é em fatores ambientais e sociais), opondo-se frontalmente, por exemplo, a Samuel Morton (1799–1851) e a Louis Agassiz (1807–1873), radicais defensores do racismo cientificista.

Como se verá adiante, a diferença biológica entre os distintos grupos humanos era, no contexto do expansionismo colonialista europeu na África, na Ásia e na Oceania, de abolição da escravidão nas Américas e de ascensão de novos grupos sociais na Europa e nas Américas – fortes candidatos para explicar diferenças e, de quebra, justificar políticas de estado e tornar aceitáveis e legítimas ideologias e práticas sociais discriminativas em tais contextos.

Neste sentido, por exemplo, Sollas, em 1911, em seu *Ancient hunters*, propõe que tasmanianos sejam equiparados a europeus do Paleolítico Inferior, aborígenes australianos a europeus do Paleolítico Médio e esquimós (Inuits) e nativos africanos San do Kalahari a europeus do Paleolítico Superior (Carneiro, 2003).

Um elemento central do pensamento antropológico do evolucionismo cultural clássico relaciona-se à fórmula que propõe reduzir as diferenças culturais a estágios de um mesmo caminho evolutivo (Castro, 2005).

A ideia de estágios, fases ou etapas é anterior ao século XIX e bastante recorrente (já tendo sido formulada, por exemplo, por Kant, Hegel e Condorcet). Sua argumentação básica é a de que em todos os grupos humanos, em todas as sociedades, a humanidade teria se desenvolvido em estágios sucessivos, necessários, numa caminhada fundamentalmente ascendente, seguindo uma linha única; seriam os *ethnical periods* (períodos étnicos) de Morgan: *savagery, barbarism* e *civilization* (selvageria, barbárie e civilização. Essa famosa e recorrente sequência, de fato, foi formulada originalmente pelo iluminista escocês Adam Ferguson [1723–1816]). Tal caminhada iria sempre do mais indiferenciado ao mais diferenciado, do mais simples ao mais complexo, do inferior ao superior (Morgan, 2005).

Nos Estados Unidos, Lewis Henry Morgan (1818–1881), tendo vivido com os iroqueses, interessou-se particularmente pelo parentesco, sobretudo por suas regras, pois pensava que este era um elemento-chave para compreender a sociedade e para a investigação da evolução cultural.

Considerava que as sociedades primitivas se organizavam apoiadas centralmente no parentesco e que haveria uma correlação entre variações terminológicas dos sistemas de parentesco e variações na estrutura social. Além disso, a terminologia de parentesco se transformava lentamente, fornecendo pistas para o estudo dos estágios de evolução cultural (Eriksen; Nielsen, 2007).

Como em biologia, filologia e geologia, o chamado *método comparativo* foi um dos recursos fundamentais na antropologia de Morgan e Tylor, de forma análoga à de naturalistas como Darwin.

Junto com Morgan, o britânico Edward B. Tylor (1832–1917) integra a dupla dos mais importantes evolucionistas clássicos (apesar de ambos, como Darwin, raramente terem usado o termo *evolução*). Tylor iniciou sua carreira na arqueologia, estudando ruínas toltecas no México. Logo passou para a antropologia, chegando a um modelo evolucionista próximo ao de Morgan, inicialmente em *Researches into the early history of mankind* (1865) e, depois, em *Primitive Culture* (1871) (Tylor, 1994; Stocking Jr., 2001a).

Em *Researches* ele já enfatiza, por exemplo, que é preciso encontrar o que chama de grandes leis do desenvolvimento humano (*great laws of human development*), explorando comparativamente elementos (sua ênfase é na história de elementos culturais discretos, não no todo sociocultural) como linguagem, antiguidades e mitologia; analisando a cultura material; verificando, por exemplo, "[...] um progresso de modos mais rudes para modos mais perfeitos de fazer o fogo e cozinhar a comida [...]" (Tylor, 1994, p. 4).

Tylor (1994) busca, então, uma série de elementos (*survivals*) que seriam sobreviventes culturais, traços que teriam perdido suas funções originais na sociedade contemporânea em questão, mas que, de um modo ou de outro, permaneciam. Tais *survivals* (para Tylor, uma noção *geológica*), evocados também por James Frazer e muitos outros, são claramente análogos aos *rudimentos* ou *órgãos rudimentares* de Darwin (1952): órgãos ou comportamentos que já foram importantes para o animal, mas que, no presente, apresentam-se muito diminuídos de tamanho e sem função; carreiam apenas a "incumbência" de permitir ao cientista identificar os traços do caminho evolutivo da espécie.

Darwin leu e citou Tylor várias vezes em sua obra sobre evolução humana (*The descent of man*, 1871), e Tylor conhecia bem a obra de Darwin e simpatizava com ela. Entretanto, é bastante polêmico o quanto realmente Tylor se baseou em Darwin (tese de Morris Opler [1964] contestada por George Stocking Jr. [1968], que afirma que Tylor se inspira mais no antidarwinista Adolf Bastian e em arqueólogos como Henry Christy, Brixham Cave e Boucher de Perthes) (Opler, 1964; Stocking Jr., 1968, 2001a).

O evolucionismo clássico situa-se, assim, num contexto de sensibilidades e saberes consideravelmente articulados. No naturalismo do final do século XVIII e início do XIX, os conhecimentos gerados na geologia, paleontologia, zoologia, botânica e anatomia comparada, junto com ciências do homem como linguística (naquele contexto, filologia histórica) e antropologia (tanto física como sociocultural), formam um todo relativamente articulado.

A noção de que no mundo da natureza os fenômenos e espécies se transformam continuamente substitui paulatinamente, mas de forma cabal, o fixismo aristotélico e platônico e a ideia de entidades imutáveis, dotadas de essências também imutáveis (herança apenas aparentemente longínqua do neoplatonismo medieval, já que este é reativado por uma série de intelectuais como, por exemplo, aqueles associados ao Romantismo alemão). Em tal evolucionismo, a etnologia articula-se amplamente com outras disciplinas, além das ciências naturais, em seu projeto de revelar o processo de origem e de evolução das sociedades humanas.

Assim, cabe lembrar, como exemplo, que, já no final do século XVIII, especificamente em 1786, o juiz inglês Sir William Jones apresentou na *Bengal Asiatic Society* de Calcutá uma conferência que iria se tornar referência para o debate em filologia e linguística histórica. Nessa conferência, expressou a ideia de que a língua sânscrita, o grego, o latim, e possivelmente também o gótico e o celta, apresentavam semelhanças tão marcantes que obrigavam que se pensasse em uma origem comum. Deveria, na base do tronco dessas línguas geográfica e historicamente – a princípio – tão distantes, haver uma língua em comum, já extinta.

Em 1863, o linguista alemão August Schleicher publica sua árvore de línguas indo-europeias, que traça o parentesco e a ancestralidade comum entre as línguas citadas por William Jones. Nessa linha, estão também os trabalhos do famoso linguista anglo-alemão Max Müller (1862–1919) sobre o desenvolvimento das línguas indo-europeias, hipoteticamente dependentes de sucessivas invasões de grupos que falariam línguas protoindo-europeias (chamados então de tribos *arianas*) vindos da Ásia Central (Bowler, 1997).

É plausível, por exemplo, que o uso que Darwin faz de árvores genealógicas das espécies orgânicas tenha, de uma forma ou de outra, influência de dupla via sobre a de Schleicher, que propõe as mesmas árvores para a evolução histórica das línguas. Assim, no capítulo XIV de *On the origin of species*, Darwin afirma claramente que se as árvores genealógicas da evolução dos grupos humanos fossem conhecidas, seria possível derivar de tais árvores aquelas da evolução das línguas. Desta forma, vê-se como, desde meados do século XIX, não apenas os evolucionismos biológico e cultural se articulam, mas também dialogam com evolucionismos linguísticos, arqueológicos e paleoantropológicos (Cavalli-Sforza, 2000).

Central, deve-se ressaltar, no evolucionismo sociocultural clássico é seu envolvimento com o pensamento racialista, naquilo que se convencionou chamar de *racismo científico ou cientificista* do século XIX.

John Lubbock (1834–1913), entusiasta da obra darwiniana, busca aplicar o evolucionismo de forma unilinear às distintas sociedades do mundo, históricas e contemporâneas. A novidade de Lubbock é postular que os povos tecnologicamente menos avançados eram não apenas culturalmente, mas também emocional e intelectualmente menos desenvolvidos e mais primitivos que os civilizados.

Lubbock, barão e banqueiro vitoriano, amigo e vizinho de Darwin, foi também matemático, astrônomo, botânico, entomologista, arqueólogo e antropólogo; um intelectual muito prestigiado em seu momento histórico e em seu meio. Ele é, portanto, um autor-chave nessa articulação do evolucionismo clássico com o racismo cientificista (seu principal livro é *Prehistoric times*, de 1865) (Trigger, 2004).

Lubbock acredita que haveria algumas diferenças essenciais, de natureza biológica, entre certos povos primitivos e os civilizados. Os mais primitivos estariam fadados a desaparecer ou a ser absorvidos completamente e de forma subalterna pelos povos civilizados. A imposição de papéis subalternos a muitos povos nativos seria a consequência natural de suas pobres e limitadas capacidades intelectuais.

É relevante assinalar que o chamado racismo cientificista ganha a dimensão de política de Estado entre as primeiras décadas do século XX até os anos 1940, quando o evolucionismo sociocultural clássico – no ambiente da antropologia acadêmica e no debate intelectual – já começara a entrar em refluxo, paulatinamente criticado e progressivamente desprestigiado (Bowler, 1983).

A ideia e o termo *eugenia*, formulados em 1883 pelo primo de Darwin, Francis Galton (ele mesmo não um darwinista, mas um lamarckista), começa a se configurar como um movimento político apenas na virada do século. As políticas eugenistas de Estado nos EUA e Escandinávia, por exemplo, nos anos 1920 e 1930, já estavam bem desarticuladas com aquilo que os biólogos ou antropólogos formulavam em suas disciplinas (Bowler, 1983).

A *ciência da raça,* que fornece subsídios para tais políticas, fez amplo uso tanto do darwinismo como da antropologia evolucionista clássica, assim como de antropologia física, antropometria, craniometria e psicometria do século XIX e do início do XX – tal ciência, ou, mais precisamente, pseudociência, teve seu ápice macabro no Holocausto nazista.

Este foi certamente um dos elementos importantes (além dos intrinsecamente acadêmicos, como será visto) na radical recusa ao evolucionismo cultural ao longo do resto do século XX. Assim, essa recusa tem, para muito além das questões acadêmicas internas, fortes conotações políticas e ideológicas. Veremos adiante que uma determinada oposição à biologia por parte da antropologia, ao longo do século XX, também é claramente marcada por questões políticas, além das dimensões intrinsecamente epistêmicas relacionadas a esses campos acadêmicos (Bowler, 1983).

Assim, a ciência em geral, e a antropologia evolucionista em particular, naquele contexto, tornaram-se importantes instrumentos ideológicos de legitimação das políticas neocoloniais na África, na Ásia e na Oceania; das políticas de bloqueio e limitação de certos imigrantes para as novas nações americanas; assim como das práticas e políticas discriminativas e ostensivamente racistas perpetradas contra negros e indígenas nas Américas.

## AS REFUTAÇÕES E CRÍTICAS AO EVOLUCIONISMO CULTURAL CLÁSSICO

As primeiras refutações ao evolucionismo clássico provieram de seus contemporâneos, mas numa vertente mais conservadora ainda do que as próprias teses evolucionistas: pelos difusionistas.

### Difusionistas

Os antropólogos e arqueólogos antievolucionistas de primeira hora foram alguns dos difusionistas britânicos, como William James Perry (1887–1949) e Sir Grafton Elliot Smith (1871–1937), que formularam que os povos indígenas do mundo seriam tão limitados, tão pouco imaginosos, que seriam incapazes de qualquer inovação cultural ou tecnológica, ou seja, de qualquer evolução social e cultural.

As culturas nativas tradicionais, sendo incapazes de mudar, deveriam, portanto, ser absorvidas e extintas com o tempo. Qualquer lampejo criativo só poderia ter surgido e daí se difundido de áreas culturais especiais e privilegiadas, tais como o Egito antigo, alguma área de *Urkultur* (cultura originária) da Ásia Central, ou mesmo alguma área misteriosa a ser identificada na Europa (Trigger, 2004).

Como assinala Trigger (2004), o difusionismo surge num momento de acentuação do conservadorismo na Europa, em que camadas médias intelectualizadas, e cada vez mais nacionalistas, entram em desilusão com a ideia de progresso e abraçam a convicção de que o comportamento humano é biologicamente determinado. Isso tudo leva a um ceticismo crescente com relação à capacidade criativa dos seres humanos. De certa forma, alguns dos primeiros difusionistas representaram uma resposta conservadora em relação aos evolucionistas (vistos como progressistas), que vislumbravam a possibilidade de que todos os povos pudessem um dia chegar ao nível de civilização dos europeus.

Posteriormente, nas primeiras décadas do século XX, o difusionismo, já menos implicado em teses ultraconservadoras, passa a ser defendido na Inglaterra, sobretudo por William Halse R. Rivers (1864-1922). Esse incomum neurologista e psicólogo inglês, marcado por sua participação na famosa expedição ao Estreito de Torres, de 1898, torna-se um produtivo antropólogo social. Desenvolve um trabalho original – baseado, sobretudo, em povos da Oceania – sobre sistemas de parentesco, antropologia da morte e o que posteriormente passou a se denominar antropologia cognitiva. Em tais trabalhos, a interpretação dos dados segue predominantemente a linha difusionista.

Entretanto, o difusionismo será bem mais uma corrente alemã (com a criação de noções-chave como *Kulturkreise*, círculos de cultura) influenciada em seu início por Herder e, nos séculos XIX e XX, por etnólogos ligados à linhagem de Adolf Bastian (1826-1905), como Friedrich Ratzel (1844-1904) e sua antropogeografia, Fritz Graebner (1877-1934) e seus estudos sobre a Oceania, e Leo Frobenius (1873-1938) com sua detalhada pesquisa na e sobre a África (Raum, 1992).

Na Rússia, o difusionismo também é a perspectiva dominante, fundada pela escola de Nicolai Nicolaievich Miklukho-Maklai (1846-1888) com a obra de etnólogos como Vladimir Ilich Jochelson (1855-1937) e Lev Yacovlevich Shternberg (1861-1927), que realizaram etnografias de vários povos da Sibéria (Eriksen; Nielsen, 2007). De alguma forma, é plausível admitir que toda essa onda difusionista vinda do leste possa ter contribuído para enfraquecer o evolucionismo nas etnologias inglesa, francesa e norte-americana – que formariam, depois, as principais escolas antropológicas do século XX.

Outra linha importante de contestação ao evolucionismo clássico é a influente obra e atuação acadêmica de Franz Boas (1858--1942), com sua postura a favor de uma etnologia cautelosa teoricamente e rigorosa do ponto de vista empírico. Seu empirismo firme e radical ressaltava que os fatos vêm primeiro e a teoria, depois.

O texto "As limitações do método comparativo em antropologia" (*The limitations of the comparative method of anthropology*), de 1896, já traz a clara rejeição de Boas ao evolucionismo clássico, mas toda sua obra posterior até sua morte, em 1942, condena o evolucionismo cultural seja no plano metodológico (pela crítica ao *método comparativo*), no plano teórico, e, não menos resolutamente, no político (Boas, 2010c).

As teorias dos evolucionistas clássicos vão, na escola boasiana, gradualmente entrar para a história da disciplina como um conjunto de especulações bizarras, injustificáveis e falsas, criadas nos confortáveis gabinetes de eruditos na Europa (esta crítica é algo injusta, já que Morgan e Tylor, por exemplo, valorizaram e realizaram eles mesmos detalhados trabalhos de campo). Suas teses são classificadas como *história conjectural*; as fases de Morgan são consideradas pela escola de Boas como produto da imaginação, sem apoio em provas.

É emblemática a ideia que, para Boas (2010a) – um aficionado pelo trabalho empírico detalhado –, cada dia passado numa biblioteca ou num gabinete teorizando sobre a evolução, sobre as fases da humanidade ou sobre a história das instituições culturais (dentre outras teses vagas e abstratas), implicava a perda de um dia de coleta de dados etnográficos originais e irrecuperáveis.

Além disso, as complexidades dos dados etnográficos não se enquadram em fases e esquemas rígidos. Por exemplo, os boasianos constataram que vários grupos indígenas das Grandes Planícies da América do Norte abandonaram a vida agrícola fixa para se dedicar à vida nômade, centrada na caça a búfalos; um processo claramente inverso àquele postulado por Morgan.

Outro aspecto importante da rejeição de Boas e seus alunos às teses evolucionistas é a ideia de que a evolução é rapidamente equiparada à noção de progresso, dando ensejo à comparação entre culturas e à hierarquização de uma sobre a outra (Boas, 2010a). Para eles, duas culturas distintas constituem representações de *tipos de cultura* idiossincráticos e de valor humano e valor científico absolutos, enfim, incomparáveis.

Além disso, a rejeição à noção de que diferenças culturais ou sociais seriam produzidas por diferenças biológicas ou raciais é um ponto central nessa crítica. Diferenças e comparações culturais entre grupos humanos não devem ser tomadas como elementos centrais para a antropologia e, quando identificadas, suas causas devem ser buscadas na história de cada cultura, e não em fatores raciais ou ambientais. Assim, o racialismo, o racismo e o etnocentrismo associados às correntes evolucionistas são denunciados com ênfase pela antropologia norte-americana filiada a Boas.

Certamente não apenas os difusionistas e Franz Boas com seus seguidores nos EUA contribuíram para a rejeição que a antropologia acadêmica estabeleceu em relação aos seus fundadores evolucionistas. Um pouco mais tarde, na Inglaterra, os funcionalistas, ligados a Malinowski, e os estrutural-funcionalistas, em torno de Radcliffe-Brown, irão negar e se afastar de forma resoluta das teses evolucionistas.

Para Alfred R. Radcliffe-Brown (1881--1955), "a devoção à pseudo-história teve resultados infelizes" (Radcliffe-Brown, 1978, p. 60) como, por exemplo, a noção de que certos sistemas classificatórios de terminologia de parentesco são *sobrevivências* (os *survivals* de Tylor) de um tempo passado. Para ele, tal noção de *sobrevivências* conduz a erros profundos, tanto metodológicos como teóricos, na análise etnológica, pois as especulações evolucionistas em torno da origem das instituições sociais "[...] jamais poderiam ser objeto de verificação indutiva, não poderiam passar de especulações e, portanto, não têm qualquer valor para uma ciência da cultura" (Radcliffe-Brown, 1973a, p. 154).

Finalmente, deve-se assinalar que a análise histórica da articulação do evolucionismo cultural clássico com o biológico é, possivelmente, mais multifacetada e complexa do que pode parecer à primeira vista.

Segundo Adam Kuper (1988), em seu *The invention of primitive society*, a teoria evolutiva de Darwin não é, de modo algum, a inspiração mais comum dos evolucionistas culturais clássicos. Para ele, o grande paradoxo dessa relação de evolucionismos é que o triunfo de Darwin teria estimulado uma antropologia (evolucionista) claramente antidarwinista. A maior parte dos evolucionistas culturais prefeririam as teses lamarckistas, "se, de fato, reconheciam as diferenças", afirma Kuper (1988, p. 2, tradução nossa).

Homens como Tylor, Maine, McLennan e Morgan (os três últimos eram advogados de formação) estariam mais preocupados com temas como a evolução do matrimônio, da família, da propriedade privada, da religião e do Estado do que com esquemas evolucionistas tão abrangentes como o de Spencer. Eles, assim, não estariam preparados e/ou teriam pouca motivação para compreender detalhes do debate suscitado pelos naturalistas.

Tal análise de Adam Kuper parece, entretanto, algo arriscada; esses autores eram *scholars* bastante eruditos e, ao que tudo indica, devem ter lido com atenção obras difundidas, como *Philosophie zoologique*, de Lamarck, e, sobretudo, o *best-seller On the origin of species*. Por outro lado, a favor de Kuper, não deveria, naquele momento, ser tão fácil diferenciar claramente Lamarck e Darwin, já que este também aceitara, inicialmente, a herança de caracteres adquiridos (foi apenas após os experimentos de August F. L. Weismann, em 1892, ano da morte de Darwin, que tal forma de herança lamarckista passou a ser rejeitada – mas, mesmo assim, não por todos).

É mais plausível que a visão evolucionista de Lamarck, de que os organismos evoluem sobre uma escala linear de complexidade crescente, seja mais assimilável a noções evolutivas aplicadas a sociedades e culturas nas quais a onipresente ideia ocidental de progresso cumulativo (Nisbet, 1985) permanece intacta e, mais que isso, é reafirmada.

O caráter aleatório da evolução em Darwin e sua desconfiança de esquemas finalistas na natureza (embora, segundo Lennox [1992], certa teleologia intrínseca da espécie que "visa" sobreviver, teleologia sem um agente externo, possa ser identificada em Darwin) são posições de difícil assimilação, pois, para Darwin, "[...] a perfeição consiste em ser hábil para se reproduzir" (Darwin, 1967, p. 159, tradução nossa).

Além do finalismo, o antropomorfismo recorrentemente aplicado às teorias sobre a natureza é também rejeitado por Darwin, e, com tal rejeição, esquemas hierárquicos aplicados à natureza também desabam:

> É absurdo falar de um animal ser superior a outro – consideramos aqueles nos quais a estrutura cerebral/faculdades intelectuais são mais desenvolvidas, como superiores – Uma abelha, sem dúvida, seria superior [em uma escala] na qual os instintos são mais desenvolvidos (Darwin, 1960, p. 50, tradução nossa).

## ESTRUTURALISMOS: ESTRUTURA SOCIAL COMO CHAVE PARA ENTENDER O HUMANO

A ideia fundamental aqui seria a de que os grupos humanos só existem em determinadas estruturas sociais e são por elas íntima e profundamente constrangidos. A esta noção central de estrutura social corresponde uma série de noções relacionadas, tais como instituição social, processo, função, *status*, formas de interação, etc.

Assim, a estrutura social demarcaria o essencial da vida dos seres humanos, estabelecendo uma normatividade profundamente influente e exercendo uma força essencialmente coercitiva sobre os indivíduos.

Seguindo a visão de dualismo epistemológico mencionada no início deste capítulo (mas propondo três, e não dois grandes campos), será aqui traçado um esboço de como, no pensamento antropológico do século XX, as noções de ser humano foram expressas e elaboradas. Certamente não é possível qualquer tipo de abordagem minimamente completa do pensamento antropológico desse período, mesmo que restringido especificamente à concepção do humano.

Portanto, serão escolhidos aqui, de modo bastante arbitrário, apenas alguns autores (assim como algumas obras e temas pinçados), a título de expor e exemplificar como se dá a noção de humano no pensamento antropológico social moderno.

## Durkheim

Possivelmente o mais prudente, em uma peregrinação tão arriscada, seja iniciar com Émile Durkheim (1858–1917), pois é razoavelmente aceita a ideia de que seria ele um dos principais autores em termos de influência sobre a antropologia moderna, que marcou a noção de que o ser humano é uma entidade, por excelência, constituída pelo social.

Não importa que na obra inicial de Durkheim a divisão social do trabalho tenha sido seu foco, e, em sua obra tardia, este tenha se voltado à dimensão ideativa como noções, ideias ou representações, ou seja, a elementos cognitivos produzidos socialmente, suas famosas *representações sociais*. De toda forma, a ideia de que o ser humano é um ser intrínseca e fundamentalmente social é a marca de seu sistema de pensamento. Ele levou tal formulação a uma radicalidade profunda e original, e com isso produziu moldura e estrutura para uma boa parte do pensamento antropológico do século XX.

No final de uma de suas últimas obras, *As formas elementares da vida religiosa*, de 1912, ele enfrenta a questão relativa à origem e à natureza das categorias fundamentais do pensamento humano – ou seja, Durkheim faz nada menos do que convocar Kant para um debate derradeiro (Durkheim, 1978). As representações e conceitos são *noções-tipo* com as quais os humanos operam para habitar o mundo, seja o mundo natural ou o social, e elas são representações essencialmente impessoais: é por meio delas, diz o sociólogo francês, que *as inteligências humanas se comunicam*.

Não existe a possibilidade de haver um humano anterior à sociedade, anterior ao pensamento conceitual; este é inextricavelmente contemporâneo da humanidade. O pensamento conceitual e lógico é o que é permanente na mente humana, o que se sobrepõe ao transitório ou variável; o social se impõe sobre o individual.

Em Durkheim, parte-se da noção de que o pensamento lógico se inicia com o conceito, e, portanto, o pensamento conceitual sempre deve ter existido: "[...] não houve período histórico durante o qual os homens teriam vivido, de uma maneira crônica, na confusão e na contradição" (Durkheim, 1978, p. 239).

As representações coletivas são mais bem vistas em sua profunda natureza social no campo da linguagem, pois esta exprime um sistema de conceitos que representa o produto por excelência de uma elaboração coletiva. Assim, uma palavra, um termo, "[...] exprime coisas que nós jamais percebemos, experiências que jamais fizemos ou das quais jamais fomos testemunhas" (Durkheim, 1978, p. 236). Nas palavras de nossas línguas está condensada, diz ele,

> toda uma ciência com a qual eu não colaborei, uma ciência mais do que individual; e ela me ultra-

> passa a tal ponto que não posso nem mesmo apropriar-me completamente de todos os seus resultados (Durkheim, 1978, p. 236).

O que é importante ressaltar aqui, no pensamento de Durkheim, é que o caráter social da natureza humana abarca a totalidade de sua realidade;

> Porque o universo não existe senão enquanto é pensado e porque ele não é pensado totalmente senão pela sociedade, o universo toma lugar nela; ele torna-se um elemento de sua vida interior e assim a sociedade é ela mesma o gênero total fora do qual nada existe. O conceito de totalidade não é senão a forma abstrata do conceito de sociedade: ela é o todo que compreende todas as coisas, a classe suprema que encerra todas as classes (Durkheim, 1978, p. 241–242).

Não é à toa que, ao final de *As formas elementares*, Durkheim expõe sua tese sobre o pensamento humano usando o termo *categorias* (do pensamento). Tal termo é central na tradição filosófica (como em Aristóteles e em Kant) e remete para a busca por terreno firme, pela pedra dura na qual o pensamento humano possa assentar com segurança a sua estrutura.

As *categorias do entendimento* são, para Kant, as condições básicas do pensamento, e sem elas o ser humano simplesmente não pode pensar. Elas representam a condição indispensável para que um ser humano possa conhecer algo como objeto da experiência. Para Durkheim, afirmar que as categorias do entendimento são inerentes e universais à natureza do espírito humano, e que elas se impõem ao ser humano individual, é insuficiente, pois não diz de onde provém tal natureza. Da mesma forma, o kantismo, segundo Durkheim, não indica de onde provêm os fundamentos últimos da razão prática, do agir moralmente válido de forma universal:

> O que o kantismo não explica é apenas de onde vem a espécie de contradição que o homem termina assim por realizar. Por que ele é forçado a fazer-se violência para ultrapassar tal natureza de indivíduo e, inversamente, por que a lei impessoal é obrigada a decair encarnando-se nos indivíduos? (Durkheim, 1978, p. 244)

A solução para Durkheim está em identificar que o universal no humano provém do social. É a sociedade, em suas formas históricas, que fornece a estrutura para o pensamento conceitual humano, para a ação moral percebida como de validade universal, enfim, para a realização daquilo que é específico e universal na espécie humana.

Assim, é nesse sentido que Durkheim afirma que *as categorias exprimem coisas sociais* e que "a categoria por excelência é o conceito de totalidade, que não pode ser sugerido senão pela sociedade" (Durkheim, 1978, p. 240). As categorias do entendimento não são feitas apenas para serem aplicadas ao reino social, elas visam abarcar a realidade inteira.

Com efeito, diz Durkheim, "[...] as categorias têm por função dominar e envolver todos os outros conceitos; são os quadros permanentes da vida mental" (Durkheim, 1978, p. 250). Não há – não é possível, na sua perspectiva – uma estrutura no humano que seja universal e que preceda a vida social:

> O pensamento verdadeira e propriamente humano não é um dado primitivo: ele é um produto da história. [...] Todo o mistério desaparece no momento em que se reconheceu que a razão impessoal não é senão um outro nome dado ao pensamento coletivo. [...] Em uma palavra, existe o impessoal em nós porque existe o social em nós e, como a vida social compreende simultaneamente representações e práticas, esta impessoalidade estende-se naturalmente tanto às ideias quanto aos atos (Durkheim, 1978, p. 244).

A partir de Durkheim passa a ser inconcebível para os pensamentos sociológico e antropológico compreender o ser humano descolado, isolado de seu contexto social e histórico. O ser humano, enquanto objeto empírico, só pode ser satisfatoriamente estudado imerso em suas redes sociais, conexões simbólicas e representacionais que dão sentido a suas ações, necessidades e anseios. Um ser humano genérico, abstrato, isolado de suas amarras sociais, é um artefato da especulação filosófica, que pouco irá interessar ao projeto de uma antropologia científica.

É importante enfatizar também que, se não toda, uma grande parte da antropologia social do final do século XIX até o segundo terço do século XX, sobretudo na Europa, sofreu marcante influência das formulações fundamentais de Durkheim.

Em contraste, foi muito reduzida a influência de autores como Max Weber e Karl Marx. Na verdade, a influência de Marx na antropologia social passa a ser paulatinamente mais importante a partir dos anos 1960. De toda forma, a noção de que o ser humano é um ser que constrói a si mesmo, mas que tal construção se dá pela e através da sociedade e da cultura, irá impregnar profundamente a antropologia social que se desenvolve ao longo do século XX.

## Um complexo de relacionamentos sociais: Radcliffe-Brown

Situado na moldura conceitual criada por Durkheim, Alfred Reginald Radcliffe-Brown (1881–1955) defende que o específico do ser humano só pode ser concebido como algo social. Assim, os seres humanos devem ser estudados a partir do constrangimento social no qual estão situados. Seu projeto de antropologia visa, portanto, perseguir empiricamente os princípios estruturais abstratos e os mecanismos da integração social.

Os grupos humanos constituídos em sociedades só podem se manter coesos por meio de uma força que se constitui como estrutura social. Tal estrutura deve ser analisada em termos de subestruturas ou subsistemas como, por exemplo, a divisão social do trabalho, sistemas de parentesco, estatutos e *status* sociais, regras jurídicas, sistemas de solução de conflitos, normas morais etc.

O que é importante é que a estrutura social independe dos atores individuais que nela estão inseridos, atuam e a reproduzem. Enfim, para Radcliffe-Brown, os fenômenos sociais constatáveis em qualquer sociedade não podem ser concebidos como o "[...] resultado imediato da natureza dos seres humanos tomados individualmente, mas consequência da estrutura social pela qual estão unidos" (Radcliffe-Brown, 1973c, p. 235).

Sobre a natureza do humano, Radcliffe--Brown estabelece uma divisão conceitual precisa. Um ser humano que vive em sociedade (e todos vivem em sociedade) é sempre duas coisas, diz ele: *indivíduo* e *pessoa*.

*Indivíduo* é conceituado como o organismo biológico, o aglomerado de moléculas organizadas em uma estrutura viva complexa, o objeto das ciências biológicas – em particular da fisiologia. A noção de *pessoa* se refere ao ser humano como *um complexo de relacionamentos sociais*, que se expressa por determinado ser humano constituir-se cidadão ou cidadã de um determinado país, esposa, filho, mãe, primo, pedreiro ou professora, católica ou budista, votante em determinado partido etc. Assim, a noção central de *pessoa* para Radcliffe-Brown

> [...] refere-se a um relacionamento social, ou a certo lugar na estrutura social. [...] Como pessoa, o ser humano é objeto de estudo do antropólogo social. Não podemos estudar pessoas a não ser nas condições de estrutura social, nem podemos estudar a estrutura social exceto em termos de pessoas que são unidades de que ela se compõe (Radcliffe-Brown, 1973c, p. 239).

O ser humano, quando estudado como pessoa, difere, portanto, em termos de disciplina e âmbito científico, de quando abordado como indivíduo, e o fundamental é que a pessoa, mas não o indivíduo, *ocupa posição em uma estrutura social*, e tal estrutura irá definir o fundamental de tal pessoa.

Processo, estrutura e função são três conceitos centrais no projeto de Radcliffe--Brown para o estudo dos sistemas sociais humanos. A *estrutura* se refere a todos os elementos de um sistema social intrinsecamente interligado. O *processo* diz respeito ao movimento dinâmico que ocorre dentro das estruturas; assim como um organismo é dotado de uma estrutura (moléculas, células, órgãos etc.), ele só é compreendido enquanto organismo vivo, uma fisiologia em ação. O *processo* é o movimento vital das pessoas em determinadas posições de uma estrutura social; "[...] o processo depende da estrutura, e a continuidade da estrutura depende do processo" (Radcliffe-Brown, 1973b, p. 23).

Estrutura e processo estão necessariamente unidos no conceito de *função* (Radcliffe--Brown, 1973b). A *função* é a conexão recíproca entre a estrutura social e o processo de vida social. Uma sociedade é um sistema organizado no qual a estrutura social institui as posições sociais de cada pessoa, e esse sistema determina as funções dessas pessoas estruturalmente posicionadas.

A vida social humana – especificamente a cultura, que Radcliffe-Brown geralmente prefere denominar *forma de vida social* – estabelece uma diferenciação clara entre o humano e o animal: "[...] a vida social humana difere muito marcadamente da vida social de outras espécies animais. A transmissão dos modos aprendidos de pensar, sentir e atuar constitui o processo cultural, que é aspecto específico da vida social humana" (Radcliffe-Brown, 1973b, p. 14).

## Mauss

Outro autor fundamental, pertencente diretamente à linhagem durkheimniana, é o sobrinho do mestre, Marcel Mauss (1872–1950). A noção de que a pessoa humana é uma construção histórica e social, fundamental para a circunscrição do que é um ser humano, seguramente não foi identificada nem unicamente, nem mesmo por primeira vez, por Radcliffe-Brown; foi brilhantemente articulada por Mauss em seu estudo *Uma categoria do espírito humano: A noção de pessoa, a de eu* (*Une categorie de l'esprit humain: la notion de personne, celle de moi*, de 1938).

Em tal obra, ele rastreia como se constitui a noção de pessoa, tanto na Antiguidade ocidental, sobretudo latina, mas também em civilizações ancestrais como a chinesa, a indiana, de nativos da América do Norte, *Pueblos* e *Kwakiutl* e de povos nativos australianos. Enfim, a pessoa cristã e, depois, a pessoa moderna, de semblante psicológico, são todas elas constituídas histórica e socialmente, e apenas desse modo é viável compreendê-las.

Nessa perspectiva fiel à linhagem durkheimniana, a sociedade é concebida como uma realidade abrangente e constrangedora, o fato social não apenas tomado como *coisa*, mas como totalidade, como *fato social total*. No entanto, os fatos sociais totais não serão apenas "[...] uma regularidade compacta, mas um sistema eficaz de símbolos ou uma rede de valores simbólicos, que irá se inserir no individual mais profundo" (Merleau-Ponty, 1989, p. 142).

O social que dá sentido e constitui o essencial da experiência humana é, por sua vez, constituído por uma espécie de cimento que permite que as estruturas sociais e simbólicas fundamentais se articulem e mesmo que adquiram existência; são as noções de troca e de reciprocidade que Mauss recupera por meio de dados etnográficos e antropológicos como os de *formas e sistemas de prestações totais*.

Tais formas e sistemas se expressam em instituições sociais fundamentais relacionadas à troca perpétua de presentes e obrigações (obrigação de dar, de receber e de retribuir) como o *potlatch*, sistema de troca cerimonial de vários povos da costa norte do Pacífico americano, da oceania, rastreável também entre os trácios na Grécia Antiga, no mundo germânico antigo, enfim, por todo canto onde se o busque etnograficamente.

> Essas trocas, esses dons de coisas que ligam as pessoas se efetuam a partir de um fundo comum de ideias: a coisa recebida como dom, a coisa recebida em geral compromete, liga mágica, religiosa, moral e juridicamente o doador e o donatário. Vindo de uma pessoa, fabricada ou apropriada por ela, e sendo dela, confere-lhe poder sobre o outro que a aceita (Mauss, 2001b, p. 365).

Não apenas o *potlatch*, mas outros sistemas de trocas como o *Kula* (sistema cerimonial dos trobriandeses estudado por Malinowski) os inúmeros sistemas de trocas matrimoniais, os variados sistemas de trocas comerciais marcados por profundo simbolismo, as trocas linguísticas, etc. Sobre a troca como captada por Mauss, pode-se dizer, como o faz Merleau-Ponty (1989), que ela deve ser considerada bem mais fundamental do que outras instâncias sociais quaisquer, pois "[...] a troca não seria um efeito da sociedade, mas a própria sociedade em ato" (Merleau-Ponty, 1989, p. 143).

Essa noção de troca como cimento fundamental da sociedade, como coração da organização social e cultural, será retomada em seguida, quando examinarmos alguns aspectos da obra de Lévi-Strauss.

## A noção de humano na antropologia estruturalista de Lévi-Strauss

Nigel Rapport (2007) situa a antropologia de Claude Lévi-Strauss (1908-2009) nesse segundo bloco universalista, pois pensa que, no antropólogo francês, a estrutura social seria o elemento universal – estrutura que se manifestaria de forma integral e inconscientemente no espírito humano e em suas obras.

As matrizes inconscientes do pensamento e da ação humanas seriam a reprodução de determinados padrões de formas de vida. O indivíduo seria, então, marcado por uma estruturação profunda originada do social; suas escolhas aparentemente pessoais seriam, propriamente, a operação de um nível inconsciente e profundo da estrutura social.

Há certa controvérsia, entretanto, em tal leitura e localização da obra de Lévi-Strauss. Não se trataria de uma introjeção profunda da estrutura social, mas da mente humana concebida como estrutura que seria o elemento universal. Assim, Lévi-Strauss deveria, no esquema sugerido por Stocking e elaborado por Rapport, não ser incluído estritamente junto à escola inglesa de Radcliffe-Brown.

No início de *As estruturas elementares do parentesco*, Lévi-Strauss (1982) principia sua pesquisa seminal examinando a díade recorrente e fundante no pensamento ocidental – *natureza e cultura*. Elas são, de um lado, as duas dimensões fundamentais da condição humana, e, de outro, a díade que separa o especificamente humano do animal, do não humano.

O argumento original de Lévi-Strauss abre-se com a recusa em aceitar tal díade como duas dimensões justapostas ou superpostas. A cultura "[...] não pode ser considerada nem simplesmente justaposta nem simplesmente superposta à vida" (Lévi-Strauss, 1982, p. 42). Se, em determinado sentido, ela como que se substitui à vida, num outro, ela a utiliza e a transforma, realizando uma nova síntese, criando uma nova ordem.

A linguagem articulada e os consequentes estudos anatômicos e fisiológicos a ela relacionados, pensam alguns, forneceriam, com a perspectiva do fundamento absoluto do cérebro humano e da sua capacidade de nomear, uma base segura.

Lévi-Strauss argumenta que se deve contrapor à linguagem e à sociabilidade humanas a linguagem e a sociabilidade em sociedades animais.

Nas formulações de Lévi-Strauss estão contidas listas de elementos que poderiam ser considerados como candidatos a constituintes de um "modelo cultural universal". O autor continua, na mesma página:

> [...] nenhum obstáculo anatômico impede o macaco de articular os sons da linguagem, e mesmo conjuntos silábicos, só podemos nos sentir ainda mais admirados pela irremediável ausência da linguagem e pela total incapacidade de atribuir aos sons emitidos ou

> ouvidos o caráter de sinais (Lévi-Strauss, 1982, p. 20).

Lévi-Strauss parece indicar, nessas passagens, que a linguagem articulada ocupa um lugar central no "modelo cultural universal" e tem um papel característico no humano. A existência de uma linguagem articulada *torna possível*, por sua vez, a atividade simbólica generalizada (inclusive utilizando meios não linguísticos) (Lévi-Strauss; Eribon, 1990). Lévi-Strauss afirma a existência de um divisor entre a humanidade e as espécies não humanas:

> Não há nessas estruturas coletivas nenhum lugar mesmo para um esboço do que se pudesse chamar o modelo cultural universal, isto é, linguagem, instrumentos, instituições sociais e sistemas de valores estéticos, morais ou religiosos (Lévi-Strauss, 1982, p. 44).

O autor inicia sua peregrinação em busca de um elemento que, de um modo ou de outro, fundamente o advento do humano, da sociedade humana e da cultura. O mais significativo, ainda concernente aos símios não humanos, é que na vida social dos antropoides não se observa a formulação de nenhuma norma (Lévi-Strauss, 1982).

Na ausência de normas ou regras, pensa Lévi-Strauss, está possivelmente o critério mais seguro para que se distinga o processo natural em contraposição ao processo cultural. Entre os grandes símios, embora já se observe a capacidade de se libertarem de comportamentos específicos, nada indica a possibilidade de estabelecerem uma norma, uma regra verdadeira que funde um novo plano.

Buscar na natureza, diz nosso autor, a origem das regras institucionais é cair num círculo vicioso, pois elas sempre supõem a cultura. É inconcebível para ele a instauração da regra no interior de um grupo *sem a intervenção da linguagem* (Lévi-Strauss, 1982). Assim, Lévi-Strauss identifica a impossibilidade empírica das análises disponíveis em apreender, de forma consistente, a passagem entre os fatos da natureza e os fatos da cultura.

O domínio da natureza, segundo ele, é o domínio do universal, do obrigatório, do invariável, assim como o domínio da cultura é o campo do variável, do relativo e do particular. Dessa forma, para Lévi-Strauss,

> [...] é fácil reconhecer no universal o critério da natureza. Porque aquilo que é constante em todos os homens escapa necessariamente ao domínio dos costumes, das técnicas e das instituições pelas quais os grupos se diferenciam e se opõem (Lévi-Strauss, 1982, p. 47).

Não sendo possível localizar o abismo de separação entre o ser humano e o macaco antropoide, entre a cultura e a natureza, no uso de ferramentas ou em algum outro comportamento específico, Lévi-Strauss propõe a regra como elemento fundamental não da cultura, mas da articulação, daquilo que ele denomina *dobradura* entre cultura e natureza: "Em toda parte onde se manifesta uma regra podemos ter certeza de estar numa etapa da cultura" (Lévi-Strauss, 1982, p. 47).

Assim, a regra é o comando que marca a entrada na cultura, e, de certa forma, a transformação do *homem-símio* em um ser plenamente humano. Sendo universal entre os seres humanos, pelo menos na sua origem, ela abre a possibilidade de a variação, o relativo e o particular se contraporem ao universal da natureza. Lévi-Strauss diz:

> [...] pois, que tudo o que é universal no homem depende da ordem da natureza e se caracteriza pela espontaneidade, e que tudo quanto está ligado a uma norma pertence à cultura e apresenta os atributos do relativo e do particular (Lévi-Strauss, 1982, p. 47).

Conclui-se que a regra é o elemento fundamental da passagem da natureza à cultura, do símio ao humano pleno. Sendo elemento de passagem, dobradiça, ela contém os dois domínios: o seu caráter obrigatório e universal em toda experiência humana, na sua própria existência, e o seu caráter relativo, variável, aberto às possibilidades das distintas formas que a cultura adquire nos variados grupos humanos. Mas Lévi-Strauss, neste ponto, diz mais.

Tomando-se a regra como o elemento fundante da cultura, dentre todas as regras há uma que revela, na sua maior radicalidade, esse mesmo aspecto fundante: é a proibição do incesto. Presente em praticamente todos os grupos humanos, a proibição do incesto, e sua consequente regulamentação das formas de união entre homens e mulheres, é o universal cultural por excelência. Não há nenhuma sociedade, afirma Lévi-Strauss – mesmo naquelas ínfimas exceções de realezas que prescrevem alguma forma de casamento entre consanguíneos próximos –, na qual nenhum tipo de casamento seja proibido.

A proibição de uma forma específica de casamento e a autorização de outras, o tabu do incesto como marca indelével da cultura, sendo, por um lado, universal em um dos seus membros, revelando assim um compromisso originário com a natureza no seu caráter de regra universal e abrindo, por outro lado, a possibilidade para uma pluralidade de organização das formas de união, forjando assim as possibilidades criativas da cultura:

> Porque a proibição do incesto apresenta, sem o menor equívoco e indissoluvelmente reunidos, os dois caracteres nos quais reconhecemos os atributos contraditórios de duas ordens executivas, isto é, constituem uma regra, mas uma regra que, única entre todas as regras sociais, possui ao mesmo tempo caráter de universalidade [...] A proibição do incesto possui ao mesmo tempo a universalidade das tendências e dos instintos e o caráter coercitivo das leis e das instituições (Lévi-Strauss, 1982, p. 47, 49).

Entretanto, é importante ressaltar, nessa dupla pertença do tabu do incesto, nesse seu caráter de não pertencer nem integralmente à cultura, nem à natureza (mas às duas dimensões), que não há uma condição de composição, de *"dosagem de elementos variados"* (Lévi-Strauss, 1982, p. 62) que tome empréstimos, proporcionados ou não, de uma parte da natureza e de outra parte da cultura.

A proibição do incesto não é compromisso de uma mescla pacificadora e inerte; é elemento de passagem, dobradiça que permite e produz um salto originário. Essa proibição "constitui o passo fundamental graças ao qual, pelo qual, mas sobretudo no qual se realiza a passagem da natureza à cultura" (Lévi-Strauss, 1982, p. 62). Assim, o tabu do incesto constitui o vínculo que une a natureza e a cultura.

A proibição do incesto, vale repetir, é o episódio de transformação, de passagem, fundador de toda a articulação natureza-cultura. Para Lévi-Strauss, antes da proibição do incesto a cultura ainda não existia, e com ela, é a natureza que deixa de existir no ser humano, como reino soberano. Com tal proibição, a natureza

> [...] se ultrapassa a si mesma. Acende a faísca sob a ação da qual forma-se uma estrutura de novo tipo, mais complexa, e se superpõe, integrando-as, às estruturas mais simples da vida psíquica, assim como estas se superpõem, integrando-as, às estruturas, mais simples que elas próprias, da vida animal. Realiza, e constitui por si mesma, o advento de uma nova ordem (Lévi-Strauss, 1982, p. 63).

No parentesco, os dois elementos fundamentais que se articulam e se opõem de forma recorrente são a consanguinidade e a aliança, expressos como filiação e casamento. Numa perspectiva mais geral, afirma nosso autor, "[...] a proibição do incesto exprime a passagem do fato natural da consanguinidade ao fato cultural da aliança" (Lévi-Strauss, 1982, p. 70).

Assim, em todo e qualquer sistema de parentesco há uma tensão recorrente entre consanguinidade e aliança, filiação e casamento. A consanguinidade, a filiação, mantém o elemento de natureza. A cultura, diz Lévi-Strauss, reconhece-se impotente diante da filiação, mas ao tomar consciência de tal impotência, como que introduz a aliança, para indicar à natureza que, no caso do ser humano, ela, a natureza, já não poderá tudo. Sob pena de não existir, a cultura, com a aliança, diz à natureza que "*primeiro eu*" e lhe assinala que, daqui em diante, "*não irás mais longe*" (Lévi-Strauss, 1982, p. 71).

A articulação entre natureza e cultura possibilitada pela regra, pela aliança, é exatamente o elemento essencial que permite a continuidade entre as duas ordens. No entanto, esclarece Lévi-Strauss, a aliança deve ser compreendida não apenas como dobradiça, mas sobretudo como "[...] o corte, onde a dobradiça pode fixar-se" (Lévi-Strauss, 1982, p. 71). Assim, há nessa articulação a dupla dimensão de corte e continuidade, de salto e ligação.

Cabe ressaltar que, nessa formulação, a essência do tabu do incesto não é o seu conteúdo em específico, mas o que Lévi-Strauss denomina o *fato da regra* (e ele mesmo o escreve em itálico, p. 72). Esse fato é que é a própria essência da proibição do incesto.

Se a natureza abandona a aliança – o modo como a união entre os sexos deve ocorrer – ao acaso, de forma arbitrária, é impossível à cultura, diz nosso autor, *não introduzir uma ordem, de qualquer espécie que seja, onde não existe nenhuma* (Lévi-Strauss, 1982, p. 72). Fazendo assim, a cultura realiza seu papel primordial, a saber, garantir a existência do grupo como grupo, substituindo nesse domínio, de igual modo como o faz em todos os outros domínios nos quais se expressa, "*a organização pelo acaso*".

Em todos os recantos da vida não humana nos quais a espontaneidade, o aleatório, o desregrado antes imperava, com a cultura passa a operar a organização, o prescrito e o regrado.

Ao pronunciar seu discurso por ocasião das comemorações do 250º aniversário de nascimento de Jean-Jacques Rousseau, em 28 de junho de 1962, Lévi-Strauss (1976b) retoma sua análise referente à díade *natureza e cultura*.

O discurso tem como argumento central a ideia de que Rousseau foi o fundador da etnologia, em particular, e das ciências do homem, em geral – a saber, com sua obra *Discurso sobre a origem e os fundamentos da desigualdade entre os homens*. Nesse trabalho, afirma Lévi-Strauss, pode-se constatar uma análise sumamente original e inspiradora do problema das relações entre natureza e cultura.

Rousseau, em seu discurso, formula que, com o surgimento da sociedade, ocorre uma passagem em três dimensões: da natureza à cultura, do sentimento ao conhecimento e da animalidade à humanidade. É o ser humano o único ser dotado de uma faculdade essencial, que o impele a transpor esses três obstáculos. Mas tal faculdade essencial, a mesma que o faz vencer tais obstáculos, possui na sua origem atributos contraditórios, diz Lévi-Strauss.

Somente sob a condição de tornar-se consciente de seu eu e de seu não eu, ou seja, de se dar conta de si e do outro; somente com a percepção da diferença e, com ela, da identidade, é que tal faculdade pode existir. Essa faculdade que lhe impele à transposição é a mesma que lhe impõe a identificação com um outro.

A passagem da natureza à cultura articula, portanto, a sua noção gêmea de que ele, o homem, é natureza e cultura, sentimento e conhecimento, animalidade e humanidade. Aqui se verifica um salto no pensamento de Lévi-Strauss em relação a 1949. Tal faculdade, Rousseau enfatiza em todo seu discurso (e Lévi-Strauss aponta para sua centralidade), é a piedade, originada da identificação com um outro. Na piedade há uma identificação fundamental, uma "[...] repugnância inata, de ver sofrer um semelhante", como diz Rousseau (Lévi-Strauss, 1976b, p. 49).

Lévi-Strauss termina seu discurso sobre Rousseau aproximando-se dele não apenas em sua condição de fundador das ciências do homem, mas em seu projeto político:

> Longe de oferecer-se ao homem como refúgio nostálgico, a identificação com todas as formas de vida, começando pelas mais humildes, propõe, portanto, à humanidade de hoje, pela voz de Rousseau, o princípio de toda sabedoria e de toda ação coletivas [...] o homem é um ser vivo e sofredor, semelhante a todos os outros seres antes de distinguir-se deles por critérios subordinados, quem nos ensinou isso, senão Rousseau? (Lévi-Strauss, 1976b, p. 51).

É também de 1962 a importante obra de Lévi-Strauss intitulada *O pensamento selvagem*, na qual ele defende a ideia de que a lógica das classificações de povos cuja forma de religião é o totemismo seria, peculiarmente, uma "*lógica do concreto*". Assim, na lógica em questão, os seres (animais, plantas) revestidos de significação por tais indígenas seriam concebidos, diz Lévi-Strauss (1970), como seres que apresentam determinado parentesco com os seres humanos. Haveria, assim, um marcante sentimento de identificação entre seres humanos e seres da natureza; identificação, esta, que seria mais profunda que as noções de diferença.

Em 28 de março de 1972, Lévi-Strauss foi convidado a ministrar uma conferência – a *Gildersleeve Lecture* – em homenagem à antropóloga Virginia Gildersleeve, na tradicional instituição universitária de Nova Iorque, o *Barnard College*. O tema escolhido foram as possíveis relações entre o estruturalismo e a ecologia (Lévi-Strauss, 1979).

Se por um lado a natureza é constituída por propriedades estruturais incontestáveis, faz-se necessário lembrar que, para Lévi-Strauss, tais propriedades são mais ricas que os códigos estruturais por meio dos quais o sistema nervoso humano traduz tais estruturas da natureza. Entretanto, lembra nosso autor, embora menos ricos que a natureza em si, esses dois domínios não são qualitativamente distintos, de modo que as propriedades estruturais elaboradas pelo entendimento humano os levam às estruturas próprias do real. Pois o espírito não seria capaz de compreender o mundo que nos envolve se ele mesmo não fosse parte desse mundo que o produziu (Lévi-Strauss, 1979).

Faz-se, portanto, necessário restabelecer uma certa harmonia, segundo Lévi-Strauss, entre cultura e natureza, entre o ser humano perpetuamente à busca de significação (cultura) e o mundo de seres orgânicos e inorgânicos onde ele vive (natureza). Assim, a partir de um elemento da sensibilidade – o amor pelos seres vivos –, nosso autor retorna à piedade, esse sentimento por tudo o que vive, sente e sofre, como busca de um reencontro, busca baseada em um sentimento nostálgico de unidade há muito perdida, unidade mítica e utópica entre espírito e corpo, natureza e cultura.

Em detalhada entrevista de 1988 fornecida a Didier Eribon, Lévi-Strauss reexpõe facetas de sua posição em relação à natureza, ao Cosmos e à possibilidade do seu conhecimento (Lévi-Strauss; Eribon, 1990). Da mesma forma que a linguagem, o pensamento humano e o funcionamento mesmo do cérebro humano obedecem a uma estrutura que expressa, de uma forma ou de outra, algo universal que também está na natureza.

Seu trabalho de investigação etnológica como que o conduziu a isto: "ao restabelecer a velha noção de natureza humana, eu apenas lembrava que o cérebro humano, em qualquer lugar, é constituído da mesma forma, e que, portanto, coações idênticas atuam sobre o funcionamento do espírito" (Lévi-Strauss; Eribon, 1990).

Todavia, da linguagem e do pensamento humanos para a estrutura dos seres vivos, pode-se dar um passo. Ao ser inquirido sobre os possíveis desdobramentos das descobertas das ciências biológicas contemporâneas para sua teoria, ele diz:

> Tudo o que os linguistas nos tinham ensinado sobre a linguagem, e que parecia ser sua exclusiva propriedade, nos apercebíamos de que existe no próprio interior da matéria viva; de que o código genético e o código verbal apresentam as mesmas características e funcionam de maneira igual (Lévi-Strauss; Eribon, 1990, p. 138).

Mas, note-se bem, tal analogia, tais características comuns entre as estruturas da língua e da memória genética, não desmontam, para Lévi-Strauss, a oposição entre *natureza e cultura*, antes apontam a necessidade de um pensamento fundamental, de toda a teorização dele sobre a relação entre tais campos.

A oposição entre natureza e cultura, diz o autor, *conserva seu valor metodológico* e reforça a sua posição de se antepor a ofensivas simplistas e primárias, como as da sociobiologia, diz ele, "[...] que quer reduzir os fenômenos culturais a modelos copiados da zoologia" (Lévi-Strauss; Eribon, 1990, p. 138).

Sua recusa em fazer deslizar o que é observado em animais zoologicamente próximos aos humanos, como primatas e cetáceos, ao que se constata nos estudos das sociedades e culturas humanas, é clara e precisa:

> Se a distinção entre natureza e cultura um dia vier a esfumar-se, a reconciliação não acontecerá através do que chamaríamos, na linguagem atual, de interface dos fenômenos humanos e animais, ou seja, lá onde certas características humanas, como a agressividade, parecem assemelhar-se ao que se observa no comportamento de outras espécies (Lévi--Strauss; Eribon, 1990, p. 138).

Mas Lévi-Strauss não para aí, ao indicar como e onde a articulação entre *natureza e cultura* pode se revelar simplista e infrutífera. Em certas versões, ele expõe em que planos ela deve ser buscada, em um modo de articulação muito menos evidente, mas muito mais desafiador:

> Se a aproximação acontecer, será pelo outro extremo: entre o que existe de mais elementar, mais fundamental, nos mecanismos da vida, e o que há de mais complexo nos fenômenos humanos. Se a fronteira deve ser abolida, sê-lo-á atrás do cenário em que hoje se desenvolve o debate entre os defensores da cultura e os defensores da natureza (Lévi-Strauss; Eribon, 1990, p. 138).

Em um texto curto, ao defender-se julgando terem desfigurado seu pensamento (Christian Delacampagne e Bernard Traimond em *A polêmica Sartre/Lévi-Strauss revisitada*, de 1997), Lévi-Strauss (1998) faz questão de deixar claro que, desde *As estruturas elementares*, ele realiza uma clara separação, em termos de interpretação, dos fatos sociais em relação a todo o naturalismo. Afirma que sua opinião é clara contra posições como a da sociobiologia, e que tanto em sua obra sedimentada como em entrevistas, não se pode acusá-lo de "[...] complacência para com os inventores de pretensos atalhos entre as ciências humanas e as ciências naturais" (Lévi-Strauss, 1998, p. 110).

Mas faz-se necessário tomar o pensamento e a obra de Lévi-Strauss de forma completa. Se o autor recusa esses atalhos entre as ciências humanas e as ciências naturais assim como a absorção do humano por uma biologia voraz e onívora, por outro lado o panorama científico desse autor pressupõe que se conceba o ser humano na natureza e como elemento do universo vivo pertencente ao Cosmos.

> [...] Sabemos que o homem faz parte da vida, a vida da natureza e a natureza do cosmos. Daí minha

asserção de que as ciências do homem têm por objetivo último 'reintegrar a cultura na natureza e, finalmente, a vida no conjunto de suas condições físico-químicas', cuja 'feição voluntariamente brutal' (Lévi-Strauss, 1962: 327) me apressei em salientar. (Lévi-Strauss, 1998, p. 115).

Lévi-Strauss recusa, entretanto, nessa incorporação do ser humano ao universo de seres vivos, uma explicação do "superior pelo inferior". Seu modo de teorizar não deixa em momento algum de ser estrutural, pois para ele *alguma coisa que se parece com o pensamento já existe na vida*, assim como *alguma coisa que se parece com a vida já existe na matéria inorgânica*. Mas é preciso que se enfatize que isso não é um projeto de ciência, é antes um plano de projeção do real, pois o autor não acredita que seja possível "[...] a um sujeito pensante e vivente apreender o pensamento ou a vida enquanto objeto" (Lévi-Strauss, 1998, p. 110).

Finalmente, cabe ressaltar que, não obstante a equação acolhida e desenvolvida pelo estruturalismo – que articula cultura, linguagem simbólica, sociedade e humanidade – não está inscrita na teorização de Lévi-Strauss a ideia de que *natureza e cultura* sejam nada mais que criações culturais. O projeto de antropologia de Lévi-Strauss toma, como fundamento metodológico, que só é possível alcançar os universos das diversas culturas por meio da compreensão dos constrangimentos universais do espírito humano, assim como só é possível se aproximar do mistério da natureza por meio do mesmo espírito humano dotado de constrangimentos dados.

Atento a vozes que formulam noções de natureza e cultura que ultrapassam tanto a ciência mecanicista como o dualismo filosófico (não só Kant, mas também e sobretudo Descartes) e religioso do Ocidente – que separam de forma absoluta a natureza da cultura –, Lévi-Strauss (1998) estabelece uma antropologia que conjuga, de forma radical, uma exigência racional de apreensão do espírito humano, suas formas e modos de conhecer em moldes kantianos com uma apreensão da natureza, dos animais e dos seres humanos das sociedades radicalmente distintas do Ocidente moderno. Uma apreensão tal que vê na identificação plena com o outro mais o outro possível a única possibilidade de uma ética consistente, tanto epistêmica quanto politicamente – ética essa que possibilitaria o resgate da dignidade não apenas destinada aos humanos, mas a todos os seres vivos e à natureza em geral.

## Malinowski

Nos afastamos marcadamente da noção de estrutura (seja do estrutural-funcionalismo de Radcliffe-Brown, seja do estruturalismo de Lévi-Strauss) quando passamos a examinar a obra de Bronislaw Malinowski (1884–1942), inovador ousado no que se refere ao método etnográfico e à teoria antropológica.

Apesar de ser citado como criador da etnografia moderna, Malinowski não a inventou, mas a desenvolveu. O trabalho de campo de longa duração, detalhado e rigoroso em antropologia ganhou, com sua obra, em rigor e profundidade. Alguns propõem que os relatos missionários de jesuítas no Canadá (Paul Le Jeune [1634] e Joseph-François Lafitau [1724]), as chamadas *re-*

*lações jesuíticas*, dos séculos XVII e XVIII, por revelarem detalhado conhecimento da vida cotidiana dos nativos, seriam o início da etnografia, o método por excelência da antropologia social moderna (Eriksen; Nielsen, 2007).

Também antes de Malinowski, no século XIX, Adolf Bastian (1826–1905) coletou pessoalmente um grande acervo de material etnográfico, permanecendo, em tal tarefa, mais de 20 anos fora da Alemanha. O russo Nicolai Nicolaievich Miklukho-Maklai (1846–1888) realizou, cerca de 40 anos antes de Malinowski, intensiva pesquisa de campo de 15 meses nas costas da Nova Guiné e deu início, com produtivos discípulos, a uma rica tradição etnográfica russa pouco reconhecida no Ocidente. As obras dos discípulos de Miklukho-Maklai e essa tradição fundada na Rússia foram eclipsadas por violentas repressões políticas: primeiro pelo tzarismo, depois pelo stalinismo (Eriksen; Nielsen, 2007).

Além disso, etnólogos ingleses organizaram, também antes de Malinowski, expedições etnográficas, como a de Torres, em 1898, e Franz Boas organizou a *Jesup North Pacific Expedition* (1897–1902), da qual participaram vários alunos de Miklukho-Maklai; tais expedições utilizaram métodos etnográficos detalhados e cuidadosos (Eriksen; Nielsen, 2007).

O que Malinowski criou de fato foi um tipo particular e extremamente fértil de etnografia baseada na *observação participativa*, que incluía viver longamente com as pessoas estudadas e participar o máximo possível de suas vidas, aprendendo o idioma local, experimentando de forma intensa e pessoal seu modo de vida, suas visões de mundo e perspectivas locais; um modo de fazer etnografia que marcou profunda e definitivamente a antropologia social e cultural no século XX (Eriksen; Nielsen, 2007).

Em termos de concepção do humano, Malinowski concebe o indivíduo antes como lócus de necessidades básicas ou derivadas do que como epifenômeno do social ou como ser que se define pelo constrangimento social pelo qual é constituído e ao qual é submetido. Seu programa funcionalista é antes biopsicológico, em contraposição ao funcionalismo estrutural de Radcliffe-Brown.

As semelhanças de Malinowski com Radcliffe-Brown ou com Mauss (assim como, veremos adiante, com Boas e sua escola) estão na proposta de se estudar as sociedades como unidades totais, nas quais as partes constituintes estão entrelaçadas de forma orgânica, não passíveis de serem separadas nem na realidade, nem analiticamente.

Também nesses autores (talvez um pouco menos em Mauss), que representam a fundação da antropologia social moderna, o estudo do homem social deveria corresponder à análise sincrônica, sendo a busca pelas origens e pelo rastreamento da evolução histórica vistas com certa desconfiança, como empreitada especulativa e arriscada, dotada de pouca cientificidade.

Ao se examinar sua última obra teórica, publicada postumamente em 1944, *A scientific theory of culture*, nota-se uma noção de ser humano como constituído por camadas, que Geertz (1978) denominou criticamente como *estratigráfica*.

Nas camadas mais profundas está o biológico, as necessidades elementares relacionadas à sobrevivência do indivíduo e da espécie, expressas em impulsos como fome, sede, apetite sexual, necessidade de repouso, medo do perigo e da dor. A cada uma dessas necessidades biológicas correspondem respostas culturais concernentes: à fome, a busca e o aprovisionamento de alimentos; à reprodução, o casamento e o parentesco; à segurança, as atividades de proteção; e assim por diante.

Em um segundo estrato, acima desse primeiro, estão as necessidades derivadas, mais intricadas no plano psicológico humano e já marcadamente influenciadas pela cultura:

> É este o ponto em que o estudo do comportamento humano inicia um afastamento definido do mero determinismo biológico. Já esclarecemos isso ao apontar que dentro de toda sequência vital o impulso é transformado ou codeterminado por influências culturais (Malinowski, 1970, p. 92).

Às necessidades derivadas correspondem também respostas culturais. Assim, às necessidades relacionadas à vida material – em que já impera a aparelhagem cultural de produção, conservação e distribuição de bens de consumo –, correspondem respostas culturais que conformam a economia; ou à necessidade de definir e organizar a distribuição da autoridade e do poder no interior da vida social, correspondem as respostas culturais relacionadas à organização política.

Finalmente, em um terceiro e último extrato, está o que Malinowski denomina o campo dos *imperativos integrativos da cultura humana*. Esse último nível como que sobredetermina os dois anteriores; estamos, aqui, no pleno domínio da cultura que redimensiona toda a vida humana em diversos agrupamentos sociais. Tal domínio integrativo da cultura é um domínio fundamentalmente simbólico:

> Tentarei mostrar aqui que o simbolismo é um ingrediente essencial de todo comportamento organizado; que ele deve ter surgido com o mais remoto aparecimento de comportamento cultural. [...] A tese central aqui sustentada é que o simbolismo, na sua natureza essencial, é a modificação do organismo original que possibilita a transformação de uma tendência fisiológica num valor cultural (Malinowski, 1970, p. 124).

Não se trata de uma cultura simbólica que surge de uma capacidade humana individual. A cultura integrativa, de natureza simbólica, subentende definidamente a existência de um grupo em permanente relação. Para Malinowski, "[...] qualquer discussão de simbolismo fora de seu contexto sociológico é fútil [...]" (Malinowski, 1970, p. 127), como também seria fútil supor a cultura como tendo origem destacada das respostas culturais às necessidades humanas biológicas e psicológicas.

Assim, a formulação teórica de Malinowski pressupõe uma perspectiva que visa integrar as dimensões biológicas, psicológicas e culturais, tendo como princípio hierárquico a noção de que a dimensão cultural ordena as que estão em sua base. Disso decorre, pode-se afirmar, tal visão estratigráfica do ser humano, na qual a vida social ordenada pela cultura configura e, por que não dizer, determina o que é mais fundamental na existência humana.

# A ANTROPOLOGIA EVOLUCIONISTA NO SÉCULO XX

O momento histórico em que surge o chamado neoevolucionismo antropológico, de meados dos anos 1930 até os anos 1960, é marcado pelo panorama social, econômico, político e ideológico associado e posterior à Segunda Guerra Mundial.

Marcada pela revelação dos horrores do holocausto nazista, pelos resultados e pelas dimensões das políticas racistas e eugenistas em diversos países, surge com muita força a noção de que concepções biológicas em ciências sociais devem ser vistas com extrema desconfiança, assim como impõe-se uma rejeição categórica a qualquer determinismo biológico, seja ele racial ou de outro tipo.

Por outro lado, cresce entre alguns grupos de intelectuais a atração pelas teses materialistas, sobretudo marxistas, que surgem tanto como um rico instrumento teórico para compreender as sociedades, quanto como uma alternativa em termos de projeto de instalação de sociedades mais justas e progressistas.

Além disso, no pós-guerra se incrementa no pensamento econômico e desenvolvimentista, a noção de que a indústria deve se espalhar por áreas subdesenvolvidas do globo terrestre. Isso estimula teorizações sobre os desenvolvimentos social, político e econômico.

Por exemplo, a questão do crescimento econômico (que se torna "*the problem of economic growth*") ganha prioridade no pensamento econômico do pós-guerra, sobretudo nos anos 1950 e 1960. São exemplos disso as obras de W. Arthur Lewis, *The theory of economic growth* (1955), de Simon Kuznets, *Six lectures on economic growth* (1959), assim como de W. W. Rostow, *The stages of economic growth* (1960).

Na área do pensamento social e econômico, o clima geral no pós-guerra é, enfim, de certo otimismo (sobretudo nos EUA), tanto no lado daqueles que pensam na viabilidade do capitalismo e do industrialismo, como entre aqueles que acreditam na inexorabilidade do socialismo.

No plano teórico, em especial nos EUA e em particular na antropologia, se estabelece de forma crescente o conflito entre as teses de Franz Boas e da escola boasiana (que serão vistas adiante) – cada vez mais marcada por um culturalismo, relativismo e particularismo histórico que, voluntariamente ou não, pode rescender a certo idealismo antimaterialista – e as perspectivas materialistas, mais bem vistas em alguns círculos.

Essa crítica do idealismo antimaterialista deve ser tomada com cautela, já que, de modo geral, mesmo as perspectivas mais culturalistas e estruturalistas nunca deixam de apontar e considerar os aspectos ambientais e ecológicos como importantes. Tome-se como exemplo o cuidado com que Evans-Pritchard aborda o contexto ecológico em sua monografia clássica, *Os Nuer*, assim como Malinowski em *Argonautas do pacífico sul* e Lévi-Strauss em *O pensamento selvagem*.

Nos EUA, dois autores, alunos de discípulos diretos de Franz Boas, surgem como figuras mais marcantes: Leslie White e Julian Steward (Raum, 1992; Neves, 1996); do outro lado do Atlântico, na Grã-Bretanha, a figura de destaque é o arqueólogo de inspiração antropológica Vere Gordon Childe (que não será examinado aqui). Finalmente, autores como Elman R. Service (1915–1996) e Marshall Sahlins (1930–2021) dão, no início dos anos 1960, contribuições muito relevantes para a consolidação e a diversificação do ciclo neoevolucionista.

## Leslie A. White

Aluno dos boasianos Fay-Cooper Cole, Alexander Goldenweiser e Edward Sapir, o antropólogo Leslie Alvin White (1900–1975) iniciou sua carreira na esteira do relativismo cultural de Boas, tendo recebido uma sólida formação dentro do que se convencionou chamar de *particularismo histórico*.

Sua conversão ao evolucionismo de matriz materialista parece ter se dado em conjunção a uma viagem à União Soviética, em 1929. De fato, o marxismo de White foi sempre sigiloso (sobretudo, por razões óbvias, nos anos do *macarthismo*), e criticado como pouco elaborado teoricamente.

Após tal conversão velada ao marxismo, empenhou-se em construir um projeto para a sua antropologia; a saber, ser uma espécie de herdeiro intelectual de um Morgan corrigido de biologismos vulgares e, assim, restaurar, fazer reviver o evolucionismo na antropologia norte-americana, naquele momento marcada pelo antievolucionismo da onipresente sombra boasiana.

A fim de restaurar tal perspectiva evolucionista, White (1943) deveria primeiro se diferenciar claramente dos evolucionistas do século XIX, associados fortemente a um determinado reducionismo biológico e ao pensamento racialista (e suas indeléveis e funestas decorrências racistas e imperialistas).

Para restaurar, então, a credibilidade do pensamento evolucionista, White irá lançar mão de duas noções ou dimensões muito caras ao pensamento científico dos anos 1930 aos 1960: de um lado, a rejeição ao reducionismo biológico, e, de outro, as noções de *energia* (em última análise, vinculadas às prestigiadas física teórica e física nuclear daquele momento) e tecnologia. Em seu texto *Energy and the Evolution of Culture*, ele afirma:

> Tudo no universo pode ser descrito em termos de energia. [...] As civilizações, ou culturas da humanidade, também podem ser consideradas como uma forma de organização da energia. [...] O homem, sendo o único animal capaz de comportamento simbólico, é a única criatura a possuir cultura. Cultura é um tipo de comportamento. E o comportamento, seja do homem, mula, planta, cometa ou molécula, pode ser tratado como uma manifestação de energia. [...] por energia queremos significar 'a capacidade de realizar trabalho' (White, 1943, p. 335).

Da mesma forma, White rejeita claramente qualquer redução do cultural ao biológico. É importante ressaltar que, para White, a análise do processo evolutivo em antropologia deve ser empreendida com elementos conceituais independentes, tanto teórica como metodologicamente, do evolucionismo biológico.

Leslie White (1949) acredita que o objeto e o escopo central da antropologia seria explicar como cada grupo social foi gerando organizações sociais cada vez mais complexas ao longo da história humana. Ele se preocupa com algo que concebe como central nas sociedades humanas, a saber, um processo de "evolução universal".

É preciso identificar que invariantes, que leis, poderiam explicar o fenômeno de complexificação crescente das sociedades. Apesar de conceber e apoiar-se em tal processo universal de complexificação crescente, White não concorda com a ideia dos evolucionistas clássicos do século XIX de que haveria uma inevitabilidade particular que obrigaria cada cultura a atravessar estágios determinados. Nesse sentido, as pesquisas e teorias de White não se concentram no processo histórico e evolutivo de sociedades em particular. Sua ênfase é na perspectiva evolutiva para a história humana universal (Neves, 1996).

Nas teorizações de White, a cultura representa um sistema integrado, constituído por três subsistemas diferentes: subsistema tecnológico, subsistema sociológico e subsistema ideológico. Desses três, o tecnológico é o que tem maior centralidade, o que está na base, pois os dois outros, de uma forma ou de outra, dependem dele.

Segundo Walter Neves (1996), há nesse esquema teórico também uma dimensão "estratigráfica", na qual o sistema tecnológico de uma sociedade como que molda ou determina os sistemas sociais, e esses dois subsistemas conformam o subsistema ideológico (ou seja, os conteúdos filosóficos, valorativos, simbólicos) de uma dada sociedade. Impossível não atentar para a inspiração marxista de infraestrutura material e de relações de produção, em contraposição à supraestrutura – política, ideologia, cultura.

Cabe, entretanto, notar aqui que essa noção não corresponde à obra integral de White, nem ao seu pensamento na sua totalidade. Em vários trabalhos, sobretudo na fase final de sua vida, ele se distancia de uma noção determinística de cultura, e mesmo da visão materialista estrita de seus anos anteriores.

Em *O conceito de sistemas culturais*, de 1975, ele rejeita até mesmo o componente funcionalista e utilitarista de suas teses anteriores, consideradas agora como "erros simples e óbvios"; ele diz: "A ideia de que é função da cultura servir às necessidades do homem, tornar-lhe a vida segura e duradoura, é não só antropocêntrica, como rescende a teológica" (White, 1978, p. 12). Não obstante, aqui não se objetiva a análise completa da obra deste interessante autor, mas apenas apresentar a sua contribuição para o movimento neoevolucionista em antropologia, e suas consequentes visões do humano (White, 1978).

Central também na teorização de White é que, para ele, a dimensão tecnológica pode ser compreendida como uma luta dos grupos humanos pela captura de energia livre do ambiente (sendo, a produção e o trabalho, formas de organizar tal captura de energia). Enfim, para White (1978), o sistema cultural pode, ao final, ser compreendido como o conjunto de ferramentas utilizado pelos seres humanos para capturar e controlar a energia disponível no ambiente, visando utilizar tal energia para a sobrevivência e o aproveitamento das sociedades humanas.

Um modo singular de avaliar o processo evolutivo das sociedades humanas seria, então, dimensionar a eficiência de tal ou qual grupo em capturar e utilizar socialmente essa energia; assim, a quantidade de energia capturada *per capita*, assim como a eficiência dos recursos tecnológicos para tal utilização e os bens obtidos ao final, indicariam o grau de evolução de uma determinada sociedade.

A lei básica de evolução cultural indica que uma determinada cultura evolui à medida que a quantidade de energia capturada *per capita* aumenta num determinado período de tempo, ou, posto de outra forma, à medida que os recursos instrumentais de utilização da energia com o trabalho ganham em eficácia.

Para White (1978), há uma correspondência entre evolução e o avanço de obtenção de energia, como na Revolução Neolítica, quando a agricultura e o pastoreio são inventados e se verifica um avanço correspondente em termos de complexificação da vida social. No centro de sua antropologia está, portanto, um pensamento energético.

## Julian Steward

Se, por um lado, White está preocupado em identificar leis e invariantes num postulado princípio de evolução universal, Julian Steward (1902-1972) lança sua atenção para processos locais (Helms, 1978), para respostas adaptativas específicas e criativas que culturas locais constroem a fim de dar conta de demandas ambientais, também locais (Neves, 1996).

Tendo obtido sua formação na Universidade de Berkeley, Julian Steward (1902-1972) foi aluno dos boasianos Alfred Kroeber e Robert Lowie (além de ter estudado com o geógrafo cultural Carl O. Sauer, também em Berkeley). Os estudos de graduação de Steward concentraram-se em zoologia e geologia – o que, em parte, deve ter tido alguma influência em sua opção posterior pela ecologia cultural.

Em um trabalho de 1965 (*Some problems raised by Roger C. Owen's "The patrilocal band..."*), Steward (1965, p. 732, tradução nossa) afirma que:

> L. White, E. Service, e outros esquematizadores evolucionários, eu penso, realmente postulam uma sequência de tipos, cada um holisticamente ou estruturalmente concebido. [...] a evolução não é uma sequência universal de tipos culturais, sejam esses tipos concebidos de forma holística ou estrutural. Em terceiro lugar, apesar da inter-relação de todos os aspectos da cultura em um momento, esses vários aspectos ou componentes não evoluem ou mudam como partes inextricáveis de um todo ou pelos mesmos esquemas de racionalidade. Estou interessado na mudança de culturas particulares, não em grandes esquemas.

A adaptação e a capacidade de responder às demandas ambientais nos diferentes nichos ganha centralidade em Steward. Assim, se o evolucionismo de White é assumidamente geral ou universal, Steward percebe que as respostas adaptativas e as direções que cada sociedade, cada cultura, segue, no processo de lidar com seus desafios ambientais em cada nicho ecológico específico, irão variar, às vezes, radicalmente.

Sua obra principal, na qual expõe sistematicamente seu evolucionismo cultural, é *Theory of cultural change*, de 1955 (Steward, 1972). Nessa obra, ele afirma de forma clara, distanciando-se de White, que o processo evolutivo social e cultural é, em princípio, multilinear.

Também há outra diferença importante de ênfase e de perspectiva teórica entre White e Steward: enquanto o primeiro coloca o processo evolutivo no centro da antropologia, Steward formula seu método de investigação dos processos evolutivos nos contextos ecológicos particulares (sua "ecologia cultural") como uma perspectiva adicional às outras perspectivas da antropologia cultural. Nas palavras de Walter Neves (1996, p. 32), a agenda stewardiana é "[...] demonstrar que o meio ambiente pode funcionar como fator gerador no processo de mudança cultural".

Com Steward, o ambiente é trazido para a antropologia como um paradigma central para a compreensão do processo cultural. Para identificar como o meio ambiente pode ser estudado como fator gerador de fenômenos culturais e de mudança cultural, seu método etnográfico dá ênfase à comparação intercultural. É preciso avaliar como cada sociedade humana busca se ajustar, por meio de estratégias culturais e comportamentais, a distintos desafios ambientais (Steward, 1972).

No estudo das inter-relações entre cultura e ambiente, Steward (1972) propõe o conceito de *núcleo cultural*. Assim, em tal núcleo estaria o conjunto de fatores e processos mais intimamente relacionados à subsistência e aos processos econômicos, ou seja, os elementos diretamente relacionados às bases de sustentação de cada agrupamento humano. Nessa base de sustentação, os elementos ecológicos relacionados aos recursos alimentares teriam maior centralidade ainda.

Além de propor uma perspectiva multilinear para a evolução cultural, Steward prefere conceber a cultura por uma abordagem multicomponencial, que inclui o conceito de *níveis distintos de integração sociocultural* (Steward, 1972).

Na cultura, há domínios relativamente independentes que operam dentro de uma unidade maior. Assim, em contraposição ao determinismo materialista de White, para Steward o *núcleo cultural* não determina as esferas ideológicas e simbólicas da sociedade. Nos esforços teóricos para compreender o fenômeno cultural, Steward, embora atribua centralidade ao contexto ecológico de cada população e aos desafios ambientais que lhe são colocados, recusa-se a reduzir as formas culturais e os processos simbólicos como se fossem derivados da base de sustentação material de cada sociedade.

## Outros evolucionistas culturais do século XX

Em 1960, Marshall Sahlins (1930–2021) escreve um artigo de muita repercussão – *Evolution: specific and general* –, no qual propõe distinguir dois tipos de evolução cultural: a *evolução específica*, em analogia com a evolução biológica, forma de evolução que geraria a diversidade de novas espécies; e a *evolução geral* (mais próxima da noção de *progresso*), que implicaria a emergência de estágios mais avançados de formas sociais (Sahlins, 1960).

A *evolução específica*, na linha darwiniana de *descendência com modificações*, seria simplesmente a sequência de novas formas ao longo da história de um grupo humano. Assim, tal forma de evolução pouco diferiria da história propriamente dita, sendo, então, profundamente particularista.

Já a *evolução geral* afasta-se da noção darwiniana e se aproxima da noção spenceriana de evolução; ela implicaria as mudanças evolutivas que se caracterizam por um incremento da coerência, da heterogeneidade e da distinção de formas sociais – em uma palavra, o aumento progressivo de complexidade social e cultural*.

Cabe assinalar, entretanto, que Sahlins irá, no final dos anos 1960, se afastar do evolucionismo cultural, se aproximando do estruturalismo de Lévi-Strauss e, posteriormente, produzindo trabalhos marcadamente críticos ao emprego da biologia, do evolucionismo biológico e da psicologia evolucionista (e suas ideias de *natureza humana*) na análise da sociedade e da cultura.

Já Elman R. Service (1915-1996) mantém-se, ao longo de toda sua vida, um neoevolucionista resoluto. Sua contribuição original se dá na área das teorizações e dos esquemas gerais sobre grandes estágios evolutivos.

Em contraposição aos estágios por "nível cultural" do evolucionismo clássico (selvageria; barbárie; civilização), às formas tecnológicas, de subsistência e de organização social de Childe (caça/coleta; revolução neolítica ou agricultura/criação; revolução urbana; revolução industrial) ou à otimização na obtenção energética de White, Service propõe a síntese de grandes estágios baseados em formas de organização política.

Assim, em seu modelo – com boa receptividade por arqueólogos (sobretudo da América Andina) e alguns etnólogos –, Service postula que haveria um processo evolutivo de sociedades igualitárias de bandos (caçadores/coletores), sociedades organizadas politicamente em tribos, sociedades organizadas em chefias e sociedades constituídas em torno de estruturas estatais.

---

* Para o neoevolucionismo em Sahlins, que, em parte, inspira-se em Hobbes, ver seu livro *Sociedades tribais*.

Após as obras de White e Steward, outros autores importantes, além de Sahlins e Service, aprofundam as perspectivas materialista, ecológica e evolutiva em antropologia nos anos 1960, 1970 e 1980. Entre os mais relevantes, podem ser citados Andrew Vayda (*Progressive contextualization: methods for research in human ecology*, de 1983) e seu aluno Roy Rappaport (*Pigs for the ancestors: ritual in the ecology of a New Guinea people*, de 1968), assim como Clifford Geertz em seu período inicial (posteriormente um decidido culturalista interpretativista), dialogando com o evolucionismo em sua obra *Agricultural involution: the processes of ecological changes in Indonesia*, explicitamente baseado na proposta de Julian Steward.

## REFUTAÇÕES AO NEOEVOLUCIONISMO

Cabe também assinalar que no *ethos* científico dos anos pós-guerra, a física, talvez mais que a biologia, é a disciplina científica paradigmática. Ela representa naquele momento *a grande disciplina científica*, com maior prestígio e que mais promete ao futuro. A energia atômica, percebida em todo seu poder através das armas atômicas, é um exemplo forte, ainda que profundamente controverso, pelo menos em alguns círculos.

A biologia, por sua vez, é vista de forma muito ambivalente. Por um lado, a síntese empreendida por geneticistas mendelianos e evolucionistas darwinistas que resultou na chamada *synthetic theory* abre, enfim, a possibilidade de uma teoria vigorosa e unificadora para todas as suas subdisciplinas; por outro lado, os antecedentes de uso profundamente funesto, racialista e eugênico de algumas disciplinas da biologia e da medicina, como a genética humana, a anatomia comparada e o núcleo neurologia-psiquiatria-psicologia comparativa, colocam em suspeita as contribuições que a biologia poderia oferecer para o estudo do ser humano, tornando mais difícil a aproximação dos campos antropológico e biológico.

Possivelmente um dos pontos mais críticos do neoevolucionismo (mas também de qualquer evolucionismo que inclua a noção de progresso) seja que ele implica, quase inevitavelmente, uma escala hierárquica de valores ao se examinar e comparar diferentes grupos sociais e culturas.

Assim, faz-se necessário perguntar com que padrão, com que parâmetro se estabelece que uma cultura é *mais evoluída* que outra. Para White, por exemplo, uma cultura que obtém, de forma mais eficaz, mais energia de seu ambiente é mais evoluída, mas pode-se questionar: por quê? Por que a eficácia tecnológica deveria ser assumida como um valor universal para a análise de distintas culturas? Por que grupos de coletores-caçadores, menores demograficamente, precederiam necessariamente e, de um modo ou de outro, seriam menos eficazes em lidar com o ambiente do que agricultores ou povos dotados de industrialização? Lévi-Strauss (2022), em seu belo artigo *Existe apenas um tipo de desenvolvimento?*, argumenta argutamente, com muitos exemplos empíricos, contra a visão de uma única linha de desenvolvimento das sociedades humanas.

Cabe lembrar que a história da humanidade como caçadora-coletora é bem mais longa que como agricultora ou industriária. E para o conjunto da cultura, como determinar o que é um padrão *mais evoluído* (ou mais adaptado, desenvolvido, sofisticado, o que seja) do que outro? Por que a escrita é um elemento cultural superior? Por que o Estado é uma forma política mais desenvolvida? Essas noções básicas permanecem fundamentalmente problemáticas e passíveis de debate no neoevolucionismo, mesmo no mais *relativista* e *culturalista*, como o de Steward.

Para os neoevolucionistas, de uma forma ou outra, o núcleo da teoria etnológica é o estabelecimento de uma história geral da cultura humana; assim, a antropologia neoevolucionista como que trai a sua própria disciplina (ou, pelo menos, boa parte dela) para buscar refúgio numa concepção histórica questionada pelos próprios historiadores. Dessa forma, também o neoevolucionismo, assim como o evolucionismo clássico, permanece preso a determinado etnocentrismo.

Um entre os vários objetivos de Lévi-Strauss em *Race et Histoire*, de 1952, é o de estabelecer um diálogo crítico com os neoevolucionistas (ele cita nominalmente apenas Leslie White). Nesse trabalho, ele se defende da acusação de negar historicidade aos povos indígenas, de considerá-los vivendo em "sociedades frias", sem história. Na verdade, ele propõe uma outra visão evolucionária (peculiar, é fato) ao rejeitar a visão dos neoevolucionistas. Ele diz:

> A possibilidade que uma cultura tem de totalizar este conjunto de invenções de todas as ordens a que nós chamamos civilização é função do número e da diversidade das culturas com as quais participa na elaboração – a maior parte das vezes involuntária – de uma estratégia comum. Número e diversidade, dizemos nós (Lévi-Strauss, 1976a, p. 88).

A possibilidade de uma história cumulativa relaciona-se, para Lévi-Strauss, com os pressupostos maussianos da troca, do estabelecimento da diversidade, da negação do isolamento e da solidão social. Ele diz: "A exclusiva fatalidade, a única tara que pode afligir um grupo humano e impedi-lo de realizar plenamente a sua natureza, é estar só" (Lévi-Strauss, 1976a, p. 89).

A questão central, entretanto, para o antropólogo francês é chamar a atenção para uma mudança de paradigma que ele busca demarcar com os neoevolucionistas – de um paradigma linear para um outro, estrutural: "[...] a verdadeira contribuição das culturas não consiste na lista das suas invenções particulares, mas no desvio diferencial que oferecem entre si" (Lévi-Strauss, 1976a, p. 90).

Assim, não é traçar o percurso de uma evolução linear, uniformizante, de aperfeiçoamento tecnológico ou complexificação cultural que traduziria a riqueza da espécie humana. Para Lévi-Strauss, a fim de que os grupos humanos possam progredir, é necessário que colaborem entre si "[...] e no decurso desta colaboração, eles veem gradualmente identificarem-se os contributos cuja diversidade inicial era precisamente o que tornava a sua colaboração fecunda e necessária" (Lévi-Strauss, 1976a, p. 92).

O etnólogo deve, antes, estar atento para o fato de que a humanidade é rica em possibilidades imprevistas, que, quando surgem, sempre enchem os homens de estupefação. Para ele, "[...] o progresso não é feito à imagem confortável desta – semelhança melhorada" (p. 93), em que se busca um preguiçoso repouso. O progresso genuíno e a riqueza cultural do ser humano são, antes, relacionados ao incremento da diversidade – "[...] cheio de aventuras, de rupturas e de escândalos" (Lévi-Strauss, 1976a, p. 93).

## O EVOLUCIONISMO CULTURAL CONTEMPORÂNEO

O evolucionismo cultural contemporâneo tem algumas peculiaridades que o diferenciam claramente dos dois anteriores (evolucionismo clássico e neoevolucionismo). De início, é de se constatar que, ao contrário dos dois evolucionismos anteriormente abordados, os autores contemporâneos que pesquisam, publicam e debatem suas teses evolucionistas para a cultura não são exclusivamente ou mesmo predominantemente antropólogos.

Os principais autores do evolucionismo cultural contemporâneo distribuem-se, de fato, entre biólogos ou geneticistas (como Luigi Luca Cavalli-Sforza, Paul R. Ehrlich, Ilya Tëmkin e Marcus Feldman), arqueólogos (como Stephen Shennan, Melinda A. Zeder, Niles Eldredge e William C. Prentiss), psicólogos (como W. H. Durham, Stefano Ghirlanda e Robin M. Dunbar), paleoantropólogos (como Richard Klein e Steven Mithen) e linguistas (como Derek Bickerton).

Há, certamente, vários antropólogos (como Robert Boyd, Monique Borgerhoff Mulder, Barry S. Hewlett, Frank W. Marlowe, Mary Towner, Karen L. Kramer, entre outros) que se associam a esta perspectiva, formando uma corrente denominada *antropologia evolucionária ou evolucionista*. Mais: em certo sentido, tais antropólogos situam-se um tanto à margem na antropologia acadêmica, cujo *núcleo duro* certamente é ocupado por antropólogos sociais e culturais.

De certa forma, é um tanto difícil classificar muitos dos autores relacionados ao evolucionismo cultural contemporâneo num campo disciplinar específico; o que os une, de fato, é a inspiração evolucionista para compreender o ser humano, em particular os fenômenos sociais e culturais.

Há também, certamente, antropólogos evolucionistas contemporâneos mais vinculados de forma tradicional à disciplina, a um certo *mainstream* metodológico e teórico. Esses são os casos de Allen W. Johnson e Timothy Earle (2000), que pesquisam, ensinam e escrevem sobre a evolução das sociedades e das culturas humanas, abordando as sociedades como "todos ou globalidades analíticas" (captados por etnografias exaustivas e detalhadas) e debatendo com a tradição antropológica (sobretudo de ecologistas culturais e de relativistas).

Situam-se, assim, mais propriamente em continuidade com o neoevolucionismo dos anos 1960; o que fazem é uma tentativa de atualizá-lo com novas etnografias e novos aportes teóricos. Entretanto, examinemos inicialmente o panorama do evolucionismo biológico contemporâneo e, posteriormente, alguns casos específicos do evolucionismo cultural contemporâneo.

## Cavalli-Sforza

Geneticista de formação e linguista por interesse crescente em pesquisa sobre a evolução do ser humano, de seus genes e suas línguas, o italiano Luigi Luca Cavalli-Sforza (1922–2018) é um dos geneticistas contemporâneos mais discutidos no final do século XX. Ele é também um dos representantes mais significativos do evolucionismo cultural que se desenvolve de forma vigorosa a partir dos anos 1980.

Seus trabalhos envolvem a construção de uma árvore genealógica do *Homo sapiens*, tendo ele buscado articulá-la com a evolução das línguas, sobretudo no Oriente Médio e na Europa. Suas pesquisas visam, também, articular a história dos povos com a distribuição geográfica dos genes humanos, assim como com evidências arqueológicas, linguísticas e demográficas (Cavalli-Sforza, 2000).

Cavalli-Sforza busca relacionar intimamente linguagem, informação e cultura. Para entender a dinâmica da cultura, faz-se necessário entender como ela se constitui e se desenvolve; enfim, é preciso compreender como o aprendizado cultural ocorre. Para ele, é evidente que a existência da linguagem aumenta intensamente a eficácia do processo de aprendizado cultural. Nos seres humanos, a linguagem é a base da cultura, sendo, portanto, a inovação mais importante introduzida pela espécie humana na natureza.

A evolução cultural, tema de importância crescente nos estudos de Cavalli-Sforza (2000), é a consequência da acumulação de novas informações. Para abordar o surgimento de elementos culturais novos, esse autor lança mão da metáfora biológica da mutação gênica.

Uma inovação cultural pode ser, como uma mutação orgânica, útil, neutra ou nociva. Entretanto, uma diferença fundamental entre mutação biológica e "mutação cultural" é que, para ele, a maioria das "mutações culturais" são inovações desejadas, buscadas e dirigidas a um fim (embora seja bastante duvidoso atribuir-se sempre um caráter "dirigido", "voluntário" e "controlável" a elementos culturais), enquanto as mutações gênicas não surgem com o objetivo de se melhorar algo, mas ocorrem aleatoriamente.

Assim, segundo ele, a evolução cultural é um processo que seria dotado de direção, enquanto a evolução biológica, não (Cavalli-Sforza, 2000). De fato, afirma o autor, a mudança cultural pode ser neutra, nociva ou útil. É a sociedade e a história que selecionam (uma "seleção cultural" em contraposição com a seleção natural, diz ele) quais mudanças sociais e culturais serão mantidas e quais serão abandonadas.

A fim de compreender o processo de criação e de evolução de novos elementos culturais, Cavalli-Sforza (2000) atenta para a transmissão de elementos culturais nas sociedades humanas. A transmissão de uma noção, um costume, uma crença ou um comportamento ocorre por aprendizado, podendo ocorrer numa mesma geração, de uma geração (geralmente mais velha, mas não sempre) para outra, de um ou poucos indivíduos (líderes, pessoas especialmente criativas ou influentes) para muitos, ou de muitos para poucos (geralmente, aqui, trata-se de efeitos repressores ou de contenção de comportamentos desviantes). Enfim, na base da evolução cultural está a criação de novos elementos, a sua transmissão e a sua sobrevivência como novos traços culturais (que podem ser um novo tipo de ferramenta ou embarcação, uma crença, um ritual, uma regra social ou um comportamento, por exemplo).

## BALANÇO DO EVOLUCIONISMO CULTURAL CONTEMPORÂNEO

Para Adam Kuper (1988), se há uma ortodoxia na antropologia, sobretudo após as primeiras décadas do século XX até a atualidade, tal ortodoxia é um decidido relativismo. De fato, foi a partir da antropologia que uma onda relativista se espalhou pelas ciências sociais, influindo até na conformação de uma epistemologia e uma história das ciências de cunho relativista.

O modelo disso foi o tratamento que a antropologia dispensou às outras culturas, cujo objetivo fundamental foi o de evitar aproximações deturpadas a partir de valores e perspectivas derivadas da cultura dos observadores.

Aliás, para Kuper (1988), não há "sociedades primitivas"; estas são uma grande ilusão forjada pelo evolucionismo clássico que permanece de forma disfarçada em teses dentro da antropologia, e menos disfarçada em campos pouco informados antropologicamente.

A crítica de Kuper é lúcida, por um lado, mas curiosamente, por outro, o conceito de ciência – verdade *versus* ilusão – que Kuper utiliza implica a ideia de que os construtos teóricos encaixam ou não em uma realidade externa dada (as sociedades reais existentes). Trata-se, assim, da aplicação da teoria de correspondência da verdade, de inspiração aristotélica (em que as ideias correspondem corretamente ou não às entidades reais no mundo externo ao pensamento), à teoria antropológica.

Uma possível alternativa a tal visão propõe pensar nas teorias e nos construtos como mais ou menos úteis ou mais ou menos iluminadores, que não decidem por si só sobre a ilusão ou verdade de um fato real externo, mas que, no dizer de Geertz, acrescentam ou não novas e interessantes complexidades à complexidade do real-empírico.

Assim, a disciplina caminha para uma rejeição cada vez mais aprofundada e ampla ao evolucionismo, rejeição esta protagonizada por quase todas as suas correntes teóricas, de funcionalistas e estrutural-funcionalistas a relativistas, estruturalistas e pós-estruturalistas.

Pode-se afirmar que o *mainstream* da disciplina nos EUA, na Europa Ocidental e nos países influenciados por esses dois polos (ou seja, quase todos em que se fez e se faz antropologia academicamente) é antievolucionista, sobretudo para os seus temas principais (como, por exemplo, parentesco, gênero, poder e antropologia política, mitologia, ritual, magia e religião em geral, grupos etários, antropologia econômica, entre outros).

Isso é válido mesmo com a divisão em quatro subdisciplinas – antropologia cultural, linguística, arqueologia e antropologia física – formulada por Boas e assumida por grande parte dos departamentos acadêmicos de antropologia, que incluem, assim, a paleoantropologia (onde hoje estão muitos dos arqueólogos e antropólogos físicos, e de onde provêm muitos dos autores do evolucionismo cultural atual).

Isso necessariamente cria certo paradoxo, já que a teoria darwiniana da evolução é hoje aceita pela quase totalidade dos acadêmicos (Kuper [1994], diz *we are all Darwinians now*). Quase todos aceitam que houve um período em que o *Homo sapiens* foi caçador e coletor, sem agricultura ou criação de animais; que estas foram inventadas em algum momento; que surgiram cidades, estados e divisões de classe; ou seja, que a humanidade cresceu numericamente e se transformou tecnologicamente nos 200-300 mil anos de sua existência.

Sendo antievolucionista ou recusando a busca por teorias que deem conta de tais transformações, como formar uma visão que integre minimamente o estudo de grupos humanos atuais e suas vidas culturais com esse consenso sobre a origem e a história da espécie humana?

Cabe ainda perguntar se os vários evolucionismos seriam mesmo três, ou se seriam apenas um, com roupagens diferentes. Em termos de alguns dos seus princípios gerais, em particular tomando-se a evolução como elemento central de seus projetos, eles formam seguramente uma unidade.

Em termos metodológicos, diferem muito entre si: o primeiro, bem mais especulativo, teórico e inspirado na Antiguidade Clássica; o segundo, bem mais etnográfico (ou mais marcadamente buscando suas confirmações em etnografias detalhadas); e o último, o atual, mais próximo do estilo de empirismo das ciências naturais do que da tradição metodológica da antropologia.

Dos pontos de vista político e ideológico, os três evolucionismos aparentemente diferem em algum grau. O evolucionismo clássico, se não em todos os seus autores, em quase todos implicou noções incontestavelmente conservadoras – racistas muitas delas, etnocêntricas praticamente todas. O neoevolucionismo, apesar de realizado na maior parte das vezes por autores de esquerda, traz consigo um anseio pelas grandes sínteses que, com bastante frequência, faz apagar as diferenças e as particularidades culturais, marcas do radicalismo relativista inovador da antropologia cultural do século XX. Assim, em muitas de suas formulações, o etnocentrismo está presente.

Finalmente, o evolucionismo contemporâneo é, em um primeiro plano de análise, um projeto politicamente polêmico. Sua inspiração nas metáforas biológicas, seu vínculo com a genômica, a paleogenética e a linguística histórica ou generativa (inatista por definição) implica também a ideia da grande teoria, das grandes sínteses e de uma determinada dissolução do relativismo. Para alguns, esse panorama é o de uma ciência conservadora, embora este qualificativo seja, hoje, difícil de dimensionar e localizar em termos epistêmicos.

Ainda em relação ao evolucionismo contemporâneo, é de se notar também que o paradigma evolucionário é aquele que organiza as ciências biológicas contemporâneas, tendo sido amplamente adotado por praticamente todas as subdisciplinas biológicas. Considerando-se que a biologia tornou-se, nas últimas décadas, um dos campos científicos mais prestigiados (prestígio este relacionado a fenômenos como o Projeto Genoma, a biologia molecular e os avanços da biotecnologia relacionados à agricultura e à medicina, às pesquisas relacionadas às vacinas para covid-19 etc.), compreende-se, até certo ponto, a aura de prestígio e de sedução que a dimensão evolucionária exerce sobre outras disciplinas (Stamos, 2008a), mesmo nas menos afeitas a ela, como a epistemologia (nesse sentido, cito a *"epistemologia evolutiva"*), a ética e, em nosso caso, a antropologia social e cultural.

É possível que a imantação exercida pela biologia também se relacione com a diversidade de origens disciplinares em que se encontram os autores do paradigma de evolução cultural contemporâneo, por um lado, e, por outro, explique o "retorno" de um grupo de antropólogos culturais ao paradigma evolucionário, em certa tensão com o *mainstream* disciplinar. Estes últimos (antropólogos evolucionistas contemporâneos) situam-se em uma curiosa posição de marginalidade no campo disciplinar específico e de centralidade no campo científico mais geral – sobretudo o das ciências naturais.

O evolucionismo contemporâneo, para viabilizar suas pesquisas empíricas e por situar-se, muitas vezes, fora da tradição etnográfica, lança mão do estudo de aspectos parciais da vida social e da cultura. Tais pesquisas chocam-se frontalmente com o paradigma etnográfico (situando-se possivelmente fora dele), pois não consideram (mais precisamente, não visam considerar) os grupos sociais estudados em sua totalidade.

Esse evolucionismo cultural contemporâneo, muitas vezes, aborda fragmentos da vida social ou da cultura material e os submete à análise de padrões de transformação temporal para evidenciar processos análogos à seleção natural que ocorrem no contexto das espécies biológicas.

A cultura material, entretanto, não deixa de ser problemática para o próprio paradigma da antropologia social e cultural. Sendo um elemento importante no início da antropologia clássica do século XIX e início do XX, o estudo da cultura material entra em crise no período após a Segunda Guerra Mundial. No paradigma da antropologia clássica, a ideia é descrever os produtos materiais de cada grupo social da forma mais detalhada e objetiva possível.

A solução criativa encontrada por alguns antropólogos sociais contemporâneos é a de concentrar-se no significado dos objetos e das coisas, nos seus contextos específicos e, novamente, buscar analisar o todo etnográfico, a cultura como um elemento abrangente de toda a vida social (Silva, 2004). Assim, a forma fragmentária do evolucionismo cultural contemporâneo é, talvez, sua fraqueza principal, quando estamos no interior de uma disciplina cujo cerne é a abordagem abrangente e totalizante de um grupo social.

## As vertentes relativistas da antropologia

### FRANZ BOAS

Possivelmente, de todas as escolas antropológicas modernas, a que mais recebe o atributo de fincar e fundar na cultura o essencial e o mais relevante ao humano é a corrente fundada pelo alemão (radicado nos EUA) Franz Boas (1858–1942).

Todavia, cabe afirmar que a obra boasiana não é tanto um culturalismo extremado, uma forma de determinismo cultural radical, como muitas vezes é divulgado. É antes uma obra crítica e metodológica, que alerta para os riscos de se atribuir à vida social e à cultura exclusivas e absolutas causas biológicas (sobretudo raciais), evolucionistas, geográficas (atualmente pensadas como ecológicas), econômicas ou psicológicas; enfim, uma obra marcada por resoluto ceticismo epistemológico (não dar um passo a mais em relação ao que os dados empíricos permitem) em relação a seu objeto.

O esforço boasiano é o de combater este conjunto de reducionismos fatais à antropologia como disciplina rigorosa, por um lado, e, por outro, defender uma postura radicalmente empírica e teoricamente cautelosa para a constituição da disciplina.

A postura crítica de Boas ancora-se, entre outras coisas, na posição que ele atribui à antropologia no conjunto de disciplinas científicas. Seguindo a tradição intelectual alemã – muito influenciada pelo neokantismo do século XIX, de Dilthey, Windelband e Rickert – de forma geral, Boas defende que a antropologia seja considerada um tipo de *Geisteswissenschaften* (ciências do espírito), uma ciência histórica, humana, cultural, voltada para descrever e analisar fatos humanos particulares e circunscritos; o que Stocking denomina, ao analisar a obra boasiana, de *humanistic orientation*, em contraposição às ciências naturais (Stocking Jr., 2001c).

No entanto, salienta Stocking, seria um engano situar o projeto boasiano integralmente no campo das *Geisteswissenschaften*. Ele fora treinado como físico e geógrafo nas *Naturwissenschaften* (ciências naturais), embora não fosse ingênuo e estivesse bem consciente dos debates epistemológicos da época em torno das ciências naturais, como os levantados pelo físico Ernst Mach.

Seu projeto é na verdade uma certa mistura (*mélange*), diz Stocking, de *Geistes-* e *Naturwissenschaften*, a partir de uma visão filosófica realista que, ao final, acredita que haja uma verdade "*lá fora*", uma verdade a ser, um dia talvez, captada pela ciência.

A antropologia deve se ater aos fatos particulares e se recusar, pela natureza mesma de seu objeto de estudo, a buscar leis gerais. Com Windelband e Rickert, Boas situa a antropologia antes como disciplina *ideográfica* (estudo do particular, do único), uma disciplina que deve dar conta de fatos humanos, sociais e culturais *particulares*, recusando o projeto de estabelecer leis universais, ou seja, renunciando a pretensões *nomotéticas* (busca de leis gerais para fenômenos recorrentes):

> Isto se deve ao caráter das ciências sociais, em particular da antropologia, como ciências históricas. Muitas vezes reivindica-se como uma característica das Geisteswissenschaften o fato de que o centro da investigação seja o caso individual, enquanto a análise de muitos traços que formam o caso individual são os objetivos primários da pesquisa. [...] As tentativas de reduzir todos os fenômenos sociais a um sistema fechado de leis aplicáveis a toda sociedade e que explique sua estrutura e história não parecem um empreendimento promissor (Boas, 2010b, p. 64).

Assim, não é apenas no particularismo do *Volk* (povo) e do *Volksgeist* (espírito, caráter do povo) de Herder, ou nos princípios de Wundt, que diferencia os modos de causalidade de fenômenos físicos daqueles de fenômenos psicológicos e sociais (ou mesmo em sua crítica às restrições de explicações causais para fenômenos culturais): é também na tradição de Dilthey e Windelband que se encontram parte das raízes da antropologia e da noção de cultura desenvolvidas por Boas.

Certamente para Boas (e, sobretudo, para muitos de seus discípulos) a cultura é o grande construto da antropologia, aquele mais central na compreensão do que é o fundamental na experiência humana. Todo e cada ser humano apreende a realidade a partir da perspectiva da cultura em que é socializado. Quando se pergunta pela natureza humana, é preciso olhar para a cultura específica na qual alguém é constituído:

> [...] uma investigação criteriosa mostra que formas de pensamento e ação que nos inclinamos a considerar pautadas na natureza humana não são válidas em geral, e sim características de nossa cultura específica. [...] ver quantas de nossas linhas de comportamento – que acreditamos estar profundamente fundadas na natureza humana – são na realidade expressões de nossa cultura e estão sujeitas a alterações produzidas por mudança cultural (Boas, 2010d, p. 108–109).

Para estabelecer o que é específico do ser humano, que fatores ou dimensões distinguem claramente o humano dos outros seres, é preciso focar na cultura humana.

É curioso, nesse sentido, como Boas, ao abordar a origem do ser humano a partir da história evolucionária dos mamíferos mais evoluídos, termina por definir o ser humano como um *animal domesticado*:

> [...] uma série de mudanças ocasionadas por condições externas [...] encontram-se de modos similares em todos os animais domesticados, e como o homem possui todas essas características, está provado ser ele também uma forma domesticada (Boas, 2010d, p. 91).

O tema principal do estudo do ser humano, em particular sobre o seu cerne, a antropologia refere-se, então, à cultura, que não pode, de modo algum, ser reduzida à constituição biológica do ser humano.

A cultura é uma totalidade irredutível: *invenções, vida econômica, estrutura social, arte, religião e moral*, por exemplo, diz Boas (2010d), estão inter-relacionadas profundamente. A investigação da vida mental do ser humano, sobretudo assentada sobre o estudo da história das formas culturais, é *o tema da antropologia cultural*, afirma ele, e não se justifica, com base nos estudos empíricos já realizados, supor "[...] qualquer relação estreita entre tipos biológicos e forma cultural" (Boas, 2010d, p. 97). Ou ainda, afirma Boas em outro trabalho, que "[...] qualquer tentativa de explicar as formas culturais numa base puramente biológica está fadada ao fracasso" (Boas, 2010b, p. 60).

Mas de onde provêm e quais seriam os fundamentos desse elemento central do humano – a cultura? Boas nunca é categórico nem conclusivo sobre as bases fundantes da cultura. Uma das formas de abordar esse problema seria comparar a cultura humana com o comportamento dos animais superiores.

Assim, segundo ele, a diferença encontrada na cultura especificamente humana em relação ao comportamento dos animais está no número imensamente maior de *ajustes aprendidos* pelos humanos. Tais ajustes dependem do que Boas denomina *relações subjetivamente condicionadas* (Boas, 2010b, p. 56).

A partir de uma matriz que é universalmente humana (possivelmente a mente humana com elementos universais, tal como formulada por Bastian), as mudanças sociais que foram ocorrendo em ritmo cada vez maior obrigaram que, em cada contexto sociocultural determinado, surgissem formas culturais específicas a partir de tais *relações subjetivamente condicionadas*.

É difícil, entretanto, estabelecer com maior clareza o que para Boas seriam os fundamentos da noção de cultura. Embora, como aludido acima, ele tenha sido influenciado pela visão de seu primeiro mestre em etnologia, Adolf Bastian, de que haveria uma estrutura mental humana universal que geraria formas universais de pensamento (e, então, todas as culturas diversas), Boas, apesar de aceitar a ideia de categorias de pensamento que se desenvolvem inconscientemente em todos os povos, termina, ao longo de sua obra, por recusar a ideia das *Elementärgedanken* (pensamentos elementares) de Bastian.

Ele prefere ficar com o fato radical – e não passível totalmente de elucidação científica – de que cada cultura, por mais diversificada que seja (e elas o são marcadamente, defendem sua obra e seus discípulos), é uma individualidade totalizante que determina o comportamento do conjunto de indivíduos que nela existem (Stocking Jr., 2001b), ou seja, que a cultura constitui para aquele grupo o cerne da alma humana, o central do especificamente humano.

## CLIFFORD GEERTZ

Ocupando uma posição não destituída de ambiguidade, o trabalho de Clifford Geertz (1926–2006), *O impacto do conceito de cultura sobre o conceito de homem,* pode ser visto como crítica a certas versões do culturalismo da escola de Boas (incidindo, é fato, sobre um culturalismo anômalo com queda pela ideia de valores universais, como o de Clyde Kluckhohn [1905–1960]) e, ao mesmo tempo, como expressão de relativismo cultural levado talvez a consequências mais radicais.

Geertz busca, ao longo desse breve e denso artigo, desmontar algumas noções de ser humano que, segundo ele, ainda estão presentes no pensamento ocidental e também nas formulações da antropologia moderna.

São elas: a noção de que haveria um *homem universal destituído dos aspectos variáveis* e multiformes que a cultura cria nos seres humanos; a ideia de que o ser humano é uma espécie de *composto estratigráfico* de camadas que vão de um nível profundo a um superficial, do biológico, psicológico, social até o cultural; e, finalmente, que a identificação de *universais culturais*, uniformidades empíricas como certas instituições (familiares/parentesco, religiosas, políticas), comportamentos e valores presentes em toda e qualquer cultura humana, seria o que permitiria o acesso ao essencial do humano, à sua natureza universal.

À perspectiva iluminista de ser humano, Geertz atribui esse projeto de *homem universal* desnudado, delimitado por uma natureza humana constante, "[...] regularmente organizada, tão perfeitamente invariante e tão maravilhosamente simples como o universo de Newton" (Geertz, 1978, p. 46).

O que a antropologia moderna e a evidência etnográfica dos últimos cem anos demonstrou, afirma ele, é que "[...] não existem de fato homens não modificados pelos costumes de lugares particulares, nunca existiram e, o que é mais importante, não o poderiam pela própria natureza do caso" (Geertz, 1978, p. 47).

O segundo ponto, a visão de que o ser humano é uma espécie de animal hierarquicamente estratigráfico, que concentraria em si um depósito evolutivo que assentaria em suas camadas *loci* designados e incontestáveis para o orgânico, o psicológico, o social e o cultural – e que este último, o nível cultural, emergiria naturalmente dos outros e seria o único e distinto elemento característico do ser humano –, deve ser criticamente analisado. Tal concepção terminaria por criar um mosaico evidentemente artificial, cuja integração se faria impossível dada a autonomia que cada uma das camadas finda por adquirir e expressar.

Talvez a ideia mais perseguida por alguns antropólogos universalistas tenha sido a de encontrar, em uma série de invariantes culturais, a essência daquilo que seria o ser humano real, a fotografia nítida da essência e da natureza humanas.

Sociólogos e antropólogos como um dos primeiros assistentes de Boas, Clark Wissler (1870–1947), assim como o criador do termo *etnocentrismo*, William Graham Sumner (1840–1910), George P. Murdock (1897–1985) e, mais recentemente, Donald E. Brown (1934–), empreenderam extensos projetos de coleta, agrupamento e comparação de dados etnográficos a fim de identificar tais universais culturais, reveladores da natureza humana específica*.

Apenas para exemplificar esse tipo de esforço: em 1957, Murdock organizou o *World Ethnographic sample* com dados etnográficos (pelo menos 30 variáveis de cada amostra) de 565 culturas. Entre 1962 e 1967, ele publicou um *Ethnographic Atlas*, que incluía 1.200 culturas, tendo sido colhidas pelo menos 100 variáveis de cada uma. Esse é o tipo de projeto de captar universais culturais sobre o qual Geertz discute em seu texto.

---

\* Ver, nesse sentido, Brown, 1991.

O problema com os universais empíricos começa, diz Geertz (1978), com questões básicas, sejam elas de definição ou de método. Assim, afirmar que *religião, casamento* ou *propriedade* sejam universais empíricos em todas as culturas investigadas seria afirmar que eles têm, em todas essas culturas, o mesmo conteúdo. Mas isso esbarra no fato empírico de que eles inegavelmente não têm o mesmo conteúdo.

Segundo Geertz (1978), religião significa algo claramente distinto em diferentes culturas. Metodologicamente, ele argumenta que as generalizações buscadas pelos universalistas não poderiam nunca "[...] ser descobertas através de uma pesquisa baconiana de universais culturais, uma espécie de pesquisa de opinião pública dos povos do mundo" (Geertz, 1978, p. 52) em busca de tais consensos gerais.

Mas Geertz não é um niilista ou um cético radical em relação ao projeto de se investigar o ser humano. Ele, ao contrário, defende a possibilidade de se obter uma imagem mais exata e realista do que seria o próprio do humano. Para Geertz, ao final um culturalista e relativista radical, o humano se revela na sua profunda variabilidade, nos modos mais distintos e particulares pelos quais os seres humanos se constituem.

Devemos, portanto, deixar de buscar "[...] uma entidade metafísica, o Homem, com 'H' maiúsculo" (Geertz, 1978, p. 63), que sacrifica a entidade empírica que de fato se encontra. Essa entidade empírica identificada pelos estudos etnográficos é "[...] o homem com 'h' minúsculo, o homem particular, os variados tipos humanos encontradiços dentro de cada cultura, se é que desejamos encontrar a humanidade face a face" (Geertz, 1978, p. 64).

Também como culturalista, é no campo da cultura que Geertz vê aquilo que é o crucial para os seres humanos. Mas na cultura tomada como fenômeno total, e não em elementos discretos dela, em determinadas instituições ou formas culturais, em complexos de padrões concretos de comportamento – costumes, usos, tradições, feixes de hábitos, ou o que seja.

É na *necessidade absoluta de cultura*, vista como um *conjunto de mecanismos de controle – planos, receitas, regras, instruções para governar o comportamento –*, que o autor vislumbra a centralidade da cultura para os seres humanos. A cultura é tão necessária e essencial ao ser humano devido ao fato de que o "[...] homem é precisamente o animal mais desesperadamente dependente de tais mecanismos de controle, extragenéticos, fora da pele, de tais programas culturais, para ordenar seu comportamento" (Geertz, 1978, p. 56).

Assim, não existe para Geertz (1978) o que se poderia chamar de natureza humana independente da cultura. Os seres humanos sem cultura não seriam animais da natureza, atirados à sabedoria cruel dos instintos; não seriam nem bons nem maus selvagens; seriam monstruosidades, formas caóticas inconcebíveis.

Seguindo certa tradição de pensamento do Ocidente, ele formula que, sendo o ser humano um animal incompleto e inacabado, ao se submeter ao governo da cultura, à estrutura de *programas simbolicamente mediados* para a constituição da vida social, a produção de artefatos, rituais e valores, "[...] o homem determinou [...]", diz Geertz, "[...] embora inconscientemente, os estágios culminantes de seu próprio destino biológico. Literalmente, embora inadvertidamente, ele próprio se criou" (Geertz, 1978, p. 60).

Em obra mais recente, Geertz (2001) retoma e discute *a situação atual* na antropologia contemporânea, sobretudo no que se refere à sua situação instável (diz ele que há uma profunda *crise de identidade* da disciplina, sobretudo em termos teóricos) perante um conjunto de críticas a conceitos (como a noção de ser humano e de cultura) e a práticas da disciplina.

Assim, afirma Geertz (2001), há toda uma imensa máquina de autodubitação pós-moderna ancorada em autores influentes como Heidegger, Wittgenstein, Foucault e Derrida, que questionam radicalmente, além do mencionado (ser humano e cultura), a representação do *outro* no discurso etnográfico. O questionamento tem seguramente uma dimensão política, já que a crítica incide sobre noções consideradas como profundamente essencializadas e reificadas, que se articulam à dominação exercida pelos autores/observadores ocidentais, membros de grupos de poder e de saberes hegemônicos, que geram mais um monólogo do que uma troca de saberes.

Para defender a antropologia de um furacão de críticas sobre seus fundamentos conceituais, ele diz que é preciso se agarrar no trabalho de campo, pois é aí que a antropologia social mantém sua âncora. É no trabalho etnográfico de campo, num modo de conversar com *"o homem do arrozal ou a mulher do bazar"*, modo não convencional, por longos períodos de tempo vendo e refletindo muito de perto, de um modo distintivamente qualitativo, como as pessoas agem, pensam, sentem, enfim, como elas vivem, que pode sobreviver a antropologia cultural.

Ao fim, Geertz retoma suas ideias de 1973, deixando claro que sua defesa é por uma antropologia culturalista e relativista, mesmo que constantemente revisada e criticada teoricamente. Em 2001, ele mantém que os universais pretendidos por algumas formas de antropologia são ou tão genéricos que de nada servem (tais como *os povos de todas as regiões têm ideias sobre as diferenças entre os sexos*; ou *todas as sociedades têm sistemas de hierarquia social*) ou, quando não genéricos, são triviais, sua originalidade e pormenorização os revelando infundados.

Enfim, uma perspectiva centrada em ou voltada para universais, em antropologia, permanece ou falsa – pois se trata de *universais falsificados* como os denominou Alfred L. Kroeber (1876–1960) – ou irrelevante. A antropologia, segundo Geertz (2001), deve ser menos uma ciência com pretensões universalistas, que busca identificar leis gerais sobre o humano, do que uma disciplina devotada ao intuito de descobrir fatos particulares e identificar algum sentido na vida cotidiana das pessoas, dos seres humanos reais e particulares, em um lócus onde o humano com "h" minúsculo possa ser apreendido.

Mas esse ensaio tardio de Geertz revela que a antropologia já estava imersa em um novo oceano, atravessado pela tendência cética e iconoclasta que, de certa forma, a vem acompanhando desde há várias décadas.

A crítica política das perspectivas influenciadas pelo marxismo, sobretudo a partir dos anos 1960, que revelou com toda força a chamada *crise pós-colonial da antropologia*, as denúncias da onipresença do poder no cerne e nos interstícios da vida cotidiana, em cada ação, em cada forma de saber (reveladas por Foucault); enfim, a desconfiança radical sobre as teorias abrangentes, sobre a *grande teoria*, tudo isso já estava bem presente em 2001. Deixando de lado o pensamento antropológico acadêmico em específico, assentado até o último terço do século XX, é para tal cenário, para esse *ethos*, que vamos nos dirigir agora.

## O cenário contemporâneo

Os anos 1960 podem ser considerados um *turning point* importante para as humanidades e para o pensamento antropológico, sobretudo para o trabalho teórico e no que concerne à visão sobre o especificamente humano. Pelo menos quatro dimensões importantes participaram como força motriz para tal virada conceitual: a crítica pós-colonial; o surgimento e a influência da tendência estruturalista nas ciências humanas; certa recuperação do marxismo para a teoria antropológica; e o incremento do movimento e da produção teórica feminista.

O desdobramento dos movimentos anticolonialistas na África, na Ásia e na Oceania e toda a consequente produção pós-colonial relacionada, sobretudo, a questões de poder e de identidade, tornaram-se cada vez mais presentes. Expressos, por exemplo, nos escritos de Frantz Fanon (1925–1961), que em obras como *Peau noire, masques blancs*, de 1956, e *Les damnés de la terre*, de 1960, analisa as relações entre o homem branco e o negro. Esse tipo de análise crítica, no cenário pós-colonial, alcança certo ápice com a obra *Orientalism*, de Edward Said, de 1978.

A antropologia fora criticada por muitos como uma filha bastarda do colonialismo, o estudo de povos nativos acusado de instrumento de dominação e controle, como apontado na coletânea editada por Talal Asad (1973). Alguns historiadores da antropologia, entretanto, como George Stocking Jr. ou Adam Kuper, acreditam que tal subserviência da disciplina ao projeto colonial não se sustenta, sendo uma simplificação que não vê como, embora a antropologia tenha se desenvolvido no interior da fase e do processo colonial, ela não foi um simples instrumento dos seus recursos de dominação.

De toda forma, tal crítica da antropologia como filha bastarda do colonialismo radicaliza-se com o questionamento sobre o poder dos intelectuais das metrópoles em definir quem são os nativos da periferia. No final dos anos 1960, inegavelmente, diz Stocking Jr. (2001b, p. 50, tradução nossa), "[...] a crise pós-colonial da antropologia passou a reverberar na disciplina".

Também nos anos 1960, as noções estruturalistas são formuladas e ganham terreno nas ciências humanas, sobretudo em antropologia com Lévi-Strauss, em teoria literária com Roland Barthes, em psicanálise com Jacques Lacan, e na releitura do marxismo com Louis Althusser, configurando-se um certo estruturalismo anti-humanista.

Deve-se remarcar, entretanto, que Lévi-Strauss rejeita ser rotulado como *anti-humanista*. Sua antropologia visa ao ser humano em sua profundidade e universalidade. A resoluta defesa da igualdade fundamental entre todos os seres humanos, da equivalência de nível lógico entre todas as culturas e povos e o vínculo de Lévi-Strauss com os povos que estudou, contrastam com qualquer acusação de *anti-humanismo*.

Busca-se com os projetos estruturalistas, entre outras coisas, incrementar o rigor das respectivas disciplinas por meio de uma formalização conceitual maior, dando-se ênfase aos processos combinatórios ou estruturais da mente humana; processos fundamentalmente inconscientes que devem ser analisados em seu estado atual, sincrônico, e não em suas possíveis gêneses, em sua dimensão diacrônica.

Na radicalização do estruturalismo, verifica-se uma decidida rejeição de se ver o ser humano como sujeito volitivo, dotado de iniciativa e responsabilidade, enfim, de liberdade individual decisiva; ele seria antes "[...] um feixe de relações e estruturas predeterminadas e estáveis" (Nogare, 1977, p. 225).

A subjetividade voluntarista é dissolvida e substituída por esquemas estruturais aos quais os seres humanos inconscientemente (não apenas no sentido freudiano) estão submetidos. Não é o suposto sujeito consciente de sua liberdade e responsabilidade que pensa, age, planeja, e cria: são estruturas imanentes na mente e na sociedade humana, inconscientes e universais, que pensam e agem através dos sujeitos. Enfim, os supostos sujeitos *são agidos* bem mais do que *agem*, são *pensados* bem mais do que *pensam*.

O terceiro elemento, o marxismo, já estava presente no trabalho antropológico antes dos anos 1960. Por exemplo, o neoevolucionista Leslie White é marcado por ele, com sua ênfase nas bases materiais e tecnológicas da cultura, e Max Gluckman, que se volta para questões relacionadas a conflitos e crises sociais, também é inspirado e fortemente marcado pelo marxismo.

Mas a teoria marxista passa a entrar de forma explícita e mais sistemática na teorização antropológica, na Inglaterra, na França e nos Estados Unidos, apenas nos anos 1960. Antropólogos franceses como Claude Meillassoux e Maurice Godelier, ingleses como Maurice Bloch, e norte-americanos como Eric Wolf, buscam assumidamente no marxismo a base interpretativa para suas etnografias. A questão do poder e do conflito teria entrado na teorização antropológica, possivelmente, para ficar por muito tempo.

Finalmente, o feminismo, que também já estava esporadicamente presente nas preocupações da disciplina, faz sua marcante aparição no final dos anos 1960.

Cabe assinalar que bem antes, já nos anos 1930, a antropóloga Phyllis Mary Kaberry (1910–1977), além de realizar etnografias originais entre nativos australianos, fez estudos comparativos da mulher em diferentes sociedades, questionando, então, preconceitos machistas. Ela pôde revelar mulheres em papéis ativos e fundamentais na vida social.

Além de Kaberry, outras antropólogas – antes dos anos 1960 e 1970 – realizam trabalhos de campo e teorizações que questionam a exclusividade masculina da disciplina, tais como Audrey Richards, Monica Wilson, Lucy Mair, Ruth Bunzel, Elizabeth Colson e Ruth Benedict, e, mais posteriormente, Mary Douglas, Hilda Kuper, Laura Nader, entre outras (Moore, 1988; Lewin, 2006). Entretanto, é a partir dos anos 1970 que a antropologia feminista passa a ganhar grande impacto.

As questões feministas penetram na antropologia de forma crescente e resoluta, tanto por vias práticas como teóricas. Do ponto de vista prático, torna-se patente a questão da etnografia, que ao ser feita por mulheres pode adquirir uma perspectiva marcadamente distinta. Nesse sentido, podem ser tomados os trabalhos de Hortense Powdermaker, de Peggy Golde ou ainda de Rosalie Wax (Powdermaker, 1966; Golde, 1986; Wax, 1971).

Do ponto de vista teórico, as antropólogas passam a questionar como a mulher é representada nas análises antropológicas. O antropólogo inglês Edwin Ardener (1927-1987), em *Crença e o problema da mulher*, de 1972, aponta que as mulheres são frequentemente associadas à *natureza selvagem*, enquanto os homens são considerados essencialmente *humanos*. Nessa linha, a antropóloga Sherry Ortner, ao escrever sobre os *Sherpas* do Nepal, também indaga: "O feminino está para o masculino como a natureza está para a cultura?" (Ortner, 1974, tradução nossa).

Assim como a centralidade do poder, a perspectiva de que a mulher, ao longo da história do Ocidente, foi constantemente oprimida e suprimida, que a teorização sempre a relegou a uma posição subalterna, e que esse dado fundamental não pode ser esquecido ou menosprezado, também veio para ficar no coração das ciências humanas. Uma antropologia cega ou omissa em relação a questões centrais de poder e de gênero (e de outras formas de exclusão, como racismo e etnocentrismo) torna-se cada vez mais impensável e resolutamente condenável.

Em 2008, Marshall Sahlins fez um balanço resumido, mas muito bem articulado, sobre o debate ocidental referente à natureza humana. Para ele, o Ocidente cultiva, desde a Antiguidade grega até o presente, uma determinada metafísica que opõe natureza e cultura. Desde Tucídides, passando por Santo Agostinho, Maquiavel e Hobbes, John Adams, até o pensamento liberal contemporâneo, o Ocidente se apega à noção arraigada de que o ser humano tem uma natureza constitutiva, na maior parte das vezes, percebida como má, animalesca, origem e fonte dos seus descaminhos (Sahlins, 2008).

Sahlins (2008), então, argumenta, a partir das tradições da antropologia e da paleoantropologia, que o mais plausível é recusar tal natureza humana biológica e atávica. A cultura deve ser concebida como a natureza do homem, diz ele no capítulo final (*Culture is the human nature*, é o título desse último capítulo):

> [...] a cultura é mais antiga que o Homo sapiens, muitas vezes mais velha, e a cultura era uma condição fundamental do desenvolvimento biológico da espécie. Evidências de cultura na linhagem humana remontam a cerca de três milhões de anos, enquanto a forma humana atual tem apenas algumas centenas de milhares de anos de idade (Sahlins, 2008, p. 104, tradução nossa).

O símbolo e a simbolização, assim como a cultura e a vida cultural, determinam significativamente a nós mesmos e às nossas existências. A capacidade simbólica dos humanos foi a condição necessária à sua capacidade social; ele diz: "a pressão foi no sentido de o ser humano se tornar um animal cultural, ou, mais exatamente, de culturalizar nossa animalidade" (Sahlins, 2008). Esse texto de Sahlins, embora curto, cremos, sintetiza paradigmaticamente uma posição bastante central na tradição antropológica do último século.

# Considerações finais

Neste ponto da presente obra, em que se deve buscar algum balanço conclusivo, não poderia deixar de retomar o caráter problemático de se abordar a construção conceitual de homem e do especificamente humano.

Esses tipos de "objetos" de estudo e de análise não nos são dados de forma objetiva e invariável nas dimensões histórica e transcultural. Ainda mais, na medida em que o objeto é recortado e concebido de uma forma ou de outra, ele se transforma, sofre espécie de mutação que muito dificulta ou inviabiliza comparações entre análises conceituais.

Mas tal dificuldade e forte relativismo epistêmico não implica abdicação, adesão automática a visões antirrealistas, radicalmente construtivistas para as noções analisadas neste livro. O que se reconhece neste momento é o caráter inegavelmente histórico e situado do conhecimento humano sobre o mundo e sobre si próprio. Mesmo assumindo determinado perspectivismo, não recuso certa adesão a um realismo crítico.

Roy Bhaskar (1998) afirma que a ciência e o conhecimento são atravessados por um paradoxo incontornável: os seres humanos, em sua atividade cognosciva, produzem conhecimentos que são produtos sociais muito parecidos com quaisquer outros, que não são, de forma alguma, independentes dos seres humanos que os produzem (como os móveis que fabricam, seus carros, livros, ideologias, valores etc.). Ao lado disso, ou junto com isso, nós, humanos, produzimos conhecimentos sobre coisas, de coisas do mundo (*knowledge 'of'*) e de coisas que não são produzidas pelos homens:

> A gravidade específica do mercúrio, o processo de eletrólise, o mecanismo de propagação da luz. Nenhum desses 'objetos de conhecimento' depende da atividade humana. Se os homens deixassem de existir, o som continuaria a viajar no espaço e os corpos pesados cairiam para a terra exatamente da mesma maneira que o fazem (com ou sem a presença de humanos) (Bhaskar, 1998, p. 79, tradução nossa).

Assim, assumo que o mundo, o que existe ou deixa de existir do lado de fora de nossas cabeças, não parece ser inteiramente dependente ou decorrente da mente humana. Podemos, portanto, ao menos alvejar elementos conclusivos a partir do que foi exposto nos capítulos anteriores.

Algumas mudanças empíricas e conceituais nas ciências biológicas, assim como nas humanidades – na antropologia e na linguística, em particular –, nas últimas décadas, têm tido impacto significativo sobre a noção de ser humano e do especificamente humano. Elas apontam para certa desestabilização e desessencialização de noções anteriormente assumidas como sólidas, incontestes e categoriais, tais como a noção de espécie humana (ver a problematização da noção de espécie no Capítulo 3) e as distinções absolutas entre natureza e cultura (ver Capítulo 1), animalidade e humanidade.

Cabe também, ao se formular estas conclusões, ter em conta os cenários social e político dos debates conceituais contemporâneos; eles inevitavelmente tendem a incidir sobre a noção de homem e do especificamente humano. Faz-se, assim, necessário que se esteja muito atento e sintonizado ao que vem sucedendo, atualmente, nos contextos sociais, econômicos, culturais e políticos mais amplos que nos envolvem.

A partir dos anos 1980, tanto o declínio do socialismo real (com a dissolução da União Soviética como seu marco emblemático) como as sucessivas crises do capitalismo mundial e, mais recentemente, a pandemia deflagrada pela covid-19, têm produzido profundos abalos em contextos, valores, visões de mundo e estados de espírito em nível mundial.

Em particular, eventos como os extensos genocídios cometidos no século XX, as grandes guerras e as bombas atômicas em Hiroshima e Nagasaki; a dinâmica demográfica com a chegada a oito bilhões de humanos e o predomínio crescente da população urbana; a crise ambiental com o aquecimento global; assim como a contemporânea pandemia da covid-19 vieram e permanecem produzindo marcante impacto sobre uma das noções mais arraigadas do Ocidente: a ideia de progresso, espécie de bússola do Ocidente, que passou a ser cada vez mais problematizada.

O ritmo acelerado de crescimento da população humana no planeta e suas marcantes repercussões sobre o meio ambiente, conjuntamente com as possibilidades de pandemias, ganha destaque. Segundo a Organização das Nações Unidas (ONU), em 1960, a população mundial estava em torno de 3 bilhões; em 2007 saltou para 6,6 bilhões; em 2011, para 7 bilhões; e em novembro de 2022, chegou a 8 bilhões. As projeções para 2030 são de 8,512 bilhões, e, para 2050, de 9,687 bilhões. São inegáveis e assustadores os consequentes desdobramentos ambientais, econômicos, sociais, culturais e políticos desse aumento (ONU, 2022).

O aquecimento do planeta e suas não distantes consequências, como a desertificação e erosão do solo, a poluição das águas e sua escassez em futuro próximo, assim como a perda da biodiversidade (a taxa de extinção de aves e mamíferos é, atualmente, cem a mil vezes maior do que a taxa natural de extinções de fundo [Begon; Townsend; Harper, 2007]), fizeram com que a consciência ambiental e ecológica estimulasse vigorosos movimentos sociais, assim como grandes conferências e acordos internacionais. Do *Tratado da Antártida*, em Washington, em 1959, e da *Convenção de Ramsar*, no Irã, em 1971, à COP-27, em Sharm El-Sheikh (no Egito), em novembro de 2022, as sensações de urgência, risco e impotência têm se imposto.

Catástrofes naturais e acidentes nucleares, como o de Chernobyl, no norte da Ucrânia, em 1986, e o de Fukushima, em 2011, no Japão, além dos riscos nucleares acionados pela guerra da Rússia contra a Ucrânia, em 2022 e 2023, têm acendido os alarmes das contradições ambientais contemporâneas.

Mais alarmantes, talvez, as recentes pandemias como a de Síndrome Respiratória Aguda Grave (SARS), em 2002; a epidemia de Ebola, no oeste da África (2013–2016, reaparecida em 2018); a gripe do vírus H1N1 (2009–2010); e, em particular, a impactante e devastadora covid-19, de 2020 a 2023, marcam a sensibilidade e a consciência atual.

É inegável o efeito da sociedade industrial (como havia apontado Lévi-Strauss), da globalização e dos poderosos e penetrantes sistemas de comunicação, no sentido de uma homogeneização crescente, que a cultura de massas contemporânea expressa de modo indelével.

Enfim, aqui o balanço entre massificação e possibilidade de criatividade e originalidade por dentro do processo de homogeneização parece não estar resolvido. O que parece mais claramente é que, nos séculos XX e XXI, a ideia ingênua de um progresso contínuo e cumulativo não consegue continuar intocada.

Robert Nisbet (1985, p. 16), em seu *História da ideia de progresso*, já defende que "nenhuma ideia, por si só, foi mais importante, ou talvez tão importante quanto a ideia de progresso na civilização ocidental, durante quase três mil anos".

Domina o pensamento ocidental até o começo do século XX, segundo Nisbet (1985), a ideia de que a humanidade avançou inexoravelmente do passado, partindo de uma condição de primitivismo ou barbárie, e progride em direção a um futuro de aperfeiçoamento moral e espiritual. Isso teria ocorrido por meio de um incremento de conhecimentos e domínios técnicos, rumo à felicidade dos seres humanos à sua independência dos tormentos da natureza.

Tal noção foi estável, penetrante e extremamente duradoura (Wright, 2007), apesar de eventualmente polemizada por alguns pensadores mais pessimistas (que defendiam ideias de *queda*, *degeneração* ou *decadência*) ou por aqueles que sugeriam ciclos que retornassem aos pontos de origem.

É, pois, relevante ter em mente que tais alicerces do pensamento ocidental, no período contemporâneo, passaram a ser seriamente questionados (Dupas, 2012). Um certo realismo pessimista provavelmente é o que passou a melhor descrever o momento contemporâneo.

Enfim, o cenário de embates políticos contemporâneos torna muito evidente que uma parte central dos conflitos se situa, claramente, no plano simbólico – ou seja, em guerras por símbolos, por valores, pela autorização ou condenação de comportamentos e formas de vida e por modos de organizar a sociedade, a política e a existência, em geral.

Particularmente na arena dos embates científicos, dois elementos devem ser destacados. De um lado, o incremento das tecnologias de informação junto ao crescimento em importância e em presença do mundo informático. A cibercultura e as redes sociais são, hoje, realidades dominantes, marcando profundamente os saberes, a política, a economia, o ativismo social, a subjetividade e a vida pública e privada das pessoas.

Por outro lado, verifica-se a presença crescente da biologia e da biomedicina, sobretudo em termos de biologia molecular e genômica, assim como as suas aplicações em medicina, neurociências, biotecnologia, agricultura, veterinária e na indústria em geral. Os desenvolvimentos recentes das vacinas para a covid-19, em tempo recorde, colocaram em evidência a imunologia e a biologia molecular, como salientado anteriormente (Li *et al.*, 2020; Wang *et al.*, 2020; Mishra; Tripathi, 2021).

Esses dois elementos associados – sociedade da informação e biociências/biotecnologias – devem ser mantidos em mente quando se pensa na situação contemporânea. Além disso, a partir dos anos 1980 e, sobretudo, dos 1990, o incremento da presença das neurociências (como, por exemplo, a neuroimagem, a neurogenômica e a neurotranscriptômica) e de formulações neurocognitivas empurram noções relativas ao humano cada vez mais para o lado de suas dimensões genômicas, neuronais e neurocognitivas.

Entretanto, se dentro da comunidade de biólogos e cientistas afins a biologia molecular passou a ser a disciplina central e hegemônica, no lado do público mais amplo, dos movimentos sociais e de lideranças políticas e sociais, assim como na percepção do público geral, a questão ambiental tem se tornado um dos principais temas sociais, culturais, científicos e políticos dos anos 1980 em diante.

É bastante improvável, portanto, que esse *ethos* pessimista em relação à noção de progresso e ao lugar do ser humano no mundo não tenha impactos significativos sobre a noção de humano e do especificamente humano que está sendo reconfigurada no momento atual.

No campo acadêmico, nas universidades, centros culturais e de pesquisa, a divisão paradigmática entre as *duas culturas* que o físico e romancista inglês Charles Percy Snow (1905–1980) formulara de forma lúcida nos anos 1950 – ou seja, as ciências naturais de um lado, e as humanidades, de outro, com os conflitos e dissonâncias entre esses dois grandes campos acadêmicos – revela-se, aparentemente, ainda atual (Snow, 1995). A incompatibilidade e o distanciamento entre as *duas culturas* vêm, de fato, aprofundando-se de forma radical e aparentemente irreversível nas últimas décadas.

O ciclo pós-moderno, apesar de seus muitos críticos, não se extinguiu de todo. A possibilidade de comunicação entre cientistas naturais (biólogos, médicos etc.) e cientistas sociais e acadêmicos das humanidades pareceria cada vez mais difícil, mais improvável. Entretanto, o cenário de uma biologia informada e inspirada pela visão probabilística, dinâmica e interacionista da genômica, assim como pela neuroplasticidade, epigenética e transcriptômica atuais, pode, talvez, inspirar um novo patamar nos debates.

Por parte das humanidades, a constatação, por um lado, dos impactos concretos e rápidos da pesquisa molecular, imunológica e virológica, relacionada às vacinas para a covid-19 (como citado acima), assim como, por outro lado, a assunção de posições negativistas anticiência e antivacinas (assim como anti-intelectuais de modo geral) pela extrema direita contemporânea (nos EUA, no Brasil e mundo afora), pode reconfigurar, de alguma forma, a posição das humanidades em relação às chamadas ciências duras. Mas essas são impressões e suposições futurológicas (por isso, voláteis, inseguras).

No campo intelectual, uma corrente importante da antropologia contemporânea representada por autores como Philippe Descola, Bruno Latour, Donna Haraway, Eduardo Viveiros de Castro, entre outros, tem postulado a superação da dicotomia fundante do pensamento ocidental não apenas de natureza e cultura, mas também, em alguns casos, de ser humano e animal; passa-se a postular algo como *naturezacultura*, e animais como sujeitos, com subjetividade e agência.

Nessa linha, Terry Eagleton (2005) fez, a nosso ver, uma reanálise lúcida da relação dialética entre natureza e cultura. Com relação à estrutura material dos humanos,

> [...] por se moverem dentro de um meio simbólico e por serem de certo tipo material, os corpos dos seres humanos têm a capacidade de se estender para muito além de seus limites sensíveis, naquilo que conhecemos como cultura, sociedade ou tecnologia (Eagleton, 2005, p. 140).

O ingressar do ser humano na ordem simbólica e na linguagem, e tudo o que ela traz em sua esteira, permite uma liberdade fundamental. Eagleton diz, nesse sentido, que "[...] somos aquelas criaturas internamente deslocadas, não autoidênticas, conhecidas como seres históricos" (Eagleton, 2005, p. 141).

É peculiar nessa criatura, criadora e criada por símbolos e pela linguagem, transcender a si mesma. É essa marca e constituição simbólica que "[...] abre aquela distância operativa entre nós mesmos e nossos arredores materiais e que nos permite transformá-los em história" (Eagleton, 2005, p. 141).

No entanto, tal liberdade criativa possibilitada pela cultura e pela vida simbólica não é infinita, embora muitas vezes os seres humanos a suponham assim. Somos animais tanto simbólicos como físicos, somáticos, *potencialmente universais, mas pateticamente limitados*, muito embora donos de uma tremenda imodéstia.

Eagleton, retomando a seu modo a imagem nietzschiana de ser humano (que em *Genealogia da moral*, na terceira dissertação, parágrafo 2), falando do ser humano, descreve o *frágil equilíbrio entre animal e anjo* que constitui o homem. Nessa linha Eagleton (2005, p. 141) afirma:

> Somente um animal linguístico poderia criar armas nucleares, e só um animal material poderia ser vulnerável a elas. Somos menos sínteses esplêndidas de natureza e cultura, de materialidade e significado, do que animais anfíbios presos no salto entre anjo e fera.

Cultura e natureza, ordens de natureza diversa, se relacionam de forma peculiar na constituição do humano, como novamente bem formula Eagleton (2005, p. 143):

> É importante perceber que essa capacidade para a cultura e a história não é só um acréscimo à nossa natureza, mas reside no seu âmago. Se, como sustentam os culturalistas, nós fôssemos realmente apenas seres culturais, ou, como sustentam os naturalistas, apenas seres naturais, então nossas vidas seriam muito menos carregadas. O problema é estarmos imprensados entre a natureza e a cultura [...] tão logo o bebê se defronta com a cultura, sua natureza é transformada em vez de abolida [...] tão logo o significado sobrevenha à nossa existência física, essa existência não pode continuar idêntica a si mesma.

Entretanto, talvez Eagleton não esteja pensando apenas no que as duas disciplinas que lidam com natureza e cultura têm feito nas últimas décadas. Creio, então, ser importante avançar um pouco mais nessa reflexão sobre as articulações entre cultura e natureza.

De uma forma ou de outra, se a antropologia se colocasse a tarefa de incorporar, de forma ampla e crítica, os constrangimentos corporais e materiais na construção de *homem social*, também se imporia à biologia a necessidade de dar conta de uma perspectiva mais complexa e polissêmica de seu objeto: o ser orgânico não como resultado exclusivamente material de uma série de leis que ainda serão encontradas.

A questão é saber o quanto as disciplinas acadêmicas – envoltas em contextos, pressupostos, concepções e pressões epistêmicas, corporativas, ideológicas e políticas – podem renunciar a certas posturas arraigadas, defendidas na origem mesma de suas formulações e identidades. Elas potencialmente podem avançar mais, expandir horizontes, questionar pressupostos, e talvez participar de uma formulação mais abrangente, rica e multifacetada da noção de humano e de humanidade.

No momento contemporâneo, creio ser pertinente sustentar que a ideia de que o ser humano é um ser que constrói a si mesmo é uma noção forte e amplamente plausível quando se observa a imensa variabilidade, flexibilidade e riqueza de formas de vida que os humanos assumiram no passado e assumem no presente.

Ela é, enfim, noção amplamente defensável, desde que tal construção seja concebida como processo complexo que ocorre em diálogo com constrangimentos incontornáveis; constrangimentos que, não obstante existentes, permanecem sempre não inteiramente cognoscíveis em suas bases mais fundamentais.

Assim, concordamos mais uma vez com Eagleton, que parte da noção de que a natureza, para os seres humanos, é fabricada e significada pela cultura; entretanto, se é certo que a "[...] natureza é moldada pela cultura, também é resistente a ela [...]" (Eagleton, 2005, p. 144).

No Ocidente, uma tradição central foi e tem sido a de formular o humano como autoproduzido, ser que fabrica a si mesmo, seja ele uma produção individual ou coletiva e histórica. Essa tradição produziu, em alguns momentos, determinada negação dos constrangimentos da condição humana corpórea, mental e comportamental. A animalidade do ser humano passou a ser totalmente submissa à sua *humanidade*; a cultura, a partir do final do século XIX e início do XX, tornou-se o centro de tal *humanidade*.

Por outro lado, o naturalismo (que nos séculos XIX e XX se transforma em biologia) propôs e propõe que o humano é, na sua totalidade (ou no que mais importa nela), o produto de sua natureza orgânica e sua história filogenética. Isto é, o humano é concebido como o produto, a expressão de seu aparelho genético, anatômico, fisiológico e neuronal. Com isso, se submete a construção do ser humano pela história, pela sociedade e pela cultura aos desígnios rígidos e implacáveis dos constrangimentos biológicos.

Este projeto biologizante joga para uma posição subalterna as possibilidades e conformações radicalmente diversas do humano nos seus distintos contextos históricos e socioculturais. A profunda plasticidade do humano passa a ser postulada como variações sobre alguns temas únicos e universais.

Aqui, ressalte-se, a marcante influência dos postulados de Noam Chomsky devem entrar nesse debate com toda a sua força. Chomsky articula natureza e cultura, constrangimentos e liberdade, de forma rigorosa e original. Em sua tese, o ser humano não é produto exclusivo de seu meio ambiente, de seus contextos social, cultural, político e histórico; diferente disso, o humano expressa as possíveis relações e soluções entre seus constrangimentos inescapáveis e tais contextos e determinações socio-históricas. Dessa forma, o linguista e pensador norte-americano empurra o debate para um patamar que nos parece promissor.

Procuramos deixar clara, ao longo deste trabalho, uma posição que questiona a perspectiva absoluta do ser humano como artífice completo de si mesmo, assim como rejeita a ideia do ser humano como resultado determinístico de sua natureza orgânica, neuronal, genética e filogenética.

Enfim, o ser humano é esse animal peculiar que constrói a si mesmo dentro de um conjunto de limites. Isso é melhor expresso, creio eu, por meio de certa transformação da ideia e da imagem formulada por Karl Marx, do trabalho como o *demiurgo do humano*. O trabalho seria, então, o verdadeiro construtor do ser humano, que, dessa forma (por meio do trabalho), torna-se construtor de si mesmo, arquiteto de sua humanidade.

Talvez seja, então, mais pertinente e modesto (e talvez mesmo, mais realista) formular o humano não como um arquiteto onipotente de sua própria construção, um construtor que teria acesso e domínio sobre o projeto, a planta arquitetônica acabada, os materiais de construção e todo o processo construtivo. Não. Ele seria, antes, um construtor que pode e deve construir sem um projeto acabado e bem conhecido, em terreno e com materiais que ele não define voluntariamente e nem escolhe *a priori*, e sem tampouco deter o controle sobre o processo de construção.

Ele opera, esse humano construtor de si mesmo, como um pedreiro meio atordoado, embriagado, perplexo, não obstante ainda assim extremamente criativo, que constrói, reconstrói e remenda onde é possível, sem acesso ou controle ao projeto de construção e apenas com alguns tipos aleatórios de tijolos, pedras, metais, areias e cimentos; não com a matéria-prima que deseja e escolhe ter, mas com aquilo que está, de fato, à sua disposição; não para os fins que imagina alcançar, mas para aqueles que, para o bem e para o mal, ocorrem como resultado. O indivíduo e as sociedades humanas criam, sim, o humano, mas criam como e o que podem criar, sob influentes e misteriosos constrangimentos da natureza, de seu passado filogenético e seu presente biológico, assim como das culturas e dos contextos históricos que, em absoluto, não controlam.

# Referências

ABU-LUGHOD, L. Writing against culture. *In:* FOX, R. G. (ed.). *Recapturing anthropology:* working in the present. Santa Fe: School of American Research, 1991. p. 137–162.

AGAMBEN, G. *Homo sacer:* o poder soberano e a vida nua I. Belo Horizonte: UFMG, 2007.

ALCOCK, J. *The triumph of sociobiology.* Oxford: Oxford University, 2003.

ALLABY, M. *A dictionary of zoology.* New York: Oxford University, 1999.

ALMEIDA, M. W. B. Guerras culturais e relativismo cultural. *Revista Brasileira de Ciências Sociais,* v. 14, n. 41, p. 5–13, 1999.

ARDESCH, D. J. *et al.* Evolutionary expansion of connectivity between multimodal association areas in the human brain compared to chimpanzees. *Proceedings of the National Academy of Sciences,* v. 116, n. 14, p. 7101–7106, 2019.

ARISTÓTELES. Da interpretação. *In:* ARISTÓTELES. *Órganon.* 3. ed. São Paulo: Edipro, 2016.

ARISTÓTELES. *Obras completas:* a parte dos animais. Lisboa: Imprensa Nacional, 2010.

ARISTÓTELES. *Sobre a alma.* Lisboa: Imprensa Nacional-Casa da Moeda, 2010. Obras completas de Aristóteles, v. 3, tomo 1.

ARISTOTLE. The works of Aristotle: volume I. *In:* HUTCHINS, R. M. (ed.). *Great books of the Western world.* Chicago: Encyclopædia Britannica, 1952a. v. 8.

ARISTOTLE. The works of Aristotle: volume II. *In:* HUTCHINS, R. M. (ed.). *Great books of the Western world.* Chicago: Encyclopædia Britannica, 1952b. v. 9.

ASAD, T. (ed.). *Anthropology and the colonial encounter.* New York: Ithaca, 1973.

BACHELARD, G. *A filosofia do não.* São Paulo: Abril Cultural, 1973.

BACHELARD, G. *A formação do espírito científico.* Rio de Janeiro: Contraponto, 2002.

BACHELARD, G. Conhecimento comum e conhecimento científico. *Tempo Brasileiro,* n. 28, p. 47–56, 1972.

BACHELARD, G. *O novo espírito científico.* Lisboa: Edições 70, 1996.

BATES, F.; BRETHERTON, I.; SNYDER, I. *From first words to grammar:* individual differences and dissociable mechanism. New York: Cambridge University, 1988.

BEATTY, J. Dobzhansky, Theodosius (1900-1975). *In:* RUSE, M.; TRAVIS, J. (ed.). *Evolution:* the first four billion years. Cambridge: Belknap Press of the Harvard University, 2009. p. 522–526.

BEGON, M.; TOWNSEND, C. R.; HARPER, J. L. *Ecologia:* de indivíduos a ecossistemas. 4. ed. Porto Alegre: Artmed, 2007.

BELSKY, J. *Desenvolvimento humano:* experienciando o ciclo da vida. Porto Alegre: Artmed, 2010.

BENTON, M. Paleontology and the history of life. *In:* RUSE, M.; TRAVIS, J. (ed.). *Evolution:* the first four billion years. Cambridge: Belknap Press of the Harvard University, 2009. p. 80–104.

BERWICK, R. C. et al. Poverty of the stimulus revisited. *Cognitive Science*, v. 35, n. 7, p. 1207-1242, 2011.

BHASKAR, R. Philosophy and scientific realism. In: ARCHER, M. et al. (ed.). *Critical realism*: essential readings. London: Routledge, 1998.

BJORKLUND, D. F.; ELLIS, B. J.; ROSENBERG, J. S. Evolved probabilistic cognitive mechanisms: an evolutionary approach to gene x environment x development interactions. *Advances in Child Development and Behavior*, v. 35, p. 1-36, 2007.

BOAS, F. A mente do ser humano primitivo e o progresso da cultura (1911). In: BOAS, F. *A mente do ser humano primitivo*. Petrópolis: Vozes, 2010a. p. 137-154

BOAS, F. Alguns problemas de metodologia nas ciências sociais (1930). In: BOAS, F. *Antropologia cultural*. 6. ed. Zahar, Rio de Janeiro, 2010b. p. 53-66.

BOAS, F. As limitações do método comparativo da antropologia (1896). In: BOAS, F. *Antropologia cultural*. 6. ed. Zahar, Rio de Janeiro, 2010c. p. 25-39.

BOAS, F. Os objetivos da pesquisa antropológica (1932). In: BOAS, F. *Antropologia cultural*. 6. ed. Rio de Janeiro: Zahar, 2010d. p. 87-109.

BOEGER, W. A. *O tapete de Penélope*: o relacionamento entre as espécies e a evolução orgânica. São Paulo: UNESP, 2009.

BOURDIEU, P. O campo científico. In: ORTIZ, R. (org.). *A sociologia de Pierre Bourdieu*. 2. ed. São Paulo: Ática, 1994.

BOWLER, P. J. *Evolution*: the history of an idea. Los Angeles: University of California, 1989.

BOWLER, P. J. Paleoanthropology theory. In: SPENCER, F. (ed.). *History of physical anthropology*. New York: Garland, 1997.

BOWLER, P. J. The social implications of evolutionism. In: BOWLER, P. J. *Evolution*: the history of an idea. Berkeley: University of California, 1983.

BOWLER, P. J. The changing meaning of "evolution". *Journal of the History of Ideas*, v. 36, n. 1, p. 95-114, 1975.

BOWLER, P. J. *Theories of human evolution*: a century of debate, 1844-1944. Oxford: Basil Blackwell, 1987.

BRØBERG, G. Linnaeus, Carolus (1707-1778). In: SPENCER, F. (ed.). *History of physical anthropology*: an encyclopedia. New York: Garland, 1997a. p. 614-616.

BRØBERG, G. Linnaeus' anthropology. In: SPENCER, F. (ed.). *History of physical anthropology*: an encyclopedia. New York: Garland, 1997b. p. 616-618.

BROWN, D. E. *Human universals*. New York: McGraw-Hill, 1991.

BRUMANN, C. Writing for culture: why a successful concept should not be discarded. *Current Anthropology*, v. 40, S1-S27, 1999.

BURKHARDT, R. W. *Patterns of behavior*: Konrad Lorenz, Niko Tinbergen, and the founding of ethology. Chicago: University of Chicago, 2005.

BUSS, D. M. Sex differences in human mate preferences: evolutionary hypothesis tested in 37 cultures. *Behavioral and Brain Sciences*, v. 12, p. 1-49, 1989.

CALCAGNO, J. M. Keeping biological anthropology in anthropology, and anthropology in biology. *American Anthropologist*, v. 105, n. 1, p. 6-15, 2003.

CASCUDO, L. C. Licantropia sertaneja. *Revista do Brasil*, ano 8, n. 94, p. 129-133, 1923.

CAMPBELL, B. Preface. In: CAMPBELL, B. (ed.). *Sexual selection and the descent of man, 1871-1971*. Chicago: Aldine, 1972.

CAPONI, G. *Breve introducción al pensamiento de Buffon*. México: Universidad Autónoma Metropolitana, 2010.

CAPONI, G. Teleología naturalizada: los conceptos de función, aptitud y adaptación en la teoría de la selección natural. *Theoria*, v. 76, p. 97-114, 2013.

CAPONI, G. La posteridad de Cuvier: un problema historiográfico. *História Revista*, v. 9, n. 2, p. 205-226, 2004.

CARNEIRO, R. L. *Evolutionism in cultural anthropology*: a critical history. Cambridge: Westview, 2003.

CARROLL, S. B. *Infinitas formas de grande beleza*: como a evolução forjou a grande quantidade de criaturas que habitam o nosso planeta. Rio de Janeiro: Jorge Zahar, 2006.

CASTRO, C. Apresentação. In: CASTRO, C. (org.). *Evolucionismo cultural*: textos de Morgan, Tylor e Frazer. Rio de Janeiro: Zahar, 2005.

CASTRO, E. *Vocabulário de Foucault*: um percurso pelos seus temas, conceitos e autores. Belo Horizonte: Autêntica, 2009.

CASTRO, E. V. Os pronomes cosmológicos e o perspectivismo ameríndio. *Mana*, v. 2, n. 2, p. 115-144, 1996.

CASTRO, E. V. Esboço de cosmologia yawalapíti. In: CASTRO, E. V. *A inconstância da alma selvagem e outros ensaios de antropologia*. São Paulo: Cosac Naify, 2002.

CASTRO, E. V. Lévi-Strauss nos 90: a antropologia de cabeça para baixo. *Mana*, v. 4, n. 2, p. 119-126, 1998.

CATHEY, J. C.; BICKHAM, J. W.; PATTON, J. C. Introgressive hybridization and nonconcordant evolutionary history of maternal and paternal lineages in North American deer. *Evolution*, v. 52, n. 4, p. 1224-1229, 1998.

CAVALLI-SFORZA, L. L. *Genes, pueblos y lenguas*. Barcelona: Crítica, 2000.

CELERI, E. H. R. V.; JACINTHO, A. C. A.; DALGALARRONDO, P. Charles Darwin: um observador do desenvolvimento humano. *Revista Latinoamericana de Psicopatologia Fundamental*, v. 13, n. 4, p. 564-576, 2010.

CHÂTEAU, J. *As grandes psicologias na antiguidade*. Lisboa: Publicações Europa-America, 1978.

CHIARELLO, M. G. *Das lágrimas das coisas*: estudo sobre o conceito de natureza em Max Horkheimer. Campinas: UNICAMP: São Paulo: FAPESP, 2001.

CHOMSKY, N. *Diálogos com Mitsou Ronat*. São Paulo: Cultrix, 1977.

CHOMSKY, W. *Hebrew, the eternal language*. Skokie: Varda Books, 2001.

CHOMSKY, N. *Linguagem e mente*. 3. ed. São Paulo: UNESP, 2009.

CHOMSKY, N. Logical syntax and semantics: their linguistic relevance. *Language*, v. 31, n. 1, p. 36-45, 1955a.

CHOMSKY, N. *Morphophonemics of modern Hebrew*. 1951. Thesis (Master of the Arts in Linguistics) – Graduate School of Arts and Sciences, University of Pennsylvania, Philadelphia, 1951.

CHOMSKY, N. Review of B. F. Skinner's verbal behavior. *Language*, v. 35, n. 1, p. 26-58, 1959.

CHOMSKY, N. Systems of syntactic analysis. *The Journal of Symbolic Logic*, v. 18, n. 3, p. 242-256, 1953.

CHOMSKY, N. *The logical structure of linguistic theory*. Cambridge: MIT, 1955b. 752 f.

CHOMSKY, N. *Transformational analysis*. 1955. Dissertation (Doctor of Philosophy) – Graduate School of Arts and Sciences, University of Pennsylvania, Philadelphia, 1955c.

CÍCERO, M. T. *Tratado da República*. Lisboa: Círculo de Leitores, 2008. (Clássicos da Política).

CLAUS, C. *Éléments de zoologie*. Paris: Librairie F. Savy, 1889.

CLIFFORD, J.; MARCUS, G. E. (ed.) *Writing culture*: the poetics and politics of ethnography: a school of American research advanced seminar. Berkeley: University of California, 1986.

COLLINGWOOD, R. G. *The idea of nature*. Oxford: Clarendon, 1946.

COMAS, J. *Manual de antropología física*. 2. ed. Mexico: Universidad Nacional Autónoma de México, 1966.

COOLIDGE, F. L. *Evolutionary neuropsychology*: an introduction to the evolution of the structures and functions of the human brain. New York: Oxford University, 2020.

CORREIA, C. P. *Clones humanos*. Rio de Janeiro: Rocco, 2002.

CORSI, P. *The age of Lamarck*: evolutionary theories in France, 1790-1830. Berkeley: University of California, 1988.

COSMIDES, L.; TOOBY, J. *Evolutionary psychology*: a primer. [1997]. Disponível em: http://www.psychology.sunysb.edu/attachment/courses/620/pdf_files/evol_psych.pdf. Acesso em: 30 ago. 2023.

COTTINGHAM, J. *Dicionário Descartes*. Rio de Janeiro: Jorge Zahar Editor, 1995.

CRACRAFT, I. Species concepts in theoretical and applied biology: a systematic debate with consequences. *In*: WHEELER, Q. E.; MEIER, R. (ed.). *Species concepts and phylogenetic theory*: a debate. New York: Columbia University, 2000. p. 3–14.

CUNHA, M. C. "Cultura" e cultura: conhecimentos tradicionais e direitos intelectuais. *In*: CUNHA, M. C. *Cultura com aspas*: e outros ensaios. São Paulo: Cosac Naify, 2009.

DALY, M.; WILSON, M. Homicide and kinship. *American Anthropologist*, v. 84, n. 2, p. 372-378, 1982.

DALY, M.; WILSON, M. *Homicide*. New York: Aldine de Gruyter, 1988.

DALY, M.; WILSON, M. Risk-taking, intrasexual competition, and homicide. In: FRENCH, J. A.; KAMIL, A. C. ; LEGER,D. W. (Ed.). *Evolutionary psychology and motivation*. Lincoln: University of Nebraska, 2001. p. 1-36.

DARWIN, C. *A expressão das emoções no homem e nos animais* (1872). São Paulo: Companhia de Bolso, 2009.

DARWIN, C. C. Darwin to J. D. Hooker, Dec. 24th [1856]. *In*: DARWIN, C. *The life and letters of Charles Darwin*. New York: Appeton, 1887. v. 2.

DARWIN, C. *Notebooks on the transmutation of species*. Edited by Sir Gavin de Beer, M. J. Rowlands and B. M. Skramovsky. London: British Museum of Natural History, 1967. Parte VI, p. 159.

DARWIN, C. *Notebooks on the transmutation of species*. Edited by Gavin de Beer. London: British Museum of Natural History, 1960. Parte I.

DARWIN, C. *The descent of man* (1871). London: Watts, 1930. 3 partes.

DARWIN, C. *The origin of species by means of natural selection* (1859). Chicago: Encyclopædia Britannica, 1952.

DEL ROIO, J. L. *A igreja medieval*: cristandade latina. São Paulo: Ática, 1997.

DELEUZE, G. *Conversações*: 1972-1990. Rio de Janeiro: Editora 34, 1992.

DELRIEU, A. Le mythe dans le corpus freudien. *In*: ZAFIROPOULOS, M.; BOCCARA, M. (dir.). *Le mythe*: pratiques, récits, théories: v. 4: anthropologie et psychanalyse. Paris: Economica, 2004. p. 29–48.

DERRIDA, J. *Gramatologia*. São Paulo: Perspectiva, 1973.

DESCARTES, R. *Discurso do método*: para bem conduzir a própria razão e procurar a verdade nas ciências. São Paulo: Abril Cultural, 1973. (Os Pensadores).

DESCARTES, R. *Las pasiones del alma y cartas sobre psicología afectiva* (1649). Buenos Aires: Elevación, 1944.

DESCARTES, R. *O mundo (ou o tratado da luz) & o homem* (1664). Campinas: UNICAMP, 2009.

DETWILER, K. M.; BURRELL, A. S.; JOLLY, C. J. Conservation implications of hybridization in African cercopithecine monkeys. *International Journal of Primatology*, v. 26, n. 3, p. 661-684, 2005.

DIDEROT, D.; D'ALEMBERT, J. L. R. *Enciclopédia, ou dicionário razoado das ciências, das artes e dos ofícios*. São Paulo: UNESP, 2015.

DILTHEY, W. *A construção do mundo histórico nas ciências humanas*. São Paulo: UNESP, 2010.

DILTHEY, W. *Einleitung in die Geisteswissenschaften*. Leipzig: Duncker & Humblot, 1883.

DILTHEY, W. *Gesammelte schriften*. 4. Aufl. Göttingen: Vandenhoeck und Ruprecht, 1968. Bd. 8.

DILTHEY, W. *Ideen über eine beschreibende und zergliedernde Psychologie*. Berlin: Königlichen Akademie der Wissenschaften, 1894.

DOBZHANSKY, T. *The biological basis of human freedom*. New York: Columbia University, 1956.

DOMICIANO, J. F. G. M. S.; DUNKER, C. I. L. Encontros e ruídos entre a psicanálise freudiana e a antropologia de Franz Boas: da Clark University a Totem e Tabu. *Memorandum*: memória e história em psicologia, v. 38, 2021.

DROUIN, J. M. *L'écologie et son histoire*. Paris: Flammarion, 1993.

DUCHET, M. L'anthropologie de Buffon. *In*: DUCHET, M. *Anthropologie et histoire au siècle des Lumières*. Paris: Albin Michel, 1995.

DUPAS, G. *O mito do progresso*: ou progresso como ideologia. São Paulo: UNESP, 2012.

DURKHEIM, E. *As formas elementares da vida religiosa*: o sistema totêmico na Austrália (1912). São Paulo: Abril Cultural, 1978. (Os Pensadores).

DUSEK, V. Sociobiology sanitized: evolutionary psychology and gene selectionism. *Science as Culture*, v. 8, n. 2, p. 129-169, 1999.

EAGLETON, T. Cultura e natureza. *In*: EAGLETON, T. *A ideia de cultura*. São Paulo: UNESP, 2005.

EIMAS, P. D. The perception of speech in early infancy. *Scientific American*, v. 252, n. 1, p. 46-52, 1985.

ENGELS, F. Anteil der Arbeit an der Menschenwerdung des Affen (1876). In: MARX, K.; ENGELS, F. *Ausgewählte Werke*. Berlim: Dietz, 1989. Bd. 5.

ERIKSEN, T. H.; NIELSEN, F. S. *História da antropologia*. Petrópolis: Vozes, 2007.

EVANS-PRICHARD, E. E. *Bruxaria, oráculos e magia entre os Azande* (1937). Rio de Janeiro: Jorge Zahar, 2005.

FARRINGTON, B. A física epicurista. *In*: FARRINGTON, B. *A doutrina de Epicuro*. Rio de Janeiro: Zahar, 1968.

FERGUSON, S. Integrating evolutionary approaches to human behavior. *Biology and Philosophy*, v. 18, p. 589-598, 2003.

FERNÁNDEZ-ARMESTO, F. *Então você pensa que é humano?*: uma breve história da humanidade. São Paulo: Companhia das Letras, 2007.

FISCHER, M. M. J. Four genealogies for a recombinant anthropology of science and technology. *Cultural Anthropology*, v. 22, n. 4, p. 539-615, 2007.

FISHBURN, G. Natura non facit saltum in Alfred Marshall (and Charles Darwin). *History of Economics Review*, v. 40, n. 1, p. 59-68, 2004.

FISHER, R. A. *The genetical theory of natural selection*. Oxford: Clarendon, 1930.

FLEAGLE, J. G. *Primate adaptation and evolution*. San Diego: Academic, 1988.

FODOR, J. *Modularity of mind:* an essay on faculty psychology. Cambridge: MIT, 1983.

FOLEY, R. *Os humanos antes da humanidade:* uma perspective evolucionista. São Paulo: UNESP, 1998.

FORTUNATO, S. et al. Science of science. *Science*, v. 359, n. 6379, 2018.

FOUCAULT, M. *As palavras e as coisas:* uma arqueologia das ciências humanas. 9. ed. São Paulo: Martins Fontes, 2007a.

FOUCAULT, M. Classificar. In: FOUCAULT, M. *As palavras e as coisas:* uma arqueologia das ciências humanas. São Paulo: Martins Fontes, 2007b.

FOUCAULT, M. *Dits et écrits:* 1954-1988. Paris: Gallimard, 1994a. v. 1.

FOUCAULT, M. *Dits et écrits:* 1954-1988. Paris: Gallimard, 1994b. v. 2.

FOUCAULT, M. *Dits et écrits:* 1954-1988. Paris: Gallimard, 1994c. v. 4.

FOUCAULT, M. *Nietzsche, Freud e Marx:* theatrum philosoficum. Anagrama: Porto, 1980.

FRANCIS, R. C. *Epigenética:* como a ciência está revolucionando o que sabemos sobre hereditariedade. Rio de Janeiro: Zahar, 2015.

FRANCO, S. G. "Dilthey: compreensão e explicação" e possíveis implicações para o método clínico. *Revista Latinoamericana de Psicopatologia Fundamental*, v. 15, n. 1, p. 14–26, 2012.

FREEMAN, S.; HERRON, J. C. *Análise evolutiva*. 4. ed. Porto Alegre: Artmed, 2009.

FREUD, S. *Abriss der psychoanalyse:* das unbehagen in der Kultur (1930). Frankfurt am Main: Fischer Bücherei, 1953.

FREUD, S. Die Zukunft einer Illusion (1927). In: FREUD, S. *Studienausgabe:* fragen der Gesellschaft; Ursprünge der Religion. Frankfurt am Main: S. Fischer, 1982. Bd. 9.

FREUD, S. *O mal-estar na civilização, novas conferências introdutórias à psicanálise e outros textos (1930-1936)*. São Paulo: Companhia das Letras, 2010. (Obras Completas, 18).

FREUD, S. *Totem y tabú y otras obras (1913-1914)*. Buenos Aires: Amorrortu, 1986.

FROMM, E. *Conceito marxista de homem*. 6. ed. Rio de Janeiro: Zahar, 1975.

FUENTES, A. Naturalcultural encounters in Bali: monkeys, temples, tourists, and ethnoprimatology. *Cultural Anthropology*, v. 25, n. 4, p. 600–624, 2010.

FUTUYMA, D. J. *Biologia evolutiva*. 3. ed. Ribeirão Preto: FUNPEC, 2009.

GADOL, J. K. Universal man. In: WIENER, P. P. (ed.). *Dictionary of the history of ideas:* studies of selected pivotal ideas. New York: Scribner, 1973.

GARCIA, E. S. *Genes:* fatos e fantasias. Rio de Janeiro: Fiocruz, 2006.

GAUDANT, M.; GAUDANT, J. L'espèce et sés variations a la recherche d'une method. In: GAUDANT, M.; GAUDANT, J. *Les théories classiques de l'évolution*. Paris: Dunod, 1971a.

GAUDANT, M.; GAUDANT, J. *Les théories classiques de l'évolution*. Paris: Dunod, 1971b.

GEERTZ, C. A situação atual. In: GEERTZ, C. *Nova luz sobre a antropologia*. Rio de Janeiro: Jorge Zahar, 2001.

GEERTZ, C. *Agricultural involution:* the processes of ecological changes in Indonesia. Berkeley: University of California, 1963.

GEERTZ, C. O impacto do conceito de cultura sobre o conceito de homem. In: GEERTZ, C. *A interpretação das culturas*. Rio de Janeiro: Zahar, 1978.

GELLNER, E. Knowledge of nature and society. In: TEICH, M.; PORTER, R.; GUSTAFSSON, B. (ed.). *Nature and society in historical context*. Cambridge: Cambridge University, 1997.

GELLNER, E. *Language and solitude*. Cambridge: Cambridge University, 1998.

GERVAIN, J.; MEHLER, J. Speech perception and language acquisition in the first year of life. *Annual Review of Psychology*, v. 61, p. 191–218, 2010.

GINZBURG, C. Montaigne, cannibals and grottoes. *History and Anthropology*, v. 6, n. 2-3, p. 125–155, 1993.

GOLDE, P. *Women in the field:* anthropological experiences. Berkeley: University of California, 1986.

GOLDSCHMIDT, W. R. On the relationship between biology and anthropology. *Man*, v. 28, n. 2, p. 341–359, 1993.

GONÇALVES, M. C. F. *Filosofia da natureza*. Rio de Janeiro: Jorge Zahar, 2006.

GOODMAN, S. J. et al. Introgression through rare hybridization: a genetic study of a hybrid zone between red and sika deer (genus Cervus) in Argyll, Scotland. *Genetics*, v. 152, n. 1, p. 355–371, 1999.

GOULD, S. J. *A falsa medida do homem*. São Paulo: Martins Fontes, 1991.

GOULD, S. J. In the mind of the beholder. In: GOULD, S. G. *Dinosaur in a haystack:* reflections in natural history. London: Jonathan Cape, 1996. p. 108–120.

GRANGER, G. G. Ciências da natureza e ciências do homem. In: GRANGER, G. *A ciência e as ciências*. São Paulo: UNESP, 1994.

GRASSÉ, P-P. *Traité de zoologie:* anatomie, systématique, biologie. Paris: Masson et Cie, 1955. Tome XVII, fasc. 1 et 2: Mammifères.

GRAY, J. E. An outline of an attempt at the disposition of mammalian into tribes and families, with a list of the genera apparently appertaining to each tribe. *Annals of Philosophy*, v. 26, p. 337–344, 1825.

GREEN, R. E. et al. A draft sequence of the Neanderthal genome. *Science*, v. 328, n. 5979, p. 710–722, 2010.

GREENE, J. C. Progress, science, and value: a biological dilemma. *Biology and Philosophy*, v. 6, p. 99–106, 1991.

GROSS, C. G. Huxley versus Owen: the hippocampus minor and evolution. *Trends in Neurosciences*, v. 16, n. 12, p. 493–498, 1993.

HABERMAS, J. O dualismo das ciências naturais e das ciências humanas. In: HABERMAS, J. *A lógica das ciências sociais*. 2. ed. Petrópolis: Vozes, 2011.

HACKING, I. *Representing and intervening:* introductory topics in the philosophy of natural science. Cambridge: Cambridge University, 1983.

HACKING, I. *Historical ontology*. Cambridge: Harvard University, 2002.

HADDAD, F. *O terceiro excluído:* contribuição para uma antropologia dialética. Rio de Janeiro: Zahar, 2022.

HALDANE, J. B. S. *The causes of evolution*. London: Longman, 1932.

# Referências

HALLER JR, J. S. *Outcasts from evolution*: scientific attitudes of racial inferiority, 1859-1900. Urbana: University of Illinois, 1971.

HAMILTON, J. A.; PLACAS, A. J. Anthropology becoming...?: the 2010 sociocultural anthropology year in review. *American Anthropologist*, v. 113, n. 2, p. 246-261, 2011.

HANSON, E. D. *Diversidade animal*. São Paulo: Edgard Blücher: EDUSP, 1973.

HARAWAY, D. *Modest-witness@Second-Millenium.FemaleMan-Meets-OncoMouse:* feminism and technoscience. Routledge: New York, 1997.

HARAWAY, D. *Primate visions:* gender, race, and nature in the world of modern science. New York: Routledge, 1989.

HARAWAY, D. Um manifesto para os cyborgs: ciência, tecnologia e feminismo socialista na década de 80. In: HOLLANDA, H. B. (org.). *Tendências e impasses:* o feminismo como crítica da cultura. Rio de Janeiro: Rocco, 1994. p. 243-289.

HARAWAY, D. *When species meet*. Minneapolis: University of Minnesota, 2008.

HAUSMANN, R. *História da biologia molecular*. 2. ed. Ribeirão Preto: FUNPEC, 2002.

HAWKS, J. et al. Recent acceleration of human adaptive evolution. *Proceedings of the National Academy of Science*, v. 104, n. 52, p. 20753-20758, 2007.

HEBERER, G. *Anthropologie*. [Frankfurt am Main]: Fischer Bücherei, 1959.

HEGEL, G. W. F. *A razão na história:* uma introdução geral à filosofia da história (1837). São Paulo: Centauro, 2001.

HELMS, M. W. On Julian Steward and the nature of culture. *American Ethnologist*, v. 5, n. 1, p. 170-183, 1978.

HENNIG, W. *Phylogenetic systematics*. Urbana: University of Illinois, 1966.

HERDER, J. G. *Auch eine Philosophie der Geschichte zur Bildung der Menschheit*. Stuttgart: Reclam, 1990.

HERTWIG, R. *Lehrbuch der Zoologie*. Jena: Gustav Fischer, 1903.

HEY, J. On the failure of modern species concepts. *Trends in Ecology & Evolution*, v. 21, n. 8, p. 447-450, 2006.

HICKMAN JR, P. C. et al. *Integrated principles of zoology*. Boston: McGraw-Hill, 2008.

HINDE, R. A. A biologist looks at anthropology. *Man*, v. 26, n. 4, p. 583-608, 1991.

HOBBES, T. *Leviatã ou matéria, forma e poder de um estado eclesiástico e civil* (1651). São Paulo: Abril Cultural, 1974. (Os Pensadores, 14).

HODGEN, M. T. *Change and history:* a study of the dated distributions of technological innovations in England. New York: Wenner-Gren Foundation for Anthropological Research, 1952.

HODGEN, M. T. *Early anthropology in the sixteenth and seventeenth centuries*. Philadelphia: University of Pennsylvania, 1971.

HOLLIDAY, T. W. Species concepts, reticulation, and human evolution. *Current Anthropology*, v. 44, n. 5, p. 653-673, 2003. Ver também a série de artigos de replica a Holliday e as suas tréplicas.

HOPWOOD, A. T. The development of pre-Linnaean taxonomy. *Proceedings of the Linnean Society of London*, v. 170, n. 3, p. 230-234, 1959.

HOROWITZ, M.; YAWORSKY, W.; KICKHAM, K. Anthropology's science wars: insights from a new survey. *Current Anthropology*, v. 60, n. 5, p. 674-698, 2019.

HOUAISS, A. *Dicionário Houaiss da língua portuguesa*. Rio de Janeiro: Objetiva, 2001.

HUNT, L. *A invenção dos direitos humanos:* uma história. São Paulo: Companhia das Letras, 2009.

HUXLEY, T. H. *Evidence as to man's place in nature*. 1863. Produced by Amy E. Zelmer e David Widger. Disponível em: https://www.gutenberg.org/files/2931/2931-h/2931-h.htm. Acesso em: 30 ago. 2023.

INGOLD, T. An anthropologist looks at biology. *Man*, v. 25, n. 2, p. 208-229, 1990.

JOHNSON, A. W.; EARLE, T. *The evolution of human societies:* from foraging group to agrarian state. Stanford: Stanford University, 2000.

JOHNSON, C. *Derrida:* a cena da escritura. São Paulo: UNESP, 2001.

JOLLY, C. J. et al. Intergeneric hybrid baboons. *International Journal of Primatology*, v. 18, n. 4, p. 597-627, 1997.

JONAS, H. *O princípio vida:* fundamentos para uma biologia filosófica. Petrópolis: Vozes, 2004.

KANT, I. Anthropologie in pragmatischer Hinsich (1798). In: KANT, I. *Schriften zur Anthropologie Geschichtsphilosophie, Politik und Pädagogik*. Wiesbaden: Insel, 1964.

KANT, I. *Lógica*. Rio de Janeiro: Tempo Brasileiro, 1992. (Biblioteca Tempo Universitário, 93).

KANT, I. Über Pädagogik. In: KANT, I. *Schriften zur Anthropologie Geschichtsphilosophie, Politik und Pädagogik*. Frankfurt am Main: Suhrkamp, 1977. Bd. 12, Bd. 2.

KHRAMEEVA, E. et al. Single-cell-resolution transcriptome map of human, chimpanzee, bonobo, and macaque brains. *Genome Research*, v. 30, n. 5, p. 776-789, 2020.

KOLLÁR, J.; POULÍČKOVÁ, A.; DVOŘÁK, P. On the relativity of species, or the probabilistic solution to the species problem. *Molecular Ecology*, v. 31, n. 2, p. 411-418, 2022.

KREBS, J. R.; DAVIES, N. D. (ed.) *Behavioral ecology*. 4th ed. Cambridge: Blackwell Publishing, 1997.

KROEBER, A. L.; KLUCKHOHN, C. *Culture:* a critical review of concepts and definitions. Cambridge: Harvard University, 1952.

KRONHOLM, I. Adaptive evolution and epigenetics. In: TOLLEFSBOL, T. O. (ed.). *Handbook of epigenetics:* the new molecular and medical genetics. 3rd ed. London: Academic, 2023. p. 551-565.

KROPOTKIN, P. A. *Mutual aid:* a factor of evolution. Hardmondsworth: Penguin Books, 1939.

KUHL, P. K. Early language acquisition: cracking the speech code. *Nature Reviews Neuroscience*, v. 5, p. 831-843, 2004.

KUHN, T. S. *A estrutura das revoluções científicas*. São Paulo: Perspectiva, 1982.

KUNZRU, H. Você é um cyborg?: um encontro com Donna Haraway. In: HARAWAY, D.; KUNZRU, H.; TADEU, T. (org.). *Antropologia do ciborgue:* as vertigens do pós-humano. 2. ed. Belo Horizonte: Autêntica, 2009.

KUPER, A. *Cultura:* a visão dos antropólogos. São Paulo: EDUSC, 2002.

KUPER, A. *The chosen primate:* human nature and cultural diversity. Cambridge: Harvard University, 1994.

KUPER, A. *The invention of primitive society:* transformations of an illusion. London: Routledge, 1988.

LA METTRIE, J. O. *L'homme machine*. Paris: Frederic Henry, 1865.

LALAND, K. N.; BROWN, G. R. *Sense and nonsense:* evolutionary perspectives on human behaviour. Oxfrod: Oxford University, 2002.

LAMARCK, J. B. *Philosophie zoologique* (1809). [Paris]: Union Générale D'Éditions, 1968.

LATOUR, B. *A ciência em ação:* como seguir cientistas e engenheiros sociedade afora. São Paulo: UNESP, 2000.

LATOUR, B. *Jamais fomos modernos.* Rio de Janeiro: Editora 34, 1994.

LATOUR, B.; WOOLGAR, S. *A vida de laboratório:* a produção dos fatos científicos. Rio de Janeiro: Relume Dumará, 1997.

LE GROS CLARK W. E. *The fossil evidence of human evolution:* an introduction to the study of paleoanthropology. 2nd ed. Chicago: University of Chicago, 1964.

LEACH, E. Anthropos. *In:* ROMANO, R. (ed.). *Enciclopédia Einaudi.* Lisboa: Imprensa Nacional-Casa da Moeda, 1985a. v. 5: Anthropos-Homem.

LEACH, E. Anthropos-homem. *In:* ROMANO, R. (ed.). *Enciclopédia Einaudi.* Lisboa: Imprensa Nacional-Casa da Moeda, 1985b. v. 5: Anthropos-Homem.

LEACH, E. Cultura/Culturas. *In:* ROMANO, R. (ed.). *Enciclopédia Einaudi.* Lisboa: Imprensa Nacional-Casa da Moeda, 1985c. v. 5: Anthropos-Homem.

LEACH, E. Natureza/Cultura. *In:* ROMANO, R. (ed.). *Enciclopédia Einaudi.* Lisboa: Imprensa Nacional-Casa da Moeda, 1985d. v. 5: Anthropos-Homem.

LEHMAN, N. *et al.* Introgression of coyote mitochondrial DNA into sympatric North American gray wolf populations. *Evolution*, v. 45, n. 1, p. 104–119, 1991.

LEIBNIZ, G. W. *Novos ensaios sobre o entendimento humano* (1764). 2. ed. São Paulo: Abril Cultural, 1984. (Os Pensadores).

LENNOX, J. G. Teleology. *In:* KELLER, E. F.; LHOYD, E. A. (ed.). *Keywords in evolutionary biology.* Cambridge: Harvard University, 1992.

LÉVI-STRAUSS, C. A lógica das classificações totêmicas. *In:* LÉVI-STRAUSS, C. *O pensamento selvagem.* São Paulo: Companhia Editora Nacional, 1970.

LÉVI-STRAUSS, C. *A noção de estrutura em etnologia; raça e história; totemismo hoje.* São Paulo: Abril Cultural, 1976a. (Os Pensadores, 50).

LÉVI-STRAUSS, C. *As estruturas elementares do parentesco.* 2. ed. Petrópolis: Vozes, 1982.

LÉVI-STRAUSS, C. Existe apenas um tipo de desenvolvimento? *In:* LÉVI-STRAUSS, C. *Somos todos canibais,* precedido por o suplício do Papai Noel. São Paulo: Editora 34, 2022.

LÉVI-STRAUSS, C. Jean-Jacques Rousseau, fundador das ciências do homem. *In:* LÉVI-STRAUSS, C. *Antropologia estrutural dois.* Rio de Janeiro: Tempo Brasileiro, 1976b.

LÉVI-STRAUSS, C. Structuralisme et écologie. *In:* LÉVI-STRAUSS, C. *Textes de et sur Claude Lévi-Strauss.* Compilado por Raymond Bellour e Catherine Clément. Paris: Gallimard, 1979.

LÉVI-STRAUSS, C. Lévi-Strauss nos 90 voltas ao passado. *Mana*, v. 4, n. 2, p. 107–117, 1998.

LÉVI-STRAUSS, C.; ERIBON, D. *De perto e de longe.* Rio de Janeiro: Nova Fronteira, 1990.

LEWIN, E. (ed.). *Feminist anthropology:* a reader. Malden: Blackwell, 2006.

LEWINSOHN, T. M.; PRADO, P. I. How many species are there in Brazil? *Conservation Biology*, v. 19, n. 3, p. 619–624, 2005.

LEWONTIN, R. C.; LEVINS, R. Evolução. *In:* ROMANO, R. (ed.). *Enciclopédia Einaudi.* Lisboa: Imprensa Nacional-Casa da Moeda, 1985. v. 6: Orgânico/inorgânico – evolução.

LI, Y. D. *et al.* Coronavirus vaccine development: from SARS and MERS to COVID-19. *Journal of Biomedical Science*, v. 27, article 104, 2020.

LIEVEN, E.; STOLL, S. Early communicative development in two cultures: a comparison of the communicative environments of children from two cultures. *Human Development*, v. 56, n. 3, p. 178–206, 2013.

LINNÆI, C. *Systema naturæ per regna tria naturæ:* secundum classes, ordines, genera, species, cum characteribus, differentiis, synonymis, locis. Holmiæ: Laurentii Salvii, 1758-1759. Disponível em: http://www.biodiversitylibrary.org/bibliography/542. Acesso em: 30 ago. 2023.

LORENZ, A. *A agressão:* uma história natural do mal. Santos: Martins Fontes, 1973.

LORENZ, K. *Os fundamentos da etologia.* São Paulo: UNESP, 1995.

LORENZ, K. *Er redete mit dem Vieh, den Vögeln und den Fischen.* 30. Aufl. München: Deutscher Taschenbuh, 1983.

LOUIS, P. La notion d'espèce dans la biologie d'Aristote. *In:* ATRAN, S. *et al.* (ed.). *Histoire du concept d'espèce dans les sciences de la vie.* Paris: Fondation Singer-Polignac, 1987.

LOVEJOY, A. O. *A grande cadeia do ser:* um estudo da história de uma ideia. São Paulo: Palíndromo, 2005.

LOVEJOY, A. O. *Reflections on human nature.* Baltimore: Johns Hopkins, 1961.

LYELL, C. *Principles of geology* (1832). Chicago: University of Chicago, 1991. v. 2.

MACHADO, L. G. A natureza humana. *In:* MACHADO, L. G. *Homem e sociedade na teoria política de Jean-Jacques Rousseau.* São Paulo: Martins, 1968.

MALINOWSKI, B. *Uma teoria científica da cultura.* 3. ed. Rio de Janeiro: Zahar, 1970.

MARCHANT, J. (ed.). *Letters and reminiscences of Alfred Russel Wallace.* London: Cassel, 1916. 2 v.

MARTINS, H. Aceleração, progresso e experimentum humanum. *In:* MARTINS, H.; GARCIA, J. L. (coord.). *Dilemas da civilização tecnológica.* Lisboa: Imprensa das Ciências Sociais, 2003.

MARX, K. Das Kapital: kritik der politischen Oekonomie. *In:* MARX, K.; ENGELS, F. *Ausgewählte Werke.* Berlim: Dietz, 1987a. Bd. 3.

MARX, K. Manuscritos econômicos e filosóficos (1844) *In:* FROMM, E. *Conceito marxista do homem.* 6. ed. Rio de Janeiro: Zahar, 1975.

MARX, K. Ökonomisch-philosophische Manuskripte aus dem Jahre 1844. *In:* MARX, K.; ENGELS, F. *Ausgewählte Werke.* Berlim: Dietz, 1987b. Bd. 1.

MATOS, I. D. *Uma descrição do humano no Leviathan, de Thomas Hobbes.* São Paulo: Annablume, 2007.

MATTHEWS, E. *Mente:* conceitos-chave em filosofia. Porto Alegre: Artmed, 2007.

MAUSS, M. Algumas formas primitivas de classificação (1903). *In:* MAUSS, M. *Ensaios de sociologia.* 2. ed. São Paulo: Perspectiva, 2001a. (Estudos, 47).

MAUSS, M. Gift-Gift (1924). *In:* MAUSS, M. *Ensaios de sociologia.* 2. ed. São Paulo: Perspectiva, 2001b. (Estudos, 47).

MAYDEN, R. L. A hierarchy of species concepts: the denouement in the saga of the species problem. *In:* Claridge, M. F.; DAWAH, H. A.; WILSON, M. R. (ed.). *Species:* the units of biodiversity. London: Chapman & Hall, 1997.

MAYR, E. *Biologia, ciência única:* reflexões sobre a autonomia de uma disciplina científica. São Paulo: Companhia das Letras, 2005a.

MAYR, E. Species concepts and definitions. *In:* SLOBODCHIKOFF, C. N. (ed.). *Concepts of species.* Stroudsburg: Hutchinson & Ross, 1976.

MAYR, E. Um outro olhar sobre o problema da espécie. *In:* MAYR, E. *Biologia, ciência única:* reflexões sobre a autonomia de uma disciplina científica. São Paulo: Companhia das Letras, 2005b.

MCSHEA, D. W. Complexity and evolution: what everybody knows. *Biology and Philosophy,* v. 6, p. 303–324, 1991.

MENEZES, E. Apresentação. *In:* KANT, I. *Começo conjectural da história humana.* São Paulo: UNESP, 2010.

MERLEAU-PONTY, M. *A natureza.* São Paulo: Martins Fontes, 2006.

MERLEAU-PONTY, M. De Mauss a Claude Lévi-Strauss (1960). *In:* MERLEAU-PONTY, M. *Textos escolhidos.* São Paulo: Nova Cultural, 1989. (Os Pensadores).

MEZAN, R. *Freud, pensador da cultura.* 5. ed. São Paulo: Brasiliense, 1990.

MICHELI, G. Natureza. *In:* ROMANO, R. (ed.). *Enciclopédia Einaudi.* Lisboa: Imprensa Nacional-Casa da Moeda, 1985. v. 18: Natureza – Esotérico – exotérico.

MILNE EDWARDS, M. *Zoologie.* Paris: Garnier Frères, 1886. Tomo do Cours Elémentaire d'Histoire Naturelle.

MISHRA, S. K.; TRIPATHI, T. One year update on the COVID-19 pandemic: where are we now? *Acta Tropica,* v. 214, 2021.

MIVART, S. G. J. *Man and apes:* an exposition of structural resemblances and differences bearing upon questions of affinity and origin. New York: D. Appleton, 1874.

MONTAIGNE, M. *Dos canibais.* São Paulo: Alameda, 2009. (A Descoberta do Pensamento, 1).

MOORE, H. *Feminism and anthropology.* Minneapolis: University of Minnesota, 1988.

MORAES, J. Q. *Epicuro:* as luzes da ética. São Paulo: Moderna, 1998.

MORAN III, F. Between primates and primitives: natural man as the missing link in Rousseau's Second Discourse. *Journal of the History of Ideas,* v. 54, v. 1, p. 37–58, 1993.

MORGAN, L. H. A sociedade antiga [1877]. *In:* CASTRO, C. (org.). *Evolucionismo cultural:* textos de Morgan, Tylor e Frazer. Rio de Janeiro: Zahar, 2005.

MORGAN, L. H. *The American beaver and his works.* Philadelphia: J.B. Lippincott & CO, 1868.

MUTSCHLER, H. *Introdução à filosofia da natureza.* São Paulo: Loyola, 2008.

NEVES, W. A. *Antropologia ecológica:* um olhar materialista sobre as sociedades humanas. São Paulo: Cortez, 1996.

NISBET, R. A. *História da ideia de progresso.* Brasília, DF: Universidade de Brasília, 1985.

NIXON, K. C.; WHEELER, Q. D. An amplification of the phylogenetic species concept. *Cladistics,* v. 6, n. 3, p. 211–223, 1990.

NOBRE, A. C.; PLUNKETT, K. The neural system of language: structure and development. *Current Opinion in Neurobiology,* v. 7, n. 2, p. 262–268, 1997.

NOGARE, P. D. *Humanismos e anti-humanismos.* Petrópolis: Vozes, 1977.

NORTHCUTT, R. G. Changing views of brain evolution. *Brain Research Bulletin,* v. 55, n. 6, p. 663–674, 2001.

OPLER, M. E. Cause, process, and dynamics in the evolutionism of E. B. Tylor. *Southern Journal of Anthropology,* v. 20, p. 123–144, 1964.

ORTNER, S. B. Is female to male as nature is to culture? *In:* ROSALDO, M. Z.; LAMPHERE, L. (ed.). *Woman, culture & society.* Stanford: Stanford University, 1974. p. 67–87.

OWEN, C. M.; HOWARD, A.; BINDER, D. K. Hippocampus minor, calcar avis, and the Huxley-Owen debate. *Neurosurgery,* v. 65, n. 6, p. 1098–1104, 2009.

PALMER, R. E. Dilthey: a hermenêutica como fundamento das Geisteswissenschaften. *In:* PALMER, R. E. *Hermenêutica.* Lisboa: Edições 70, 1997.

PAPALIA, D. E.; OLDS, S. W.; FELDMAN, R. D. *Desenvolvimento humano.* 8. ed. Porto Alegre: Artmed, 2006.

PARK, C. W.; LEE, S. M.; YOON, K. J. Epitranscriptomic regulation of transcriptome plasticity in development and diseases of the brain. *BMB reports,* v. 53, n. 11, p. 551–564, 2020.

PATERSON, H. E. H. *Evolution and the recognition concept of species:* collected writtings. Baltimore: Johns Hopkins University, 1993.

PAVLINOV, I. Y. *The species problem:* a conceptual history. Boca Raton: CRC, 2023.

PEMBROKE, W. G.; HARTL, C. L.; GESCHWIND, D. H. Evolutionary conservation and divergence of the human brain transcriptome. *Genome Biology,* v. 22, n. 1, p. 52, 2021.

PEREIRA, L. V. *Clonagem:* fatos e mitos. São Paulo: Moderna, 2002.

PEREIRA, R. J.; WAKE, D. B. Ring species as demonstrations of the continuum of species formation. *Molecular Ecology,* v. 24, n. 21, p. 5312–5314, 2015.

PFISTER, O. A ilusão de um futuro: um embate amigável com o Prof. Dr. Sigmund Freud (1928). *In:* WONDRACEK, K. H. K. (org.). *O futuro e a ilusão:* um embate com Freud sobre psicanálise e religião. Petrópolis: Vozes, 2003.

PHILLIPS-CONROY, J. E.; ROGERS, J. A celebration of Clifford Jolly's contribution to biological anthropology. *Current Anthropology,* v. 50, n. 2, p. 183–186, 2009.

PIAZZA, P. V. *Homo biologicus:* como a biologia explica a natureza humana. Rio de Janeiro: Bertrand Brasil, 2021.

PICO DELLA MIRÀNDOLA, G. *A dignidade do homem* (1486). Tradução, comentários e notas de Luiz Feracine. São Paulo: Escala, 2005. (Grandes Obras do Pensamento Universal, 26).

PINKER, S. *O instinto da linguagem:* como a mente cria a linguagem. São Paulo: Martins Fontes, 2002.

PINKER, S. *Tábula rasa:* a negação contemporânea da natureza humana. São Paulo: Companhia das Letras, 2004.

PLAMENATZ, J. The essential nature of man: Marxism compared with earlier theories. *In:* PLAMENATZ, J. *Karl Marx's philosophy of man.* Oxford: Clarendon, 1975.

PLATÃO. *A república.* 3. ed. São Paulo: Edipro, 2019.

PLATÃO. Crátilo. *In:* SOUZA, L. F. *Platão:* Crátilo: estudo e tradução. 2010. Dissertação (Mestrado em Letras) – Faculdade de Filosofia, Letras e Ciências Humanas, Universidade de São Paulo, São Paulo, 2010.

PLATÃO *Timeu-Crítias.* Tradução do grego, introdução e notas Rodolfo Lopes. Coimbra: Centro de Estudos Clássicos e Humanísticos da Universidade de Coimbra, 2011.

PLATO. *Phaedrus.* Edited by Harvey Yunis. Cambridge: Cambridge University, 2011.

PLATO. *Dialogues of Plato; The seventh letter. In:* HUTCHINS, R. M. (ed.). *Great books of the Western world.* Chicago: Encyclopædia Britannica, 1952. v. 7.

POLITZER, G. *Crítica dos fundamentos da psicologia.* Piracicaba: UNIMEP, 2004.

POUGH, F. H.; JANIS, C. M.; HEISER, J. B. *A vida dos vertebrados.* 4. ed. São Paulo: Atheneu, 2008.

POWDERMAKER, H. *Stranger and friend:* the way of an anthropologist. New York: Norton, 1966.

PTACEK, M. B; HANKISON, S. J. The pattern and process of speciation. *In:* RUSE, M.; TRAVIS, J. (ed.). *Evolution:* the first four billion years. Cambridge: Belknap Press of the Harvard University, 2009. p. 177–207.

RABINOW, P. *Essays on the anthropology of reason.* Princeton: Princeton University, 1996.

RABINOW, P. *French DNA:* trouble in purgatory. Chicago: University of Chicago, 1999.

RABY, P. *Alfred Russel Wallace:* a life. Princeton: Princeton University, 2002.

RADCLIFFE-BROWN, A. R. A teoria sociológica do totemismo. *In:* RADCLIFFE-BROWN, A. R. *Estrutura e função na sociedade primitiva.* Petrópolis: Vozes, 1973a.

RADCLIFFE-BROWN, A. R. Introdução. *In:* RADCLIFFE-BROWN, A. R. *Estrutura e função na sociedade primitiva.* Petrópolis: Vozes, 1973b.

RADCLIFFE-BROWN, A. R. Sistemas africanos de parentesco e casamento: Introdução. *In:* RADCLIFFE-BROWN, A. R. *Antropologia.* Organizado por Julio Cezar Melatti. São Paulo: Ática, 1978.

RADCLIFFE-BROWN, A. R. Sobre a estrutura social. *In:* RADCLIFFE-BROWN, A. R. *Estrutura e função na sociedade primitiva.* Petrópolis: Vozes, 1973c.

RAFF, R. A.; KAUFMAN, T. C. *Embryos, genes and evolution:* the developmental-genetic basis of evolutionary change. New York: Macmillan, 1983.

RANDALL, L. *Batendo à porta do céu.* São Paulo: Companhia das Letras, 2013.

RAPPORT, N. An outline for cosmopolitan study: reclaiming the human through introspection. *Current Anthropology,* v. 48, n. 2, p. 257-283, 2007.

RAUM, J. W. Evolutionismus. *In:* FISCHER, H. (org.). *Ethnologie:* Einführung und Überblick. 3. Aufl. Berlim: Reimer, 1992.

REZENDE, A. M.; BIANCHET, S. B. *Dicionário do latim essencial.* Belo Horizonte: Tessitura & Crisálida, 2005.

RICHERSON, P. J.; BOYD, R. *Not by genes alone:* how culture transformed human evolution. Chicago: University of Chicago, 2005.

RICKERT, H. Die vier Arten des Allgemeinen in der Geschichte. *In:* RICKERT, H. *Die Grenzen der naturwissenschaftlichen Begriffsbildung.* Tübingen: Mohr, 1896.

RICKERT, H. *Kulturwissenschaft und Naturwissenschaft.* Tübingen: Mohr, 1926.

RIDLEY, M. *Evolução.* 3. ed. Porto Alegre: Artmed, 2006.

RIVERS, W. H. R. Circumcision, incision and subincision. *In:* RIVERS, W. H. R. *Psychology and ethnology.* London: Kegan Paul, Trench, Trubner & CO., 1926.

ROBINS, R. H. *Pequena história da linguística.* Rio de Janeiro: Ao Livro Técnico, 1979.

ROBINSON, J. T. The origin and adaptive radiation of the Australopithecines. *In:* KURTH, G. (ed.). *Evolution and hominisation.* Stuttgart: G. Fischer, 1962.

ROGER, J. *Buffon, Les époques de la nature.* Paris: Editions du Muséum, 1962.

ROMANES, G. J. *Mental evolution in man:* origin of human faculty. London: Kegan Paul, Trench, Trubner & Co, 1888.

RONAN, C. A. Os séculos XVII e XVIII. In: Ronan, C. A. *História ilustrada da ciência.* Rio de Janeiro: Jorge Zahar, 2001. v. 3.

ROSE, S. *O cérebro do século XXI:* como entender, manipular e desenvolver a mente. São Paulo: Globo, 2006.

ROSENBERG, A. *Philosophy of social science.* 4th ed. Boulder: Westview, 2012.

ROSSLENBROICH, B. The notion of progress in evolutionary biology: the unresolved problem and an empirical suggestion. *Biology and Philosophy,* v. 21, p. 41–70, 2006.

ROUSSEAU, J. J. *Do contrato social; Ensaio sobre a origem das línguas; Discurso sobre a origem e os fundamentos da desigualdade entre os homens; Discurso sobre as ciências e as artes* (1754). 2. ed. São Paulo: Abril Cultural, 1978. (Os Pensadores).

RUSE, M. Edward O. Wilson: Southern baptist meets Charles Darwin. *In:* RUSE, M. *Mystery of mysteries:* is evolution a social construction? Cambridge: Harvard University, 1999a.

RUSE, M. Prologue: science wars. *In:* RUSE, M. *Mystery of mysteries:* is evolution a social construction? Cambridge: Harvard University, 1999b.

RUSE, M. *Sociobiologia:* senso ou contra-senso? Belo Horizonte: Itatiaia, 1983. (O Homem e a Ciência, 13).

RUSE, M. The history of evolutionary thought. *In:* RUSE, M.; TRAVIS, J. (ed.). *Evolution:* the first four billion years. Cambridge: Belknap Press of the Harvard University, 2009. p. 1–48.

RUSE, M.; TRAVIS, J. Willi Hennig (1913-1976) *In:* RUSE, M.; TRAVIS, J. (ed.). *Evolution:* the first four billion years. Cambridge: Belknap Press of the Harvard University, 2009. p. 632–634.

SAHLINS, M. Evolution: specific and general. *In:* SAHLINS, M. D.; SERVICE, E. R. (ed.). *Evolution and culture.* Ann Arbor: University of Michigan, 1960.

SAHLINS, M. O "pessimismo sentimental" e a experiência etnográfica: por que a cultura não é um "objeto" em via de extinção (parte I). *Mana,* v. 3, n. 1, p. 41–73, 1997a.

SAHLINS, M. O "pessimismo sentimental" e a experiência etnográfica: por que a cultura não é um "objeto" em via de extinção (parte II). *Mana,* v. 3, n. 2, p. 103–150, 1997b.

SAHLINS, M. *Sociedades tribais.* 3. ed. Rio de Janeiro: Zahar, 1983.

SAHLINS, M. *The use and abuse of biology:* an anthropological critique of sociobiology. Ann Arbor: University of Michigan, 1976.

SAHLINS, M. *The Western illusion of human nature:* with reflections on the long history of hierarchy, equality and the sublimation of anarchy in the West, and comparative notes on other conceptions of the human condition. Chicago: Prickly Paradigm, 2008.

SCHELLING, F. W. J. Organismo e mecanismo. *In:* FICHTE, J. G. *Escritos filosóficos.* São Paulo: Abril Cultural, 1973. (Os Pensadores).

SHAKESPEARE, W. *Otelo:* o mouro de Veneza, Rio de Janeiro: Lacerda, 1999.

SHAKESPEARE, W. *Henrique IV* [Parte II] (1596). Rio de Janeiro: Nova Aguilar, 2000.

SIBILIA, P. *O homem pós-orgânico:* corpo, subjetividade e tecnologias digitais. Rio de Janeiro: Relume Dumará, 2002.

SILVA, S. *Vidas em jogo:* cestas de adivinhação e refugiados angolanos na Zâmbia. Lisboa: Imprensa de Ciências Sociais, 2004.

SIMPSON, G. G. La naturaleza biológica del hombre. *In:* SIMPSON, G. G. *La biología y el hombre.* Buenos Aires: Pleamar, 1974.

# Referências

SIMPSON, G. G. O lugar do homem na natureza. *In:* SIMPSON, G. G. *O significado da evolução:* um estudo da história da vida e do seu sentido humano. São Paulo: Pioneira, 1962a.

SIMPSON, G. G. Primate taxonomy and recent studies of non-human primates. *Annals of the New York Academy of Sciences*, v. 102, p. 497-514, 1962b.

SKIDMORE, J. A. *et al.* Assisted reproductive techniques for hybridization of camelids. *Reproduction, Fertility, and Development*, v. 13, n. 8, p. 647-652, 2001.

SKINNER, B. F. *Verbal behavior*. New York: Appleton-Century-Crofts, 1957.

SMITH, E. A.; MULDER, M. B.; HILL, K. Evolutionary analysis of human behaviour: a commentary on Daly & Wilson. *Animal Behavior*, v. 60, n. 4, p. F21-F26, 2000.

SMITH, G. E. *Evolution of man*. London: Oxford University, 1924. v. 2.

SMITH, P. J. Montaigne e o Novo Mundo. *In:* MONTAIGNE, M. *Dos canibais*. São Paulo: Alameda, 2009.

SMITH, R. Does reflexivity separate the human sciences from natural sciences? *History of the Human Sciences*, v. 18, n. 4, p. 1-25, 2005.

SNOW, C. P. *As duas culturas e uma segunda leitura*. São Paulo: EDUSP, 1995.

SÓFOCLES. *Antígona* (441 a.C.). Porto Alegre: L&PM, 1999.

SOKAL, A.; BRICMONT, J. *Imposturas intelectuais*. 3. ed. Rio de Janeiro: Record, 2006.

SPAMER, E. E. Know thyself: responsible science and the lectotype of Homo sapiens Linnaeus, 1758. *Proceedings of the Academy of Natural Sciences of Philadelphia*, v. 149, p. 109-114, 1999.

SPENCER, H. Progress: its law and cause. *The Westminster Review*, v. 67, p. 445-485, 1857.

STAMOS, D. N. *Evolution and the big questions:* sex, race, religion and other matters. Malden: Blackwell, 2008a.

STAMOS, D. N. Introduction. *In:* STAMOS, D. N. *Evolution and the big questions:* sex, race, religion and other matters. Malden: Blackwell, 2008b.

STEJNEGER, L. Wherefore and whither the ring species? *Copeia*, v. 104, n. 1, p. 189-201, 2016.

STERLNY, K.; GRIFFITHS, P. E. From sociobiology to evolutionary psychology. *In:* STERLNY, K.; GRIFFITHS, P. E. *Sex and death:* an introduction to philosophy of biology. Chicago: University of Chicago, 1999.

STEVENSON, L. *Sete teorias sobre a natureza humana*. Rio de Janeiro: Labor do Brasil, 1976.

STEWARD, J. H. Some problems raised by Roger C. Owen's "The Patrilocal Band...". *American Anthropologist*, v. 67, n. 3, p. 732-734, 1965.

STEWARD, J. H. *Theory of culture change:* the methodology of multilinear evolution. Urbana: University of Illinois, 1972.

STEWARD, J. H. *Theory of culture change:* the methodology of multilinear evolution. Urbana: University of Illinois, 1955.

STOCKING JR, G. W. "Cultural Darwinism" and "philosophical idealism" in E. B. Tylor. *In:* STOCKING JR, G. W. *Race, culture and evolution:* essays in the history of anthropology. New York: Free, 1968.

STOCKING JR, G. W. Edward Burnett Tylor and the mission of primitive man. *In:* STOCKING JR, G. W. *Delimiting anthropology:* occasional essays and reflections. Madison: University of Wisconsin, 2001a.

STOCKING JR, G. W. Franz Boas and the culture concept in historical perspective. *In:* STOCKING, G. W. *Race, culture and evolution:* essays in the history of anthropology. Madison: University of Wisconsin, 1982.

STOCKING JR, G. W. Polarity and plurality: Franz Boas as a psychological anthropologist. *In:* STOCKING JR, G. W. *Delimiting anthropology:* occasional essays and reflections. Madison: University of Wisconsin, 2001b.

STOCKING JR, G. W. The basic assumptions of Boasian anthropology. *In:* STOCKING JR, G. W. *Delimiting anthropology:* occasional essays and reflections. Madison: University of Wisconsin, 2001c.

STOCKING JR, G. W. *The ethnographer's magic and other essays in the history of anthropology*. Madison: University of Wisconsin, 1992.

STOLL, S.; LIEVEN, E. Studying language acquisition cross-linguistically. *In:* WINSKEL, H.; PADAKANNAYA, P. (ed.): *South and Southeast Asian psycholinguistics*. Cambridge: Cambridge University, 2014.

STORER, T. I.; USINGER, R. L. *Zoologia geral*. São Paulo: Companhia Editora Nacional, 1974.

STORER, T. I. *et al. Zoologia geral*. 6. ed. São Paulo: Companhia Editora Nacional, 1998.

STRATHERN, M. No nature, no culture: the Hagen case. *In:* MACCORMACK, C. P.; STRATHERN, M. (ed.). *Nature, culture and gender*. Cambridge: Cambridge University, 1980.

SUN, Y.; LATORA, V. The evolution of knowledge within and across fields in modern physics. *Scientific Reports*, v. 10, n. 1, 2020.

SZTUTMAN, R. (org.). *Eduardo Viveiros de Castro*. Rio de Janeiro: Beco do Azougue, 2008.

TASCHWER, K.; FÖGER, B. *Konrad Lorenz:* biographie. Wien: Paul Zsolnay, 2003.

TEMPLETON, A. R. Species and speciation: Geography, population structure, ecology, and gene trees. *In:* HOWARD, D. J.; BERLOCHER, S. H. (ed.). *Endless forms:* species and speciation. New York: Oxford University, 1998. p. 32-43.

THÉODORIDÈS, J. *História da biologia*. Lisboa: Edições 70, 1984.

TOMASELLO, M. *Origens culturais da aquisição do conhecimento humano*. São Paulo: Martins Fontes, 2003.

TOOBY, J.; COSMIDES, L. Conceptual foundations of evolutionary psychology. *In:* BUSS, D. M. (ed.). *The handbook of evolutionary psychology*. Hoboken: Wiley, 2005. p. 5-67.

TOOBY, J.; COSMIDES, L. The psychological foundation of culture. *In:* BARKOW, J.; COSMIDES, L.; TOOBY, J. (ed.). *The adapted mind:* evolutionary psychology and the generation of culture. New York: Oxford University, 1992.

TRIGGER, B. G. *História do pensamento arqueológico*. São Paulo: Odysseus, 2004.

TYLOR, E. B. *Primitive culture:* researches into the development of mythology, philosophy, religion, art and custom. London: John Murray, 1871.

TYLOR, E. B. La ciencia de la cultura (1871). *In:* KAHN, J. S. (org.). *El concepto de cultura:* textos fundamentales. Barcelona: Anagrama, 1975. p. 26-46.

TYLOR, E. B. *Researches into the early history of mankind and the development of civilization* (1865). London: Routledge, 1994.

UNITED NATIONS. Department of Economic and Social Affairs. *World population prospects 2022:* summary of results. New York: United Nations, 2022. Disponível em: https://www.un.org/development/desa/pd/sites/www.un.org.development.desa.pd/files/wpp2022_summary_of_results.pdf. Acesso em: 30 ago. 2023.

VAZ, H. C. L. A concepção clássica do homem. *In:* VAZ, H. C. L. *Antropologia filosófica.* São Paulo: Loyola, 1991. v. 1.

VEYNE, P. *Foucault:* seu pensamento, sua pessoa. Rio de Janeiro: Civilização Brasileira, 2011.

VICO, G. *Princípios de (uma) ciência nova:* acerca da natureza comum das nações. São Paulo: Abril Cultural, 1979. (Os Pensadores).

VOGT, G. Evolution, functions and dynamics of epigenetic mechanisms in animals. *In:* TOLLEFSBOL, T. O. (ed.). *Handbook of epigenetics:* the new molecular and medical genetics. 3rd ed. London: Academic, 2023. p. 521-549.

VON KUES, N. *De docta ignorantia* (1440) = Die belehrte Unwissenheit. 2. Aufl. Hamburg: Meiner, 1999. v. 3.

VONHOLDT, B. M.; AARDEMA, M. L. Updating the bibliography of interbreeding among Canis in North America. *Journal of Heredity,* v. 111, n. 3, p. 249-262, 2020.

WAAL, C. D. The history of philosophy conceived as a struggle between nominalism and realism. *Semiotica,* v. 179, n. 1-4, p. 295-313, 2010.

WALLACE, A. R. Sir Charles Lyell on Geological climates and the origin of species. *Quarterly Review,* v. 126, n. 252, p. 359-394, 1869a.

WALLACE, A. R. The descent of man and selection in relation to sex. By Charles Darwin, M.A., F. R. S., & c. In two volumes with illustrations. *The Academy,* v. 2, p. 177-183, 1871.

WALLACE, A. R. *The Malay Archipelago:* the land of the orang-utan and the bird of paradise: a narrative of travel with studies of man and nature. London: Macmillan, 1869b. 2 v.

WANG, D. *et al.* Comprehensive functional genomic resource and integrative model for the human brain. *Science,* v. 362, n. 6420, 2018.

WANG, J. *et al.* The COVID-19 vaccine race: challenges and opportunities in vaccine formulation. *AAPS PharmSciTech,* v. 21, n. 6, p. 225, 2020.

WAX, R. *Doing fieldwork:* warnings and advice. Chicago: University of Chicago, 1971.

WAYNE, R. K.; JENKS, S. M. Mitochondrial DNA analysis implying extensive hybridization of the endangered wolf Canis rufus. *Nature,* v. 351, p. 565-568, 1991.

WEISMANN, A. F. L. *Das Keimplasma:* eine theorie der Vererbung. Jena: Gustav Fischer, 1892.

WHITE, L. A. Energy and the evolution of culture. *American Anthropologist,* v. 45, n. 3, p. 335-356, 1943.

WHITE, L. A. *O conceito de sistemas culturais:* como compreender tribos e nações. Rio de Janeiro: Zahar, 1978.

WHITE, L. A. *The science of culture:* a study of man and civilization. New York: Farrar, 1949.

WILLIAMS, R. Humanidade. *In:* WILLIAMS, R. *Palavras-chave:* um vocabulário de cultura e sociedade. Paulo: Boitempo, 2007.

WILSON, D. S; DIETRICH, E.; CLARK, A. B. On the inappropriate use of the naturalistic fallacy in evolutionary psychology. *Biology and Philosophy,* v. 18, p. 669-682, 2003.

WILSON, E. O. *Da natureza humana.* São Paulo: Editora da Universidade de São Paulo, 1981. Com este livro Wilson ganhou seu primeiro prêmio Pulitzer.

WILSON, E. O. *Sociobiology:* the new synthesis. Cambridge: Harvard University, 1975.

WOLF, E. Naturrecht. *In:* RITTER, J.; GRÜNDER, K. *Historisches Wörterbuch der Philosophie.* Basel: Schwabe, 1984. Bd. 6, p. 559-563.

WOLFF, F. Pensar o animal na antiguidade. *Cadernos de História e Filosofia da Ciência,* série. 3, v. 8, p. 9-37, 1998. Número especial.

WOLPERT, L. *et al. Princípios de biologia do desenvolvimento.* 3. ed. Porto Alegre: Artmed, 2008.

WRIGHT, R. *Uma breve história do progresso.* Rio de Janeiro: Record, 2007.

WRIGHT, S. Evolution in Mendelian populations. *Genetics,* v. 16, n. 2, p. 97-159, 1931.

YAMAMOTO, M. E. Introdução: aspectos históricos. *In:* OTTA, E.; YAMAMOTO, M. E. *Psicologia evolucionista.* Rio de Janeiro: Guanabara Koogan, 2009.

ZIRKLE, C. Species before Darwin. *Proceedings of the American Philosofical Society,* v. 103, n. 5, p. 636-644, 1959.